云南通史

何耀华　总主编

第四卷
元　明　前清时期
（公元1254—1840年）

何耀华　夏光辅　主编

中国社会科学出版社

图版 1　元世祖忽必烈

图版 2　清圣祖康熙帝爱新觉罗·玄烨

图版3　孟连宣抚司署（元代）　姜定忠摄

图版4　早于北京天安门建成的建水朝阳楼（明代）　姜定忠摄

图版5 大理古城南门城楼（明代） 姜定忠摄

图版6 巍山古城门楼（拱辰楼）（明代） 姜定忠摄

图版 7　剑川沙溪兴教寺（明代）　姜定忠摄

图版 8　昆明金殿太和宫（明代）　姜定忠摄

图版 9　郑和之父马哈只墓（明代）

图版 10　国内外穆斯林在马哈只墓前凭吊

图版 11　昆明市在北京举行纪念郑和新闻发布会

图版 12　昆明金马、碧鸡坊原貌（明代）

图版 13　昆明官渡古镇金刚塔（明代）

图版 14　兰茂墓（明代）

图版 15　建水双龙桥（清代）　姜定忠摄

图版 16　昆明圆通寺大殿（清代）

图版 17　勐海景真八角亭（清代）　王国祥摄

图版 18　大姚石羊文庙孔子铜像（清代）

图版 19　耿马安抚司铜印（乾隆三十七年，1722 年）　姜定忠摄

图版 20　禄劝掌鸠河彝文摩崖（明代）　何耀华摄

图版 21　会泽娜姑明代运铜进京的古道　姜定忠摄

图版 22　潞西菩提寺　王国祥摄

图版 23　勐笼曼飞龙佛塔　黄燕生摄

图版 24　西双版纳傣族赕佛　王国祥摄

图版 25　勐罕曼孙满佛寺　王国祥摄

图版 26　潞西菩提寺佛像　王国祥摄

图版 27　古宗

图版 28　爨蛮

图版 29 黑罗罗

图版 30 白罗罗

图版 31 葛罗罗

图版 32　白人

图版 33　黑窝泥

图版 34　樊夷

图版 35　力些

卡瓦貌睍䶤能耕紅藤束髮其類自為一寨又有熟卡瓦多與漢人往來順寧府屬有之

图版 36　佤

图版 37　么些

遮些男女皆穿
耳性奢綵衣盤
旋飲食必精潔
善用火器及弩
永昌府屬有之

图版 38　遮些

图版 39　蒲蛮

图版 40　峨昌

图版 41　西番

图版 42　怒人

图版 43　俅人

图版44 三作毛

图版45 侬人

图版 46　西山龙门（清代）

云南通史·第四卷

目 录

前言 …………………………………………………………………… (1)

第一编　元朝时期的云南

第一章　元朝对云南的军政统治 ……………………………………… (5)
第一节　忽必烈灭大理国和初期对云南的统治 ………………… (5)
第二节　云南行省的建立 ………………………………………… (15)
第三节　元代云南的军队和屯戍 ………………………………… (32)
第四节　云南行省的民族和土官 ………………………………… (37)
第五节　统治阶级之间的矛盾斗争 ……………………………… (46)
第六节　舍利畏起义及红巾军入云南 …………………………… (53)

第二章　元代的云南经济 ……………………………………………… (56)
第一节　地制、赋税、交通 ………………………………………… (56)
第二节　农业 ……………………………………………………… (62)
第三节　手工业、矿业、商业 ……………………………………… (67)

第三章　元代的云南文化 ……………………………………………… (74)
第一节　儒学与教育 ……………………………………………… (74)
第二节　建筑、天文与文学、史学 ………………………………… (76)
第三节　宗教 ……………………………………………………… (79)

第二编　明朝时期的云南

第四章　明代的云南政治 (87)
  第一节　明军入滇和沐氏镇守云南 (87)
  第二节　云南布政使司及府、州、县的设置 (96)
  第三节　云南都指挥使司的建立和卫所制的实施 (101)
  第四节　明代云南的土司制度 (108)
  第五节　思氏反叛与王骥三征麓川 (120)

第五章　明代的云南经济 (129)
  第一节　军民屯田与云南经济的发展 (129)
  第二节　手工业和商业 (137)
  第三节　矿业和交通 (140)

第六章　明代的云南文化 (152)
  第一节　文学艺术 (152)
  第二节　史籍与方志 (161)
  第三节　宗教 (165)
  第四节　科学技术 (170)

第七章　明朝末期云南各族人民的反明和抗清斗争 (175)
  第一节　社会矛盾的激化和反明斗争 (175)
  第二节　大西军在云南的抗清斗争 (188)

第三编　清朝前期的云南

第八章　清朝统治在云南的建立 (205)
  第一节　清军入滇与吴三桂总管云南 (205)
  第二节　吴三桂反清之乱 (209)

第三节　吴三桂集团的覆灭 ………………………………………… (213)

第九章　清朝前期云南的政治 ………………………………………… (219)
　第一节　行政建置与省、道、府、县 …………………………………… (219)
　第二节　军事建置与汛塘关哨 ………………………………………… (226)
　第三节　土司制度与改土归流 ………………………………………… (232)
　第四节　雍、乾、嘉、道时期的各族人民起义 ………………………… (239)

第十章　清朝前期云南的经济 ………………………………………… (248)
　第一节　农业 ……………………………………………………………… (248)
　第二节　矿冶 ……………………………………………………………… (253)
　第三节　手工业和商业 ………………………………………………… (261)
　第四节　交通 ……………………………………………………………… (268)

第十一章　清朝前朝的云南文化 ……………………………………… (277)
　第一节　教育与社会科学 ……………………………………………… (277)
　第二节　自然科学与建筑技术 ………………………………………… (284)
　第三节　文学与艺术 …………………………………………………… (292)

第四编　元、明、前清时期云南土著民族的社会制度、文化及与邻国的关系

第十二章　元、明、前清时期云南土著民族的社会制度 ………… (301)
　第一节　氏族制和奴隶制 ……………………………………………… (301)
　第二节　滇西北藏、纳西、白、傈僳等族先民的封建领主制 ……… (304)
　第三节　滇西南傣族、哈尼族和滇东北彝族先民的封建领主制 …… (308)
　第四节　明代罗婺部乌蛮的封建领主制 …………………………… (317)

第十三章　元、明、前清时期云南的土著民族文化 ……………… (327)
　第一节　文字与文献 …………………………………………………… (327)
　第二节　民俗 …………………………………………………………… (337)

第三节　土著民族的宗教 …………………………………… (346)

第十四章　元、明、前清时期云南与邻国的关系 ……………… (366)
　　第一节　与缅甸的关系 ……………………………………… (366)
　　第二节　与泰国的关系 ……………………………………… (374)
　　第三节　与老挝的关系 ……………………………………… (380)
　　第四节　与越南的关系 ……………………………………… (383)

第十五章　元、明、前清时期云南与印度的关系 ……………… (388)
　　第一节　早期历史关系的回顾 ……………………………… (388)
　　第二节　云南勐果占璧王国与印度阿洪姆王国的历史关系 …… (395)
　　第三节　印度东喜马拉雅民族与云南藏缅语族民族的
　　　　　　渊源 ……………………………………………… (403)
　　第四节　元代来滇传教的印度高僧指空 …………………… (407)

元至前清云南历史大事记 ………………………………………… (410)

参考文献 ……………………………………………………………… (415)

后记 ………………………………………………………………… (418)

插图目录

图1　挎革囊渡金沙江的么些水手 ……………………………… （8）
图2　赛典赤纪念冢（元代） …………………………………… （31）
图3　元代的茶罕章（丽江）管民官么些酋长阿良阿胡 ……… （39）
图4　自宋、元传下来的大理国写本经疏《护国司南抄》 …… （81）
图5　大理佛图塔藏的元代木刻经 ……………………………… （81）
图6　郑和纪念馆 ………………………………………………… （99）
图7　洪武时丽江府土知府阿甲阿得画像 ……………………… （110）
图8　万历时丽江府土知府木增画像 …………………………… （111）
图9　南甸宣抚司署公堂（咸丰元年，1851年建） …………… （316）
图10　么些图画象形文字 ………………………………………… （328）
图11　贝叶经 ……………………………………………………… （335）
图12　《布洛陀经诗》部分古抄本 ……………………………… （336）
图13　德钦东竹林寺 ……………………………………………… （360）
图14　德宏傣族南传上座部佛教佛寺 …………………………… （362）
图15　鲁甸拖姑清真寺 …………………………………………… （363）
图16　贡山丙中洛的天主教堂 …………………………………… （365）
图17　大理崇圣寺三塔梵文经咒砖印拓片 ……………………… （393）
图18　《大理国梵像卷》中的梵文宝幢 ………………………… （394）

图版目录

图版 1　元世祖忽必烈
图版 2　清圣祖康熙帝爱新觉罗·玄烨
图版 3　孟连宣抚司署（元代）　姜定忠摄
图版 4　早于北京天安门建成的建水朝阳楼（明代）　姜定忠摄
图版 5　大理古城南门城楼（明代）　姜定忠摄
图版 6　巍山古城门楼（拱辰楼）（明代）　姜定忠摄
图版 7　剑川沙溪兴教寺（明代）　姜定忠摄
图版 8　昆明金殿太和宫（明代）　姜定忠摄
图版 9　郑和之父马哈只墓（明代）
图版 10　国内外穆斯林在马哈只墓前凭吊
图版 11　昆明市在北京举行纪念郑和新闻发布会
图版 12　昆明金马、碧鸡坊原貌（明代）
图版 13　昆明官渡古镇金刚塔（明代）
图版 14　兰茂墓（明代）
图版 15　建水双龙桥（清代）　姜定忠摄
图版 16　昆明圆通寺大殿（清代）
图版 17　勐海景真八角亭（清代）　王国祥摄
图版 18　大姚石羊文庙孔子铜像（清代）
图版 19　耿马安抚司铜印（乾隆三十七年，公元1722年）　姜定忠摄
图版 20　禄劝掌鸠河彝文摩崖（明代）　何耀华摄
图版 21　会泽娜姑明代运铜进京的古道　姜定忠摄
图版 22　潞西菩提寺　王国祥摄
图版 23　勐笼曼飞龙佛塔　黄燕生摄

图版 24　西双版纳傣族赕佛　王国祥摄
图版 25　勐罕曼孙满佛寺　王国祥摄
图版 26　潞西菩提寺佛像　王国祥摄
图版 27　古宗
图版 28　爨蛮
图版 29　黑罗罗
图版 30　白罗罗
图版 31　葛罗罗
图版 32　白人
图版 33　黑窝泥
图版 34　㪍夷
图版 35　力些
图版 36　佤
图版 37　么些
图版 38　遮些
图版 39　蒲蛮
图版 40　峨昌
图版 41　西番
图版 42　怒人
图版 43　俅人
图版 44　三作毛
图版 45　侬人
图版 46　西山龙门〔清乾隆四十六年至咸丰三年（1781—1853）开凿〕，来源同图版9。

（图版27至图版45采自揣振宇主编《滇省夷人图说》，中国社会科学出版社2009年版。本书所引此书的图片，只作统一的注释而不再注作者所引的具体出处。）

前 言

元、明、前清时期的云南史，自元宪宗三年（1253）至清道光二十年（1840），跨度为588年。这是云南各民族空前大融合，与祖国空前大统一的时期。民族大融合促进了云南与祖国的大统一，与祖国的大统一又促进了各民族的大融合，二者互动，使民族融合与国家统一不断向纵深发展。

本卷突出《云南通史·绪论》"融合、统一"的主题，对元、明、前清时期云南与祖国内地大一统的行政、军事、经济、文化、社会、对外关系等史事进行系统的阐述。对元代云南行省的设置、明代后期到清初"改土归流"前后出现的民族大融合、清代平定吴三桂的藩镇割据等有关"统一、融合"的史实，着重进行了论证。

云南历史是云南各民族共同发展的历史，那种以汉族史代替云南史的做法是不可取的。在这一卷中，我们既着力阐述汉族对促进土著民族经济、社会、文化发展的积极贡献，又着力论证汉族对土著民族文化的吸收。为把这个时期的云南史撰写成云南各民族的历史，我们对土著民族的社会制度和文化，都立专章进行评介。如第十二章对土著民族形成于元、明、清或延续至元、明、清时期的氏族制、奴隶制、封建领主制及地主制进行了论述。第十三章对盛于明、清，或形成于明、清的纳西族先民的图画象形文字及典籍，彝族先民的爨文及爨文典籍，白族先民的白文及白文文献，傣族先民的傣泐文及贝叶经，壮族先民的古壮字及布洛陀经诗等进行介绍；对彝族先民的毕摩教，纳西族先民的东巴教，白族先民的本主教、阿吒力教，藏族、普米族先民的藏传佛教等宗教文化进行叙述；对这个时期文献记录中出现的么些、力些、怒、古宗、西番、百夷、蒲、峨昌、哈刺、倮黑、基诺、白人、罗罗、窝泥、苗、瑶、土僚、土人等各族的生产、生活习俗进行阐述。

实事求是是治史的基本原则，在这一卷中，我们坚持以历史唯物主义、辩证唯物主义为指导，力求对历史事件、历史人物进行科学的评论。在讲民族关系时，既讲各民族团结友好、密切交流、相互融合的一面，又讲民族之间的矛盾斗争乃至战争的一面。对土著民族反对封建压迫、奴役的战争，我们大书特书；对其统治者发动的破坏民族团结和国家统一的战争，则进行批判。如对麓川思氏反叛的评论就是这样。对忽必烈、兀良合台、赛典赤、张立道、舍利畏、沐英、郑和、杨一清、李定国、吴三桂、鄂尔泰、兰茂、担当、钱沣等重要历史人物的评价，也力求准确，因为不准确就不真实，就不科学。简而言之，实事求是本卷志在必求的价值之所在。

我们认为，重史实是元、明、清云南史学的一大传统，元代李京的《云南志》，明代张洪的《南夷书》、严从简的《云南百夷篇》、杨慎的《滇载记》、钱古训和李思聪的《百夷传》、毛奇龄的《云南蛮司志》，诸葛元声的《滇史》、刘文徵的《滇志》，清代冯甦的《滇考》、师范的《滇系》、倪蜕的《滇云历年传》等，都是以史料讲话，以大量史料揭示历史真实的名著，在这一卷的撰写中，我们既选用他们的资料，又学习他们的方法，力戒空论及以点代面的偏论。

本卷四编十五章的框架不可谓不大，节与目不可谓不多，但这样的框架体系，要理清元、明、前清云南历史的方方面面，也是不可能的。本卷在框架、立论、史料引用、文字表述等方面的不妥之处，诚望读者批评指正。

第一编

元朝时期的云南

第一章

元朝对云南的军政统治

第一节 忽必烈灭大理国和初期对云南的统治

一 蒙古军第一次征大理国

蒙古族是居住在蒙古草原的古老民族。1206年,孛儿只斤部贵族铁木真统一蒙古各部,被举为统治全蒙古的"大汗",尊称"成吉思汗"(蒙语"成吉思"意为极大、极强,"汗"意为君主,全称意为"强大的君主")。他把习惯法整理修改为成文法典,强化对蒙古族人民的统治。他规定成年男人都要服兵役,按十进位编成战斗部队。他以一系列的政制、军制改革使蒙古的政治军事力量迅速强大。从1207年成吉思汗开始西征,到1279年忽必烈灭南宋的七十多年间,成吉思汗和他的子孙发动了震惊世界的大规模战争。在西方,从天山南北经中亚和俄罗斯,横扫亚欧大陆,前锋到达东欧的波兰、匈牙利和西亚的伊拉克、叙利亚等国;在被征服之地建立钦察汗国、察合台汗国、窝阔台汗国、伊尔汗国。在南方,灭西夏国、金国、大理国、南宋王朝,并招降吐蕃。除把人口众多的中华大地统一于元朝之外,还攻占缅甸和越南。蒙古军的西征,使中亚、西亚信仰伊斯兰教的回回人加入蒙古军中,成为南征中的"探马赤军"。随忽必烈灭大理国的兀良合台部,就曾经在西征转战过程中吸收了许多回回人。至元十一年(1274)云南行省的平章政事赛典赤·赡思丁就是来自中亚的回回人。

1209年,成吉思汗征服"畏兀儿"各部,占领西域地区。1234年灭建都于汴京(今开封)的金国。在1227年灭西夏国,占领宁夏、甘肃等地。当成吉思汗这一年病逝于六盘山区清水县时,蒙古军已占有了疆域辽阔的北部中国,形成了与南宋、大理国的三方对垒。1229年,窝阔台继承汗位，发动对南宋、大理国的进攻。1236年蒙古军分两路南下攻占了成都和襄阳。南宋军队顽强作战，于1238年收复成都和襄阳等地。1244年，蒙古军为配合对四川的攻势，派遣一支军队从金沙江上游的丽江地区进攻大理国，大理国派相国高太祥之弟高太禾率军抵抗。双方在丽江九河激战。高太禾战死，蒙古军北回，并从四川撤军。这是蒙古军对大理国的首次军事行动。[1]

二 忽必烈、兀良合台率军占领云南各地

1251年，蒙哥继承汗位，号"宪宗"。鉴于蒙古军在西起四川，中经湖北，东至江淮的整个战线，都受到南宋军队顽强抵抗，灭亡南宋不会轻而易举，蒙哥因而采取先攻取大理国，以便从西、北两面包抄南宋的战略。1252年他命其弟忽必烈率军南征大理国。同时命汪田哥屯田利川（今四川广元），摆出要再次进取成都的架势，以阻止南宋支援大理国。

忽必烈是成吉思汗的孙子，宪宗蒙哥的胞弟。蒙哥继承汗位后，忽必烈受命开府金莲川，总理漠南军事，并重用汉族理学家姚枢，初步显露了军政才能。然后他平大理国、登汗位、灭南宋王朝、建元朝，其在位三十六年，政绩卓著，可谓名垂史册的封建帝王。随忽必烈南征大理的大将兀良合台，曾随伊尔汗国创建者旭烈兀西征西亚，是能征善战的蒙古军名将。随忽必烈征大理的谋士姚枢，是出身于中原的汉族著名理学家，"世祖奇其才，动必召问"。[2]他随忽必烈平大理，最突出的作为是献"止杀"策。"从世祖征大理，至曲先脑儿之地夜宴，枢陈宋太祖遣曹彬取南唐，不杀一人，市不易肆事。明日，世祖据鞍呼曰：当昨夕言曹彬不杀者，吾能为之，吾能为之。枢马上贺曰：圣人之心仁明如此，生民之幸，有国之福也。明年，师及大理城，饬枢裂帛为旗，书止杀之令。分号街陌，由是民得皆完保。"[3] 姚枢曾任中书省大司农（内阁农业长官）。

1253年九月，忽必烈以兀良合台为大将，姚枢为谋士，率十万军队，

---

[1] 据李曾伯《可斋杂稿》卷十七《帅广条陈五事奏》。
[2] 《元史·姚枢传》。
[3] 《元史·姚枢传》。

从今宁夏六盘山区南下，集结于今甘肃南部的临洮，进抵今四川西北部松潘地区，然后分兵三道南进。大将兀良合台率西道兵，诸王抄合也只烈率东道兵，作两翼掩护向南挺进。忽必烈和姚枢率主力中路军越过大渡河，在今四川西部（当时的吐蕃辖区）高山峡谷人烟稀少的地方，行军两千余里，到达今川滇边境的金沙江岸，"乘革囊及筏以渡"，[①] 进入大理国管辖的今云南丽江地区（这就是现在昆明大观楼长联"元跨革囊"的典故），"摩娑蛮主迎降"[②]（摩娑蛮主，即纳西族头领）。忽必烈接受姚枢的建议，改变蒙古贵族以往落后的杀掠政策，下了止杀令，并派使者到大理国都城招降。掌握大理国实权的相国高太祥拒绝投降，杀了使者，挂在树上示众。忽必烈挥师南进，攻取今鹤庆、剑川、云龙等地，由上关直逼大理。《元世祖平云南碑》说："十二月薄其都城，城倚苍山西洱河为固，国主段兴智及其柄臣高太祥背城出战，大败。又使招之，三返弗听，下令攻之。东西道兵亦至，乃登苍山临视，城中宵溃，兴智奔善阐（今昆明），追及太祥于姚州，俘斩以殉。分兵略地，所向皆下，惟善阐未附。明年春，留大将兀良合台经略之，上振旅而还。"[③] 国势已衰的大理，面临震撼世界的蒙古大军，力不可当；但国王和相国仍多次拒绝忽必烈的招降，亲自领军"背城出战"，顽强抵抗，经过相当激烈的战斗，才至"城中宵溃"，国王出逃滇池地区，高太祥被追至姚州"俘斩"。由于忽必烈的止杀令，城破后，大理的士兵和人民没有遭受屠杀和劫掠。第二年春天，忽必烈班师北返蒙古，留兀良合台率军镇守大理，并向云南其他地方进军。

1254年，兀良合台率军自大理东进。由于遭到滇中乌蛮各部的强烈抵抗，他不再执行忽必烈的"止杀之令"，进行了军事屠杀。如他"转攻合剌章水城，屠之"。[④] 合剌章水城在今禄劝县云龙乡。在今禄丰县罗次的"罗部府"，"大酋高昇集诸部兵拒战，大破之于洟可浪山下"。[⑤] 在今昆明的押赤城，战斗亦特别激烈。《元史·兀良合台传》说："逐进至乌

[①] 《元史·世祖本纪》。
[②] 《元史·世祖本纪》。
[③] 此碑立于公元1304年，今存大理三月街。录文据马曜主编《云南各族古代史略》，云南人民出版社1977年版，第724页。
[④] 《元史·兀良合台传》。
[⑤] 《元史·兀良合台传》。

图1 挎革囊渡金沙江的么些水手

蛮所都押赤城，城际滇池，三面皆水，既险且坚，选骁勇以炮摧其北门，纵火攻之，皆不克。乃大震鼓钲，进而作，作而止，使不知所为，如是者七日。伺其困乏，夜五鼓，遣其子阿术潜师跃入，乱斫之，遂大溃。至昆泽（今宜良），擒其国王段兴智及其渠帅马舍剌昔以献。余众依阻山谷者，分命裨将也里、脱伯、押真掩其右，合台护卫掩其左，约三日卷而内向。及围合，与阿术引善射者二百骑，期以三日，四面进击。兀良合台陷阵鏖战，又攻纤寨，拔之。"于城内是乘夜"潜师跃入，乱斫之"，在郊县是山谷里"合围射杀"。兀良合台指挥蒙古军攻占押赤城（昆明）的战斗，与忽必烈指挥攻占大理城的战斗相比，更为惨烈，不仅大理国王被擒，士兵和人民也惨遭屠杀。

1255年，兀良合台率军东向攻占今贵州西部的大理国辖区，先后占领赤秃哥（今贵州水西）、不花合因等城，又折向西攻取鲁鲁厮（又写为

"罗罗斯",治今四川西昌)。攻占阿鲁城后,"遇赤秃哥军(乌蛮军)于合打台山、追赴临崖、尽杀之"。① 从进军大理至此,用了两年时间,攻占了大理国的所有属地:东起今贵州西部,西抵今缅甸北部和中部,北达大渡河,南至今西双版纳和越南。《元史·兀良合台传》说:"平大理五城、八府、四郡,及乌蛮白蛮三十七部,兵威所加,无不款附。"《元世祖平云南碑》说:"平乌蛮部落三十七,攻交趾、破其都,收特磨溪洞三十六,金齿、白彝、罗鬼、缅中诸蛮相继纳款。"

三 爨僰军助蒙古军征战

大理国王段兴智被擒后,兀良合台派人送他去蒙古都城见宪宗蒙哥,蒙哥赐以金符,并命他返回大理,与大将兀良合台和宣抚使刘时中共同安抚大理。第二年,段兴智及叔父段福去朝觐蒙哥,"献地图,请悉平诸部;并条奏治民立赋之法。宪宗大喜,赐兴智摩诃罗嵯(梵语:大王),命悉主诸蛮僰、爨等部,以信苴福(段福)领其军(爨僰军)"。② 又过一年,段兴智在去朝见蒙哥的路上死去,蒙哥命令由其弟段实(信苴日)继承他的封号和职权。

1256年,宪宗蒙哥自和林进抵六盘山,率三路大军会师西蜀,在四川和重庆地区与南宋军队大战。特令兀良合台率部打通滇川通道,与入川入渝的蒙古军会师。兀良合台率军出乌蒙(今昭通)到金沙江岸,在叙州(今宜宾)与南宋将领张都统的三万军队大战,夺船二万艘,与蒙古军铁哥带儿部会师后还镇大理。蒙古军经过一系列激战,损失五分之四,原来号称十万,现仅存二万。为增加蒙古军力,兀良合台与段氏叔侄合伙,向云南各族人民大肆征兵,扩充"爨僰军"。这支军队由段福率领,跟随蒙古军打先锋,攻打云南各地没有归附的部族。兀良合台攻占滇东南和使越南臣服的征战,就有爨僰军参加。

1258年,宪宗蒙哥决定大举进攻南宋。这时蒙宋对抗的军事战线在四川—重庆—湖北—淮河流域,云南已为蒙古军占领,越南已臣服蒙古。蒙哥亲自领兵攻打四川,忽必烈领兵攻打鄂州(今武汉),命令兀良合台率军从云南经广西和湖南打击宋军,约定会师长沙,对南宋实施大迂回的

---

① 《元史·兀良合台传》。
② 《元史·信苴日传》。

包围。由于云南的蒙古军牺牲很大，还要留下一些兵力镇守云南，兀良合台只率领三千精锐骑兵和段福的万余爨僰军东向攻击。这支军队出云南后，"蹴贵州（今广西贵县）"、"蹂象州（今广西柳州）"、"入静江府（今广西桂林）"，连破今湖南的郴州和沅州，"直抵潭州（今湘潭）城下"，于公元1259年与忽必烈大军在鄂州（今武汉）会师。就在这个时候，蒙哥在重庆前线的合州钓鱼城被宋军流矢打死，蒙古汗位空缺。阿蓝答尔等大臣谋立蒙哥第七子阿里不哥，皇后秘密遣使召忽必烈回京都争夺帝位。忽必烈停止对南宋的军事进攻，与南宋宰相贾似道议和成功后北返京都争夺汗位。1260年，忽必烈继承蒙古大汗，调兀良合台回京都，相继任命昔撒昔、也先、宝合丁、阿鲁忒儿为元帅和都元帅，以掌管云南军事。鄂州前线的爨僰军于1261年遣回云南。回归途中，一些士兵流落今湘西桑植县一带地方，安家落户，繁衍生息，形成现在湘西的白族，据说人口有十余万。

段氏率领的爨僰军，助蒙古军攻占滇东南地区，助蒙古军征服越南，助蒙古军东进桂湘鄂打击宋军，为蒙古宪宗蒙哥和忽必烈进攻南宋作出了历史性的贡献。

四　大元帅府及云南政区的设置

蒙古宪宗七年（1257），兀良合台奏"以云南平请依汉故事，以西南夷为郡县"，宪宗从之，对其授银印加大元帅，还镇"大理"。所设19个万户府。善阐万户：昆明二千户，黎灢千户（富民）；嵩明万户：太池千户（宜良），羊林千户，邵甸千户（嵩明）；阳城堡万户（晋宁）：呈贡千户，安宁千户；巨桥万户（昆阳）：易门千户；威楚万户（楚雄）：牟州千户（牟定），谔嘉千户（双柏），欠舍千户（南华），路赕千户（广通），摩刍千户；罗婺万户（武定）；仁地万户（寻甸）；于矢万户（普安）；磨弥（末迷）万户（曲靖）：奠弥千户（曲靖），普磨千户（越州），纳垢千户；落蒙万户（路南）：落温千户（陆良），师宗千户，弥勒千户；罗伽万户（澄江）：步雄千户，阳宗千户，普舍千户，部傍千户（玉溪）；阿僰万户（通海）：蒙自千户，建水千户；宁州万户（华宁）：嶍峨千户（峨山），马笼千户（元江）；大理上万户：谋统千户（鹤庆），义督千户（剑川），德源千户（邓川），浪穹千户（洱源），蒙舍千户（巍山）；大理下万户：大理上、中、下三千户，永平千户，赵睑千户

（凤仪），统矢千户（姚安），大姚堡千户，品甸千户（祥云）；阿宁万户（开远）：纳楼千户（元阳），维摩千户（邱北）；元江万户。可能加今四川西昌和凉山设的两个万户府，就成为 19 个万户府。①

19 个万户府由设于大理的大元帅府统领，大元帅和都元帅由蒙古军官担任。1260 年，宪宗蒙哥死，元世祖忽必烈继位，兀良合台返回蒙古。忽必烈任用大理国主后裔段信苴日（段实）为大理总管，"赐以虎符，诏领大理、善阐、威楚、统矢（姚安）、会川（会理）、建昌（西昌）、腾越等城，自各万户以下皆受其节制"。② 自此以后，段氏子孙世袭这一职务，直至元亡。1267 年，忽必烈为加强对云南的控制，封第五子忽哥赤为云南王，统辖大理、善阐（昆明）、茶罕章（丽江地区）、赤秃哥儿（贵州西部）、金齿（保山、德宏、临沧、思茅、西双版纳等地区）等处。又设立"大理等处行六部"管理行政；设立"大理等处宣慰都元帅府"统领军事。由于"云南王"、"大理等处行六部"行政长官、"大理等处都元帅府"军事长官三者并立，不断发生权力行使上的矛盾。1271 年，都元帅宝合丁与行六部尚书阔阔带合谋，毒死云南王。忽必烈把宝合丁和阔阔带处死，把滇东三十七部分为南、北、中三路，即并仁地、于矢、阓畔、罗婺为北路，并落蒙、罗伽、磨弥为中路，并阿僰、宁州、阿宁、元江、落恐为南路。各路设总管及"达鲁花赤"（意为掌印官，由蒙古人充当）进行管理。

之后，忽必烈又把 19 个万户府分别由 5 个总管府管辖，各总管府由蒙古贵族的"达鲁花赤"和元帅执掌军政实权，又委托地方民族头人为长官。据《元史·地理志》记载，当时的 5 个总管府为：

（一）大理总管府。相当于今大理州、楚雄州和保山地区，管辖大理上、大理下及威楚 3 个万户府。大理上万户府下属永昌、腾冲、永平、蒙舍、义督、谋统、浪穹、德源、太和上、太和中、太和下 11 个千户。大理下万户府下属赵赕、品甸、统矢、大姚堡等 4 个千户。云南建立行省后，并大理上、下万户府地为大理路。威楚万户府下属威楚、牟州、黄篷、欠舍、石鼓、摩刍、谔嘉、路赕等千户和百户。建行省后，于此设威楚路。

---

① 据马曜主编《云南各族古代史略》，云南人民出版社 1977 年版，第 500—501 页。
② 《元史·信苴日传》。

（二）善阐总管府相当于今昆明、嵩明、寻甸、宜良、易门等市县。管辖鄯阐、阳城堡、巨桥及嵩明4个万户府。鄯阐万户府下辖昆明、黎灢两个千户，后为中庆路。阳城堡万户府下辖呈贡、安宁两个千户，后为晋宁州，属中庆路。巨桥万户府辖易门千户，后为昆阳州，属中庆路。嵩明万户府下辖羊林、邵甸、太池3个千户，后为嵩明州，属中庆路。

（三）北路总管府。相当于今武定、禄劝、寻甸、东川等地。管辖罗婺、仁地、于矢、闵畔4个万户府。其中于矢万户府在今贵州普安地区。

（四）中路总管府。相当于今曲靖和玉溪两个地区，管辖磨弥、落蒙、罗伽3个万户府。磨弥万户府下属有石城、普磨、纳垢3个千户和易龙百户。建立行省后，此万户府设为曲靖路。落蒙万户府下属有落温、师宗、弥勒3个千户。罗伽万户府辖罗伽、强宗、江川、温富、普舍、研和、部傍等千户和百户，后于此地设澄江路。

（五）南路总管府相当于今红河州，下辖阿僰、宁部、阿宁、元江、落恐5个万户府。阿僰万户府辖建水、目则、舍资、通海4个千户，后为临安路。宁部万户府辖嶍峨千户。阿宁万户府辖纳楼茶甸、维摩两个千户，后属临安路。元江万户府辖马笼步和他郎步两个千户，建行省后，于此设元江路。落恐万户府为大理国三十七部的南境。

5个总管府的设置，已具云南行省的雏形。从5个总管府管辖的范围来看，蒙古贵族对云南实行军事统治的地域基本上相当于大理国时期的八府四郡三十七部。八府四郡三十七部是大理政权统治比较牢固的核心地区，它又可分成两大部分，分别以鸭赤城（昆明）和合剌章城（大理）为中心。元初统治大理故土，也分为以滇池为中心的鸭赤和以洱海为中心的合剌章两个主要区域。

鸭赤（或押赤）是云南建行省之后的省治所在地。《元史·兀良合台传》说："前次罗部府，大酋高昇集诸部兵拒战，大破之于滇可浪山，遂进至乌蛮所都之押赤城，城际滇池，三面皆水。"《兀良合台先庙碑》也说："分兵取附都善阐。"说明押赤（鸭赤）在今昆明城，也即大理时的善阐府城。昆明近郊筇竹寺1316年的汉文圣旨碑，有"云南鸭池城子玉案山筇竹寺"之语，就是以"鸭池"称昆明。称善阐为"鸭池"，不是蒙古语词，很可能出自从征的丽江土军之语。今纳西语尚称昆明为"Yichi",意谓南方,因昆明为其居地南方之大城。丽江地区最先为蒙古征服,其土著兵被征发跟随兀良合台进攻善阐。蒙古人仍称善阐为鸭赤。

合剌章是大理政权的王畿地区。狭义的合剌章指滇西大理地区及它的中心大理城。《元史·世祖本纪三》云:"遣云南王忽哥赤镇大理、善阐、茶罕章、赤秃哥儿、金齿等处。"又《元史·世祖本纪五》云:"以平章政事赛典赤行省云南,统合剌章、鸭赤、赤秃哥儿、金齿、茶罕章诸蛮。"可见,鸭赤即善阐,哈剌章即大理。哈剌是蒙语"黑"的意思,章可能是蒙古人沿用的吐蕃对云南地方及其人民的称呼。与之相对的名称如茶罕章、罗罗章等。广义的哈剌章,则指整个云南行省。元立云南行省治于中庆(今昆明)以前,政治和经济中心长期在大理,大理的名称亦可用以概指整个云南。

5个总管府除了对所辖的昆明、大理两个地区进行统治以外,对云南的边境地区也进行了有效的统治。

茶罕章(今丽江地区)是较早归附蒙古的区域。1254年,蒙古军"授和牒男阿乾银牌,管理茶罕章军民事"。① 其管辖区域,在金沙江以西为通安、兰溪、巨津、宝山、临西5处,在江以东为永宁、蒗渠、牛赕、北胜、施州5处。丽江《木氏宦谱》所载茶罕章的辖界较宽,其所属者,"越析郡、柏兴府、永宁府、北胜府、蒗渠府、罗罗斯之白狼、木夷僚等地方,无不管束"。

金齿(今德宏傣族地区)为百夷(傣族)诸蛮所居,金齿百夷诸酋各遣子弟朝贡。1261年,蒙古军立安抚司统率此地。1271年,分金齿百夷为东西两路安抚使。1275年,改西路为建宁路,东路为镇康路。以后又改安抚为宣抚,设置六路总管府。② 六路即柔远、茫施、镇康、镇西、平缅、麓川等六路。1286年,金齿六路并入大理路,设大理等处宣慰司。

赤秃哥儿是蒙古语"鬼"的意思。蒙古人用它指称滇东北和黔西地区及居住于此的乌蛮诸部。当时亦奚不薛(今贵州西北的水西地区)一带是罗氏鬼国的地域,蒙古人乃以本族语中"鬼"字称之,故曰赤秃哥

---

① 《元一统志》。
② 《元史·地理志》。

儿。当时赤秃哥儿所辖诸部的地域范围，除了亦奚不薛之外，还包括茫部（今云南威信、镇雄）、乌蒙（今云南昭通）、乌撒（今贵州威宁）诸部所居之地区。诸部"境土相连，世戚亲厚"，但世代延续着"无事则互起争端，有事则相救相援"的传统。赤秃哥儿实际上是蒙古军入云南初期对滇东北和黔西北地区的称谓。

罗罗斯（又作鲁鲁厮，即今四川凉山州地区）原为大理国辖区，蒙古军入云南后派兵攻占，在今西昌设置罗罗斯宣慰司都元帅府，云南行省建立后仍管辖其地。罗罗斯为云南腹地通往成都的交通要冲，蒙古军很重视控制这一地区。

忽必烈出奇制胜的战略攻势和进军路线，使其取得灭亡大理国的军事胜利；军事和政治谋略互动，把大理国王由敌变我，又使其在云南建立了有效的统治。忽必烈灭大理国并非对大理国进行简单的军事征服，而是想自西南方对南宋实行战略包围。1253年忽必烈南征大理国之前，成吉思汗的子孙们征服了欧、亚两洲的广大地方，攻占了北部中国的辽阔地域。蒙古草原的东方和北方是临海的朝鲜半岛和严寒的西伯利亚，是陆军骑兵的军事极限。向南已经进到淮河、汉水、汉中盆地，与南宋相邻对峙。南宋成为蒙古汗国继续攻占的最重要目标。由于正南面进攻遇到宋军顽强的抵抗而不能迅速奏效，因而就产生了从西面绕过南宋所辖的四川，攻占大理国后包围南宋的战略思想。这在中国军事史上是从来没有产生过的战略构想。忽必烈灭大理国的进军路线在军事史上也创下了奇迹。忽必烈南征大理时，四川仍是南宋辖区，自古以来从北部对云南用兵，都是经四川南部和中部向南推进，一是自川南经滇东北达滇池地区，再西进洱海地区；二是自四川中部沿今成昆铁路方向南下，过金沙江后，西向达于大理，东向达于昆明地区。诸葛亮征"南中"和唐朝攻打"南诏"都是这样进军的。忽必烈进军却不是这样，而是自甘肃南部经川、藏边区人烟稀少的高山峡谷，行军二千余里而抵达金沙江岸，"乘革囊及筏以渡"① 进抵大理国都城。清初学者顾祖禹在《读史方舆纪要》中写道："吾观从古用兵，出没恍惚，不可端倪者，无如蒙古忽必烈之灭大理也。自临洮经行山谷二千里，自金沙济、降摩获、入大理，分兵收鄯阐诸部，又入吐蕃，悉降其众。夫从临洮而抵金沙，

---

① 《元史·世祖本纪一》。

也不过二千里，行军于无人之地，更不事假道蜀中也。夫彼可以来，我何不可以往？设有人焉，出丽江而北，招纳诸番，结以信义，径上洮、岷，直趋秦、陇，天下之视听必且一易，以为此师从天而降也。"这位军事地理学家对这条出奇制胜的进军路线的推崇跃然纸上。忽必烈大军"从天而降"，确是军事史上的奇迹。

忽必烈、兀良合台以强大的军事力量攻占大理城和善阐城，俘了大理相国高太祥，擒了大理国王段兴智。高太祥被"俘斩以殉"，成为大理国灭亡的殉葬者。段兴智被献给蒙哥汗，不仅没有被斩杀，还获"赐金符"，这一做法亦引人关注。它为日后推行的土官、土司制度奠定了基础。

第二节 云南行省的建立

蒙古贵族用军事力量占据云南之后，利用万户府、千户府、百户所的制度，对云南实行了20年的军事统治。这虽不失为征服者对被征服地区的一种有效统治方式，但随着蒙古贵族统治的加强，这种军事统治方式，使政局长期不能稳定。舍利畏领导的人民大起义，暴露了人民对这种军事统治的普遍不满。可谓"委任失宜，使远人不安"。[①] 直到云南建立行中书省，社会经济的安定才进入了一个新的时期。

元人李京云："云南于古为蛮僚之域，秦汉以来虽略通道，然不过发一将军，遣一使者以镇遏其相残，慰喻其祁恳而已。所任得人，则乞怜效顺，任非其人，则相率以叛；羁縻苟且，以暨于唐，王室屡复，而南诏始盛矣。天宝以后，值中原多故不暇，及五季扰乱，而郑、赵、杨氏亦复攘据；宋兴，介于辽下，未遑远略；故蒙、段二姓，与唐、宋始终。天远勃兴，文轨混一，钦惟世祖皇帝，天戈一指，尽六诏之地，皆为郡县。迄今吏治文化，侔于中州，非圣化薄博，何以臻此。"[②] 尽管言辞中充满夸饰与溢美，但元朝在对云南进行统治的深度与广度上，确实超过了以往的任何时代，这是事实。

---

① 《元史》卷一二五。
② 李京：《云南志略》。

一 云南行省的设置

1273年，忽必烈为了改变云南长期得不到稳定的严重局面，从信任的大臣中挑选了赛典赤·赡思丁整顿云南，要他以"谨厚"的方针，把云南局势稳定下来。① 1274年，以平章政事赛典赤行省云南，正式建立云南行省。行省是元朝最高地方行政机构，执行中书省政令的简称。元人说："国制，中书总庶政，是为都省。幅员际天，机务日繁町天下重地，立行省而分治焉。若稽古制，魏晋有行台，齐隋所管置外州称行台尚书省，唐以诸道事繁，准齐分置，今行省，其遗制也。"② 不过，准确地说，元朝的行省是宋金两朝遗制的变更。

金代中书省宰相或执政官被派到地方上行使中书省职权时所设立的临时机构叫行中书省。金代后期，出于抵御蒙古的军事需要，普遍置行省于各地，但它始终属于权宜机构。自成吉思汗南下伐金起，蒙古人也采用金的行省官称，授之于降附他们的中原地主武装头目。故凡有征伐之役，分任军民之事，往往称行省或行台。但因未成定制，迭为废置。忽必烈即位时，置十路宣抚司为地方最高行政机构，同时以都省官行某处省事系衔，派到各地行使中书省的职权，设立了不少行省机构，但这时的行省仍属于临时性的中央派出机构。在至元二十年（1283）前后，由于以宰相执行某处省事系衔嫌于外重，因此改为某处行中书省平章或右丞、左丞、参知政事，而不再以都省官系衔。于是，行省就以都省派出机构逐渐演变为地方最高行政机构，"掌国庶务，统郡县，镇罗鄙，与都省为表里"，"凡钱粮、兵甲、屯种、漕运、军国重事，无不领之"。③ 每省置丞相一员（例不常设），平章二员，品秩比中书省低一等；右丞、左丞、参知政事等，品秩与都省官相同。各省的政务需要通过中书省进行协调统一或向皇帝报告，因此，行省与都省之间具有某种程度的从属关系。

元的全国性统治机构，有中书省、枢密院和御史台三大系统，都是由宋代沿袭而来的，但在具体职责上有变化。中书省管理全国政务，枢

---
① 《元史·世祖本纪》。
② （元）许有壬：《河南省左右赞堂记》，《圭塘小稿》卷八。
③ 《元史》卷九十一《百官志》七。

密院负责军务，御史台监察官吏。中书省除设长官中书令外，另设左、右丞相各一人，其下有吏、户、礼、兵、刑、工六部，分别管理具体行政事务。在地方设立"行中书省"，简称"行省"或"省"，行省长官也有左、右丞相或"平章政事"。各省下设路、府、州、县。掌印办事的长官通称"达鲁花赤"（蒙语"亲民官"的意思）。元朝在全国分置了10个行省，即岭北、辽阳、河南、陕西、四川、甘肃、云南、江浙、江西、湖广。①

赛典赤来云南建立行省意味着宗王（云南王）权力的削弱，镇云南的宗王脱忽鲁惑于左右之言，以赛典赤至，必夺其权，于是早以为备。但宗王是皇帝的亲属，又是皇帝分封的，权大势大，必然会给置行省带来很大的阻力。赛典赤是西域回回人，政治经验丰富，他到达云南以后，并没有与宗王针锋相对，而是采取了既尊重宗王（云南王），又逐步集中行省权力的做法。他首先就治理云南的问题征求宗王的意见，然后把宗王的两个亲臣在行省里安排适当的位置，置于行省控制之下。这样，宗王得到尊重，矛盾趋于缓和，"由是政令一听赛典赤所为"。

行省建立前，云南地方行政机构设有宣慰司，军事上设有都元帅府，归宗王统领。行省建立后，这些平行机构仍然存在，军政得不到统一，权力相对分散。赛典赤要求把宣慰司置于行省的控制之下，同时行省"兼行元帅府事"，分掌部分军权。他的这一要求得到忽必烈的许可。这样，行省既统一了行政权力，又在取得部分军事权力的同时，削弱了军事统帅对行省权力的干预，为"初置郡县"工作创造了良好的条件。

二 云南行省的郡县

1276年，赛典赤着手建立郡县，把军事统治时期的万户府、千户府、百户所改置为路、府、州、县。路设总管府，有达鲁花赤、总管，是为长官；有同知、治中、判官、推官，是为正官；还有总领六曹、职掌案牍的首领官。府有达鲁花赤、知府或府尹；有同知、判官、推官、知事等。有的府隶于路，也有的直接隶于行省。有的统州县，也有的不统州县。州有达鲁花赤、州尹或知州，以及同知、判官等官。有些州直

---

① 此外还有高丽省。

隶于路或行省，有的州不统县。县有达鲁花赤、县尹等官。有些县直隶于路或府。

据《元史·成宗本纪》载，至元三十一年（1294）"云南行省以所定路、府、州、县，上路二，下路十一，下州四十九，中县一，下县五十"。大德十年（1306）程文海撰《元世祖平云南碑》说："列为郡县，凡总府三十七，散府八，州六十，县五十，甸、部、寨六十一。"《元史·地理志》则说"云南诸路行中书省"，为路三十七，府二，属府三，属州五十四，属县四十七，其余甸寨军民等府不在此数。柯劭忞《新元史·地理》又作补充说："云南诸路行中书省，领路四十二，府七，属府三，属州五十，属县五十三。"从此，事权统一，政令一律出于行省，加强了元朝对云南的统治，云南成为直隶于中央政府的边远行省，彻底改变了唐宋时期地方割据的状况。现据《元史·地理志》列表说明行省所领之政区。

元代云南行省建置表

省	路	府、州	县、部、千户	今　　地
云南诸路行中书省	中庆路		昆明	昆明市
			富民	富民县城
			宜良	宜良县城
		嵩明州		嵩明县城
			杨林	嵩明杨林
			邵甸	嵩明白邑村
		晋宁州		晋宁晋城
			呈贡	呈贡
			归化	呈贡南部之化城
		昆阳州		晋宁昆阳
			三泊	安宁县南三泊旧县
			易门	易门县城
		安宁州		安宁县城
			禄丰	禄丰县城
			罗茨	禄丰县北之碧城

续表

省	路	府、州	县、部、千户	今 地
云南诸路行中书省	威楚开南等路		威楚	楚雄县城
			定远	牟定县城
		镇南州		南华县南
			定边	南涧县城
			石鼓	南华吕合
		南安州		双柏北部云龙
			广通县	禄丰敦仁
			硪嘉县	双柏硪嘉
		开南州		景东县北
		威远州		景谷县城
	武定路	和曲州		武定城南
			南甸县	武定县城
			元谋县	元谋县城
		禄劝州		禄劝县城
			易龙县	禄劝北
			石旧县	禄劝东南旧县
	鹤庆路			鹤庆县城
			剑川县	剑川县城
	彻里军民总管府			西双版纳
	广南西路			广南县
	丽江路			丽江县城
		北胜府		永胜县城
		顺州		永胜西部之顺州
		蒗渠州		宁蒗县城
		通安州		丽江县城
		兰州		兰坪县城
		宝山州		丽江大具
		巨津州		丽江巨甸
			临西县	维西县西北
	东川路			会泽

续表

省	路	府、州	县、部、千户	今　地
云南诸路行中书省	芒部			镇雄
		益良州		彝良县城
		强州		彝良东北
	普安路			贵州盘县
	曲靖路	陆良州	南宁县	曲靖县城　陆良县东北
			芳华县	陆良芳华
			河纳县	陆良县南
		越州		曲靖越州
		罗雄州		罗平县城
		马龙州		马龙县城
			通泉县	马龙西南旧县
		沾益州		宣威县城
			交水县	沾益县城
			石梁县	宣威东北
			罗山县	富源县城
	澂江路		河阳县	澂江县城
			江川县	江川县龙街
			阳宗县	澂江阳宗城
		新兴州		玉溪县城
			普舍县	玉溪北城
			研和县	玉溪研和
		路南州		路南县城
			邑市县	宜良北之古城
	普定路			贵州安顺
		仁德府		寻甸县城
			为美县	寻甸城北
			归厚县	寻甸城西

续表

省	路	府、州	县、部、千户	今　地
云南诸路行中书省	罗罗斯宣慰司都元帅府		中　县	四川昭觉瓦岗
		建安州		四川西昌县城
		永宁州		西昌城东
		阔　州		四川宁南县城
		邛部州		四川越西县城
	建昌路	隆　州		西昌西南
		姜　州		四川会东县西南
		泸　州		西昌县南
		里　州		四川美姑
		礼　州		西昌礼州
			泸沽县	泸沽
		昌　州		四川德昌县南
	德昌路	德　州		四川德昌县城
		威龙州		德昌东南巴松
		普济州		德昌西南普威
		武安州		四川会理县城
		永昌州		四川会理城西
	会川路	会理州		四川会东县城
		麻龙州		四川会理县东
		柏兴州		四川盐源
			闰盐县	四川盐源
			金　县	四川盐源、木里间
	临安广西元江等处宣慰司		河西县	河西县城
			会资千户	蒙自东部老寨
		建水州		建水县城
	临安路	石平州		石屏县城
		宁　州		华宁县城
			通海县	通海县城
			嶍峨县	峨山县城
	广西路			泸　西
		师宗州		师宗县城
		弥勒州		弥勒县城

续表

省	路	府、州	县、部、千户	今 地
云南诸路行中书省	临安广西元江等处宣慰司	元江路		元江
			罗槃部	元江县城
			马笼部	墨江县城
			步日部	普洱县城
			思么部	思茅县城
			罗丑部	
			罗陀部	思茅光繁
			步腾部	景洪普文
			步竭部	
			台威部	
			台阳部	
			设栖部	
			你陀部	新平西南之漠沙
	大理金齿等处宣慰司都元帅府	大理路	太和县	大理县城
			永昌府	保山县城
			永平	永平县
			腾冲府	腾冲县
			邓川州	邓川
			浪穹	洱源县城
			蒙化州	巍山县城
			姚州	姚安县城
			大姚	大姚县城
			云南州	祥云县城
		金齿等处宣抚司		保山
		柔远路		保山潞江坝
		芒施路		芒市
		镇康路		永德永康
		镇西路		盈江旧城
		平缅路		陇川
		麓川路		瑞丽
		南赕		盈江西北

续表

省	路		府、州	县、部、千户	今　地
云南诸路行中书省	乌撒乌蒙宣慰司	乌撒路			贵州威宁
		乌蒙路			昭　通
	木连路				孟　连
	孟定路				耿马孟定
	谋粘路				耿马县城
	南甸军民府				梁　河
	六难路甸军民府				
	陋麻和管民官				
	云龙甸军民府				云龙县旧州

云南行省所辖地域，《元史·地理志》说："其地东至普安路之横山，西至缅地之江头城，凡三千九百里而远。南至临安路之鹿沧江，北至罗罗斯之大渡河，凡四千里而近。"事实上，元代云南行省的四至范围，在极盛时期比上述记载有过之而无不及。

云南行省的建立，开创了云南历史的新纪元，具有重大的历史意义。

首先，建立行省促进了地方行政机构的大规模调整。原来有权节制整个云南万户以下土官的大理王段信苴日，被任命为大理总管，他的势力被限制于大理地区。云南的宣慰司兼行元帅府事，奉命听行省节制，行政权力得以统一。同时，元朝改变了军事统治时期以万户、千户兼摄地方行政，军民不分治的局面，遍置郡县于原八府四郡三十七部。郡县行政官员均由朝廷委派。由于离中央政府所在地太远，往返费时，元政府规定，每三年由朝廷遣派使臣前往云南，会同行省、行台官员，就便委任或迁调六品以下官员，再开具名单呈省追授。五品以上官员，仍要移咨部省诠注。对边远地区任用的土官，有品秩而不入流，即使犯了罪，也罚而不废。土官病故，由子侄兄弟袭职，没有子侄兄弟的，则由妻承夫职。

为鼓励内地官员到云南任职，至元（1264—1294）后期，宣布腹里官员迁调至云南，一般可升二等，到极边重地的可升三等。官中病死云南任者，可由朝廷给粮食舟车，护送还乡归葬。云南地方官原来有权擅自处死囚犯，以后规定，像其他行省一样，凡罪至当死，必须申报朝廷断决。

其次，行省推动了社会经济的发展。在政府倡导下，水稻及其他农作物的种植面积有所扩大。过去，"爨僰之人虽知蚕桑，而未得其法"。引进内地先进的蚕桑技术以后，"收利十倍于旧"。① 滇池地区的水利事业也有明显的发展。作为行省的中心，昆明在经济上日益繁盛，很快超过大理而成为云南的第一都会。与此同时，汉文化在云南的传播也呈现出新的局面。元代在云南的一些地方"首建孔子庙，置学舍，劝士从子弟以学；择蜀士之贤者，迎以为弟子师，岁时率诸生行释菜礼。人习礼让，风俗稍变"。② 内地汉族的婚姻行媒、棺葬祭奠等风俗，亦逐渐流行于云南。从南诏以来自成体系、以外释内儒为特点的"儒释文化"，逐渐向内地汉文化靠近。到元、明之际，在云南土人中流行的，已基本上是与内地相同的汉文化。

最后，一部分在蒙古军事统治时期尚未归附或者降而复叛的地区或部族，在云南建立行省以后，也相继被置于云南行省的统辖之下，如罗罗斯（今四川凉山州）、乌撒（今贵州咸宁）、乌蒙（今云南昭通）、广南西路（今云南广南）、左右两江及盘江流域诸部、临安之白衣（傣族先民）、和泥（哈尼族先民）和威楚之金齿（傣族先民）、落落（彝族先民）、八番（今贵州中部）、罗氏鬼国（今黔西北地区）、元江流域诸部、大车里（今西双版纳）等诸部。又麓川（今云南瑞丽、陇川）边外广大地区的金齿、八百媳妇（泰国北部地区）诸部也来归顺。云南行省对上述地区或部落的统治，促进了这些地区的经济与社会发展，加强了这些地区与云南腹地的经济、文化交流。

元代云南行省的建立打破了唐、宋以来南诏和大理国五百多年的地方割据局面，使云南同内地一样，成为全国的一个省。这有利于祖国的统一和各民族的共同繁荣发展。

三　"云南行省"名称及省城"昆明"之沿革

把"云南"作为省级行政区域的名称，始于元代。

"云南"最早是县级行政区域名称。西汉元封二年（前109）汉武帝置益州郡，领有云南县（在今祥云、宾川、凤仪、弥渡），治在今祥云县

---

① 《元史》卷一六七。
② 《元史》卷一六七。

云南驿。东汉永平十一年（68），汉明帝设永昌郡，下属诸县中有云南县，其地域和县城所在地跟西汉益州郡云南县一样。从蜀汉至唐初建立云南郡，"云南"就成为郡的行政区域名称。《三国志·蜀志·后主传》说："建兴三年丞相亮南征，分永昌郡为云南郡。"《晋书·地理志》说："云南郡，蜀置，统县九。"云南郡所辖的九县为云南县、云平县、弄栋县、青蛉县、姑复县、邪龙县、楪榆县、遂火县、永宁县。郡治仍在今祥云县云南驿。《通典·州郡典》及《元和郡县志》说唐初设姚州都督府有云南郡。开元年间，唐玄宗封南诏皮罗阁为"云南王"，其子阁罗凤继袭。《新唐书·南诏传》说其地界"东距爨，东南属交趾（今越南北部），西摩伽陀，西北与吐蕃接，南女王（今老挝桑怒），西南骠（即骠国，今缅甸中部），北抵益州（指大渡河以北），东北际黔、巫（今贵州西北部）"。分政区为十崄、六节度、二都督。南诏国王就是"云南王"，南诏地域就是云南地域。唐人樊绰写云南事迹的书名为《云南志》，书中的三卷目录为"云南界内途程""云南城镇""云南管内物产"，分别记述南诏全境的交通、城镇、物产事迹。这里的"云南"当指南诏所辖全境地域。宋朝曾封大理国王段氏为"云南节度"，大理国时期书籍中的"云南"也是大理国全境地域的总称。元朝灭大理国，在大理国地域建立行省，名为"云南行省"，当是自然的承袭。西汉的云南县为什么用"云南"称其县名？《续汉书·郡国志》注引《南中志》说："云南县西高山相连，西北百数十里有山，众山之中特高大，状如扶风、太乙，郁然高峻，与云气相连结，因视之，不见。其山固阴沍寒。"① 这个被云气笼罩的高山可称为"云山"。清末民初云南著名学者袁嘉谷认为，这个"云山"就是宾川鸡足山，袁嘉谷在《滇南释教论》中说："司马彪在《郡国志》言：云南有山，特高大，状如扶风、太乙，即指鸡足山而言。"② 西汉时的云南县城在今祥云县云南驿，鸡足山在云南驿西北数十里，方位和距离都相合。鸡足山即是云气笼罩的云山，县城在云山的南面百数十里，故取名"云南县"。现代媒体把缭绕于鸡足山（云山）的云气升华为彩云，说"云南"意为"彩云之南"。这个推演有创新意义，优美又合理。

  云南省、中庆路、昆明县都是元代初年开始建立的，是元世祖忽必烈

---

① 转引自方国瑜《中国西南历史地理考释》，中华书局1987年版，第429页。
② 转引自方国瑜《中国西南历史地理考释》，中华书局1987年版，第429页。

改革行政管理体制的产物，历经元、明、清三代没有变化，只是"中庆路"在明、清两代易名为"云南府"。《元史·地理志》说："至元十三年立云南行中书省，初置郡县，遂改鄯阐为中庆路，领司一、县三、州四"；"县三：昆明、富民、宜良"；"州四：嵩民州、晋宁州、昆阳州、安宁州"，"昆明，其地有昆明池五百余里，夏潦必冒城郭，张立道为大理等处劝农使，求泉源所出泄其水，得地万余顷，皆为良田云。"① 戴炯孙《昆明县志》说："宪宗四年（1254），始立昆明千户；至元十二年（1275）改善州，领县二，曰昆明、官渡。二十一年（1284）复改州为中庆路，治昆明，寻并官渡入焉。昆明属中庆路，为路治，后为云南行省治。"② 元初的五百余年，云南的行政中心都在大理。建立云南行省之后，省级官吏和省级管理机关都在中庆路的昆明县城。昆明城成为元代云南省的政治、经济、文化中心。

元代以前，在今昆明城区及其附近，曾先后建筑过苴兰城、谷昌城、昆州城、拓东城、鄯阐城。苴兰城在今城西黑林铺西北山坡上。唐樊绰《云南志》、明正德《云南志》、明天启《滇志》都记载有此城，且都说是战国时庄𫏋王滇时所筑（庄𫏋王滇都城在今晋宁附近）。谷昌城在金马山麓今黑土凹村后的山坡上。建于西汉元封二年（前109），是西汉益州郡谷昌县城。《后汉书》、唐樊绰《云南志》等史书有记载。1950年以后，在这里不断发现汉代遗物。昆州城，在碧鸡关下，《旧唐书》说："昆川，汉益州郡也。"《隋书》、《新唐书》、唐樊绰《云南志》、《南诏德化碑》等史籍都有昆州城的记述。它存在了近二百年。拓东城，在盘龙江东岸至今五里多西北的拓东路、塘子巷、和平村一带地方。唐永泰元年（765），南诏王阁罗凤命长子凤伽异到昆川筑拓东城，凤伽异奉命镇守。因拓东城的地位仅次于南诏都城羊苴咩，故称为"别都"或"东京"。唐太和三年（829）南诏弄栋节度使王嵯颠请内地工匠尉迟恭韬在拓东城西一里外滇池水滨建觉照寺并东寺塔和慧光寺并西寺塔。这两塔经历代维修，至今仍立于书林街和东寺街，见证了唐代时拓东城的存在。宋代大理国时期的鄯阐城是唐代南诏时期拓东城的扩展。大理国八府之一的鄯阐府，其府城就是鄯阐城。1063年大理国权臣高智升晋封为鄯阐侯，子孙

---

① 《元史·地理志》卷六十一。
② （清）戴炯孙：《昆明县志》卷一。

世袭。高氏七代都以鄯阐侯身份统治滇池地区。1111年和1119年，滇东三十七部两次起义，曾攻破鄯阐城，将它摧为"废城"。高氏第五代鄯阐侯大力重建，称为"新城"，仍叫鄯阐城。今得胜桥至鸡鸣桥的金碧路和三市街一带是商业中心。元朝建云南行中书省。于1276年改鄯阐府为中庆路并辖昆明县。元朝的中庆城（昆明县城）又叫鸭赤城或鸭池、押赤、雅岐。《元史·世祖本纪》至元十一年、十五年十二月、十九年七月、二十八年十二月都有"鸭赤"的记载。《元史·兀良合台传》有"押赤城"的记述。昆明筇竹寺《圣旨碑》有"云南鸭池城子玉案山筇竹寺住持玄坚长老为头和尚"之语。总之，唐代时南诏的拓东城，宋代时大理国扩展为鄯阐城，元代时扩展为中庆路城（鸭赤），也即昆明县城。因元代以前都是土城，不易保存，没有留下城址痕迹。

元代中庆城（押赤城，昆明县城）的著名建筑有：云南行省署、肃政廉访司署、梁王宫、文庙、文昌祠、圆通寺、五华寺、大德寺、地藏寺、两个清真寺、大灵庙、得胜桥、通济桥等。见于记载的居民区有"止善坊"和"利城坊"。三市街一带为商业中心。蒙古军大将兀良合台攻占"押赤城"的总体面貌是："城际滇池，三面皆水，既险且坚。"① 意大利旅行家马可·波罗于公元1284年来到雅岐（押赤），见到一个"壮丽的大城"；"城中有商人和工匠，为杂居之地，有偶像崇拜者，聂斯托利润基督教徒，萨拉森人或回教徒，但偶像崇拜者的人数最多"；"本地米麦的生产甚丰"；"此处有一湖，周围近一百哩，出产各种鱼类"。② 元代中庆路儒学提举孙大享赞美说："中庆，古鄯阐也。山川明秀，民物阜昌，冬不祁寒，夏不剧暑，奇花异卉，四序不歇，风景熙熙，实坤维之胜区也。"③ 元代曲靖等路宣慰副使、云南著名文人王升作《滇池赋》，说中庆城（昆明城）："探华亭之幽趣，登太华之层峰；觅黔南之胜概，指八景之陈踪；碧鸡峭拔而岌嶪，金马逶迤而玲珑；玉案峨峨而耸翠，商山隐隐而攒穹；五华钟造化之秀，三市当闾阎之冲；双塔挺擎天之势，一桥横贯日之虹。千艘蚁聚于云津，万舶峰屯于城根；致川陆之百物，富昆明之

---

① 《元史》卷一二一，列传八《速不台·兀良合台传》。
② 李季译：《马可·波罗游记》，第195—200页。
③ 景泰《云南图经志书》卷一。

众民。"①

洪武十四年（1381）明朝在云南建立统治。第二年就新建昆明砖城。李元阳《云南通志·建设志》说："府城，洪武十五年（公元1382年）建，周围九里有奇。凡六门：东曰咸和，东北曰永清，南曰崇正，西曰广威，西南曰洪润，北曰保顺。上各有楼，其崇正门之楼则更漏在焉。前有坊，曰忠爱、曰安远、曰金马、曰碧鸡。环城有河，可通舟楫。"《云南府志·建设志》说："云南府（昆明县附郭）城创自庄蹻，至唐，蒙氏改筑拓东城。明洪武十五年重筑，拓基周九里三分，高二丈九尺二寸，向南。城共六门，上各有楼：南门曰丽正，楼曰近日；大东门曰咸和，楼曰殷春；小东门曰敷泽，楼曰璧光；北门曰拱辰，楼曰眺京；大西门曰宝城，楼曰拓边；小西门曰威远，楼曰康阜。居南门西偏者为钟楼。环城有河，可通舟楫。"明清时代的昆明古城墙残留至20世纪50年代。东城墙为今青年路的圆通山东北角一窝羊至东风路段。小东门在今圆通大桥西侧附近。大东门在今青年路与人民路交会处。南城墙为今东风路，东起青年路口，西至人民路口。南门在今正义路与东风路交会处。西城墙在今建设路，南起人民路与东风西路交叉口，北至师大附中。小西门在人民路、东风西路、建设路交会处。大西门在建设路、文林街、龙翔街交会处。北城墙西起师大附中，横穿云南大学正院中部，跨越北门街北口，横穿圆通山北缘至一窝羊。北门在今北门街北口。元代昆明土城的北门在今正义路与人民路交会处。明清两代的昆明砖城向北扩展，把五华山、圆通山、翠湖包容进城内。

在明代，昆明居民集中的点有"城里三坊""城外二十四铺"之说。"三坊"，一为崇政坊，在今北门；一为报功坊，在今平政街南口；一为文明坊，在今文明街。三坊各有巡检管理。"二十四铺"，东有咸和铺、太和铺、金牛铺、敷泽铺、桃园铺；南有三义铺、云津铺、巡津铺、南岳铺、真庆铺、嵩山铺、书林铺、三元铺、金马铺、羊马市铺、十里铺；西有三合铺、白马铺、石桥铺、西岳铺、龙翔铺、妙音铺；北有北岳铺、商山铺。每铺有"乡约"、"保正"各一个管理。"三坊""二十四铺"仅是明初的居民点，随着人口增多，居民点也就不限于此了。明清两代，昆明商业更为发达，远来的商旅感到住在城内早晚出入不便，喜歇城外，所以

---

① 景泰《云南图经志书》卷一。

城外比城内繁华。今三市街和金碧路一带，元代就繁华；明清两代，通商大道从大板桥经东站入城，使城东南尤为热闹，三市街、云津市场、太和街一带更加繁荣。城的中轴线上，从正义路由北至南有五华坊、四牌坊、三牌坊构成一线三坊；南门外三市街的忠爱坊和金碧路的金马坊、碧鸡坊构成品字三坊，这六个坊是明清两代昆明城著名的景观建筑。六百余年来这六个坊几经毁坏，又几经重建。现在，金马坊、碧鸡坊、忠爱坊、四牌坊重建一新，得以保存其原貌。五华坊和三牌坊已不存。金马坊和碧鸡坊是昆明古代八景之一，又因有"金碧交辉"的天文景观融入高超的建筑技术而著名。忠爱坊一说为纪念云南行省首任平章政事赛典赤而建，意思是说他忠于人民、爱人民。

明清时代昆明城中的五华山也为昆明古代八景之一，称为"五华鹰绕"。山顶有诸葛祠，明末永历帝逃到昆明，在此建宫室，后改为敏忠寺。圆通山本名螺蜂山，因元代就建有圆通寺，因寺而得名，改为圆通山。它东有螺蜂庵，西有叠翠庵。旧时因螺蜂山和叠翠庵的倒影能映到翠湖碧波之中，景色动人，成为昆明古代八景之一，叫做"螺蜂叠翠"。

古代翠湖称为菜海子，风景秀丽，也为昆明古代八景之一，称为"翠堤春晓"。有一水经洪化桥出小西门入篆塘经大观河流入滇池。明初沐英在湖西南一带种柳牧马，又于此建为府第，故这一带旧称洗马河。清初，吴三桂统治云南二十三年，他为满足奢欲，大兴土木，在今省科技馆和省图书馆一带，填了菜海子的一半，扩建为他的府宅，他称帝死后，其孙子建年号"洪化"，改称"洪化府"。吴三桂又把五华山永历帝故宫改建成府第，在北门外莲花池建造"安阜园"（又名野园），他这三处宫邸基本上连为一体，可从五华山下山泛舟翠湖而达洪化府，也可从洪化府驾舟达翠湖北面，登陆出北门到莲花池安阜园。清康熙年间，云南巡抚王继文在翠湖中建碧漪亭。嘉庆时云贵总督阮元筑南北长堤，人称"阮堤"。光绪年间建水月轩。民国初年唐继尧筑东西长堤，人称"唐堤"，又建会中亭。翠湖的风景名胜大致已成。

明初，道教长春派国师刘渊然被贬到昆明，沐英为他建了三座道观，在城内建长春观，在城外重修真庆观（今白塔路南段），在城郊重修龙泉观（今黑龙潭公园内）。今文庙街北口对面的文庙，也是明清时代昆明城内规模较大的建筑，由崇圣殿、大成殿、尊经阁、桂香阁、奎星阁、泮池、棂星门等建筑群组成。东大门榜书"德配天地",西大门榜曰"道冠古今"。这个文庙建筑还基本完整地保留至今。今云南大学正院南部分是明清两代的贡院,为全省秀才来省城昆明考举人(会试)的地方,贡院的至公堂和大门经历代修缮,保留至今。贡院大门名为"龙门",左边是腾蛟门,匾书"明经取士",右边是起凤门,匾书"为国求贤"。清代的云贵总督署和云南巡抚署,建筑已荡然无存,它们的遗址一在今光华街的人民胜利堂,另一在今如安街的昆八中。

四 平章政事赛典赤及其政绩

云南行省第一任平章政事(省长)赛典赤·赡思丁(1211—1279)《元史》本传说他是"回回人","贵族","太祖西征,赡思丁率千骑以文豹白鹤迎降,命入宿卫从征伐"。《云南回族史》说他:"又名乌马儿,是中亚布哈拉人。1219 年成吉思汗远征西域,其父苦鲁马丁率骑兵千余人归顺,赛典赤·赡思丁亦跟随元军征战各地。1224 年间,赛典赤·赡思丁曾充任成吉思汗的帐前侍卫,随从征发。在世宗(窝阔台)、宪宗(蒙哥)、世祖(忽必烈)三朝,历任燕凉断事官(司法官)、燕京路总管(行政长官)、中书平章政事(中书省长官),陕西、四川中书平章政事(省长)。历任政绩卓著,得三朝元帝赏识。"

至元十一年(1274)元世祖忽必烈任命他为云南行省平章政事。他到云南后,一是变革云南的行政管理体制,废除原来的万户府、千户府、百户所,建立路、府、州、县,使云南的行政管理与全国统一。二是在中庆(昆明)、大理、威楚、鹤庆、曲靖、寻甸、澂江、临安等地开"民屯",屯户有 14274 户,田地约三万多双(每双四亩),占整个元代云南民屯的 90% 以上。《南夷书》说,赛典赤初定田赋为每亩二斗,这一数字比元代云南地主的地租为低。为保证行省赋税的收入,可以根据当地具体的出产情况,折牛、折马、折银缴纳。三是进行农田水利建设,作陂池,以备水旱,筑松华坝于城东北,修南坝闸于城南盘龙江,分盘龙江水入金汁河,并修建宝象、马料、海源、银汁等六条河流,均用闸座蓄泄,灌溉万顷,军民感激。又命专管农业的官员张立道,征发劳力两千人,用 3 年的时间,疏通了滇池的出水口——海口,改变了海口淤塞、雨季成灾、田地被淹的状况。四是首建孔子庙,置学官,"购经史、授学田",在中庆、大理设儒学提举,劝土人子弟入学,择蜀士之贤者为老师,进一步传播汉

图 2　赛典赤纪念冢（元代）

文化。五是对少数民族进行团结安抚。至元十四年（1277），萝槃甸（今元江）土司反叛，他率军去征讨，其部将发现他有忧愁，问之，他答曰："吾非忧出征也，忧汝曹冒针镝，不幸以无辜而死；又忧汝曹劫掠平民，使不聊生，及民叛，则又从而征之事。"他率军至萝槃城三日，萝槃主不降，诸将请攻之，赛典赤不可，派使西去以理服之。又过了三日还是不降，诸将奋勇请进兵，赛典赤又不同意，将卒愤，发起进攻，赛典赤大怒，遂鸣金止之，并召将叱责说："天子命我安抚云南，未尝命以杀戮也。无主将命而擅攻，于军法当诛。"他命左右缚之，诸将叩首，请求在攻下城后再诛。萝槃主闻之后说"平章（指赛典赤）宽仁如此，吾拒命不祥"，乃举国出降，尚未款附的诸部少数民族翕然款附，云南边疆出现民族关系亲和的局面。对于土著民族酋长求见时所送的礼物，他都分赐从官，或送给贫民，"秋毫无所私"。对酋长，以酒衣慰劳，并制衣冠、袜履，让他们换下粗服和革鞋，酋长们皆感悦。六是赛典赤在云南作平章政事六年，至元十六年（1279）卒，"百姓巷哭"。交趾（今越南河内）王派使者前来吊祭，"使者号泣晨野"。忽必烈专门发诏，要云南行省官吏"尽守赛典赤成规，不得辄改"。

赛典赤的坟墓在昆明城郊松花坝的山坡上，衣冠墓在昆明市区五里多。赛典赤的子孙大多是元代中期的高中级官吏。长子纳速剌丁，先后任云南行省平章政事和陕西行省平章政事。三子忽辛曾任云南行省右丞（副省长）和江西行省平章政事。五子马速忽也曾任云南平章政事。孙子忽先也曾任云南行省平章政事，另一孙子沙的也曾任云南行省左丞（副省长）。这些子孙职守赛典赤成规，为云南的社会、经济、文化发展也作过贡献。

第三节　元代云南的军队和屯戍

一　元代云南的军队

元代云南有蒙古军、探马赤军、汉军、新附军等直属朝廷的军队，还有先后建立的各民族的"乡兵"：僰人（今白族先民）的爨僰军，么些人（今纳西族先民）的么些军；百夷人（今傣族先民）的"百夷军"，罗罗人（今彝族先民）的"罗罗军"，和泥人（今哈尼族先民）的"和泥军"等。蒙古军是蒙古人组建的军队。蒙古人是元朝的统治民族，自成吉思汗时代至元朝末年，"男子十五以上，七十以下，无众寡尽佥为兵。十人为牌，设牌头，上马则备战斗，下马则屯聚牧养。孩幼稍长，又籍之曰渐丁军。"[①] 蒙古男人全是军人。探马赤军是色目人组建的军队。所谓色目人，即中亚回回人、新疆畏吾儿人、西夏人、契丹人、女真人的统称。北方汉人组建的军队为"汉军"，"既平中原，发民为卒，是为汉军"。[②] 灭南宋后，征发南方汉人组建的军队称为"新附军"。《元史·兵志》说："故有国百年而内外兵数之多寡，人莫有知之者。"元代云南不同时期的军队数量无史籍可考。忽必烈和兀良合台率十万蒙古军和探马赤军攻灭大理国，占领云南全境的战争，损耗八万，剩二万。兀良合台率三千蒙古军和万余爨僰军赴广西、湖南、湖北助北来的蒙古军攻打南宋。其余一万七千余蒙古军和探马赤军留云南镇戍。《元史·兵志》说："至元二十一年十月，增兵镇守金齿，以其地民户刚狠，旧尝以汉军、新附军三千戍守，今再调探马赤、蒙古军二千人，令药剌海率赴之。"由此可知，镇戍云南者，各种军都有。万历《云南通志》卷二永昌府古迹中载有蒙古军千户所址、

[①] 《元史·兵志》四十六。
[②] 《元史·兵志》四十六。

回回军千户所址、爨僰军千户所址、四川军万户所址，这是元代镇戍金齿（永昌）的蒙古军、探马赤军、爨僰军、新附军的军营故址。

《经世大典·叙录·屯戍》说："蒙古军即营以家，余军岁时践更，皆有成法。"这就是说，蒙古军常驻，其他军践更。《元史·世祖本纪》载："至元二十二年十月己亥，遣雪雪的斤领畏吾儿户一千戍合刺章（大理）。"其所以称之为户，当是家属同来。《元史·兵志》载："至元十五年，云南行省言：云南旧屯驻蒙古军甚少，遂取渐长成丁怯困都等军以备出征。"这就是在云南的蒙古军户征调的渐丁军（十五岁以下的孩幼稍长者）。

1253 年忽必烈灭大理国至 1274 年建立云南行省的二十一年间，战争繁多，在云南各地设置若干万户府、千户所、百户所，是军政合一的军事管制行政组织。1274 年，云南设立行中书省，地方上设立了路、府、州、县等行政机构。因云南地处边疆，军务繁重，在一些战略要地驻有蒙古军、探马赤军、汉军、新附军、爨僰军。因此，在行省之下，路、府之上，还设有兼管军民的宣慰司都元帅府或兼管军万户府。据《元史·地理志》记载，元代云南行省设置过的宣慰司都元帅府有两个：其一，大理金齿等处宣慰司都元帅府；其二，罗罗蒙庆等处宣慰司都元帅府，负责今西昌、凉山地区的军政事务。云南行省设置的宣慰司兼管军万户府有两个：其一，临安、广西、元江等处宣慰司兼管万户府（司府署在今通海县曲陀关），负责今红河州、文山州广大地区的军政事务；其二，曲靖等路宣慰司军民万户府，负责今曲靖地区等处的军政事务。云南行省设置的宣慰司有一个：乌撒乌蒙宣慰司，负责今滇东昭通府地区和黔西北毕节地区的军政事务。在全国十一省中，云南省因地处边疆要地，设置这么多军政管理机构，在全国各省中是最多的。

二 元代云南的屯戍、驿传

《元史·兵志》说："海内既一，于是内而各卫，外而行省，皆立屯田，以资军饷。云南……为蛮夷腹心之地，则又因制兵屯旅以控扼之。"这种镇戍性的屯田，称为屯戍。元王朝圈了一部分土地，还没收了高氏领主的土地，拨给驻守云南的军队屯垦。蒙古军、探马赤军、汉军、新附军屯种的土地，由行省拨给，或指定地点自行开垦。爨僰军自带己业田进行屯垦，没有土地的则由官给无主荒田屯垦。

《元史·兵志·屯田》载，云南行省所辖军民屯田一十二处如下：

威楚提举司屯田：至元十五年，于威楚提举盐使司拘刷漏籍人户充民屯，本司就领其事，与中原之制不同，为户三十三，为田一百六十五双。

大理金齿等处宣慰司都元帅府军民屯：至元十二年，命于所辖州县拘刷漏籍人户得六千六十六户，置立屯田。十四年，佥本府编民四百户益之。十八年，续佥永昌府编民一千二百七十五户增入。二十六年，立大理军屯，于爨僰军内拨二百户。二十七年，复佥爨僰军人二百八十一户增入。二十八年，续增一百一十九户，总之民屯三千七百四十一户，军屯六百户；为田军民已业二万二千一百五双。

鹤庆路军屯民屯田：至元十二年，佥鹤庆路编民一百户立民屯。二十七年，佥爨僰军一百五十二户，立军屯。为屯六百八双，民屯四百双，俱已业。

武定路总管府军屯：至元二十七年，以云南戍军粮饷不足，于和曲、禄劝二州爨僰军内佥一百八十七户立屯耕种，为田七百四十双。

威楚路军民屯田：至元十五年，立威楚戍屯，拘刷本路漏籍人户得一千一百一户，内八百六十六户，官给无主荒田四千三百三十双，余户自备己业田一千一百七十五双。二十七年，始立军屯，于本路爨僰军内佥三百九十九户，内一十五户，官给荒田六十双，余户自备己业田一千五百三十六双。

中庆路军民屯田：至元十二年，置立中庆民屯，于所属州县内拘刷漏籍人户得四千一百九十七户，官给田一万七千二十二双，自备己业田二千六百二双。二十七年，始立军屯，用爨僰军人七百有九户，官给田二百三十四双，自备己业田二千六百一双。

曲靖等处宣慰司兼管军万户府军民屯田：至元十二年，立曲靖路民屯，拘刷所辖州郡诸色漏籍人户七百四十户立屯。十八年，续佥民一千五百户增入，其所耕之田，官给一千四百八十双，自备己业田三千双。十二年，立澂江民屯，所佥屯民与曲靖同，凡一千二百六十户。二十六年，始立军屯。于爨僰军内佥一百六十九户。二十七年，复佥二百二十六户增入。十二年，立仁德府民屯，所佥屯户与澂江同，凡八十户，官给田一百六十双。二十六年，始立军屯，佥僰军四十四户。二十七年，续佥五十六户增入。向耕田亩四百双，俱系军人己业。

乌撒宣慰司军民屯田：至元二十七年，立乌撒路军屯，以爨僰军一百一十四户屯田。又立东川路民屯，屯户亦系爨僰军人八十六户，皆自备己业。

临安宣慰司兼管军万户府军民屯田：至元十二年，立临安民屯二处，皆于所属州县拘刷漏籍人户开耕，宣慰司所管民屯三百户，田六百双。本路所管民屯二千户，田三千四百双。二十七年，续立爨僰军屯，为户二百八十八，为田一千一百五十二双。

梁千户翼军屯：至元三十年，以汉军一千人置立屯田。三十一年，发三百人备镇戍巡逻，止存七百人，于乌蒙屯田，后迁于新兴州，为田三千七百八十九双。

罗罗斯宣慰司兼管军万户府军民屯田：至元二十七年，立会通民屯。屯户系爨僰土军二户。十六年，立建昌民屯，拨编民一百四户。二十三年，发爨僰军二百八十户，立军屯。是年，又立会川路民屯，发本路所辖州邑编民四十户。十六年，立德昌路民屯。发编民二十一户。二十年，始立军屯，发爨僰军人一百二十户。

乌蒙等处屯田管府军屯：延祐二年，立乌蒙军屯。发畏吾儿及新附汉军屯田镇遏。为户军五千人，为田一千二百五十顷。

另外，据《元史·世祖本纪》关于"至元二十三年四月庚子，敕免云南从征交趾蒙古军屯田租"的记载，蒙古军也有开屯的，但可能是少数。

元于全国设驿传，其目的是巩固其统治，军政用途是首要的。《经世大典·站赤篇》说："站赤者，国朝驿传之名也。凡站（旧书作蘸），陆则以马以牛，或以驴，或以引车；水则以舟，其应给驿者以玺书，而军务大事之急者，又以金圆符为信，银字者次之，其符信皆天府掌之，其出给在外者，皆国人之为官长者主之，他官不得与也。马数多寡，视官品高下，公事大小，止则有馆舍，既则有供帐，饥渴则有饮食。事毕则以符信归诸所受之府，不敢三日稽也。祖宗之法，至如今守之，其官为驿令，小者皆设提领，又置脱脱禾孙于都会关要之地，以诘其奸伪，总之以通政院中书兵部。部户有阙乏逃亡者。则以时而佥完周恤之。我国家疆理之大，东渐西被，暨于朔南，凡在属国，皆置驿传，星罗棋布，脉络通通，朝令夕至，声闻毕达，此又总纲挈维之大机也。辽东大站，亦附见云。"

据《经世大典·站赤篇》所载，云南诸路行中书省所辖站赤78处。马站74处。①

由上看来，虽说为了加强军政统治，但客观上道路畅通，与内地联系空前密切，有利于促进云南社会经济的发展。

---

① 罗罗斯宣慰司所辖马站29处，马1271匹。本司所辖马站6处，马240匹。大渡河站，马40匹。西番站，马40匹。邛部州站（按：当是邛部州之误），马40匹。泸沽州站，马40匹。建昌府泸州站，马40匹。定昌府法山站，马40匹。

武定路，马站10处，马500匹。明夷站，马50匹。大龙站，马50匹。浍川站，马50匹。黎溪站，马50匹。畺站，马50匹。环州站，马50匹。虚仁站，马50匹。勒站，马50匹。和曲站，马50匹。利浪站，马50匹。

中庆府站马站六处，马311匹。本府在城站，马115匹。嵩明府杨林站，马30匹。晋宁州站，马21匹。安宁州站，马37匹。路品站，马37匹。禄丰站，马37匹。

仁德府矣龙站1处，马30匹。

曲靖路，马站6处，马190匹。陆凉站，马40匹。龙马站，马30匹。不鲁吉站，马30匹。火忽都站，马30匹。蒙古都站，马30匹。法纳河站，马30匹。

乌撒宣慰司所辖站49处。马站45处，马1074匹，牛30只。水站4处，船24只。本司所辖马站三处，马90匹，牛30只。必畔站，马30匹，牛10只。乌撒站，马30匹，牛10只。阿都站，马30匹，牛10只。

乌蒙宣抚司所辖站9处。马站5处，马150匹。水站4处，船24只。马站5处：乌蒙结吉站，马30匹。雪山站，马30匹。合者剌站，马30匹。罗佐站，马30匹。叶梢坝站，马30匹。水站4处：叶梢坝站，船6只。华铁站，船6只。盐井站，船6只。滩头站，船6只。

丽江路马站3处，马60匹。立吉庄站，马10匹（系军人带养）。剌八站，马30匹。义都站，马20匹。

大理路马站14处，马411匹。剑川县站，马22匹。观音山站，马15匹。邓川州站，马15匹。大理府在城站，马23匹。河尾关站，马60匹。建宁县站，马41匹。云南站，马50匹。普棚站，马13匹。样㦯站，马40匹。打牛坪站，马13匹。永平站，马33匹。沙磨和站，马25匹。永昌府站，马30匹。腾冲府站，马30匹。

威楚路，马站5处，马138匹。沙桥站，马33匹。禄葛站，马33匹。路甸站，马31匹。捨资站，马31匹。威楚在城站，马120匹。

澂江路，马站1处。江川县站，马20匹。

临安路，马站6处，马120匹。宁海站，马40匹。建州站，马40匹。蒙自县八甸站，马30匹。娘甸站，马10匹。矣马同站，马10匹。落捉站，马10匹。

广西路，马站5处，马46匹。豆温站，马10匹。马者龙站，马10匹。吉双站，马10匹，弥勒站，马10匹。茶起站，马6匹。

普安路，马站3处，马40匹。塔剌迷站，马20匹。南梦站，马10匹。磨溪站，马10匹。

第四节 云南行省的民族和土官

一 民族

云南是多民族地区，各个时代有各民族的发展状况。元代是各民族发展的重要时期，不仅原来的土著民族在相互融合发展中有新的变化，而且迁入了蒙古人、色目人和新来的汉人。

自1253年忽必烈率军征大理，到1381年元朝终结在云南统治的128年中，转战云南、镇戍云南、屯戍云南的蒙古军、探马赤军、汉军、新附军数量很多，遍及云南各地，蒙古人、色目人、汉人在云南做官、经商、务农、务工的数量也不少。尽管许多人后来离云南而去，但绝大多数则落籍云南，成为云南的居民。

蒙古人最早来云南的是从忽必烈征大理而来的军人。忽必烈北归，虽带走了一些，但多数留下来跟兀良合台继续征服云南各地。1259年，兀良合台离开云南后，由于全省各地不断的反抗，元军调动频繁。如从至元十一年（1274）到至顺元年（1330）的五十多年间，军队的调遣有六十多次。其中，转战于昆明和云南其他地方的蒙古军数量相当多，有人估计在二十万以上，各次战争结束后，还留蒙古军进行镇戍。元末明初，明军攻占云南，梁王所率元军，负隅顽抗，失败后，梁王自杀，军人完全当了俘虏而留居云南。元代留居云南的蒙古人除今通海县杞麓湖畔的中村、白阁、下村、交椅湾、陶家嘴五个自然村的居民被识别确认为蒙古族外，云南其他地方的蒙古遗民都已融合于汉族和其他民族，他们留存的许多家谱和墓碑，都记录着他们的祖先是元代云南的蒙古人。

在元军中，色目人不少，通称"探马赤军"。由于成吉思汗1219年至1258年间先后征服了中国西域至黑海以东的信仰伊斯兰教的各民族，大批中亚各族人、波斯人、阿拉伯人编入探马赤军，参加了忽必烈统一全中国的战争，来到云南。他们在全省各地镇戍、屯戍或经营工商业，逐步融合发展为云南的回回人（回族）。例如，赛典赤·赡思丁是中亚布哈拉回回贵族，来云南后任云南行省平章政事。他死在云南后，其子孙分别取汉姓赛、沙、纳、合、撒、闪、忽等，后来繁衍为回族中的大姓。元代先后进入云南的回回等民族，落籍后多与汉族或土著民族通婚，他们原有的民族语言文字或被遗忘，或退为宗教语文，汉语变成了民族共同语。于是在新的历史条件下，基于共同的政治、经济地位和共同的伊斯兰教信仰，这些来自不同地方、不同民族、不同阶层的人，逐渐形成新的共同体——回族。难怪当时波斯历史学家拉施特在《史集》中说："押赤（昆明）居民皆是回回教徒。"

元代云南的汉族不是土著，而是从云南省外迁入的。历史上随庄蹻入滇而来的楚人，汉武帝时到云南屯垦的汉人，南诏王从成都盆地俘掠来的汉人，以及历代零星来云南经商、务农、务工的汉人，都已在历史发展中融合入云南土著各民族。元代从内地迁入云南的汉人有两部分：一是元朝统一云南后，调动北方汉人组编的"汉军"和南方汉人组编的"新附军"来云南作战、镇戍、屯垦。这些军人落籍云南，生息繁衍而成云南的汉族。二是元代大一统后，内地汉人来云南做官、经商、务农、务工，也生息繁衍为云南汉族。上述元代云南的蒙古人、回回人、汉人，居住人口虽然较多，但在全省各民族的总人口中并不是多数。元代云南人口最多的还是土著各民族。

载于元代史籍的云南土著民族有僰人、罗罗、么些、金齿百夷、和泥、侬人、沙人、土僚、佤、卢蛮、结些，还有阿昌、怒人、撬人、蒲人等。其中僰人和罗罗的人口最多，他们生活在自曲靖路往西，经中庆（昆明）、威楚（楚雄）、大理至永昌（保山）一带的云南腹心地区，是政治、经济、文化发展水平较高的两个群体；金齿百夷是云南西南边疆人口最多，政治、经济、文化发展较快的民族群体；滇西的么些，虽然人口不算多，但政治、经济、文化发展也较快。

《元史·世祖本纪》说："至元二年（1265）二月辛丑……以蒙古人充各路达鲁花赤，汉人充总管，回回人充同知，永为定制。"[①] 元朝将民族分为蒙古人、色目人、汉人、南人四个等级。在云南为蒙古人、回回人、汉人、土著各民族人。蒙古人是最高统治者。在中央，元朝皇帝是蒙古人；在云南，"梁王"和"云南王"是蒙古人，还有"诸王"和一些军人、军官，也是蒙古人。各路都有"达鲁花赤"，许多府州县也派遣"达鲁花赤"。所谓达鲁花赤，蒙语意为掌印官，以掌印办事而拥有实权。"达鲁花赤"也都是蒙古人。云南的地方官，当数回回人最多，"故云南

---

① 《元史》卷六，本纪第六，世祖三。

通志罗举'丞相'、'平章'以下百数十人，强半皆蒙古及色目之世族"。① 事实上回回人担任过云南省级官的"平章政事""左丞""右丞""参知政事"相当多，可列举的有赛典赤及其子孙：纳速剌丁、忽辛、马速忽、忽先、沙的。还有彻里帖木儿、怯烈、也罕的斤等回回人担任过省级官吏。数量确实不少。汉人在云南行省执政者当数第三。最著名的例子是张立道。此人在昆明和大理作劝农使，协助赛典赤修水利，抓农业生产，取得显著成就。他原为云南王忽哥赤的"王府文学"，又任过大理等处劝农使、中庆路总管，还多次出使交趾（今越南河内），官至礼部尚书。还有一个叫刘正，也是汉人，官至行省左丞和右丞（副省长），曾是纳速剌丁任平章政事时的助手。这说明，在元代，汉人不仅在中央王朝有大官，在云南也有。

图3 元代的茶罕章（丽江）管民官么些酋长阿良阿胡

二 土官

蒙古贵族用武力与招抚相结合的手段，征服了全国各民族。由于云南

---

① 雪沧：《关于元朝社会经济的一些问题》，《历史教学》1954年第4期。

距内地远，社会经济和文化发展水平参差不齐，加之各地各族的文化和风俗各有差异，如果采取与内地划一的方式进行统治，难以奏效。因此，元朝皇帝任用当地民族头人为官统治各族人民。这种官称为"土官"，别于从外地派去的"流官"。土官统治既能减少与当地各族人民的冲突，又能对所在的民族地区进行有效的控制。

在云南最早任命的土官为么些首领麦良。蒙古军1253年进攻大理时，途经丽江一带，么些首领麦良内附，以之为察罕章管民官，从征大理时又晋升其为副元帅，赐虎符金牌。① 蒙古军攻下大理后，得知其主段氏势微，国事皆决于高祥、高和兄弟，于是对至死不降的实权派高祥，追斩于姚州（今姚安），而对大理国主段兴智房而赦之，并委以重任，命主国事，段氏遂成为云南境内最大的土官。随着蒙古统治势力深入边疆、山区，云南行省相继委任了大大小小的土官，他们是元王朝在当地进行统治的基础。

元朝对少数民族地区的治策，在总结历代王朝，特别是唐、宋统治经验的基础上，又有创新。鉴于唐、宋羁縻州制虽命以郡县之名，实形同一独立王国，为加强中央王朝对少数民族豪酋的驾驭与控制，有元一代创立了蒙夷参治之法，而官有土、流之分，于是始有土司之名。元代土司制度的形成，对后世产生了深远影响，明代"踵元故事，大为恢拓"，而清代又在明制的基础上稍加损益。可见，元代土司制度在中国历代王朝对少数民族的治理史上，占有十分重要的地位。元朝在云南地区设置土官的职类有以下几种。

行中书省土官。由白族土官信苴日任参知政事，② 其后人段功因平息红巾军起义有功，被任命为云南行省平章政事。③ 僰人土官高阿康任行省参政，④ 高寿任行省左丞。⑤ 天历兵变时，罗罗人土官举宗、禄余，并遥授行省参知政事，⑥ 实卜、月鲁帖木儿任行省官员。⑦ 上述土官虽为行省

---

① 《新纂云南通志》卷一八八。
② 《元史·信苴日传》。
③ 《南诏野史》。
④ 《元朝征缅录》。
⑤ 《土官底簿》。
⑥ 《元史·文宗本纪》。
⑦ 《明史·土司传》。

官员，但只能以参镇之名，自镇其土，即省官是虚名，实权在本土。

宣慰司土官。据《元史·百官七》载："宣慰司，掌军民之务，分道以总郡县，行省有政令则布于天下，郡县有请则达于省，有边陲军旅之事，则兼都元帅府……宣慰使，秩从二品。每司宣慰使三员，从二品；同知一员，从三品；副使一员，正四品；经历一员，从六品；都事一员，从七品；照磨兼架阁管勾一员，正九品。都元帅府，都元帅二员，副元帅二员，经历、知事各一员。"宣慰司是设于行省和郡县之间的一级行政机构，多设于边徼重地，为元代始创。宣慰司的长官宣慰使多由少数民族担任，僰人信苴日、罗罗人禄余等都曾担任过此种职务。《元史·信苴日传》载："至元十八年（1281），进信苴日为大理威楚金齿等处宣慰使"；《元史·文宗本纪四》云："至顺二年（1331），置八百等处宣慰司都元帅府，以土官昭练为宣慰司都元帅"；《元史·泰定帝本纪二》云："泰定四年（1327），八百媳妇蛮请官守，置蒙庆宣慰司都元帅府，以土官招南通并为宣慰司都元帅"。宣慰司兼都元帅府的原因是："以蛮夷未附者尚多，命宣慰司兼行元帅府事"。① 在边地还有宣慰司兼管军万户府，如至元二十五年（1288）"改云南乌撒宣抚司为宣慰司，兼管军万户府"。②

宣抚司、安抚司、招讨司土官，据《元史·百官志》载："其有远服，又有招讨、安抚、宣抚等使，品秩员数，各有差等。"宣抚司、安抚司、招讨司是品级低于宣慰司的行政机构，云南设有丽江路军民宣抚司、金齿等处宣抚司。《元史·李德辉传》载："至元十七年，改鬼国为顺元路，以其前为宣抚使。"

路总管府土官。从大理段氏信苴日到段明，共十代世袭大理路总管。此外，还有车里路总管寒赛，东川路总管普折，元江路总管普双，建昌路总管阿宝，通西路总管缅吉，普安路总管阿宋，普定路总管适姑，姚安路土官高明，孟定路总管阿鲁，威楚、开南等路总管忽都等。元代在云南民族地区如同在内地一样，也有路、府、州、县的建制，因此土知府、土知州、土知县、土县丞，见于记载的很多。府土官如顺宁府知府猛氏、北胜府知府高俊、腾冲知府高救、普定知府容苴等；州土官如马龙州知州罗苴、威远州知州阿只步、元江州知州弄景、镇南州同知段良、顺州知州自

---

① 《明史·土司传》。
② 《元史·世祖本纪五》。

睦等。据《土官底簿》载，罗罗人安崇、罗罗人子与、爨人高义均曾任土官知州。县土官有广通县的长寿、研和县的龙锚等。另外云南小百夷人阿鲁曾任定边县土县尹，景东府百夷人阿吾袭元谋县知县，爨人杨益曾任威楚路广通县主簿。

土巡检、土千户、土酋吏等蛮夷长官司长官。作为行政基层组织，由少数民族担任土官则更为普遍。据《元史·百官志》载："诸蛮夷长官司，西南夷诸溪洞各置长官司，秩如下州。达鲁花赤、长官、副长官，参用其土人为之"。

在云南行省辖境内，土司军政机构计有：

（一）罗罗斯宣慰司都元帅府，下辖建昌、里州、定昌、德昌、会川五路总管府，共23州。

（二）大理金齿等处宣慰司都元帅府，下辖大理路、蒙怜路、蒙莱路等几个军民总管府以及金齿等处宣抚司。金齿等处宣抚司其地在大理西南，澜沧江界其东，与缅甸接界，为云南行省之西南边地。其下设茫施、柔远、镇康、镇西、平缅、麓川六路及南睒。

（三）乌撒乌蒙宣慰司，下辖乌撒、阿头、易溪、易娘、乌蒙、闷畔、芒部、阿晟等乌蛮八部。

（四）临安、广西、元江宣慰司，下辖和泥路（在今红河南部）、普日部（在今普洱）、思么部（在今思茅）、车里府（在今景洪）、孟隆路（在今景洪南部勐龙）。

（五）曲靖等路宣慰司兼管军民万户府，下辖普定、普安、曲靖等三路军民总管府。

另外，还有一些设置较晚而《元史·地理志》未载入的司府。1.《元史·文宗本纪》说至顺二年（1331）五月，"置八百等处宣慰司都元帅府，以土官昭练为宣慰使都元帅"。该宣慰司辖孟昌路及蒙庆、本安、孟杰等府，这是云南行省最南的辖地，已将今泰国北部清迈和清莱地区包括在内。2.《元史·本纪》记载，天历二年（1329）三月，设置银沙罗甸等处宣慰司都元帅府。至顺二年，改为军民府，秩从四品。其地在今双江、沧源、澜沧等地。3.据《元史·顺帝本纪》载，至元四年（1267）十二月，"立邦牙等处宣慰司都元帅府，并总管府。先是，世祖既定缅地，以其外云南极边，就立其首长为帅，令三年一人贡，至是来贡，故立官府"。邦牙宣慰司辖地包括今缅甸的蒲甘至阿瓦、曼德勒等地区，明初于此设缅甸宣慰司。4. 在么些族居住的丽江地区，至元八年（1271）曾设立宣慰司。十三年（1276）改为丽江路，置军民总管府。二十二年（1285）底罢，立宣抚司，领北胜府及顺州等七州。

云南是元朝深入西南边疆地区设置的一个行省，就政区建置来看，与内地汉族地区一样，设路、府、州、县，但对这样复杂的多民族地区，中央王朝对其实际管辖方式没有完全"比于内地"。在各民族地区设置的宣慰、宣抚等司及路、府、州、县，除从内地派来的少数官吏之外，大多还是就地任命土著各族中上层首领充当土官。在行省、宣慰司两级，一般是在流官大员坐镇主持下兼置土官；在路一级机构，则广泛任用土官。土官不论担任何种职务，其实际管辖范围，大体上还是原来的统治地区。赛典赤·赡思丁在云南行省新设三十七路，多沿袭于大理国三十七部，路及路以下官员基本由各部大小首领充任。各民族首领受云南行省所授予的土官职位，以作为行省官吏之一员，但在内部则依旧保持其原来政治组织形式。元朝统治者为利用土官传统势力巩固对少数民族地区的统治，对他们给予不同于流官的特别待遇。在臣服于元朝的前提下，允许他们世守其土，世袭其官，世长其民，还明文规定："土官病故，子侄兄弟袭之，无则妻承夫职"，甚至"土官有罪，罚而不废"，在政治统治方式上从其本俗，尽量保持其原有世袭权力与地位。

元朝统治者为了使土官效忠朝廷，往往宠以名爵，赐以厚赏，使之感到有恩可怀，从而竭忠尽力地为元朝统治服务。据《元史·刑法志二》载："诸土官有能爱抚军民，境内宁谧者，三年一次，保勘升官。其有勋劳，及应升赏承袭，文字至帅府，辄非理疏驳，故为难阻者，罢之。"元代对土官升迁之法作了专门规定，并对非理难阻土官升赏者，给予惩处。土官进秩有以下几种办法：

按土官品级升转。如顺元土官宋隆济反，其兄与顺元路同知宋阿重缚之来献，升为宣抚使。此为土酋因有功按土司品级由低升高之例。

加以流官官衔者有之。元初，段实为云南"行省参政"，其子庆"授云南参政"。元末，段功因败明玉珍红巾军有功，梁王"主奏授云南平章"，后又奏升其子宝继为"云南右丞"。至顺元年（1330），"录讨云南秃坚、伯忽之功，云南宣慰使土官举宗、禄余并遥授云南行省参知政事"。① 可见，土官因有功于元朝，可以被授予各级政权机关直至行省的参知政事、平章、左右丞等地方长官的高级职衔。对土官中的"忠勤"者，甚至给予保卫宫廷之职的荣宠。至元十八年（1281），信苴日与其子阿庆入觐，"留阿庆宿卫东宫"。

有封以各种虚衔者。其中包括勋阶、文散官、武散官，如信苴日之子阿庆袭爵，累授从二品的"镇国上将军"。

元朝土官享有的政治地位是比较高的。这尤其表现在元朝与大理段氏的关系上，大理段氏世袭大理总管达11世之久。其他著名的云南土官还有：罗罗斯土官漂末椎、乌撒土官禄余、曲靖土官举宗、蒙庆土官招南通、东川路总管普折、元江路总管普双、孟定路总管阿鲁、乌蒙路总管阿牟、普定路女总管适姑、建昌路女总管沙智、车里总管寒赛、木安府招三斤、孟杰府知府混盆、普定路知府容苴、姚州知州高明、开南州知州阿只弄等。他们都是世代盘踞一地的土酋大姓，元朝利用他们在当地之势力与影响，建立和巩固自己的统治。

尽管对各土著民族土官控制较松，待遇较特殊，但他们已属朝廷命官，佩有元政府颁赐的符印之类，与以前擅土自治的土酋有本质上的区别。土官作为在元朝政府委任地进行统治的官员，主要有以下五种职责：

（一）送子为质。以上所述，大理信苴日之子阿庆曾"入质于朝"。至元二十二年（1285），世祖忽必烈特颁朝命："合剌章（指云南地区）酋长之子入质京师，千户百户子留质云南王所"，足见元廷将入质当做控制土酋的重要手段。

（二）入朝进贡。土司从归附起即须朝贡。朝贡时间，均有定数，有一年、两年或三年一次者，各不相同，因地远近而异。大理总管从信苴日到其子阿庆，就曾"始终七觐阙廷，赏赉无算"，②"其他土官入朝的记载也很多。除上述朝贡外，遇有重大喜庆节日，有另加贡献者。如至元三十一年（1294）成宗即位，"云南金齿路进驯象"；至大四年（1311）仁宗即位，"金齿诸国献驯象"；"大德二年（1298）九月圣诞节，金齿国贡方物"。③ 这些皆是新帝即位或元帝生日贡献之例。贡品均为方物，由于各

---

① 《元史·成宗本纪三》。
② 《新纂云南通志》卷九十三。
③ 《续文献通考·土贡》。

地所产不同,方物品类繁多。所贡方物的品种、数量,均有定额。此外,朝廷还有额外的命贡。元朝把入贡作为考查土官忠实程度的一个重要方面。姚州府土官高明于天历元年(1328)进京入觐,"文宗皇帝嘉其世济忠孝,自远述职……命升姚州为姚安路,明为姚安路军民总管"。①

(三)缴纳赋税。元朝在平定云南之后,即立赋法,征租赋。据《元史类编·大理》载,元灭大理后,"兴智入觐,献云南舆图,并条治民立赋法"。《元史·爱鲁传》载,至元六年(1269),征金齿诸部后,"定其租赋"。《元史·纳速剌丁传》载,至元十六年(1279),纳速剌丁以军抵金齿、蒲膘、曲蜡、缅国,招安夷寨三百,"定租赋"。赋有常赋予增赋之分。增赋的原因,主要是土官欲扩大势力范围,或是要求政区升级,为取悦朝廷作为交换条件而提出的。至于朝廷允许与否,则以其是否答应土司要求为转移。如至顺二年(1331)云南景甸蛮官乞升甸为景东军民府,"常赋外岁增输金五千两,银七百两,许之"。元代赋役,在云南称之为"差发"。

朝贡象征着土司对中央王朝的臣服,纳赋意味着土司地区归属中央王朝的版图。因此,贡赋制度是土司制度的一项重要内容。

(四)签军从征。元代立于云南曲陀关的《都元帅府修文庙碑记》云:"云南去京师万里,诸彝杂处,叛服不常,必威之以兵则久安而长治"。② 为此,元朝在云南驻有大量蒙古军、色目军、汉军及新附军,对"诸彝"执行监视镇遏。史料中不乏这方面的记载。如至元二十一年(1284)十月,"增兵镇守金齿国。以其地民户刚狠,旧尝以新附军三千人戍守,今再调探马赤、蒙古军二千人,令药速海率赴之"。③ 至二十二年(1285)十月,"遣雪雪的斤领畏吾儿一千户戍合剌章"。④ 忽必烈采纳姚枢"布屯田以实边戍"的建议,以云南戍军广兴屯田,几乎遍及整个云南行省。元朝政府一方面从内地调军驻守云南,同时又在当地少数民族中汲取军事力量。至元十五年(1278)正月,"云南行省言:云南旧屯驻蒙古军甚少……已签爨僰军一万为军,续取新降落落、和泥等人,亦令

---

① (元)欧阳玄:《升姚安路记》。
② 《新纂云南通志》卷十四。
③ 《元史》卷九十九。
④ 《元史》卷十三。

充军"。①云南"乡军"即土著民族军队有寸白军、白衣军、罗罗军、和泥军、么些军等。"乡军"除驻守地方外，还常从元朝官军出征。爨僰军、么些军、罗罗军都曾随蒙古军征缅国。"乡军"也须屯田，大理、金齿、鹤庆、武定、威楚、中庆、曲靖、乌撒、临安、罗罗斯等地遍设屯田。

（五）治道立站。土官在其辖地境内有修筑道路、设立驿站之责。乌蒙路总管阿牟以置立驿站被朝廷命诏，建昌路女土官沙智也因治道有功受到朝廷嘉奖。云南行省"水陆皆置驿站"，行省所辖站赤78处，其中"马站七十四处，马二千多匹，牛三十只；水站四处，船二十四只"。②云南遍置站赤，对于元朝巩固在云南的政治、军事统治具有重要意义。

元代在云南的土官制度，较之秦、汉羁縻制有很大的差异。首先是朝廷对土官的管理，比前代更严密。它不仅要求土官对朝廷表示臣服，缴纳贡赋，而且由行省通过土官对其地进行实际管理，并派蒙古人和色目人担任达鲁花赤，进行监督。如云南王和梁王坐镇一方，有力地牵制各土官势力。其次是朝廷对土官的控制，除用封官、赏赐、召见、联姻等多种方式进行拉拢利诱外，还从各方面对其权势加以限制和削弱。严格的管理和控制，使元朝政府对少数民族地区的统治逐渐深入和巩固，使民族地区的政治、经济、军事诸方面皆纳入中央王朝的控制。可以说，元代云南的土官制度在巩固统一、稳定边疆、发展民族地区经济、促进文化交流等方面都起到了积极的作用。

第五节　统治阶级之间的矛盾斗争

在赛典赤、纳速剌丁、忽辛父子三人担任行省长官的30年间，云南的社会较为稳定，经济、文化有长足的发展。元成宗大德元年（1297）以后，行省权力逐渐受到蒙古亲王（梁王和云南王）和大理段氏势力的牵制，统治云南的这三种政治势力之间的角逐日益激化，并演变成尖锐的政治斗争和军事冲突。

---

①《元史》卷九十八。
②《元史》卷一〇一。

一 宗王与行省统治者的矛盾斗争

赛典赤死后忽必烈任用赛典赤的儿子纳速剌丁为"云南行中书省右丞"。1284年升任平章政事。纳速剌丁在忽必烈的支持下，为巩固新建的行省政权采取了一系列的措施。

纳速剌丁罢云南宣慰司为云南都元帅府，把军政大权集中于行省。为了加强行省的工作效能，他设立"云南诸路提刑按察司"，清查积压案件和纠察官吏，裁减重设官吏和冗员，定赋税，禁止收税的官员诈取额外的钱，以保证正常赋税收入，又设专人掌管屯租，以供军粮。他禁止权贵放高利贷，禁止"没人口为奴"，"听民伐木贸易"，"开云南驿路"，"驰道路之禁，通民来往"，并规定云南地方货币与全国通用货币金、银的比值。通过上述措施，纳速剌丁巩固了行省政权。忽必烈为了监督和防止云南行省权力的扩大，至元十七年（1280）封忽哥赤的儿子也先帖木儿为云南王。至元二十二年（1285）下令："事不议于云南王也先帖木儿者，无辄行。"[①] 至元二十七年（1290）首封皇长孙甘麻剌为梁王。梁王在元代诸王中为一等王，地位比云南王更高。云南王镇大理，梁王管辖全省。甘麻剌于1292年改封晋王，移藩漠北。次年，复以其子松山袭封梁王。至大元年（1308）初，也先帖木儿进封营王，离开云南，这有利于梁王发展壮大自己的势力。

忽必烈从皇子皇孙开始，以宗王出镇制与行省制并存，这一制度旨在以皇子皇孙分镇襟要，威慑牵制其他宗王的势力。出镇王一般列爵不临民，封藩不赐土。他们可以奉旨统领军马，但出镇地的军队训练、管辖调遣、站赤管理、赋税征收等，往往归于有司。[②] 出镇王可派员参与行省政事，但无决策权。[③] 然而，诸王在其食邑和王府管辖的范围内有绝对的权力，他们保留了蒙古贵族较多的落后因素，不受行省的约束。梁王和云南王的食邑虽然都不在云南，但是王府的开支却完全由云南行省来负担。随着王府规模和组织的扩大，行省在财政上感到供给困难，大量的负担被转嫁到各族劳动人民身上。梁王或云南王统领着云南的蒙古军队和各级政权

---

① 《元史·世祖本纪》。
② 《元史》卷十九。
③ 《元史》卷一二六。

机构的达鲁花赤，他们经常以皇帝的代言人身份在云南发号施令。云南的千户、百户原来要送子弟到皇帝那儿作人质，后来改送到云南王府。云南每年贡给皇帝的2500匹马，现在只需改贡给梁王就行了。梁王、云南王是蒙古贵族统治阶级的代表，可以干预和监督行省的一切事务，而行省却无权干预他们。这样，云南就有两套权力机构并存。诸王凭借特殊的权力，广占资源和良田，扩充牧场，掠虏人口，甚至纵容王府人员仗势欺压百姓。梁王受封还没有到达云南时，就派人要行省为新拨给他的汉军1000人立屯田；行省指定其屯地在乌蒙，但梁王来到后，把乌蒙屯军700人移到富庶的新兴州（玉溪），占良田15000多亩。安宁的盐井，自汉、唐以来一直是当地居民自煮，也被云南王据为己有，因"此盐收入甚巨"。梁王府养有大量的马匹，放牧于昆明四郊，任意践踏庄稼，王府的养马者经常仗着王府的势力，侵扰百姓，使当地百姓"室无宁居"。一些势力不大的地主和农奴主投身王府充当"宿卫"，在王府的包庇下，躲避行省的赋税和差役。随着王府擅权殃民的加剧，行省与王府的矛盾日益激化。

  1297年忽辛由陕西行御史台（简称"西台"，西台辖监察院和四道肃政廉访司，监察地区主要是陕甘、四川和云南）御史中丞改任云南行省右丞。面对王府实为独立王国的情况，忽辛做了一些整顿，但遭到梁王松山的反对。忽辛在左丞刘正的协助下，亲自上京都面呈成宗铁穆耳，成宗下旨梁王与行省"协力施行"。为了整顿行省的赋税收入，忽辛按照档册的规定，去掉了梁王府"宿卫"人数的三分之二，将其重新编为民户，负担行省的徭役。他还划定梁王府的牧场，不许梁王的马匹四处放牧，使生产得以正常进行，保证了行省田赋的收入。对阴谋叛乱的酋长，严加审讯，坚决予以制裁。这些措施削弱了梁王的权势，也激化了梁王与地方行省之间的矛盾。元成宗无奈，于1304年把忽辛和刘正相继调离云南，同时也提醒松山不要干预云南行省的事务。1309年，元廷担心梁王势大难制，武宗海山以其"在云南有风疾"为辞，迫使他离藩，另封忽必烈第七子奥鲁赤的孙子老的为云南王，并代镇云南。

  由于梁王松山长期镇守云南，已经形成了一股势力，老的"代镇"云南实感阻力重重，于公元1315年以北觐仁宗为由，离开云南回到大都。此后他是否返回云南，史载不详。英宗继位后，将云南王转封给松山的儿子王禅。松山之子继镇云南，说明松山在云南培植的势力的确深厚。英宗把王禅在等级上降封云南王，也说明朝廷想限制其权力的膨胀。

元代自仁宗朝以后，到元亡40余年间，朝廷内部的权势斗争异常激烈，都与宗王云南行省的矛盾斗争有着密切的联系。至大四年（1311），元武宗在位不足5年去世，其弟爱育黎拔力八达继承皇位，是为仁宗。仁宗即位后，即以武宗至大年间云南行中书省左丞铁木迭儿为中书右丞相。铁木迭儿任云南行省左丞相时，因擅离职守，有旨诘问，结果由答己太后庇护过关。在武宗死而仁宗尚未即位之际，太后答己就从兴圣宫下旨召铁木迭儿为中书右丞相。铁木迭儿居相位两年即"得罪斥罢"。在太后的支持下，事隔两年，铁木迭儿又以太子太师的身份重新登台。武宗在立其弟仁宗为皇太子时，曾经约定"兄终弟及，叔位相承"，仁宗即位后，却立自己的儿子硕德八剌为皇太子。为了不使武宗之后将来起而争夺帝位，仁宗于延祐二年（1315）将武宗长子和世瑓封为周王，并令其出镇云南。和世瑓在赴云南的途中，逃至北边金山。

仁宗死后，凭着太后的懿旨，铁木迭儿重新登上中书右丞相的宝座，并趁机大树己党。至治三年（1323），铁木迭儿的义子铁失联合王府内史倒剌沙、知枢密院事也先帖木儿、前云南平章政事完者等人发动宫廷政变，杀死了英宗硕德八剌，拥立晋王也孙铁木儿为皇帝，是为泰定帝。泰定帝即位之初，对铁失党羽进行了清洗，杀铁失、也先帖木儿、完者等人，流放诸王月鲁铁木儿于云南，扶梯不花于海南。松山与泰定帝同为甘麻剌之子，因此，泰定帝一登帝位便将王禅由云南王晋升为梁王，同时以王禅之子帖木儿不花袭封云南王。至此，梁王和云南王的王位同时落入王禅一家之手。王禅统领着云南境内的蒙古军以及诸王、万户、千户、百户和各级政权机构的达鲁花赤，实际上已形成元代西南的一大藩镇。王禅不但在云南势力大增，而且成了泰定帝的朝中要人。

致和元年（1328）泰定帝死，以王禅和倒剌沙为代表的甘麻剌系和答剌麻八剌之子海山（即武宗）系的拥护者之间，为争夺帝位引发了大规模内战，这就是著名的天历之战。1328年9月，武宗次子图帖睦尔于大都即皇帝位，是为文宗，改元天历。同月，在上都的王禅也立泰定帝皇太子阿剌吉八为帝，改元大顺。两部之战时，王禅和帖木儿不花都在北方率军作战。经过两个多月的激战，上都集团失败，王禅和倒剌沙被赐死。但他在云南培植的势力尚存，朝廷几次召行省丞相也尔吉你赴京，云南诸王答失不花、秃坚不花及平章忽思等抗命，软禁了也尔吉你，也尔吉你逃到八番（今贵州中部地区）。从天历二年（1329）末开始，云南诸王秃坚不花、万户伯忽等由借故推诿、抗拒朝命发展到公开称兵叛乱。秃坚不花占领中庆，攻掠州县，自立为云南王、署丞相等官。乌蒙土官禄余杀乌撒宣慰司官员与伯忽联兵，罗罗诸蛮均与伯忽相呼应，杀平章帖木儿不花。重庆五路万户入云南平敌，为罗罗蛮所败，歼5万人。秃坚不花、伯忽、乌撒禄余与乌蒙、东川、茫部诸蛮结成联盟，声势愈盛，朝野震惊。这就是所谓的"天历镇兵之变"。

元廷动用了四川、陕西、湖广、江浙、河南、江西等省的人力和财力，派遣了镇西武靖王、豫王等统率数十万大军进讨叛乱。秃坚败于马龙，再战于金马山，伯忽被擒。元军进至中庆，又遭叛乱蒙古军抵抗，经过苦战，元军始得入中庆城固守。1331年，云南平。次年，云南兵再起，左丞帖木儿不花大败，禄余乘胜入四川，列营十六所，声势浩大。会通州土官阿赛及河西阿勒等与罗罗兵千余人进攻会川路，禄余又引兵与茫部（今镇雄）合攻罗罗斯，绝大渡河以攻东川、会通等州。这时，文宗图帖睦尔死，和世瓎的长子妥懽帖睦尔继位，是为元朝末代皇帝元顺帝。

元廷竭尽全力虽然平息了叛乱，但这次战争给云南的社会、经济带来了很大的破坏。一些重要的地区如中庆、大理等路，经过战争后大量人口被掳掠为奴，其中被掳出省外仅见记载的就有1100人，不见记载和在本省被农奴主和奴隶主掳掠的人口会更多。生产遭到了严重的破坏，"民多失业""灾伤民饥"，云南广大各族人民遭受了巨大的灾难。然而，繁重的赋税仍不断压在各族人民的头上。顺帝至正年间（1341—1368），一次在曲靖路就征收了粮食28000石，马3280匹，而在大理路一次仅追收欠缴的赋税就达贝（云南地方货币）62万，粮食19000石之多。

甘麻剌系诸王在云南的势力被铲除以后，元廷于元统二年（1334）又封阿鲁为云南王。从其继位者孛罗是也先帖木儿幼子看来，阿鲁当亦属忽哥赤后裔。孛罗在1347年仍为云南王，后来晋封为梁王。公元1363年，明玉珍建夏政权于四川，遣兵三道攻云南，文献称此时的孛罗为梁王。[①] 孛罗靠大理段氏兵力击败夏军。1366年，梁王与段氏关系破裂。接着，元廷又自大都北遁。元对云南的统治急剧衰败下去。

---

① 《明太祖实录》卷十九丙午年"明玉珍"条。

二　大理段氏与梁王的矛盾

段氏属白族（元代称"僰人""白人"），"世为大理国主"。① 大理段氏政权雄踞云南一隅达300余年，中原王朝"历世所不能臣"，② 长期统治着云南各族人民。出征云南的忽必烈深知争取利用段氏传统势力的重要，在进军途中就两次遣使招降。攻灭大理后，处死恣睢骄横的权臣高太祥，"以段兴智主国事"。段兴智此后两次入觐大汗蒙哥，"献地图，请悉平诸部，并条奏治民立赋之法"，蒙哥为之大喜，"赐兴智名摩诃罗嵯，命悉主诸蛮白爨等部"。③ 中统二年（1261），忽必烈即位不久就对段兴智之子信苴日"赐以虎符，诏领大理、善阐、威楚、建昌、统矢、会川、腾越等城自各万户以下皆受其节制"。④ 信苴日之子阿庆留为东宫宿卫，后被任为云南诸路行中书省参知政事。又"设大理都元帅府，仍录段氏子孙世守其土"。⑤ 元统治者对于大理旧主段氏，极尽其怀柔之能事，诚如史料所云："国家待段氏之意，可谓渥矣！"⑥

元朝统治者对段氏采取的招抚办法，确实收到了很大的成效，段氏成了元朝在云南地区统治的有力支柱。大理段氏助蒙古平定云南起了特殊作用。大理三塔寺中的《大理崇圣寺碑铭并序》云："中统初，武定公（即信苴日）入觐，上嘉之，赐以金虎符，俾领旧土。公受命以来，益自奋励，抚绥蛮夷，奖练土卒，攻善阐，下石城，克新兴，取寻甸，挫舍利畏三十万啸集之师于滇海之上。"1274年，缅国拥象骑数万，掠金齿南甸（今梁河），图进袭大理，行省派遣信苴日领骑兵抵御，以功授大理、蒙化等处宣抚使。信苴日（段实）死后，其弟段忠曾奉云南王命四处镇压民族起义。段忠任大理军民总管一年后死，段实之子段庆（即阿庆）继位，受命为大理、金齿等处宣慰使都元帅，佩金虎符，封宣武将军，晋镇国上将军，不久，又授云南行省参政。成宗征八百媳妇时，段庆奉命征交趾，平之，遂入朝，并携僧人左黎同行，为成宗治愈疒疽，被封为国师。

---

① 《元史·信苴日传》。
② （元）程钜夫：《平云南碑》。
③ 《元史·信苴日传》。
④ 同上。
⑤ （明）杨慎：《滇载记》。
⑥ （明）《新纂云南通志》卷九十三。

大理是段氏长期统治云南的基地，元初段氏受任为大理总管，并许世袭此职，其势力自然很容易在原有基础上恢复和发展起来。随着段氏在云南势力的不断巩固，元廷也日益不放心，遂以宗王出镇云南来牵制段氏势力。自宗王分封到云南，便与段氏的利益发生了冲突，从而为日后梁王与段氏的反目埋下了祸根。作为云南地区的土酋大姓段氏，则视元朝实力变化而"服叛无常"。元朝中后期，梁王日益侵夺行省权力，元朝对云南的统治日益衰落，掌握了云南西部实际统治权的段氏，与企图独霸云南的梁王之间，冲突逐渐表面化。《南诏野史》记载，高蓬为段氏守重镇罗那关（今牟定西），梁王遣人暗招之，蓬不从，作诗答曰："寄语下番梁王翁，檄书何苦招高蓬。自为五岳嵩山主，智过六尺缩地公。铁甲铁盔持铁架，花鞍花索驭花骢。但挥眼削黄石阵，击破孤云几万重。"梁王忌之，乃重贿高蓬厨人暗害之。由此，梁王与段氏关系紧张。《滇云历年传》卷五说："顺帝至元元年（1335），梁王始与段氏分域构隙。"《滇考》又云："段光继守大理，时中原板荡，梁王以元宗室镇善阐，段氏世守大理，彼此嫌防，始分城自固，遂成仇。"1336年，段光遣张希矫等率兵侵善阐，梁王击败之。《南诏野史》也记载段光与梁王争地成仇，乃遣张希矫、杨生、张连发兵与梁王战，大败而还，存者不过数人。1337年，梁王兵袭大理，段光御之，大胜。

及至红巾军入云南时，梁王与段氏的紧张关系在大敌当前的紧迫情况下，才得到短暂的缓解。这时，段光已死，由其弟段功继袭大理总管。1357年，明玉珍军分别由叙州和建昌（今四川西昌）进入云南，打败梁王，占领中庆城。梁王逃至楚雄，红巾军又追击至楚雄，梁王在没有退路时，不得不向盘踞大理的段功求援。红巾军的西进，也威胁到大理段氏的势力，故段功在梁王求救时，立即出兵，将明玉珍部逐出云南。梁王因此升段功为云南省平章政事，并把自己的女儿阿槛嫁给段功。段氏势力的膨胀足以威胁梁王的统治地位，梁王密命阿槛以孔雀胆毒死段功，阿槛不从。公元1366年，梁王邀段功赴东寺听经，杀之于通济桥。段氏与梁王为此连年构兵，"民坠涂炭"。云南少数民族中的上层分子因此离开梁王，转而利用本族人民的反元斗争力量进行割据纷争，梁王在云南更为孤立。

段功之子段宝以父为梁王所害，遂自称平章，立于大理。梁王派人刺杀段宝未遂，又领平章矢刺七攻大理，皆不克。恰红巾军复入滇，梁王命使臣向段宝借兵，段宝不允。好在明玉珍中途引归，梁王得以苟全。时元顺帝已逃离大都。公元1381年秋，明廷以傅友德、蓝玉、沐英率兵30万进征云南。梁王遣使至大理乞援，段氏衔于前仇，仍然拒绝发兵。次年初，梁王投滇池自尽，中庆等城及属郡皆降。蓝玉、沐英西攻大理，克之，段氏归降，又分兵克鹤庆、丽江、金齿。回军滇池与傅友德会师，复分道收服乌撒、东川、建昌等部。元朝在云南的统治至此结束。

第六节 舍利畏起义及红巾军入云南

元宪宗蒙哥命兀良合台攻占今云南全境和川西南及黔西北地区，实行军事统治，云南各族人民遭受了严重的压迫和剥削。南宋灭亡之前，云南人的地位在蒙古人、色目人、北方汉人之下。在蒙古军征服云南的战争中，蒙古贵族大量掳掠云南人作为奴隶，不仅压迫他们在云南服劳役，而且还带到北方役使，有的被当作财物赏赐给下属官吏，有的甚至在市场上买卖。蒙古骑兵，特别是"四王"骑兵，在农田中放牧，践踏农民的庄稼，云南的土地被圈占为牧场，云南和贵州西部是蒙古军在全国的14处大牧马场之一。云南僰（白族）、罗罗（彝族）、么些（纳西族）、和泥（哈尼族）等土著民族的青壮年，被强迫编入爨僰军、罗罗军、么些军、和泥军，为蒙古贵族服军事劳役。

残酷的政治压迫和经济剥削，激发了以舍利畏为首的30万各族人民大起义。舍利畏是僰族僧人，他不满蒙古贵族对云南各族人民的迫害，愤而发动武装斗争。1264年舍利畏领导善阐（昆明）、威楚（楚雄）、统矢（姚安）等地区的僰、罗罗等族人民进行武装起义，获滇东地区的各族人民响应起义，军众至30万人。起义军先后攻占了善阐、威楚、统矢、新兴（玉溪）、石城（曲靖）、寻甸等城镇，杀了这些地区的蒙古军守将，给蒙古贵族的野蛮统治以沉重打击。

蒙古贵族联合原大理国王段氏势力对付舍利畏起义军。段氏地方武装从大理向东镇压起义军，起义军占领的统矢城失陷，又在威楚受挫。1264年秋天，舍利畏亲率10万义军向西挺进，计划直捣当时蒙古贵族和段氏统治云南的中心大理。忽必烈派遣都元帅也先率领蒙古军到云南来镇压，统治者的力量骤然大增，并形成也先的蒙古军由东向西、段氏的地方军由西向东对起义军进行两面夹击的态势。舍利畏的主力在安宁战役中战败，义军占领的善阐、新兴、威楚、石城等城镇相继失陷。舍利畏遁入岩奇

（山区），重新聚集力量，于1274年再度起义。段氏采用阴谋手段刺杀舍利畏，起义被镇压。这次起义虽然失败，但它的历史意义是永恒的。云南行省建立后，云南出现的相对稳定和发展，与这次起义的影响是有因果关系的。

至正十一年（1351），全国爆发了以白莲教为主体的农民大起义。起义军以红巾包头和红旗为号，所以称为"红巾军"。

至正十七年（1357），红巾军明玉珍部攻占四川。至正二十二年（1362），明玉珍即位于重庆，建立大夏政权，改元"天统"。次年春发兵进讨云南。其部众分别由司马万胜、司寇邹兴、指挥芝麻李率领，分三路由界首（宜宾之南）、建昌（西昌）、八番（贵州）入滇。万胜兵不足万人，皆以一当十，于二月八日攻抵云南，梁王及云南省廉访司官早已逃至威楚（楚雄），元军"望风而奔溃"。万胜初临乌撒（威宁），继至马隆（马龙），再沿驿路攻入滇池，直抵昆明。红巾军一路势如破竹，"士民冒雨请降，官吏叩头而请罪"。[①]

万胜入昆明，屯兵于金马山，发布文告，申明起义之宗旨是为讨伐元朝统治者，解救遭受压迫的各族人民。其文告云：

> 圣德孔昭，诞受维新之命；王师所到，宜元不服之邦。大军既克于三巴，逾月遂平乎六诏。穷抵交贺，远迩同欢。恭维皇帝陛下（明玉珍）勇智如汤，文明协舜。概念中华之贵，反为左衽之流。矧在位之贪残，致生民之困掊。恭行大罚，遂平定乎多方；礼顺人情，即进登于王位。悉兹南诏，邻比西戎，藩公挟便宜行事之文，专任佥人，恣其饕餮；守宰无恒心爱民之意，肆为虐政，害彼黔黎。下诏杨庭，出师讨罪。[②]

万胜遣使四处告谕，云南各族人民纷纷响应。于是乘胜进击，攻至楚雄以西的关滩。此前，梁王与大理路段氏总管之间的斗争，形成东、西割据的局面。为维护统治者的共同利益，二者又勾结起来对付红巾军。四月，双方在关滩大战，红巾军因势单力薄而受挫。继而再战，杀段氏骁酋

---

① （明）黄标：《平夏录》。
② （明）黄标：《平夏录》。

铁万户。万胜屯兵古田寺,段氏派人以火烧之,义军举兵后撤,但又在广通以西的回蹬关受挫。①

万胜与梁王、段氏交战之时,邹兴和芝麻李率领的另外两路红巾军未能入滇。万胜经过考虑,"以孤军不可深入,士多战伤,遂引还重庆"。②

红巾军主力退出云南后,梁王与段氏之间再次发生冲突。在这种情况下,起义烽烟重新炽燃。红巾军再攻昆明,义军首领舍兴示"自元江攻入善阐"。但义军遭梁王与段氏联合镇压最终失败。

---

① (明)杨慎:《滇载记》。亦参见(明)倪辂《南诏野史》。
② (明)黄标:《平夏录》。

第二章

元代的云南经济

第一节 地制、赋税、交通

一 地制

元代云南的土地分为官田、民田两种。官田是以皇帝为首的封建王朝占有的土地，如屯田（军屯和民屯）、职田、学田、牧场、草场等。民田是官僚地主、富户地主、寺院地主、自耕农民占有的土地。

元朝承袭大理国的官田，又把王室、贵戚、达官、显宦、豪强的土地没收为官田；由于战乱，农民死亡或流离失所，大量无主荒地，王朝也收为官田。元军驻防云南，将侵夺的良田变为牧场、草地。"东越耽罗，北逾火里秃麻，西至甘肃，南暨云南等地，凡一十四处"，"无非牧地"。[①] 蒙古军驻地周围的民田都被圈占为牧场和草场。屯田分布于全省各地，屯田既广，官田不足，便夺民田为官田。无论军屯或民屯，在官田不足时，常以被签民户自备的"己业田"充数。法定屯户世袭，这些田地自然成为官田。农民一旦被签为屯户，既失土地，又失自由，被强制附着在土地上，沦为朝廷的佃户。更有一些官田是歹徒的投献，歹徒为了邀功获赏，把"荒地"献给政府，或把他人田产作为官田。元末苏天爵曾说："今国家平地，盖已百年，户数土地悉有定籍。迩者奸人忘行呈献，凡民之田宅坟墓，悉指以荒闲，朝廷虽尝差官核实，辄与符同，不复考察。"[②] 奸人投献他人田地于官府，在元代是很盛行的。

元朝的在职官吏都有职田。1266 年，蒙古军政当局定各路、府、州、

---

① 《元史》卷一〇〇，"兵志"三。
② 《糍溪文稿》卷二十六。

县官员的职田，计上路达鲁花赤、总管职田十六顷，同知八顷，治中六顷，府判五顷。下路达鲁花赤、总管十四顷，同知七顷，府判五顷。散府达鲁花赤、知府十二顷，同知六顷，府判四顷。上州达鲁花赤、州尹十顷，同知五顷，州判四顷。中州达鲁花赤、知州八顷，同知四顷，州判三顷。下州达鲁花赤、知州六顷，州判三顷。录事司达鲁花赤、录事三顷，录判二顷。县达鲁花赤、县尹四顷，县丞三顷，主簿二顷，县尉、主簿兼尉并同，经历四顷。元朝定例，地方官吏的职田，"依本处系官（官田），并户绝地及冒占荒闲地内，依数拨标"。① 所谓"冒占荒闲地"，实际上是农民开垦的田地。由于所需职田数额较大，官田不足分拨，便侵夺这种民田为职田。

元朝政府在边远的云南省"兴儒学"，办教育，拨给地产作为经费，这些地产称为"学田"。自赛典赤至元十三年（1276）"创建孔子庙，明伦堂，讲经史，授学田"② 开始，以学田作为教育经费成为一项制度，在全省推行。这项制度不仅实施到元末，而且影响及明清时期。支渭兴撰《中庆路增置学田记》，记述了昆明学田的一些情况："赛典赤公平章行中书省事，首建孔子庙于中庆城之北，又于官渡买田八双以赡学……厥后，朝廷名臣出为省宪，增置水陆田至五百九十二双有奇，且以废城官租隶焉。至正十六年（1356）秋七月，诏以正义大夫西蜀四川道肃政廉访副使汉中蒲机为云南诸路肃政廉访使，偏诣州县考正阅其地，凡归侵疆以双计者若干，逋租以石计者若干，又总新故租度岁用外，以市大理路赵州没官田二百一十九双三亩，岁增租一百三十八石六斗，由是仓廪充，财用足，师勤士励，教化大行。"③ 其他府、州、县的情况，大体相仿。

元代云南寺院田的户数额也是相当大的。寺院田地有官府拨的，也有购买来的。支渭兴撰《重修五华寺记》说："至元十四年（1277），平章赛典赤公及郁凹麻师，于中庆城北隅高阜之上创建五华大殿，又置田庄，以给蕊之饘粥。"《大胜寺选修记》说：元贞元年（1295）都总统律积速南巴躬，为昆明大胜寺"倾囊钵以置地双"（元代云南省有"以双计田"之法。有四亩一双和五亩一双两种计法）。

---

① 《元典章新集》。
② 《元史》卷一二六《赛典赤传》。
③ 《新纂云南通志》卷六十四，《金石考》十四。

昆明太华山佛严寺玄鉴和尚，自备价银到安宁州安登庄、和尚庄、新生甸三庄"买田地"，将其出租，收取税米。① 中庆路的寺庙一般都有"常住恒产田园并人户"。据《太华寺常住记》所载，太华寺在至元二十三年（1286）、至元二十五年（1288）和至元二十八年（1291）三年间，共购买板田402亩、水田156亩。又《盘龙庵常住记》所记盘龙庵从至正二十年（1360年）到至正二十九年（1369）共买到田地四双多。由于寺院拥有大片田地，因而佃户也很多。有些寺院的僧人也有私人田土。这些寺院及僧尼道士的田土，都享有免役免税特权。

云南经历了蒙古军攻大理和镇压舍利畏起义长达20余年的战乱，已有不少有己业田的农户弃田逃散，其田被蒙古宗王、贵族及各地豪户所隐占。他们不仅隐占了在籍之民，而且也隐占了在籍之田，夺取了承担政府赋税徭役的大量编户及其田产，进行直接的役使和剥削。早在蒙古军占领云南初期，兀良合台镇守云南，就曾"八籍民户，四籍民田"。② 籍民户籍民田的频繁，反映了兀良合台不断在清理户口和田地，不断在加重各族人民的租赋和徭役，这就迫使各族人民不得不逃籍隐籍，设法规避。因此，元朝在云南设置行省后，立即着手清理户口和田亩。《元史·爱鲁传》说，至元十一年（1274）和至元十五年（1278）共拘刷漏籍户11777户。其中中庆路为4197户，占漏籍户数的36%，若加上澂江、威楚两路的漏籍户，共为6591户，而滇中地区拘刷出来的漏籍户占总数的56%；滇南临安拘刷出来的有2300户，占总数的19.5%；滇西永胜、腾冲等地的漏籍户有2066户，占总数的17.5%；滇东曲靖、寻甸的漏籍户为820户，占总数的7%，这一情况，说明滇中地区是宗王、贵族和豪户隐占漏籍户最多的地区。至元十六年（1279），"纳速剌丁将大理军抵金齿、蒲膘、曲蜡、缅国界内，招忙木、巨木秃等寨三百，籍户十一万二百诏定赋租"。③ 大德九年（1305）赛典赤之子忽辛把规避徭役而投靠王府去充当土卫的豪民，从王府中清理出来，"悉籍为民"。④ 通过对漏籍户的清理，使"已籍者勿动，新附者籍之"。

---

① 《佛严寺常住田地碑记》。
② 《元史·世祖本纪》。
③ 《元史》卷十。
④ 《元史·忽辛传》。

在清理漏籍户的同时，赛典赤清定了云南的寸白军籍。当时元朝规定，"天下既定，尝为军者，定为尺籍伍符，不可更易"。① 据《元史·兵志·兵制》载，赛典赤"已爨僰差人一万为军，续取新附落落、和泥等人，亦令充军"。一旦成为军户，就已被定籍。元代云南行省所辖路、府、州、县的户口数，史无记载。据《昆明市志长编》估计，元代云南全省人口为 120 多万户。

二 税制

元朝政府在清理户籍之后，于 1282 年规定了云南税制，并设立管税官员。赋税用当时云南通行的货币"贝"折纳。"贝"是一种由古代沿用到明末的云南地方货币。一枚叫一庄，以四进位，四枚叫一手，十六枚（即四手）叫一苗，八十枚（即五苗）叫一索。一般以索为计数单位，二十索为一袋。当时规定一钱金子值贝二十索。

张洪《南夷书》载赛典赤与农民议定租赋的一段对话云："公乃告其民曰：'吾欲分尔耕，贷尔牛、种、耒耜、蓑笠之具，度亩收若干？'夷曰：'可得稻二石。'公曰：'输官几何？'夷曰：'半之。'公曰：'太重，后将不堪。其牛、种、耒耜、蓑笠之具不复再给，牛死买牛，具弊修具，一家衣食所须，半岂能给？'夷曰：'然则少三分之一。'公曰：'尔虽克供，惧尔子孙弗继也。后之代我者，必欲盈其数，则上下相恶矣。吾与尔约，毋我违：亩输米二斗，其勿违。'夷大悦，或请曰：'租甚轻，惟道里远，弗克致，奈何？'赛公又询其地之所宜，宜马则入马，宜牛则入牛，并与米直相当。不产牛马，入以银。"从这段对话可见当时厘定租赋的情况。显然，"纳米二斗"的租额已成定额租赋，在一个时期内不得增加，保持相对稳定。这就为行省稳定以后，全面细致地制定云南赋税制度打下了基础。

《元史·地理志》说："盖岭北、辽阳与甘肃、四川、云南、湖广之边，唐所谓羁縻之州，往往在是，今皆赋役之，比于内地。"② 可知云南的赋税与全国其他地区是一致的。

元朝的赋税主要有两项，即税粮和科差。税粮分为丁税和地税两种。丁税每丁粟二石，地税每亩粟三升。诸色户计按照各种规定分别缴纳地税

---

① 《元史·兵制》。
② 《元史》卷五十八，《地理一》。

和丁税中的一种。作为对儒户、僧道等的优待，规定他们种地纳地税，不纳丁税。军、站户也不纳丁税，并且可免四顷地税，其余按亩课征。对于大多数民户，一般是"丁税少而地税多者纳地税，地税少而丁税多者纳丁税"。① 一般民户所当丁税额往往超过地税额，因而实际上大多数民户都交丁税。但由于诸色户计之间相互买卖土地以及其他原因，在征收税粮时常出现混乱和纠纷，往往有一丁并纳二税的现象发生。唐代前期租庸调，实际上就是在计丁授田基础上建立的计丁课税制度。就计丁课税的原则而论，元代的税粮制度与唐代租庸调制有某种相似之处。

每丁二石是指全额丁税的纳粮数，然而纳丁粮的人户并不都是交纳全额的。中统元年（1260）将天下人户分为元管户（过去业已登入户籍而在政府重新括户时情况没有变化的人户）、交参户（过去括户时曾经入籍，后来迁徙他乡因而在当地重新登录著籍的人户）、协济户（没有成年人丁的人户）、漏籍户（过去从未著籍的人户）等几类，他们交纳丁税的数额不同。元管户中全科户每丁粟二石，减半科户每丁粟一石。协济户每丁粟一石。交参户要经六年才达到全科户，即第一年五斗，第二年一石，第三年一石二斗五升，第四年一石五斗，第五年一石七斗五升，第六年入丁税纳二石。

除了正额税粮以外，还要征收附加税粮，其名目繁多，如"鼠耗""分例"等，这一类追加剥削，数量是很惊人的，甚至常常超过正额。

科差包括丝料和包银二项。科差的征收对象主要是一般民户，科差征收额也按元管、交参、协济、漏籍四类户别而不同，在这四类户中又分出五户丝户、止纳丝户、止纳钞户、丝银户等。包银在元初定为四两，二两输银，二两折收丝绢、颜色等物。到中统四年（1263）全部以钞输纳。至元四年（1267）五月，又下令按缴纳包银的数额，每四两增纳一两，以给诸路官吏俸禄，是为俸钞。需要指出的是，在实际征取科差时，是要依民户贫富、户等高下"品答均科"的。

除了税粮和科差以外，元政府的收入，还来自各色税课。具体到云南而言，主要的税课有盐税、酒税和金、银、铜、铁等课（税）。

北宋由政府经营盐业生产的制度，为其后历朝所承袭，元代也不例外。盐课收入成为国家最重要的财赋来源之一。元政府对盐的生产控制很

---

① 《元史·食货志》。

严，它由一种专门的人户即灶户来生产，而且要受到国家的严格监督。由政府规定产盐数额，定期向灶户发放工本钱，所生产的盐必须全部上缴国家。《马可·波罗游记》说："省会名雅赤（昆明）……这里有许多盐井，居民所用的盐取给于此。盐税为皇帝的大宗收入。"可知云南盐课收入还是相当可观的。

与生产盐不同，酒几乎处处可制，户户可酿。酒课的征收方法大抵是："有地之家纳门摊酒课者，许令造酒食用；造酒发卖者，止验米数赴务投税。"① 云南行省每岁的酒课收入为贝二十万一千一百一十七索。②

金银铜铁由官府经营者，称为系官拨户兴煽硐冶；由民间自行开采者，称为自备工本硐冶。国家对自备工本硐冶所出产品，采取抽分制，银一般为十抽三，铁十抽二，有时也折钞交纳。系官拨户兴煽硐冶所得，由国家支配。

三　交通

元代云南的交通状况较之前代有了很大的改变。首先，云南与内地省区及中南半岛北部诸国之间的道路有了改善。元代在云南建立行省后，客观上要求打开边疆与内地之间的交通。当时，云南与内地联系的主要道路有：东北部自四川叙州（宜宾）溯金沙江和横江至叶梢镇（今盐津县城）取陆路入云南。东部自湖广行省的常德西向经辰州（今湖南沅陵）、沅州（今湖南芷江）、晃州（今湖南新晃）、镇远（今贵州东部的镇远县）、偏桥（今贵州施秉县）、麻峡（今贵州麻江县）等站而至普安（今贵州西部普安）。普安北部站赤又接江安（今四川江安县）、庆符各站，又西取横江水路南下至叶梢镇，再由叶梢镇取陆路南下，经乌蒙（今昭通）、乌撒（今威宁）、马龙而至中庆（今昆明）。中庆驿道西经威楚（今楚雄）、云南（今祥云）至大理。大理驿道西经样备（漾濞）、永昌（今保山）、金齿（今德宏）而至缅国。中庆东南由晋宁经河阳（今澄江）、维摩（砚山北）之间的各站，入湖广行省广西两江道宣慰司地区。云南与安南、占城、八百媳妇、老挝等国之间也设有驿传道路。

其次是省内的交通有了改善。元代在云南广修驿站，几乎遍及全省。

---

① 《元典章》卷二十二。
② 《元史》卷九十四。

从站赤的分布来看，罗罗斯宣慰司、武定路、中庆路、仁德府、曲靖路、乌撒宣慰司、乌蒙宣慰司、丽江路、大理路、威楚路、澂江路、临安路、广西路、普安路皆设有站赤。关于站赤的设置情况，《元史·兵志》曰："凡站，陆则以马以牛，或以驴，或以车，而水则以舟。其官有驿令，有提领，皆总之于通政院及中书兵部，而站户缺乏逃亡，则又以时签补，且加赈恤焉。于是四方往来之使，止则有馆舍，顿则有供帐，饥渴则有饮食。元之天下，视前代所以为极盛。"交通的发展，扩大了省内各地区之间、云南与内地省区及邻国之间的经济文化交流。

第二节　农业

元宪宗以前的蒙古贵族，致力于军事征服，除了战争带来的破坏之外，蒙古骑兵又圈占农田为牧场和草地，给农业造成破坏。元世祖时，全国统一，治国之道有所变革。忽必烈诏告大下，"国以民为本，民以衣食为本，衣食以农桑为本"[1]，采取了促进农业生产的一系列政策与措施。

一　农业管理机构

中统元年（1260），忽必烈刚即皇位，就设立十路宣抚司，命各路宣抚选择通晓农事者，充各处劝农官。次年，设劝农司，并发布诏书规定："今后有能安集百姓，招诱逃户，比之上年增添户口，差发办集，各道宣抚司关部申省，别加迁赏；如不能安集百姓，招诱逃户，比之上年户口减损，差发不办，定加罪黜。"[2] 至元元年（1264）进一步把"户口增，田野辟"作为考核官吏的两项主要标准。至元七年（1270）立司农司。各道提刑按察司兼管农事，县达鲁花赤或县令兼劝农事。"司农司之设，专掌农桑水利。仍分布农官及知水利者，巡行郡邑，察举秩满之日，注于解由，户部照之，以为殿最。又令提刑按察司加体察焉。其法可谓至矣"。[3] 司农司还奉命遍求古今农家之书，删繁集要，结合实际，编成《农桑辑要》一书，颁行全国，指导农业生产。皇帝亦每年定期举行籍田典礼，

---

[1] 《元史》卷九十三，《食货一》、《农桑》。
[2] 《元典章》卷十九。
[3] 《元史》卷九十三。

祭祀先农先蚕，以示重视农业生产，劝农先农先蚕表率。劝课农桑诏令，几成每岁定例。

1267年，皇子忽哥赤被封为云南王，皇帝诏令张立道为王府文学。张立道劝云南王重视农业生产以厚民，得到嘉奖，即署理大理等处劝农官兼屯田事，还赐佩银符。1273年3月，张立道领大司农事，中书省因为他熟悉云南的情况，奏授其为大理等处巡劝农使，赐佩金符。《元史·张立道传》说："其地有昆明池，介碧鸡金马之间，环五百余里，夏潦暴至，必冒城郭。立道求泉源之所出，役丁夫二千人治之，洩其水，得壤万余顷，皆为良田。爨、僰之人虽知蚕桑而未得其法，立道始教之饲养，收利十倍于旧，云南之民由是益富庶。"

为保护农业生产，限制抑良为奴，忽必烈即位后，多次下诏禁止占民田为牧地，并派官清理被豪贵侵占为牧场的民田，按籍"悉归于民"或"听民耕垦"。一再"申严畜牧损坏禾稼桑果之禁"，通令"诸军马营寨及达鲁花赤、管民官、权豪势要人等，不得恣纵头匹损坏桑枣，踏践田禾，骚扰百姓"。[①] 建立行省后，赛典赤对云南户籍进行了一次较大规模的整理，将被诸王贵族、权豪势要之家非法占为奴隶的人民按籍追出，编籍为民。但是，清理户口的措施在执行时是很不彻底的，占有奴隶的状况在整个元朝仍很严重。

为发展农业，招集逃亡，鼓励开荒，中统二年（1261），忽必烈颁布了流民还业免税一年、第二年减半的诏书。诏书规定：凡"逃户复业者，将原抛事产不以是何人种佃者，即便吩咐本主户下，合著差税一年全免，次年减半，然后依例验等第科征"。[②] 又规定"凡有开荒作熟地土，限五年验地科差。栽种桑树限八年，杂果限十五年后科差"。中统三年，忽必烈命行中书省、宣慰司、诸路达鲁花赤、管民官"劝诱百姓，开垦田土，种植桑枣，不得擅兴不急之役，妨夺农时"。[③]

二 军民屯田

蒙古统治者在向外扩张过程中，由于被征服的多是农耕区，因而在成

---

① 《通制条格》卷十六。
② 《元典章》卷十九。
③ 《元史》卷五。

吉思汗、窝阔台时期就有屯田措施。忽必烈即位前，即用姚枢"布屯田，以实边戍"的建议，在内地唐、邓、亳、颍诸州及四川利州、陕西凤翔等地开展屯田，在邓州专门设立了屯田万户府。全国统一后，"内而各卫，外而行省，皆立屯田，以资军饷"。[①] 枢密院所辖各卫屯田为军屯，大司农宣徽院所辖屯田为民屯。这些屯田，主要是招募无业农民开耕荒地。云南地区通过大规模地屯田，使农业开发出现了新的局面。

元代，云南农业生产的发展主要归功于屯田。屯田使农业生产区域扩大，耕地面积增加。同时，随着屯田的兴起，从内地大量输入农业生产工具及先进的农业生产技术，云南农业生产水平有了很大的提高。汉武帝开发西南夷地区，设置郡县，诸葛亮治理云南，都曾先后在滇东北和滇东部分地区实行过屯田，对这些地区农业生产的发展起过促进作用。但西汉和蜀汉时期云南的屯田，规模较小，时兴时废。在云南实行大规模的屯田，设立机构管理屯政，始于元朝。元朝在云南的屯田，进一步开发了云南地区，为后来明朝继续开展大规模屯田打下了良好的基础。

《元史·兵志》记载，云南行省所辖军屯，滇中有中庆、威楚、武定、澂江、新兴等处，滇东有曲靖、仁德等处，滇南有临安，滇西有大理、永昌、腾冲等处，滇东北有乌蒙、乌撒、东川等处，滇西北有鹤庆、罗罗斯等处。由此可见，元代在云南有军民屯田已遍及全省的整个靠内地区，而又比较集中分布在滇中、滇东一带。云南实行屯田的时间大体上有两个阶段：民屯阶段和军屯阶段。置立民屯和补充屯户是在至元十二年至至元十八年的 6 年之间（1275—1281），置立军屯在至元二十年（1283）以后，至延祐三年（1316）间，其间历时 41 年。据《元史·兵志》载，云南行省屯田总数是 67567 双另 1250 顷，其中在 1270—1280 年间开垦的屯田是 29454 双，其后陆续开垦的是 38113 双另 1250 顷。

民屯户主要是清理被隐占的漏籍人员，并签发无己业田的农户屯种，总计民屯户共 15052 户，屯田共有 56559 双，平均每户耕种屯田 3.8 双。军屯户主要是签发爨僰军为屯户，除此之外，还有畏兀儿和汉军屯户。如延祐三年（1316）在乌蒙置立军屯，不再签发爨僰军，而是调发畏兀儿及新附汉军屯田。总计迁于新兴州屯田的汉军有 700 人，屯田于乌蒙的畏兀儿及新附汉军 5000 人。总计元代云南军屯户是爨僰军 3244 户，畏兀儿

[①] 《元史》卷一〇〇。

及汉军5700人。民屯户数大于军屯户数四五倍,说明元代云南屯田是以民屯为主。

军民屯田的田地有两个来源,一是屯户自备己业田,二是官给田。官给田包括官田和无主荒田。从民屯的情况看,屯户自备的己业田共26882双,占民屯田土总数的47.5%;官给田22992双,占40.7%;记载上不明确其为己业田抑或官给田的有6685双,占11.8%。军屯的情况也大抵如此。中庆、大理等7处军屯田地,军户己业田共有8697双,官给田有294双,不明确其为己业田或官给田的有2328双。军户己业田占军屯田土总数的76.9%,官给田占2.6%,不明确为己业或官给的占20.6%,说明云南军民屯田的基础是屯户的己业田。

元代云南的屯田,年收租赋史无记载。《元史·食货志·税粮》有"天下岁入粮数",云南行省为277719石。元朝在云南征收屯田租赋,约占全省税粮总数的40%,[①] 从这一点来看,军民屯田是一项很大的赋税收入。

元代在云南屯田的成效显著,对解决军粮,促进农业生产的发展,都起了积极的作用。但是,募民屯田,有时强制移徙中产农户屯垦边防要地,非尽招募贫苦农民自愿而来,以致时常发生逃亡,不能尽收良好效果。民屯虽云招募,出于自愿,但既入屯籍,即具有半军事性质,不能自由脱籍。更有甚者,主管官吏侵吞屯田军民应得收获的份额,屯田军民受着残酷的剥削。所以,元朝中后期,云南屯田逐渐衰败。

三 发展农业生产的政策措施

(一) 举办农贷

元时为了扶持农民发展生产,多在农业生产资料如耕牛、农具、种子、粮食等方面给予借贷资助。这些借贷虽须日后偿还,但亦有因生产情况不好免除偿还的。实行这种办法,对无力自耕的农民或因遭受灾荒及其他事故一时陷于困境的农民渡过难关,免致破产流离,是有作用的。

(二) 减免租税

元朝政府曾多次下令减免全国或地方的地税和地租。元成宗"甲午(1294)即帝位,六月,以云南岁贡马二千五百匹给梁王,数太多,命量

---

① 马曜主编:《云南简史》,云南人民出版社1991年版,第126页。

减之"。①"泰定元年（1324）免云南积粮三分。……至顺三年（1332年）四月免云南行省田租"。②"至正二年（1342）十一月，诏免云南明年差税。"③

（三）赈济灾民

有两种方式，一是给予借贷，视灾情具体情况，或贷以粟米，或贷以钱钞。如"至顺三年五月，云南中庆路大饥，赈钞十万锭。壬午（1342）复赈。元统二年（1334）六月，中庆诸路民多失业，加以灾伤民饥，请发钞十万锭差官赈恤，从之"。④ 二是从常平仓和义仓中拿出米粟，发放给灾民。蒙古始置仓廪制度。常平仓创立于至元六年（1269），其法："丰年米贱，官为增价籴入；歉年米贵，官为减价粜出。"义仓亦于是年创立，其法："社置一仓，以社长主之，丰年每亲丁纳粟五斗，驱丁二斗，无粟听纳杂色，歉年就给社民。"⑤ 《咸阳王抚滇功绩》说赛典赤"沿地土以令开荒，立三农以播百谷，置屯田以备攻守，将余田尽给民业，引水道以济农功，设义仓以贷种子"。

（四）兴修水利

元朝前期的统治者对水利建设是很重视的。朝廷设都水监，地方置河渠司，"以兴举水利，修理河堤为务"。元时云南最宏大的水利工程就是对滇池的治理。滇池是云贵高原上最大的湖泊，水域南北约32公里，东西约10公里，面积约为288平方公里。滇池被金马山、碧鸡山等众多山脉围合，其间河流多注入滇池。注入滇池最大的河流为盘龙江，还有海源河、宝象河、马料河等。滇池只有一个泄水口——海口河。这种"源广末狭，有似倒流"的状况最易发生水患。注入滇池的多数河流经深山峡谷，夹带泥沙，日积月累，以致河床加高，河堤变低。每遇山洪暴发或降雨过量，河水四处漫溢，使滇池周围大片农田被淹，严重威胁着农业生产与居民生活。盘龙江也由于长期变壅改道，经常淹没上游市区北郊的大片良田。

赛典赤抚滇6年实施的最卓有成效的两件事，一是屯田，二是治理滇池。元军入滇之前，滇池地区已经是云南农业比较发达的地区，昆明又是

---

① 《元史》卷十八。
② 《续修昆明县志》卷二。
③ 《续修昆明县志》卷二。
④ 《续修昆明县志》卷二。
⑤ 《元史》卷九十六。

省治所在，因此，治理滇池对滇池地区乃至全省的农业生产有着极为重要的意义。

对滇池的治理采取了上段建坝蓄水、中段开河分洪、下段疏浚海口的办法。上段工程先从疏浚金马山以北一段的盘龙江开始，加固堤岸，使河床固定下来，然后再修筑引渠，把邵甸坝东北诸山下的各道泉水引入江中。这样既可免去雨季洪水为灾、冬季河水枯旱的现象，同时又可以把附近的沼泽地区变成良田。第一步工程完成以后，第二步便在金马山下修筑一座大型的松花坝水库，把盘龙江水分为东西两个分流，以减弱水势，免除洪水对昆明城及其东南地区的威胁。中段工程是在松花坝以西盘龙江与金汁河之间分段修堰筑坝。这样，既可保证昆明城在洪水季节的安全泄水，冬季又可以关坝蓄水。在金汁河两岸修筑长达数里的坚固石堤，以供春灌，又在城南八里左右的地方修筑燕尾闸，使城南郊外原来为洪水造成的许多沼泽地区也渐渐成了可耕的良田。下段工程是清除海口、石龙坝到龙王庙一带的积沙和淤泥，并把海口河在安宁境内的鸡心、螺壳等几个险滩挖开，使水畅流，清理了自螳螂川、普渡河至金沙江的河道，又在海口修了一座大型石闸，用以控制滇池水位。大量滨湖沃土辟为良田，加上优越的灌溉系统，为滇池地区农业生产的发展创造了有利条件。此后，该地区成为全省屯田的重点地区。

第三节　手工业、矿业、商业

一　手工业

蒙古贵族和元朝政府重视手工业。蒙古兵攻城略地，常有杀戮之举，唯独不杀工匠。他们俘虏工匠，将其编为匠户。民间的能工巧匠也被编入匠户。匠户分"民匠"和"军匠"两种，军匠专造武器，民匠制造普通用品。匠户享有优待，社会地位比农民和知识分子要高。匠户子女可以世袭祖业，男习工事，女习针绣，不准加以欺压和杀害。蒙古人的造弓技术高，中统二年（1261）"遣弓工往教鄯阐人为弓"。[①] 蒙古的造弓技术传到昆明，并在昆明制造大批弓矢，以适应军事需要。元朝中央政府设有"诸色人匠总管府，秩正三品，掌百工之技艺"，各省有"人匠提举，受

[①]《元史·世祖本纪》。

省檄掌工匠词讼之事"。① 当时的手工业制品有弓矢、纺织品、染织品、衣服、靴帽、瓷器、金箔、银箔等。较大的手工业作坊，多制军需用品和贵族、官僚生活用品。

民间用品多为家庭手工业制造，省城（昆明）的金箔铺能造金箔、银箔，子孙世传，秘不授徒。云南能造金箔，始于元代。禄丰县出土了元代的瓷器，玉溪囡囡山发现元末明初的瓷窑遗址。玉溪囡囡山采集到的瓷器有青釉瓷和青花瓷两种，器形有碗、盘、杯、钵等，在造型、色釉、花纹、窑具、技术工艺等方面具有独特的云南乡土风格。

二 制盐业

元代，云南的制盐业在前代基础上进一步发展，为明代制盐业的兴盛打下了基础。自汉朝以来，历代封建政府都是直接经营盐业生产。元朝为对盐业进行管理，设立专门机构，整个生产和销售过程制度严密，生产规模很大，销售地区更广泛，产量远远超过前代。

管理盐业的专门机构叫盐运司，其职责是"掌场灶，榷办盐货"。② 每个盐运司分别管辖若干所盐场。盐场下分若干团，团下有灶，每灶由若干盐户组成。盐户固定在盐场上劳动，子孙世袭，他们对政府缴纳额盐，还要负担科差、税粮和差役。主要生产资料及工具由政府供应。

云南盐储量丰富，食盐的生产源远流长，产量丰盛，自给有余，运销省外。元朝在云南设置了榷盐官，掌管食盐的生产、征购、销售。《元史·英宗本纪》载："至治三年（1323）五月辛卯，设大理路白盐城榷税官，秩正七品；中庆路榷税官，秩正七品。"在大理路的主要是姚州白盐井，在中庆路的主要是安宁盐井。《马可·波罗行纪·哈剌章州》记载当时的昆明："其地有盐井，而取盐于其中，其地之人，皆持此为活，国王赖此收入甚巨。"可见安宁的盐规模大，产量丰，对人民生活至关重要，同时又是朝廷财政收入的一大来源。除了安宁、姚州两个较大的产盐地外，其他产盐地有黑井、景谷、云龙、兰坪等。

李源道《果春山真觉寺碑》载："滇池西走六驿，有郡曰威楚，东北五舍，深山入长谷，有礛井，取雄于一方，以佐国用，以资民生，厥利至

---

① 《元史·百官志》。
② 《元史》卷八十五。

薄也。"此碑在今天禄丰县黑盐井，从这段文字可知元时其地已盛产盐，并已课税。乾隆《琅盐井志》载：元至正十一年（1351），"云南行省檄井民景善充琅井寺院提点事，石碣尚存"。此指《景善墓碑》，碑上有"至正辛卯率诸耆老"之语，可知当时琅井已产盐，并且有官吏经营。《元史·泰定帝纪》载："至治三年（1323）十一月丁巳，云南开南州大阿哀，寇哀卜白盐井。"据方国瑜《中国西南历史地理考释》一书，哀卜应在威远州，即今之景谷，开南在今景东。虽不知哀卜白盐井在何处，然而知道开南、威远一带元代也产盐。明代云南著名的四大盐井（黑盐井、白盐井、安宁、五井）之一的五井（包括今天洱源、剑川、云龙、丽江等地的盐井）此时也产盐。

元代云南产盐数量无记载，但《元史·文宗本纪》说到亦奚不薛牧马，每岁以滇盐供给，可推断当时滇盐产量不小。滇盐产量多的另一个根据是盐块可作货币。《马可·波罗行纪·建都州》记载，罗罗斯所用之货币，小币则用盐，取盐煮之，然后用模型范为块，每块约重半磅，并且盐块上有官府的印记，则当奉行省命令使用之。省内各地，亦当通行此法。景泰《云南图经志书》卷二载武定府"土人贸迁有无，惟以盐块行使"；卷三说镇沅府"盐色白黑相杂，而味颇苦，俗呼之鸡粪盐，交易亦用之"；卷四载楚雄府"黑盐每块重二两，军民交易皆用之"；卷五曰"丽江府盐块，土人煮卤为之，大者重一斤十两，小者重一斤，交易皆用之"。可见当时云南很多地区以盐为币。

三 矿业

云南有丰富的铜、铁、金、银等矿藏。据《元史·食货志·岁课》记载，当时云南"产金之所，在云南省曰威楚、丽江、大理、金齿、临安、曲靖、元江、罗罗、会川、建昌、德昌、柏兴、乌撒、东川、乌蒙；产银之所，在云南省曰威楚、大理、金齿、临安、元江；产铜之所，在云南省曰大理、澂江；产铁之所，在云南省曰中庆、大理、金齿、临安、曲靖、澂江、罗罗、建昌"。以上地区均是政府开采纳课之地。而矿产之蕴藏，当不止上述地区。

云南建立行省以后，元朝政府对云南的矿业非常重视。至元四年（1267）在云南设立了"诸路铜冶总管府"，随后又设置了"淘金总管府"，用以垄断云南金属矿产。这种官办的矿业，多为官府设专官主事，募民或差遣工夫开采，并把具有采冶技艺的手工业者编为"冶户"，限其世代服役，不得改业。这些"冶户"实际成了元朝的工奴。除了官办以外，当时云南的冶炼业还有民办的。民办的宗旨是缴纳岁课，产品由政府抽分。如至元二十八年（1291），建都置冶，令民炼金输官，就是其例。

采冶产量，全省以铜、银、金为多，铁较少。据《元史·食货志》所载，天历元年（1328年）全国矿冶业中的岁课数量，云南最多，现列表比较：

省 区	金	银（单位：锭）	铜（单位：斤）	铁（单位：斤）
腹 里	40 锭	1		
江 浙	180 锭	115		245867
江 西	2 锭	246		217450
湖 广	80 锭	236		282595
河 南	38 两			3930
四 川	7 两			
陕 西				10000
云 南	184 锭	735	2380	124701
合 计	486 锭零 45 两	1549	2380	884543

从上表可见，云南金银铜课均为全国之冠，金占全国岁课总数的三分之一强，银占二分之一弱，铜则仅为云南有之，铁课居第四位，占七分之一弱。至元十四年（1277），云南诸路课金数为 105 锭，[①] 与上表金课 184 锭相比较，可知 50 年中增加了大约 80%，反映了云南冶金业有了相当的发展。云南冶金业除了岁课之外，又有赋税部分用金之制。"至元十九年（1282）九月，定云南赋税用金为则。"[②] 此外，还有所谓贡金。各路府都要贡纳，但无系统记载。据《元史·地理志》载，"金齿六路一赕，岁输金银各有差"，"曲靖路，岁输金三千五百五十两"。至顺二年（1331）二月，景东甸升为军民府，"常赋外，岁增输金五千两，银七百两"。[③] 各路

[①]《元史·食货志》。

[②] 同上。

[③]《元史·文宗纪》。

府贡纳之数，由上引记载看来，当相当可观。

元朝政府对云南金银的榨取，从一个侧面说明了当时云南金银矿产比他省为富，因此也引发了官吏贪暴，竞相贿赂之事。如至元二十七年（1290），尚书省遣人行视云南银䂞，获银四千四十八两。[①] 有"巧立名色，广取用钱及多秤金数，克除火耗为民害者"；有"于常额外，多取余钱者"。由于贪暴之风盛行，官吏们都把矿区征课的职位看作利薮，"必重赂省臣，乃得遣"，既得之后，"征收金银之数，必十加二，而折阅之数又加之"。

金银也被大量用作贡物。大德七年（1303）五月，云南行省也速带儿入朝，以所获军中金五百两为献。[②] 元贞元年（1295），"皇太后复以云南所贡金器遣朵年来赐"。[③] 延祐四年（1317），"知枢密院事大理国进象牙金饰轿即以赐之"。[④]

甚至有商人专程赴滇以银易金，因此发了大财："有一大市集，附近之人皆于定日赴市，每星期开市三次，以其金易银。盖彼等有金甚饶，每精金一两易纯银五两，银价既高，所以各地商人携银来此易金而获大利。"[⑤]

由于金银产量丰盛，有元一代，云南出现了制造金箔、银箔的手工行业。至元十二年（1275），元政府曾在云南诸路设置规措所专门制造金箔，后虽废置，但民间此种行业却一直流传。昆明有数家专制金箔、银箔者，子孙世传，秘不授徒。

四　商业

元代云南的商业经济也是相当活跃的。元代在全国范围内使用钞（纸币），但因云南自南诏以来习惯使用贝，故赛典赤到云南以后，为了尊重当地风俗，以贝为币，并准其折金银之数，还与钞并行。"云南民以贝代钱，是时初行钞法，民不便之；赛典赤为闻于朝，许仍其俗"。[⑥]

李京《云南志略·诸夷风俗》说："交易用贝子。"《混一方舆胜览》

---

① 《昆明市志长编》卷二，第231页。
② 《元史·成宗纪》。
③ 《元史·显宗纪》。
④ 《元史·㪍兀儿传》。
⑤ 方国瑜主编：《云南地方史讲义》下册，云南广播电视大学1983年版，第180页。
⑥ 《元史·赛典赤赡思丁传》。

云南行省说："交易用贝，贝俗呼作趴，以一为庄，四庄为手，四手为苗，五苗为索，虽租赋亦用之。"《元史·世祖本纪》说："至元十九年九月己巳，定云南赋税用金为则，以贝子折纳，每金一钱，值贝子二十索。"在元代，贝已成为流通市场和缴纳官府必要的支付手段。民间也把贝储蓄起来。李京《云南志略·诸夷风俗》"瀚泥"（哈尼）条说："家有积贝，以一百二十索为一窖，藏之地中，将死则嘱之子曰：'我平日藏若干，汝可以取几处，余者勿动，我来生用之'。"贝作为财富如今天的钱币，不仅流通市场，缴纳赋税，这个哈尼族老人，还把贝埋在地下，以备来世用，与焚烧纸钱的迷信风俗相同。据方国瑜先生考证，贝在云南作为货币，从9世纪中叶至17世纪中叶（南诏中期至清初），约八百年。用作货币的贝是海贝，来自中南半岛的沿海国家，贝上有小孔，便于串贯记数。没有小孔的贝，是装饰品，不是贝币。

终元一代，大宗商业控制在政府手里，这是封建社会商品经济的一大特点。金、银、铜、铁、盐、茶、锡、铅、酒、醋，以至于农具等，都由政府专卖。其形式则各不相同，或由政府直接经营，如金、银、铜、铁等矿产，部分铁器、盐等；或由政府卖给商人，由商人运往市场出售，如茶、盐、锡等；或由商人、手工业主经营，政府抽分其利，如部分金、银、铁等矿产。其中最典型的是盐的销售。政府不仅完全控制了盐的生产，而且还控制了盐的销售。政府通过"行盐法"和"市籴法"控制盐的销售。行盐法是商人购买盐引（"引"为一种票据），凭引收盐，运销各地；市籴法是商人按指定地点纳粮，换取盐引，凭引取盐，然后运销。引票的价格随着货币涨落而涨落。政府规定的盐法极严：凡伪造盐引者斩，籍其家产；私盐者徒二年，杖七十，籍其财产之半；行盐犯界者减私盐罪一等，盐没收。

元时，以"街子"为特点的民间贸易大量兴盛起来。一般以十二属相命名，如"龙街""牛街""马街""鸡街""狗街"等。大多数名称一直沿用至今，甚至成了地名。民间商业活动对沟通省内省外的物资交流起了很大的促进作用。

元代云南的对外贸易，主要是以缅甸、泰国北部、老挝、越南向元朝纳贡的特殊方式进行。忽必烈平定云南后，于至元二十四年（1287）攻灭当时统治缅甸的蒲甘王朝，以原来蒲甘王朝的后裔为缅王。缅王以"三年一入贡"的方式，经由云南与元朝中央联系。从公元1289年至公元1338年间，缅王曾先后15次派遣使臣至大都向元朝廷"入贡"，元廷亦4次遣使入缅，经由从今保山、德宏沿大盈江而下以接伊洛瓦底江的水陆交通路线。这条交通线成为中、缅之间的通途，至元间，马可·波罗奉元朝的使命，由这条交通路线进入缅甸。在这条路线上，民间贸易也很昌盛。缅北的玉石矿是在13世纪由中国云南的一个小商贩发现的，开采玉石的技术也经云南传入缅甸。

今泰国北部的"八百媳妇国"于皇庆元年（1312）向元朝送驯象，表示友好。皇庆二年（1313）"八百媳妇国"的头目乃爱等10人至云南行省表示愿意归附，云南行省派法忽拉丁为使节，于延祐元年（1314）随乃爱等到达八百媳妇。泰定四年（1327）"八百媳妇"统治者亲自到元朝廷"献方物"，并主动"请官守"，元廷"赐以币帛"，并于其地设蒙庆宣慰司和八百宣慰司。

越南、老挝经云南与元朝廷之间的联系同样是不断进行使节往来。通过古老的商路，越南经常遣使到元朝请赠佛经。元代形成的杂剧对越南歌剧艺术的形成也产生了很大的影响。

商业的发展，促进了城市的繁荣。号称"城际滇池，三面皆水"的昆明不仅是全省的政治中心，也是全省的经济和文化中心。马可·波罗说昆明"是一壮丽的大城，城中有商人和工匠，为杂居之地，有偶像崇拜者、聂斯托利派基督教徒、萨拉森人或回教徒。此处有一湖，周围近一百英里，出产各种鱼类。有些鱼的体积甚大"。[1] 城中商人、工匠、佛教徒、基督教徒、伊斯兰教徒云集于此，郊外有丰产的米、麦、鱼、盐。西门和南门外，有若干船只，东门之外，有大德桥和至正桥，水陆交通十分便利，百物输入川流不息，一派繁盛的景象。当时，昆明城的规模亦是相当壮丽的：重要的官府有"梁王府"和"行中书省署"，以及"梁王离宫"。重要的寺庙有城北的圆通寺，城东的万庆寺、地藏寺，城里的观音寺、大灵庙等。居民区有"利城坊"和"止善坊"，又有通济桥、大德桥、至正桥等贯通全城。曾任中庆路儒学提举的孙大享描述昆明"山川明秀，民物阜昌，冬不祁寒，夏不剧暑。奇花异卉，四序不歇，风景熙熙，实坤维之胜区也"。[2]

---

[1] 《马可·波罗游记》。
[2] 景泰《云南图经志书》。

第三章

元代的云南文化

第一节 儒学与教育

　　云南有不同于内地省区的地理和人文状况，有自己的政治、经济、文化发展特色。云南是多民族居住地区，元代时人口较多的居住族是僰人（白）、罗罗（彝）、回回、么些（纳西）、白夷（傣）、和泥（哈尼）、吐蕃（藏）、蒲蛮（布朗、瓦、德昂）、汉。这些民族各有自己的文化。云南地处祖国西南边疆，由于有古老的"西南丝绸之路"通往境外，外来文化不断传入。因此，云南文化有七彩交辉、多元并存的特点。在云南文化发展进程中，元代儒学的勃兴是一个重大历史事件，它不但使云南文化更加丰富多彩，而且使它的发展迈上新的台阶。

　　元朝皇帝虽然是蒙古贵族，但他们是用汉文化统治全中国的。汉文化包括诸子百家的经典文化和佛、道、巫的大众文化，内容十分丰富。在内地省区，自汉武帝行"独尊儒术"的政策之后，历汉、晋、隋、唐、宋、元各个朝代，儒家学说皆独占鳌头，在西南与之共生共荣。云南的儒学，汉晋时期盛举于南中大姓，南诏时代盛举于王室子弟。大理时代虽扩大了传播，但大理国王"崇佛"胜于"尊儒"。到了元代才与内地省区一体化，儒学才在云南进一步得到弘扬。

　　元代云南大兴儒学，在中庆、大理设儒学提举，以兴儒学作为教育之本。《元史·赛典赤传》说："创建孔子庙、明伦堂，购经史，授学田，由是文风渐兴。"《元史·张立道传》说："云南未知尊孔子，祀王少逸为先师，立道首建孔子庙，置学舍，上人子弟以学，择蜀士之贤者，迎以为弟子师，岁时率诸生行释菜礼，人习礼让，风俗稍变矣。"

　　元至元六年（1269），王朝明令进行尊孔读经活动，还制定了一套完整的文化教育制度。规定在中央设立"国子学",在地方分别设立"路学"、"府学"、"州学"、"县学";在朝廷设置"国子监",在各省、路、府、州、县设置"儒学提举司",管理文化教育事业。云南建立行省后,首任云南行政长官赛典赤"风动神行"地"兴儒学",建学校,设置文教管理机构和官员。至元十三年(1276)中庆和大理首建文庙,供奉孔子牌位,规定每年春、秋二季进行岁祀。从此,云南开始尊孔,儒家思想成了统治思想。

大兴儒学是学校教育的宗旨,学校从四川等地专请儒家学者来云南当教师,把"兴儒"和"办学"事业推广到云南各路、府、州、县。继中庆(昆明)之后,大理、永昌(保山)、丽江、鹤庆、楚雄、姚安、建水、安宁、澂江、曲靖、寻甸等地,建盖了孔庙,设立了"庙学"(学校)。各地庙宇和圣像修葺一新,建水孔庙尤其壮观,为云南元代建筑的精品,遗迹留存至今。为了管理各地"庙学",延祐元年(1314)设置了云南"儒学提举司",各路、府、州、县相应地设置"儒学提举",是为专门的文教管理机关。

在行省大力推行儒学教育的影响下,一些土司也主动兴办儒学,姚州路总管高明(白族土司)就是其中之一。他"近聘荆、益、关、陕之士,以为民师;远购洙、泗、濂、洛之书,以为民学;异时烨然,声容文物之盛,非蜀之文翁,闽之常衮欤"。[①]

与儒学教育相适应,元代云南学子参加了科举考试。皇庆元年(1312),元朝行科举考试,专立德行、明经科。考试内容为《论语》《孟子》《大学》《中庸》等儒经,改变了唐宋时代重词赋的做法。这一年的全国会试,规定云南的名额为蒙古人二名,色目人二名,汉人一名。[②] 过了九年,元英宗至治元年(1321),又举行了一次全国会试,昆明人王辑中了进士。以后又举行了四次会试,昆明人李敬仁、李郁、段天祥、李天祐先后中了进士。[③] 除开科取士外,昆明地区还培养了一批儒学文化人才,例如王升,字彦高,号止庵,昆明利城坊人,官至"云南诸路儒学提举","曲靖宣慰司副使"。景泰《云南图经志书》说他"通经术,能

---

① (元)欧阳玄:《升州为路记》。
② (明)倪辂:《南诏野史》。
③ (明)倪辂:《南诏野史》。

文章",① 明代史学家李元阳说他"文章政事，名于南诏"。② 本书前述昆明沿革中曾辑录他描写昆明的诗篇，显示了他的文才。还有蒙古族阿榼、白族杨渊海等著名文人，他们都留下了传诵古今的优秀诗篇（后节录有具体诗作）。此外，回回人郝天捷、赵世延等也留下了不少金石碑铭和地方文献，他们相继出任地方官员，掌教风化，建立孔庙，为推动地方教育事业的发展作出显著成绩，故《元史》均有他二人的列传。

元代的云南，进一步与内地省区相融，除了政治、经济因素之外，儒学发挥了纽带作用。

第二节 建筑、天文与文学、史学

在大一统的形势下，元代云南与内地的政治、经济、文化联系更加紧密。内地蒙古族、中亚的回回人大量迁入云南，人口激增，经济、文化、科学技术随之有所进步。

一 建筑、天文

元代的建筑技术取得了长足进步。这里仅根据史籍记载和尚存遗迹，对元代建筑方面的科技成就作一阐述。

蒙古军灭大理国后，云南的政治、经济、文化中心从大理移至中庆（昆明），中庆城发展为云南的第一大城。《马可波罗游记》说这座城"大而名贵，工商甚众"。中庆城的居民住宅规模不大，较大规模的建筑是官署和寺庙。著名寺庙有五华寺、大德寺、圆通寺、地藏寺、观音寺、清真寺、孔庙、大灵庙、真武祠等。这些寺庙的元代建筑多已不存，现存建筑是后世重建物。代表元代寺院最高建筑水平的是建水文庙。该庙规模最大，工艺最精。始建于元至元二十年（1283），是一个占地114亩的大建筑群，由大成殿、文昌阁、魁星阁、思乐亭、东西二庑、东西明伦堂、四门（棂星门、大成门、玉振门、金声门）、五祠（崇圣祠、二贤祠、仓圣祠、名宦祠、师贤祠）、八坊（太和元气坊、洙泗渊源坊、礼门坊、义路坊、德配天地坊、道冠古今坊、圣域由兹坊、贤关近仰坊）、学海、海岛等建筑组成。

---

① 景泰《云南图经志书》卷一。
② （明）李元阳：《云南通志》卷十。

建水文庙设计巧妙，突破了呆板的文庙建筑模式，独具特色，历经500多年而无大损坏，以精致的施工工艺，集建筑的造型美、园艺美、雕刻美为一体，可谓综合建筑艺术杰作。它把科技与艺术有机地结合，兼具实用与艺术的双重价值，显示了设计师和施工工匠高超的技术水平。

元代昆明建有两座有历史意义的桥梁：龙川桥和大德桥。龙川桥建于元初赛典赤筑松花坝水库之时（1274—1279），为三孔石拱桥。全长45米，宽10.2米，中孔高5米，两边孔高3.12米。建孔方法为加框纵联砌制法，石材为黄砂岩。北孔一段在清代倾地，光绪十九年（1893）重修。其他两孔至今仍存。此桥建在松花坝泄水口下方，既是行路桥梁，又起分洪作用。洪水季节，松华坝大水至此，即从桥孔一分为二，一水入盘龙江，一水入金汁河。水势既分，水患亦除，而且还灌溉农田，恩惠深广，为昆明人民造福600多年。1958年扩建大坝，改造泄洪系统，龙川桥才完成历史重任。

大德桥即今昆明市金碧路跨盘龙江的德胜桥前身。大德元年（1297）建，长10丈余，宽2.7丈，为石墩木梁桥。元孙大亨《建大德桥碑记》说："奠地甃石，巨木为阁，酾水三通，覆翼以栏楯，列为九楹……百代奇功，一方之伟观也。"明洪武二十六年（1393）改建为石拱廊桥，名曰云南津桥。后又几经改建而称德胜桥。

今昆明市西北郊玉案山筇竹寺后山有一座名叫"雄辩法师大寂塔"的塔，建于大德年间（1297—1307），距今已680多年。元代云南盛行喇嘛教，这是最具代表性的元代喇嘛塔。塔为砖砌，塔高3.5米，塔基为5米×3米×0.5米的矩形分档多面须弥座式，四面八角十棱。塔身为覆钵状。塔刹基部为砖砌多面须弥座，上置砂石相轮，再上为伞盖宝珠（已掉），塔中藏元代高僧雄辩法师的遗骨。

元代天文学家郭守敬掌天文历算，在全国建立27个天文观测所，其中一个在昆明，这是云南天文科技史上的创举。《元史·天文志》说："太史郭守敬……四海测景之所，凡二十有七，东极高丽，西至滇池，南逾朱崖，北尽铁勒，是亦古人之所未及为者也。"所谓"西至滇池"，就是在昆明建天文观测所。

二　文学、史学

赛典赤任云南平章政事后，随着各地儒学的兴办，汉文化在云南的广泛传布，汉族传统诗文艺术也在云南士林中得到研习，出现了一批精通诗文艺术的知识分子和优秀作品。著名文人王升就是一个能诗善赋之人。据景泰《云南图经志书》载："王升，字彦高，号止庵，昆明县利城坊人，通经术，能文章，由教官历任至云南儒学提举，曲靖宣慰司副使，授朝列大夫。"又据邓膨《元宣慰副使止庵二公墓志铭》载，王升"初学于杨贤先生，受经于张子元大尹，学诗于仲礼宪副，学文于李源道学士……源道参滇省大政，举为曲靖宣慰司教授，庠序大振……穷发之地，首倡吾道，似先生者不数人"。[①] 王升之后，云南文人之著名者，还有王惠、杜昌海、张景云等。

元时云南各民族诗人创作的优秀诗赋甚多，汉族诗人文璋甫以《火把节》为题，作诗云："云披红日恰衔山，列炬参差竞往还。万朵莲花开海市，一天星斗下人间。只疑灯火烧云夜，谁料乡傩到白蛮。此日吾皇调玉烛，更以何处觅神奸。"

在元末云南梁王与大理总管段功之间恩怨爱恨的孔雀胆故事中，有关人物均留下了一些抒发自己身世际遇、离情别意的传世佳作。段功之原配夫人、白族高氏寄给段功的《乐府》诗云：

"风卷残云，九霄冉冉逐。龙池无偶，水纹一片绿。寂寞倚屏帏，春雨纷纷促。蜀锦半床闲，鸳鸯独自宿。好语我将军，只恐乐极生悲冤鬼哭。"

段功续妻、蒙古阿禶公主怀念段功的《愁愤诗》云：

"吾家住在雁门深，一片闲云到滇海。心悬明月照青天，青天不语今三载。欲随明月到苍山，误我一生踏里彩（锦被名也）。吐噜吐噜（吐噜，可惜也）段阿奴，施宗施秀同奴歹。云片波漩不见人，押不芦花（押不芦，乃北方起死回生草名）颜色改。肉屏（肉屏，骆驼背也）独坐细思量，西北铁立（铁立，松林也）霜潇潇。"

段功部下杨渊海《题壁》诗云：

"半身功名百战身，不堪今日总红尘。死生自古皆由命，祸福于今岂怨人？蝴蝶梦残滇海月，杜鹃啼破点苍春。哀怜永诀云南土，絮酒休教洒泪频。"[②]

---

① 《新纂云南通志》卷九十四。
② 以上各诗均载于《滇载记》。

元代云南的绘画艺术也有可观者，各寺宇均有"殿像壁绘"，极为精美。明代著名学者杨慎对于元代云南壁画的艺术价值极为推许，赋诗赞曰："寿亭侯庙苍山旁，金生画壁真擅场。只今一百五十载，火旗云马神扬扬。""乘兴飙然扫素壁，蛟龙拚舞长风起。千年战功犹昨日，飒爽英姿炯不死。"[1]

元代云南产生了七部具有历史价值的史书：李京的《云南志略》，郝天挺的《云南实录》，郭松年的《大理行记》，张道宗的《记古滇说》，张立道的《安南录》《云南风土记》《六诏通说》。李京，字景山，河间人。元大德五年（1301）奉命宣慰乌蛮，升任乌撒乌蒙宣慰副使。因滇西南边疆军务而周旅云南，据所见所闻调查研究，写成《云南志略》四卷，报送朝廷，翰林学士虞伯生、元明善作序，印行传世。可惜全书已失，传到现在，只存于元末明初的陶宗仪《说郛》一书的一些节录。[2] 郝天挺是回回人，《元史》卷一百七十四有《郝天挺传》，他任过云南行省参知政事和河南行省平章政事，《云南实录》是其在任云南行省参知政事时所写。明代《绛云楼书目》著录此书，然绛云楼遭火灾，《云南实录》也已烧毁。郭松年的《大理行记》，又名《南诏纪行》，记录元代至元年间他从昆明至大理的所见所闻，传至今日已成为珍贵的历史资料。张道宗的《记古滇说》，所记始于唐虞，迄于南宋咸淳，滇之方域、年运、谣俗、服叛记载事一一见详。张立道，字显卿，其先陈留人，后徙大名，自世祖即位至成宗大德二年（1298），任云南行省参政。他两度使安南（今越南），录见闻著《安南录》《云南风土记》《六诏通说》。

第三节 宗教

佛教是元代云南占统治地位的宗教。元代以前，佛教在云南的主要派别有密宗、小乘佛教等。郭松年在《大理行记》中写道："其俗多尚浮屠法，家无贫富皆有佛堂，人不以老壮，手不释数珠，一岁之间，斋戒几半，绝不茹荤、饮酒，至斋毕而已。沿山寺极多，不可殚记。"

元朝政权建立后，积极利用宗教力量来维护自己的统治，以期"渐

---

[1] （明）杨慎：《双壁画歌》。
[2] 方国瑜：《云南史料目录概况》第一册，中华书局1984年版，第243页。

摩化服其心"。元世祖招降吐蕃后，尊奉吐蕃喇嘛教首领八思巴为"国师"，统治云南的梁王则尊八思巴的弟子为"梁王师"。喇嘛教与原流行于大理地区的阿叱力教属于密宗。《新纂云南通志》说，"元世祖崇八思巴为国师，其徒分布各省为释教都总统。其在云南为梁王师，地位至高，倡导佛法，启建寺宇，总持教门。梁王及行省宰官护法，亦多有力焉"。

元代云南佛教文化的一个重要特点和变化，就是禅宗传入云南并逐渐居于各派之首位。在元初以及南诏、大理时期，云南佛教的主要宗派为密宗，禅宗主要在内地流行。随着元朝政权一统全国，地区之间的隔绝状况宣告结束，在这个大一统的背景下，禅宗传入云南并很快得到广泛传布。

在禅宗传入云南的过程当中，雄辩大师起到了关键作用。明人郭文所撰《重修玉案山筇竹禅寺碑记》云："初，滇人所奉，皆西域密教，初无禅宗也。前元既一南诏，鄯阐人有雄辩大师者，以奥学宏器，归自中华，始倡禅宗于兹寺，滇之缁衣俊秀者，翕然从之，而其道日振。自是名蓝巨刹，弥布遐迩，云南之有禅宗，师实启之也。"

据立于昆明筇竹寺大殿后山的《大元洪镜雄辩法师大寂塔铭》称，雄辩大师"俗姓李氏，生鄯阐城，了事国师杨子云为上足弟子，卒于大德五年（1301）十一月九日，寿七十有三。"碑文又称：

"世祖破大理之日，师始至中国，留二十五年，所更事者四师，皆当世大德，最后登班集之坛，嗣坛主之法，其口道大备，喟然叹曰：'佛之种子不绝于世。矫矫龙蛇，岂择地而行？吾其南归！'坛主以其言告于帝师，为玺书以赐之，曰洪镜。具大猛志。其归口，而国人号雄辩法师。"

雄辩大师回到云南后，在鄯阐附近之玉案山修建了筇竹寺，为云南第一座禅宗寺院。雄辩大师在筇竹寺开坛讲禅，广招弟子，以"僰人之言"宣扬禅意，"于是其书盛传，解者甚众"。雄辩法师本人也赢得举世的尊荣，"梁王、云南王，以天属之尊，事师甚严。师之行，以惠为本。众人归之，意阙如也"。[1]

雄辩大师嗣法弟子众多，著名的有玄坚、玄妙、玄通、玄鉴、玄惠、

---

[1] 《大元洪镜雄辩法师大寂塔铭》。

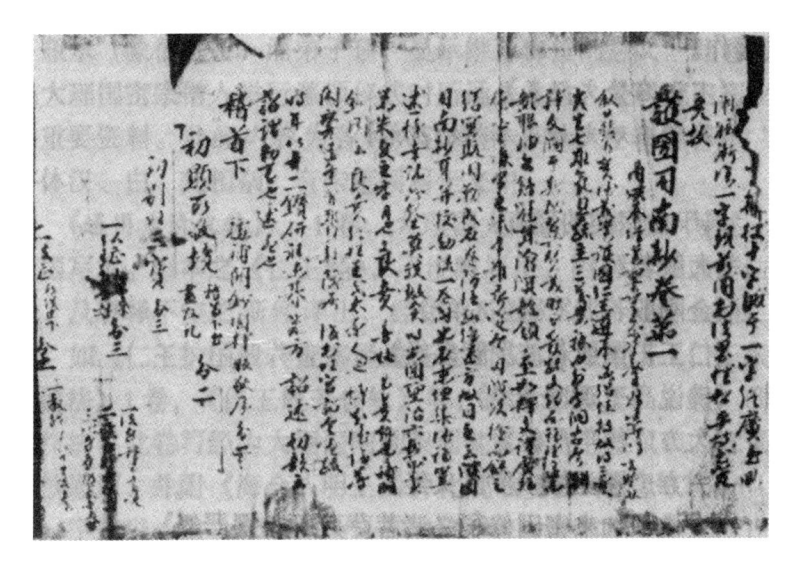

图 4 自宋、元传下来的大理国写本经疏《护国司南抄》

图 5 大理佛图塔藏的元代木刻经

玄林等。玄坚号雪庵,为雄辩大师的第一位高足,雄辩大师圆寂后,由玄坚继承衣钵,住持筇竹寺。后云南行中书省平章蒙古督鲁弥实创大德寺,玄坚任大德寺住持。

在禅宗传布云南的过程中，另一高僧也起了重要作用，他就是大休禅师。据《滇释纪》载："大休禅师，不识何许人，嗣法雪原禅师，至元十五年（1278）师飞锡南来，住圆照山兴祖寺，时梁王也先等钦崇皈敬，大开法席，弘阐宗猷，御赐藏经，并赐大休大禅师之号，又重建圆通、普照等刹。"

元朝统治云南一百二十多年，有史籍记载者，仅在昆明一地，就创建佛寺三十座（其中至少有七座是官府出资修建）：1. 五华山的五华寺；2. 螺峰山的圆通寺；3. 祖遍山的大德寺；4. 今庆云街的大胜寺；5. 华亭山的圆觉寺；6. 太华山的佛圆寺；7. 碧鸡山的文殊寺；8. 碧鸡山的罗汉寺；9. 拓东路的万庆寺；10. 大西门外的妙应寺；11. 大南门外三市街的观音寺；12. 城南春登里的安国寺；13. 圆照山的兴祖寺；14. 筇竹寺；15. 云居寺；16. 海源寺；17. 宝珠寺（14—17四座都在玉案山）；18. 城北岗头村的灵应寺；19. 官渡的妙湛寺；20. 城西龙院村的龙华寺；21. 安宁虎邱山的妙果寺；22. 虎邱山的虎邱寺；23. 安宁温泉的曹溪寺；24. 晋宁金砂山的宝严寺；25. 晋宁盘龙山的盘龙寺；26. 晋宁城东罗汉寺；27. 昆阳长松山的普照寺；28. 昆阳城内的扬光寺；29. 三泊大云山的华严寺；30. 富民灵芝山的灵芝寺。由此可见，元代的云南，人民信佛，官府崇佛，相当兴盛。

元代云南的宗教除佛教外，还有道教、伊斯兰教、基督教。道教在唐代以前即已传入云南，元时仍继续在云南传播，势力不及佛教。元代著名道士邱处机被忽必烈尊为国师，他的弟子宋披云到滇东演教，其弟子再传之入昆，是为道教龙门派在昆明传播之始。著名道观有真庆观、龙泉观、铁峰庵等。元代的云南，有不少来自西亚、中亚、中国西北的回回人、畏兀儿人，他们信仰伊斯兰教，建立了礼拜真主的清真寺。李元阳《云南通志》卷十三"寺观"有："清真寺有二，一在崇正门内，一在崇正门外。俗呼礼拜寺。俱元平章赛典赤·赡思丁建。"

关于云南基督教的记载见于《马可·波罗游记》："省会名雅岐（昆明），系一壮丽的大城……有聂斯托利派基督教徒……"

《马可波罗游记》还说：雅岐（昆明）"大而名贵，工商甚众，人有数种，有回教徒、偶像教徒、聂斯托里派基督教徒"。当时的昆明城是中国文化与外国文化、各民族文化与地方文化的汇集处。儒教（儒学）、佛教、道教、伊斯兰教、基督教、各民族原始宗教在这里同时存在。各派教徒能够和睦相处，是云南文化史上的一大特色。不仅在昆明，几乎在云南各地，宗教在当时社会生活中居于重要位置，寺观庙宇遍布。

第二编

明朝时期的云南

第四章

明代的云南政治

第一节　明军入滇和沐氏镇守云南

一　傅友德、蓝玉、沐英平定云南

中国封建王朝的更迭往往呈现出这样一种态势，即每当中央集权政府的统治变得软弱无力时，反叛势力就会迅速发展，并在中国广阔的地域内蔓延开来，国家则成为无数地方武装割据势力角逐的舞台。14世纪中叶，中国历史的发展又一次出现了这种局面。其时，元朝统治集团内部由于派别斗争四分五裂，各地武装势力打着元朝的旗号拥兵自重，不时干涉宫廷事务，元朝中央政府实际上已失去了对他们的控制。而在中国的中南部地区，各地势力则割据一方，并开始建立国家组织。另外，由于统治腐败，政权衰微，自然灾害频繁，民不聊生，也迫使农民发动武装起义，掀起了反抗元王朝统治的斗争浪潮，其中，以1351年的红巾军起义最为猛烈，从而导致了元朝统治的崩溃和明朝政府的建立。

公元1368年，朱元璋建立了明王朝。当时，云南仍处在元朝梁王把匝剌瓦尔密的控制之下，梁王仍岁遣使经西番绕出塞外，"达元帝行在，执臣节如故"。[①] 其他如大理段氏、麓川思氏以及乌撒（今威宁）、乌蒙（今昭通）、东川、芒部（今镇雄）等白、彝、傣族地区的农奴主和奴隶主，虽然表面上受梁王笼络，被封行省平章、右丞、参政、总管、宣慰使等高级官衔，但实际上已割地称雄，牢牢地控制着各自的统辖区域。

---

① 《明史·把匝剌瓦尔密传》。

明王朝刚刚建立，百废待兴，其注意力必然放在建设和维护国家政权机构方面，以巩固其统治地位。因此，朱元璋在派兵平定四川之后，并没有十分看重云南的地方势力，认为"云南僻险，不欲用兵"，试图采取安抚招降的办法统一云南，并先后五次派遣使臣到云南招降梁王把匝剌瓦尔密和大理段氏等，准许梁王"仍旧封"，段氏为"大理国王"，但都遭到拒绝。梁王自以为仍能继续统治云南，并认为云南地处边疆，汉、唐王朝虽然强盛，但都在云南遭到过失败，因此，对明王朝的劝降不以为意，并杀害了朱元璋派往云南说降的使臣王祎和吴云。

洪武十四年（1381），明王朝的统治政权已基本稳固，四川、湖广也已平定，明太祖朱元璋调集近25万人准备征讨云南梁王。九月，"上御奉天门，命颍川侯傅龙德为征南将军、永昌侯蓝玉为左副将军、西平侯沐英为右副将军，统率将士往征云南。友德等既受命，上谕之曰：'云南僻在遐荒，行师之际，当知其山川形势，以规进取。朕尝览舆图，咨询于众，得其厄塞。取之之计，当自永宁（今叙永）先遣骁将别率一军以向乌撒，大军继自辰沅以入普定，分据要塞，乃进兵曲靖。曲靖云南之喉襟，彼必并力于此，以拒我师。审察形势，出奇制胜，正在于此。既下曲靖，三将军以一人提劲兵趋乌撒应永宁之师，大军直捣云南，彼此牵制，彼疲于奔命，破之必矣。云南既克，宜分兵劲趋大理，先声已振，势将瓦解。其余部落，可遣人招谕，不必苦烦兵也'"。① 根据明太祖朱元璋的部署，傅友德遣都督胡海洋等率兵由永宁（今叙永）南下至乌撒，以牵制乌撒、乌蒙、芒部、东川等地的土司武装；傅友德、蓝玉、沐英则率主力军由辰（沅陵）、沅（芷江）进入贵州，攻克普定、普安等地，留兵戍守，随后进攻曲靖。

洪武十四年（1381）十二月，傅友德等率军至曲靖，大败元兵于曲靖北郊的白石江，并活捉元行省丞相达里麻，"俘其众万计，友德悉抚而纵之，使各归其业。夷人见归者皆喜慰，而军声益振，遂平曲靖"。② 之后，傅友德率数万兵力进攻乌撒，蓝玉、沐英则率军直取昆明。梁王出逃至晋宁，后自杀，元右丞观音保等投降，"玉等整师入城，戒戢军士，秋

---

① 《明太祖实录》卷一三九。
② 《明太祖实录》卷一四〇。

毫无犯，夷民大悦"。① 占领昆明之后，明军兵分两路，一路趋向临安，一路收复威楚诸路。

洪武十五年（1382）正月，由蓝玉派遣的景川侯曹震、定远侯王弼率军平定威楚路，曲靖、中庆、澂江、武定诸路纷纷投降，明军已逼近大理。控制大理地区的段信苴世见形势急迫，大理已危在旦夕，派遣张元亨持书至中庆大营，请求傅友德停止进兵，"事若则虑易，莫若班师罢戍，奉扬宽大；倘赐继绝举坠，庶副苍生霖雨之望，比备礼仪朝觐以来"。"区区愿馨一得之愚，若不彼此歃血盟誓，罢威楚之戍；勤谕农民，及时布种，抚恤凋瘵，招怀来廷，容以大度，示以大信，俾元元各遂其生，共享升平之乐，不亦美乎！或有不忠不义咎，发兵讨之，亦未为晚"。傅友德回信给段信苴世，晓之以理：曲靖达里麻和乌撒右丞实卜等不识时务，率部抵抗，不堪明军一击，"凶酋授首，降者纵归田亩，战者血溅郊原，不月之间，千里宁谧，其东川等路土官左丞胜右等，鉴彼覆车之辙，遂输颖附之诚，籍其兵粮，纳我戎土，已为申奏，荣宠有期。……今者之来，但知奉命，有罪者诛，无罪者安置。若急降服，当即奏闻区处；若但游说相玩，则不如深沟高垒以俟兵至，欲为城下之盟，必不可得。汝其察之，毋悔毋忽！"

在得不到满意答复的情况下，大理段世决意抵抗明军，并再次致书傅友德云："拒汝不假砺兵，杀汝不须血刃。四五月雨水淋淫，江河泛涨，道路阻绝，往返不通，则知汝等疲困尤极，粮绝气敝，十散亡八九，十患例六七。形如鬼魅，色如黑漆，毛发脱落，骨脊露出，死者相籍，生者相视，欲活不能，凄怆涕泣。殆及诸夷乘隙，四向蜂起，弩人发毒箭，弓人激劲矢，弱则邀截汝行，强者围击汝营，逆则知之，汝进退果狼狈矣。莫若趁此天晴地干，早寻活路，全骸逃归乡里，但得父母妻子一日完聚之乐，可瞑目而无憾也。"②

洪武十五年（1382）闰三月，蓝玉、沐英率军进攻大理。据《明太祖实录》卷一百四十三载："大理城倚点苍山，临洱海为固，土酋段世闻王师且至，聚众扼下关以守。下关者，南诏皮罗阁所筑龙尾关是也，号为险要。玉等至品甸，遣定远侯王弼经兵由洱水东趋上关为犄角势，自率众

---

① 《明太祖实录》卷一四〇。
② （明）王世贞：《弇山堂别集》卷八十五《大理战书》。

抵下关，造攻具，遣都督胡海洋夜四鼓，由石门间道渡河，绕出点苍山后，攀木援崖而上，立我旗帜。我军抵下关者望之，踊跃欢噪，酋众惊乱。英身先士卒，策马渡河，水没马腹，将士随之莫敢后，遂斩关而入。山上军望见，亦下攻之，酋兵腹背受敌，遂溃。拔其城，段世就擒。"在攻克大理后，明军分兵进攻鹤庆、丽江、石门关、金齿各地。到洪武十五年三月前后，明军又收复了保山和腾越（腾冲）等地，怒江以西的潞江、南甸、干崖、麓川、木邦、孟养等地的土官纷纷投降明军，明朝在元朝的基础上设置了政权机构以巩固其统治。

洪武十五年七月，傅友德、沐英进兵攻乌撒，大败其兵，斩首3万余级，余皆逃散。洪武十六年（1383），南征明军班师回朝，留沐英镇守云南，继续用兵边境等地。迫于明军的强大攻势，各地土官不得不投降明朝，但随后就策划叛乱，企图实现其进行地方割据的目的。洪武十五年九月，当傅友德、沐英率明军分赴云南各地招降还没有完全归附的零散土官势力时，土官杨苴则发动叛乱，纠集20余万叛军围攻昆明。沐英闻讯率军从乌撒赶回，才解除了昆明之围。杨苴兵败之后并没有投降，而是在安宁、罗次、邵甸、晋宁、江川等地据险树栅，继续与明军对抗。与此同时，其他各地的土官也都不甘心原来自己的领地被明政府控制，图谋盘踞各地，统治一方，如以右丞实卜为首纠合乌撒、乌蒙、芒部、东川等地的彝族土官反抗明朝，滇西元右丞普颜笃与土官高大惠叛据洱源，金齿土官与元蒙古官吏也先忽都勾结麓川思氏焚掠永昌（保山），普舍县（今玉溪）之右丞燕海雅、金齿土官段惠军也先后叛乱等。虽然这些叛乱被明军迅速平定，但各地土官的反明活动并没有完全停止，后来麓川思氏反叛就是一个很好的例子，以致明朝军队三次征讨才将其镇压下去。

二　沐氏镇守云南

沐英，字文英，安徽定远人，8岁时成为孤儿，被明太祖朱元璋收为义子。18岁时授帐前都尉，屡立战功，被封为西平侯。洪武十四年，随同傅友德、蓝玉进军云南，两年后留镇云南，开始了沐氏家族在云南的统治。从沐英起，沐氏家族十二世16人镇守云南，世袭西平侯、黔国公等爵，实授云南总兵官，挂征南将军印。

沐英在云南前后共10年，根据当时云南的形势，明军班师之后，沐英的首要任务是集中力量平定各地土官豪酋的叛乱，安定边境，与境外各邦国建立和睦关系，如平定普定、广南诸蛮，通田州粮道，谕降特磨道，招降八百媳妇国等，历经大小26次战事，为明王朝牢固地统治云南立下了赫赫战功，朱元璋慰之曰："使我高枕无南顾之忧者，沐英也。"①

云南的形势基本安定以后，沐英的注意力转到经济发展和各项建设。《滇粹》卷五载，沐英"手定云南之经营，未十年，百务具泽。简守命，兴学校，课农桑，岁较屯田、户口之增损以为赏罚，移民至四百余万，垦田九百九万余亩。滇池溢，浚而广之，无复水患。通盐井之利以来商旅，办方物以定贡税"。正德《云南志·沐英传》也载："英在镇历十年，筑城垣，设卫御，简官僚，修德政，别奸蠹，抚酋豪，兴学校，饬馆传，严祠祭，治水利，立屯田，谨斥候。垦田一百一万二千亩。办方物以定其贡赋，视民教以均其力役，疏节目以宁便其人。"通过上述种种措施，云南的农田、水利、贸易等得到了发展，人民安居乐业，国家税收得到保障，明朝在云南的统治得到巩固和发展。因此，沐英不仅深得明太祖朱元璋之喜爱，而且在云南人民中间也享有很高的声誉，"英初如京，云南之民无老幼，唯恐其不来也，咸戚然东向望者累月，及闻还，各相率远迎数百里之外"。② 洪武二十五年（1392）六月，沐英在其云南寓馆去世，"云南军民旄倪暨诸蛮夷酋长攀号哭送者数万人，金马山前之路隘不得行"。③ 沐英在云南百姓心目中的地位可见一斑。

沐英有5个儿子，前3个为沐春、沐晟、沐昂，皆镇守云南。沐春，字景春，在沐英死后镇守云南，先授骠骑将军，后又授后军都督府金事。洪武二十五年十月，袭封西平侯。沐春在军事才能方面颇具父风，曾击败越州酋阿资、宁远州刀拜烂、麓川土酋刀干孟等，但其身材矮小，明太祖曾"深以为忧，或当朝而叹。及春至云南，条数事咸处有方。上览其奏，顾谓廷臣曰：西南得人，朕无忧矣"。④

洪武三十一年（1398），沐春死，镇守云南7年，无子，其弟沐晟嗣侯就镇。沐晟，字景茂，初授后军都督府金事，升左都督，沐春死后，嗣

---

① 《明史·沐英传》卷一二六。
② 天启《滇志·官师志》。
③ 隆庆《云南通志·官师志》。
④ 天启《滇志·官师志》。

封西平侯，屡立战功。如永乐三年（1405）讨平八百媳妇国（治今泰国清迈），永乐四年（1406）征安南（今越南北方），永乐六年（1408）平定安南，永乐十七年（1419）征富州蛮等，其中两次较大的战事，一是平定麓川，一是大败安南。沐晟上任不久，麓川"思伦发死，诸蛮分据其地，晟讨平之。以其地为三府二州五长官司，又于怒江西置屯卫千户所戍之。麓川遂定"。① 永乐四年（1406），安南犯边，晟率兵大破之，六年班师，以功"进封显忠辅运推诚宣力武臣，特进荣禄大夫，右柱国，黔国公，食禄四千石，授以铁券，俾子孙世袭，兼赐玉带金帛，上亲制诗褒美之"。② 洪熙元年（1425），"加太傅，铸征南将军印给之"。③

正统三年（1438），沐晟卒，镇守云南达41年之久。从沐英到沐晟镇守云南，云南的经济有了一定的发展，边境形势基本稳定，明朝在这一区域的统治得到巩固和加强。与此同时，沐氏家族对云南的统治也变为世袭，达到了权力的顶点。据民国《续修昆明县志》卷二："镇戍官自沐晟起，曰云南总兵，挂征南将军印，驻云南府。"此后，无论明朝中央政府的统治者如何争权夺利，更迭替换，沐氏家族袭黔国公、云南总兵官的情况与明王朝相始终，一直没有改变。

沐晟死后，沐氏家族镇守云南的有沐斌、沐昂、沐璘、沐瓒、沐琮、沐崑、沐绍勋、沐朝辅、沐朝弼、沐昌祚、沐睿、沐启元、沐天波等13人，其中不乏重视经济发展、关心边境稳定、是非分明、比较有才能者，如沐琮"属夷馈赆无所受，寻甸酋杀兄子，求为守，琮捕诛之"。④ 沐璘"招缅甸，献思生相发；平广南侬胤荣、木邦思指之乱。……璘在镇，修城堡、兵器、学宫、使馆，汰冗块蠹，简僚修政，严祀扶夷，政务毕举"。⑤ 沐绍勋"富勇略，用兵有祖风"。⑥ 但也有贪残暴吏、无能之辈，如沐瓒"颇黩武"，沐朝弼"素骄，事母嫂不知礼，夺兄田宅，匿罪人蒋旭等"，⑦ "凶恶久著，奸萌日生……弃国法如弁髦，视人命如草菅，通夷占

---

① 《明史·沐晟传》。
② 天启《滇志·官师志》。
③ 《明史·沐晟传》。
④ 《明史·沐琮传》。
⑤ 正德《云南志·沐璘传》。
⑥ 《滇粹》卷五。
⑦ 《明史·沐朝弼传》。

军，谋财夺产，贻害地方，不止一端"，① 以致明王朝不得不将其囚禁在南京至死。沐氏家族镇守云南的史事可作如下概括：

（一）移民屯田，发展农业。沐氏留镇云南之初，明太祖朱元璋即同意原傅友德等人的上奏，同意戍兵屯田，所以，自沐英开始，便在云南大兴屯田。洪武十九年（1386），云南的形势基本安定下来，除靠内地的彝、白族土官尚有少部分未完全归附明朝以外，云南大部地区皆已得到平定。是年九月，"西平侯沐英奏：云南土地甚广，而荒芜居多，宜置屯，令军开耕，以备储库。上谕户部臣：屯田之政，可以纾民力，足兵食。边防之计，莫善于此"。② 1387年，沐英"奉诏自永宁至大理，六十里设一堡，留军屯田"，③ 上"命西平侯沐英籍都督朱铭麾下军士无妻孥者，置营以处之，令谪徙指挥、千百户、镇抚管领，自楚雄至景东每一百里置一营屯种，以备蛮寇"。④《明史·黔宁王世家》记载，沐英留镇云南期间，共"垦田百万二千亩，军实充盈，卒乘楫睦，华夷安豫，乐土视中州矣"。

到沐春镇守时期，屯田进一步发展，"春在镇七年，辟田三十万五千九百八十四亩，增粮四十三万五千八百石有奇"。⑤ 由于元朝末年云南战乱，饥荒频仍，人民颠沛流离，人口锐减，已不能满足大量屯田的需要。于是沐英"开建昌道，置驿，徙中土大姓以实之"。⑥ 洪武二十二年（1389），沐英从南京还滇，"携江南、江西人民二百五十余万入滇，给予籽种资金，区划地亩，分布于临安、曲靖、云武、姚安、大理、鹤庆、永昌、腾冲各郡县。并奏移山东、江西富民六十余万户充滇"。⑦ 二十四年（1391），"又奏请移湖南、江南居民八十万实滇，并请发库帑三百万两，帝均允之"。⑧ 移民屯田对云南农业经济的发展起了积极的推动作用，沐氏并兴水利，课农桑，人民生活安定。但随着时间的推移，屯田则逐渐集

---

① 《明神宗实录》卷四。
② 《明太祖实录》卷一七九。
③ 《明史·沐英传》。
④ 《明太祖实录》卷一八五。
⑤ 隆庆《云南通志·官师志》。
⑥ （清）毛奇龄：《蛮司合志》卷八。
⑦ 《滇粹》卷五。
⑧ 《滇粹》卷五。

中到少数官僚豪绅手中，如正统十一年（1446），英示敕曰："云南地方膏腴之田，多为权豪占据耕种，及将殷富军余隐占私役"。① 沐氏家族的庄园占田面积更为惊人，为云南田亩总数的三分之一。虽然如此，沐氏家族仍牢牢地掌握着对云南的统治权。

（二）政治上强化管理，避免地方反叛。沐氏家族鉴于云南长期由土官对各地进行统治，故偏重于军事设置，以防不测。沐英曾"奏分乌撒、乌蒙、东川、芒部、建昌、会川、罗鬼、普定、水西、毕节隶四川。自是云南列为郡邑，凡府、州、县、宣慰司、长官司一百八，籍其户七万四千六百余；分设军卫，犬牙相制，以守其地"。② "永乐元年（1403）三月设湾甸长官司，以西平侯沐晟奏其地近麓川，地广人稠故也。"③ 同年，设潞江长官、者乐甸长官，次年改木邦为军民宣慰使司，皆沐晟所请。正统年间（1436—1449），沐晟处理鹤庆土司仇杀，"擢泸州知府林遒节为知府，鹤庆之改流自此始"。④ 成化时（1465—1487），沐琮在镇，"寻甸安晟死，兄弟争袭，巡抚王恕与黔国公沐琮请罢寻甸土官改流官知府"。⑤ 不久，又将武定改土归流。通过政治上的强化管理，云南各地基本处于安定状态。

（三）代表明朝政府，对云南土司随宜剿抚。云南各地的土司，沐氏家族能安抚者则进行安抚，不能安抚者或进行反叛者则武力征讨。沐氏家族的权力在各地土司之上，又有世镇之威，握有军权，处理土司叛乱，民族纠纷争斗，大多不用明朝政府调兵。⑥

为处理好与土司之间的关系及繁杂的民族事务，在比较重要的地方，沐氏安置得力土官，一有事变，便立即进行处理，如洪武十七年（1384），特磨道（今广南县）乱，沐英"亲入其地，谕以天道祸福，遂降之"。⑦ 洪武间（1368—1398），"亦佐县土酋安伯作乱，西平侯沐英发

---

① 《明英宗实录》卷一四七。
② 万历《云南通志·沐英传》。
③ 《明史·云南土司传》。
④ 《明史·云南土司传》。
⑤ （清）毛奇龄：《蛮司合志》卷九。
⑥ 潘洪钢前揭文。
⑦ 万历《云南通志·沐英传》。

兵讨降之"。① 嘉靖间（1522—1566），元江府土舍那鉴叛，沐朝弼等"发大兵七万人进剿，始定"。② 通过对各地土司的安抚和平定，巩固了明王朝在云南边疆少数民族地区的统治。

（四）联络边境各民族地区，稳定边防。云南与今越南、老挝、缅甸接界，又毗邻泰国，明代在中南半岛北部有诸多邦国，如安南（在今越南北部）、老挝（在今老挝北部）、木邦（在今缅甸北掸邦）、孟养（在今缅甸克钦邦）、八百媳妇（在今泰国北部）、缅甸（在今缅甸中部）等。与这些邦国关系的好坏，直接涉及云南边境的稳定和明朝政府在云南统治的巩固，沐氏家族在这方面的作用是不能低估的。

洪武二十四年（1391），"使使以兵谕怒夷（今怒族）、南掌（今老挝万象）、老挝（今老挝朗勃拉邦）、八百媳妇（今泰国北部）、暹罗（今泰国中部、南部）等诸番。番部有重译入贡者"。③ 经过沐氏执行明朝中央的民族政策，加强与边疆各族联系，边疆民族上层接受了土官职衔，纳入了云南的版图，今老挝北部设置老挝宣慰司，今缅甸北掸邦设置木邦宣慰司，今缅甸克钦邦设置孟养宣慰司，今缅甸中部设置缅甸宣慰司，今泰国北部设置八百大甸宣慰司，等等。云南边境土司之间的关系，由沐氏代表明王朝进行处理。例如，宣德五年（1430），"麓川思任发及缅甸莽得喇各遣使上言：木邦罕门占居其地，黔国公沐晟谕还之"。④ 沐绍勋镇守云南时，老挝、木邦、孟养、缅甸、孟密相仇杀，"绍勋使使者遍历诸蛮，讽以武定、寻甸事，皆慑伏，愿还侵地。而木邦、孟养俱贡方物谢罪"。⑤ 万历十一年（1583），陇川岳凤叛附缅甸（明朝中期以后缅甸宣慰司叛离明朝建立的洞吾王朝），勾结缅兵入侵，进攻永昌（保山）、腾越（腾冲）等地，"黔国公沐昌祚闻警，移驻洱海，巡抚刘世曾亦移楚雄"，⑥ 征集数万军队，兵分几路西进，大破缅军，降岳凤，滇西归于平静。由于沐氏镇守云南及其他诸多方面的原因，有明一代，云南与今境外诸国的关系大多处于和睦相处状态，这既有利于边疆的稳定，又有利于云

---

① 《明史·云南土司传》。
② 《明史·云南土司传》。
③ 《滇粹》卷五。
④ （清）毛奇龄：《蛮司合志》卷十。
⑤ 《明史·沐绍勋传》。
⑥ 《明史·刘綎传》。

南与今中南半岛各国的经济、文化、商业、贸易的交流与发展。

第二节　云南布政使司及府、州、县的设置

一　明代官制与云南布政使司的设置

朱元璋建立明朝后，改革官制，加强封建集权统治。他废除元代以来的中书省和丞相，分权于吏部、礼部、户部、兵部、刑部、工部六部。各部尚书直接听从皇帝的旨意。挑选一些品级较低的文学侍从官吏充当武英殿、文渊阁等殿阁大学士，做皇帝的顾问。明成祖时，一些最受皇帝信任的殿阁大学士经常在皇帝身边"参与机务"，逐渐形成一个班子，称为内阁。后来，内阁权力逐渐超过六部，内阁大学士的首领称为首辅，相当于以前的宰相。在地方机构中，撤销了元代的行中书省，在全国十三个省设立十三个布政使司，布政使为一省最高行政长官，管理民政和财政。另有按察使管司法，都指挥使掌兵权，合称"三司"。省以下设府、州、县各级政权。布政使司、按察使司和都指挥使司的职掌不同，地位相当，互不相属。一省大事共同会案处理。明朝中央都察院派出都御使、副都御使、佥都御使等官吏至各省巡抚，地位在三司之上。巡抚期间，有权代表中央处理一省的各种事务。巡抚期限多为一年。成化（1465—1487）以后，巡抚成为常设，开衙署于各省，总决一省大事，代表中央在地方进行集权统治。天启初年，为了镇压少数民族的起义，曾增设云南总督。

云南布政使司设置于公元1382年。《明太祖实录》载："洪武十五年（1382）二月……乙卯，置云南布政使司，改中庆路为云南府。命汝南侯梅思祖、平章潘原明署布政使司事，敕谕征南将军颍川侯傅友德、左副将军永昌侯蓝玉、右副将军西平侯沐英曰：云南之地，其民尚兵，上古以为遐荒，中古禹迹所至，以别中土，故属梁州之域。自汉隋唐，皆中国所统，曩元既立行省，数出朝臣望重者镇之。今思镇彼，非名臣望重者不能守也。故特命汝南侯梅思祖、平章潘原明暂署云南布政使司事，事定之后，除官代还。"[①] 此后不久，明王朝又派张纮、宋昱、韩钥、范祖分别任布政使司左参政、右参政、左参议、右参议等职。

布政使司之下为府，府有三等：粮20万石以上者为上府，10万石以

[①] 《明太祖实录》卷一四二，洪武十五年二月乙卯。

上、20万石以下者为中府，10万石以下者为下府。府以下为州，分散州和直隶州两种：散州属于府，而直隶州则直属于布政使司。府州之下为县，县也分为三等，粮6万石以上、10万石以下者为上县，3万石以上、6万石以下者为中县，3万石以下者为下县。

明朝时期，将罗罗斯、乌撒、乌蒙诸路改隶四川，将普安、普定、水西诸地改隶贵州，云南布政使司的疆界为："北至永宁（今四川叙永）与四川界，东至富州（今云南富宁县）与广西界，西至干崖（今盈江）与西藩（今西藏）界，南至木邦（今缅甸北掸邦）与交趾（今越南）界"。① 实际上，在设置云南布政司以后相当长一个时期内，云南布政使司的疆域范围要大得多，包括孟养、木邦、缅甸、底兀剌、古剌、底撒马、八百媳妇、老挝等八宣慰司，孟密、蛮莫二宣抚司，孟艮府、宁远州等，即今缅甸中北部、泰国北部（清迈地区）、老挝北部、越南西北部诸地。16世纪中叶以后，上述地方只有孟养、木邦、孟密、蛮莫等地还属云南布政使司统辖。

除府、州、县之外，明朝政府还在各省设道，为布政司、按察司分行之职，虽然领有府、州、县，但不是一方的主宰，权力较小。据《明史·职官志》载："承宣布政使司，掌一省之政，朝廷有德泽禁令，承流宣播以下于有司。""设参政、参议、分守各道"，但没有处断决定的权力。明代云南布政使司，共设有分守安普道、临元道、金沧道、洱海道。上述四道的衙署，皆设在会城。其分署，布政司分守安普道，驻城；分守临元道，驻新兴；分守金沧道，驻鹤庆；分守洱海道，驻姚安。

云南省政，自明初至明末，行政、军事、司法三权分立，便于中央控制。"三司"之上有"沐国公"，负有对"三司"领导和监督之责，但实际领导权，通过中央六部掌握在皇帝手里。"沐国公"虽是坐镇一方的封疆大吏，但很难演成割据局面。明代后期的"巡抚""总督"，任期不长，难以坐大。

二 云南布政使司的府、州、县及居民

洪武十五年（1382）三月，置云南布政司所属府州县。计五十二府，

---

① 《明史·地理志》。

六十三州，五十四县①。后来有增有删，变化较大。各种史籍的记载也大不相同。如景泰《云南图经志》卷一云："云南布政司，直隶府、州、司凡二十九，外夷府、州、司凡十七。"周洪谟《云南巡抚都御史台记》载："为府者二十有一，为州者三十有八，为县者三十有三，为宣慰司者五，为宣抚司者三，为长官司者十七，为军民指挥使司者三。"《明史·地理志》则记载为："云南等处承宣布政使司，领府五十八，州七十五，县五十五，蛮部六。后领府十九，御夷府二、州四十、御夷州三、县三十、宣慰司八、宣抚司四、安抚司五、长官司三十三、御夷长官司二。"

云南是一个多民族的边疆省，各民族内部和各民族之间的社会经济、文化发展水平差距大。这种情况反映在政区的建置上，从形式到内容，不同的民族、不同的地区，存在着不同程度的差别。明代云南的居民可以概括分为三类，即军户、民户和夷户。军户是外来的汉族，由云南都指挥使司管辖，以卫所的组织形式驻屯于各府、州、县境内，分布区域在腾冲、保山以东、红河以北的靠内地区。民户也是外来的汉族，是平民百姓，与军户不同，分别由各府、州、县的汉族官吏统治，隶属于布政使司，其分布区域则大体上与军户的分布范围相一致。夷户则是指少数民族中在政治、经济等方面已摆脱了本民族统治阶级支配的那部分人，由汉族的府、州、县官吏管辖；尚未脱离本民族统治阶级支配的那部分少数民族，则由本地区、本民族中的土官管辖。

明代云南的省官，历世"沐国公"已在前节讲述，这里讲几个政绩较好的"布政使"和"巡抚"。

明初布政使张紞，治理多民族的云南，以"因俗而治，抚之为宜"，"宽小过，守大纲"的方针，对汉官吏以德威廉信四条进行考核，为明代云南的政治安定打下了良好基础。洪武十五年，云南平，出为左参政，历左布政司，二十年春入觐，治行为天下第一，特令吏部勿考。明太祖赐玺书曰："曩者讨平西南，命官抚守，尔紞实先往，于今五年，诸蛮听服，诚信相孚，克恭乃职，不待考而朕知其功天下十二牧上。故嘉尔绩，命尔仍治滇南。"紞在滇十七年，土地贡赋，法令条格皆所裁定。民间丧祭冠

---

① 《明太祖实录》卷一四三。

图6 郑和纪念馆

婚咸有定制,务变其俗。滇人遵用之。①《滇史》说:"张紞为参政,寻升左布政使,统以国家倡建藩司,悉心经理,凡通省贡赋、法令、坛祠、公署,与夫典仪程度,皆所规定;而又汲汲荐引贤才。于是夷民心孚,远迩奠安。历任三十年,升吏部尚书,滇人至今思慕,如元赛典赤云。"② 明代后期,"三司"之上加设巡抚,一些名臣颇多到云南任事,如王恕、邹应龙、周家谟、陈用宾等人,为云南做过一些好事。

王恕(1415—1508),巡抚云南(成化十二年,1476)仅九个月,查处了云南镇守太监钱能的罪恶。镇守中官钱能数遭指挥使郭景至干崖、孟密诸土司地,大肆勒索金宝,郭景畏罪自杀。钱能贪暴,几起边患,边民不宁,王恕查实其罪恶,咸震内外,受到官吏和人民的称道。陈用宾万历年间任云南巡抚时,率军抗击缅王入侵,在中缅边境设"八关",筑平麓城(今瑞丽),为云南边防作出贡献。

三 云南籍航海家郑和及内阁首辅杨一清等政治人物

郑和是举世闻名的伟大航海家。公元1373年出生于云南省昆阳州和

---

① 《明史·张紞传》。
② 《滇史》卷十。

代村（今昆明市晋宁县昆阳城郊）一个回族家庭，原姓马，小名三保，12岁丧父，逢战乱家破为奴，转至北京燕王府做小太监，赐姓郑，也称三保太监。在"靖难之变"中从燕王起兵有功，得明成祖信任，选任为"通东南夷"的"统督"，也就是通海外的专使。永乐三年至宣德八年（1405—1433），先后七次率领庞大船队"下西洋"，历39国。到过亚洲的越南、马来西亚、印度尼西亚、新加坡、泰国、印度、斯里兰卡、伊朗、阿曼、也门、沙特阿拉伯及非洲的索马里等国。对国王和酋长之亲和者，多所赐给，桀骜者以武力慑之。诸国入朝者日众，互市通商，往来不绝。他打通了亚洲海上航线，促进中国与亚洲各国的经济、文化交流。他的航海活动在哥伦布发现新大陆前六十年，他在1430年至1433年的末次航行时，葡萄牙人才开始从事海上活动。他不仅是中国历史上著名的伟大航海家，也在世界航海史上写下了光辉篇章。

杨一清（1454—1530），出生于昆明安宁，字应宁，号石淙，因自称"生于滇南、长于湖南、老于江南"，故晚年号"三南居士"。明宪宗成化壬辰（1472）举进士，任太常寺少卿。明孝宗弘治十五年（1502）以后，历任都察院左副都御使、陕西巡抚、总制三边军务、户部尚书、吏部尚书，武英殿大学士，入参军务。明代官制，入参军务的内阁大学士，即相当于汉唐朝代的宰相。所不同者，汉唐宰相，人数较少，明代皇帝集权，"参与军务的内阁大学士"，人数较多。正德末年，杨一清因故一度归家闲居。明世宗嘉靖年间又召任"总制三边军务"，再次被召回京"入内阁"，累加"少师""太子太师""特进左柱国华盖殿大学士"，仍然位居宰相之位。杨一清是中国古代史上唯一的一个云南籍宰相。《云南卿贤事略·杨一清事略》说："一清所著书有关奏议、制府杂录、西征日录、吏部献纳稿、密谕录、四驾幸弟录、辅臣唱和录、通家杂述、石淙文钞，统名之曰石淙汇稿云。"

严清，嘉靖二十三年（1544）进士，由县令升至内地省的布政使和巡抚，后到中央任大理寺卿、刑部尚书等职。孙继鲁，嘉靖二年（1523）进士，历任内地省区知州、知府、布政使，官至右副都御史山西巡抚。这两个人都出生在今昆明，他们也是明代云南籍的政治人物。

第三节 云南都指挥使司的建立和卫所制的实施

一 云南都指挥使司的建立与卫所制

明代军制，统军机构有兵部，又有军都督府。兵部掌军事行政，军都督府掌军事指挥，而军事训练则委之分设在各处的都指挥使司，都指挥使司管辖各卫所。平时训练，有事征调。《明史纪事本末·开国规模》说："有事征伐，则诏总兵官佩将军印领之；既旋，则上所佩将印于朝，军各回本卫；大将身还弟，权皆出于朝廷，不敢专擅。"《明史·兵志》也说："征伐则命将充总兵官，调卫所领之；既旋，则将上所佩印，军官各回卫所。"所以，将不专军，军不私将，地方训练军队，大权属于中央。

明王朝平定云南布置驻军，以强化中央集权，巩固统治政权。洪武十五年（1382）三月，朱元璋命傅友德等，"以云南既平，留江西、浙江、湖广、河南四都司兵守之，控制要害"。① 驻军皆立卫所屯田，傅友德复大理总管段明书说："新附州城，悉署衡府，广成兵，增屯田，以为万世不拔之计。"② 陈善《云南都指挥使司碑记》说："我圣祖既平滇宇，卫、御、所东西星列，此不唯开疆辟土，垂示远略；其镇压周密，殆雄视百蛮也。"其所以设置军屯，意在军事震慑，以期明王朝统治"万世不拔"，这是统治者所希望而且起了作用的一面。"洪武十九年（1386）九月庚申，西平侯沐英奏：云南土地甚广，而荒芜居多，宜置屯，令军士开耕，以备储库。上谕户部臣曰：屯田之政，可以纾民力，足兵食，边防之计，莫善于此。赵充国始屯金城，而储蓄充实，汉享其利，后之有天下者，亦莫能废；英之是谋，可谓尽心，有志古人，宜如所言。然边地久荒，榛莽蔽翳，用力实难；宜缓其岁输之粟，使彼乐于耕作，数年之后，征之可也。"③ 兵屯一兴，云南各地生产改观，《正德云南志》卷二说云"南屯田最为重要：盖云南之民多夷少汉，云南之地多山少田。今诸卫错布于州县，千屯遍列于原野；收入富饶，既足以供齐民之供应，营垒连接，又足

---

① 《明太祖实录》卷一四三。
② 《弇山堂别集》卷八十五。
③ 《明太祖实录》卷一七九。

以防盗贼出没。此云南屯田之制，所以其利最善，而视内地相倍蓰也。"这是统治者预计不到的所起作用的一面。

《明史·兵志》说："明以武力定天下，革元旧制，自京师达于郡县，皆立卫所，外统于都司，内统于五军都督府"，"大率以五千六百人为一卫，一千一百二十人为千户所，一百二十人为百户所，每百户所设总旗二名，小旗十名；官领钤束，通以指挥使等官领之，大小相连，以成队伍"。全国设卫492处，守御所359处，成为强有力的封建国家支柱。

洪武十五年（1382年），云南设置布政使司的同时，设置云南都指挥使司。是年正月，明太祖谕言："今云南既克，以统诸军。"即统领驻各府州县的卫所军队。设置在云南的卫所，有云南左卫（六千户所）、云南右卫（六千户所）、云南中卫（六千户所）、云南前卫（五千户所）、云南后卫（五千户所）、广南卫（四千户所，原在广南府，后移在滇池）、宜良所、安宁所、易门所、杨林所、十寨所，以上千户所的屯地，主要在云南、澂江两府境内。曲靖卫（六千户所）、越州卫（二千户所）、平夷卫（二千户所）、六凉卫（六千户所）、马隆所、定雄所、木密所、凤梧所、武定所，以上千户所的屯地，主要在曲靖府、寻甸府、武定府境内。临安卫（五千户所）、通海御（二千户所）、新安所，以上千户所的屯地，主要在临安府境内。楚雄卫（五千户所）、定远所、姚安所、中屯所，以上千户所的屯地，主要在楚雄府、姚安府境内。大理卫（十千户所）、大罗卫（二千户所）、洱海卫（六千户所）、鹤庆御（二千户所）、蒙化卫（八千户所），以上千户所屯地，主要在大理府、鹤庆府、蒙化府境内。永昌卫（十千户所）、永平御（二千户所）、腾冲卫（六千户所）、腾冲所、镇姚所、镇安所、右甸所，以上千户所屯地，主要在永昌府、顺宁府。景东卫（五千户所），屯地主要在景东府。澜沧卫（五千户所），屯地主要在北胜州。其余各府不设卫所的，有丽江、永宁、镇沅、元江、广南、乌蒙、东川、芒部等府，还有边境的御夷府、州及土司区域，一般不设卫所。

明代云南都司所领20卫、3御、18所，共有133个千户所，如果每千户所的官兵都是足额，则驻在云南的卫军共有159600人，这一数字是可观的。

明初平云南，普遍设置卫所，而卫所的布置首先是从军事的要求出发。《明太祖实录》卷二〇〇："洪武二十二年（1389）二月癸亥，置陆凉卫指挥使司。初，越州阿资叛，西平侯沐英等讨之，以陆良当西南要冲之地，请设卫屯守，至是命云南指挥佥事方用、洱海卫指挥佥事腾聚于古鲁昌筑城，置卫守云。"又卷二〇一："洪武二十二年四月甲辰，上以云南列置戍兵，平夷尤当南北要冲，四面皆蛮夷部落，必置卫屯田镇守，乃命开国公常昇往辰阳集民间壮丁凡五千人，遣右军都督佥事王成、千户卢春统赴平夷置卫。"又卷二〇五："洪武二十三年十月辛未，置马隆卫。初，西平侯沐英以越州阿资叛服不常，马隆地当要冲，故请置卫以镇之。"按：《明史·曲靖土司传》载：明兵征服曲靖，洪武十五年，设曲靖卫军民指挥使司，至二十二年，越州土官阿资反抗，二十八年始定。在这期间，增设了平夷千户所，后改为卫，又设越州、马隆二卫，扼其险要，继在陆良设卫，后来设定雄千户所，首先从军事出发。

《明史·临安土司传》说："安南长官司，元为舍资千户所，以地近交趾，改安南，属临安路。正德八年（1513），革蒙自土司，改长官司为新安守御千户所，调临安卫中所官军戍之。"杨慎《刘都谏（洙）阡表》说："壬申岁（正德七年），适安南长官司那代伏莽，议建守御千户所于冷水沟。公家与此地近，熟知其事，乃疏言：城守非朝夕之寄，恶地非营垒之所，命下覆议，因改今新安所。"雍正《建水州志》卷三说："洪武二十七年，设临安卫，分于五所屯田，又以蒙自新安当南蛮要冲，通海当省郡咽喉，分两所于通海，调中所于蒙自，内外交控，兵食为一。"新安当交通要冲，成化年间，又设临元兵备道，即为防御安南。

明制：遣戍之军都要有家室，并同往卫所。《明会典》载："应起解者，皆拘妻佥解，津贴军装盘缠。"《明史·兵志》说："军士应起解者皆佥妻"，则指定要有妻室同行。如果无妻则受处理，《筹海图编》卷十一说："卫军无妻者辄罢革。"《明会典》说："如原籍未有妻室，听就彼完娶，有妻在籍者，着令原籍亲属送去完娶。"所有军士都要安家立户，以此军伍称为千户、百户。

在云南，谢肇淛《滇略》说："高皇帝既定滇中，尽徙江左良家闾右以家之，及有罪窜戍者，咸尽室以行"，全家都同来戍所，有未及同来的也要送来。《明太祖实录》卷二〇一载：洪武二十四年七月，送在京的大理、六凉卫军妻子往戍所，又卷一八九载：洪武二十一年三月，凡云南卫军的女儿"有为官家侍女的悉取回送往戍所"。嘉庆《景东厅志》卷十七载："指挥杨国太祖始杨胜，洪武二十年八月，调领护送征南军家小前往临安等处交割。"又载："千户朱永昌始祖朱贵，洪武二十年，伴送征南旗军家小来云南大理等处卫所交割。"可见卫军家属大都由原籍来到戍所。商辂《龙泉观通妙真人（邵以正）祠堂记》说："真人先世，家姑苏，洪武中，父母徙滇南"；释古庭《无边海禅师塔铭》说："禅师父赵公、母许氏，皆从征南来"；景泰《云南志》说："严士良妻吴氏，福建福州府侯官县人，洪武二十二年，随夫戍滇"；正德《云南志》卷二十二说："鲁氏，金陵人，随父戍姚安中屯千户所"；《明史·列女传》："郑子琜亦在戍中"。总之，所有卫军，每一军成一户，家属大都由原籍来。

军户世代为军，既入军籍，不准改变，也不得逃亡。《明会典》说："凡军、民、医、阴阳诸色户，许各以原抄籍为定，不许妄行变乱，违者治罪，仍从原籍。"又《明太祖实录》卷一三一，洪武十三年五月乙未诏曰："军民已有定籍，敢有以民为军，乱籍以扰吾民者禁止之。"既占军籍之后，成为固定的军户。不同户籍之间的界限很严，《明会典》说："军发卫所，民归有司，匠隶工部。"方国瑜言，军籍归都司，隶兵部，民籍归布政司，隶户部，匠籍隶工部，户籍不同，身份也有区别，同在一个地区，有府州县的统治机构，又有卫所，往往府卫同城，而府官管民户，卫官管军户，各有隶属，之所以有军家、民家的称谓，是由于户籍的区别是固定的。

服役军户世代相承，《明会典》说："军户不许将弟男子侄过房与人，脱免军籍。"又说："军户子孙畏惧军役，另开籍或于别府州县入赘、寄籍等项，至原卫发册清勾。"大抵每一军户出一名为正军，其余子弟称为军余，或余丁，或帮丁，即预备军；如一军户弟兄分居，以一户出正军，余为贴户，亦预备军，如有缺伍补为正军。所以军户的子孙都有服军役的义务。逃亡者勾回，勾军之法最严。如正德《云南志·列女传》载："谢氏，孙彬妻，吴人，广南卫军。永乐初，絷谢戍交趾清化卫，生子敬，彬卒，谢守节，久之，有诏复安南国，撤戍，乡同戍者，强敬由海道趣吴下，谢曰：汝父占戍籍，汝私还，勾牒必至。及循故道，徒步间关，临本卫。"可见，若私逃，就要按收军册到回籍勾回，勾捕不到正身，则亲戚都要受累。万历年间，云南巡按周懋相的《条议兵食疏》说："祖军尺籍，即远在万里，人隔数代，勾军一至，甚有丁尽户绝，累及业主与甥婿者。"

《明史·食货志》说："天下卫所州县，军民皆事是辟，民屯皆领之有司，而军屯则领之卫所"，则卫军屯田自食。又说："明初，各镇皆有屯田，一军之田，足赡一军之用，卫所官吏俸粮，皆取给焉。"万历《云南志·兵食志叙》说："国朝使兵自为食，以不烦民。"又《赋役志序》说："国朝养兵之费不出于民，可谓万物易之令典矣！"做到军食自给。

二 屯田制度

《明会典》说："洪武三十五年（建文四年），令各处卫所，每卫委指挥一员，每所委千户一员，提督屯田。"又说："永乐二年，令各处卫所，凡屯军一百名以上委百户一员，三百名以上委千户一员，五百名以上委指挥一员，提督屯田，不及百名亦委百户一员提督。"一卫设几个指挥，一千户所设几个千户，一百户伍设几个百户和试百户，其中，有一人或数人专管屯田。《明史·职官志》说："都指挥使司，指挥使及同知、佥事，常以一人掌屯田，卫指挥使司、指挥使、同知、佥事分理屯田。"景泰《云南志·张麟传》说："任都指挥佥事，专理屯种。"在各卫所，亦有专官，《陆良县志》载："左、右、中、前、后五千户所，每所设掌印、管操、管军屯千户各一员。"又每百户伍设百户六员，其中，有专管屯田的百户。

屯田官和军都分得固定的土地，属于官的称为职田，属于军的称为屯田。正德《云南志》说："都司并诸卫指挥等官，准俸之田，以官职大小为差，都指挥使二百九十二亩八分，都指挥同知二百三十一亩四分，都指挥佥事、指挥使俱一百六十八亩，指挥同知一百二十四亩，指挥佥事一百十五亩二分，正千户七十六亩八分，卫镇抚、副千户俱六十五亩二分，百户、试百户俱四十八亩，所镇抚三十八亩四分。其田，各府、州、县、卫、司地方俱有。"又卫军所得屯田之数，《明史·食货志》说"每军授田五十亩为一分"，《明会典》说"每军种田五十亩为一分，或百亩、七十亩、三十亩、二十亩不等"。在云南，《腾越州志》说"三十亩"，《天启滇志》说"二十亩"，以各地情形不同，数量也就各异。据万历《云南通志》所载，云南都司军62409名，屯田117880亩，每军尚不足18亩，则云南以20亩为准。

张志淳《南园漫录》说："洪武之制，外卫军七分屯种，三分操备，盖以七人所种之谷养三人也。但初则一军授田二十亩，种谷三石二斗，岁征谷五十石入屯仓，每月支谷二石，岁支二十四石为家小粮、支三石二斗为种谷。是征五十石入仓，其实在官止二十二石八斗也。后官吏为奸，屯仓既达，渐不可支，七分军岁纳谷五十石盖困；每告诉，皆云莫可改，后都指挥张麟（按：在正统年间）精审其弊，遂为奏改，名曰兴除，谓以家小食谷二十四石及种谷三石二斗皆与军，而除其岁征之谷也。然后之纳粮亦多弊，遂照例以米四斗折谷一石，岁纳米九石一斗二升，于是军不屯而官易征，迄今便之。"方国瑜言，当初的办法以一小旗十户来说，十户都耕种二十亩田，而按年轮派三户操备，七户屯种，操备户免纳屯粮，屯种户年纳谷五十石，各家按月支得二石及撒种时支三石二斗，所以每户实约二十二石八斗，七户共约一百五十九石六斗，分给操备三户，每家月粮二石，共七十二石，尚余八十七石六斗，作为官俸、军实、屯牛及其他公共事业之用。由于弊端丛生，屯户以米折谷缴纳，实已等于田赋，作为官府岁收。后来屯田变私田，屯粮变赋税，原来的制度完全被破坏了。

指挥和镇抚大都驻在城里，如云南府为都司城，曲靖、临安、楚雄、蒙化为卫城，陆良、平夷、越州亦卫城，宜良、安宁、易门、杨林、武定、马隆、木密、凤梧为千户所城，通海为御城，其余澂江、广西及州县的城里亦有卫兵分驻，负责城防，所谓"以武卫文"。近城的坝区分千户、百户、总旗、小旗安置，散为村落，与原住着的民户村落错杂而居。

军屯经济的重要，不唯在数量的比重大，而且有组织、有领导地从事生产，应兴应革的事都容易办，所能发挥的作用大。而军屯与民户参错而居，不论安置村落、开辟田亩、兴修水利、发展交通诸端，军民之间都是休戚相关。军屯的所有措施，对整个社会经济起着领导作用。从见于记录的资料来看，军屯兴屯兴办水利，民田也受到益处。军民共同劳动来筑坝开渠，军屯使用进步的生产工具和生产技术，民户也要受到影响，改变了落后守旧的生产技术和粗糙的生产工具，农业生产得到普遍的提高。明兵入滇之初，征发粮食，感到极大的困难，因那时农产品的产量很低，不能供应守军食粮，因而用"盐商中纳"以及"转运交趾"之法，从各方面输运粮食到滇东区域供应军食。在各地开设军屯以后，才完全解决了粮食的困难，康熙《云南通志》张仲信序说："明初开滇，戍大江南北壮丁数十万家填实之，度其可耕之土，给为世业，三分屯而七分守；兵无更调之劳，粮无飞挽之苦；屯法一兴，边徼遂定。"军屯对社会经济发展的作用是很大的。总之，卫所制度使云南居民成分发生了重大变化，促进了经济的长足进步，地主经济迅速发展，这一切又归结到一点，即中央集权在云南空前加强了。

三　堡军与哨戍制

明代在交通沿线的布置，设驿递、铺舍，分军驻守，于是山林险要之地亦有军户。正德《云南志》说："云南有驿无递，故以堡代之，有驿必有堡，堡主递送，领以百户，世职其事，实以军士，世役其事。官军皆国初拨定人数，环堡居住，有田无粮。"《明太祖实录》卷一八九载："洪武二十年十二月丁巳，谕西平侯沐英：自永宁至大理，每十六里设一堡，置军屯田，兼合往来递送以代驿传。"驻守军户，亦开屯耕种，《明英宗实录》卷九十说："正统七年三月乙亥，复云南曲靖定南堡，是堡立于洪武中，后革去，至是兵部尚书王骥言：平夷白水堡去曲靖远，且田土荒芜，宜复立定南堡，拨军屯守。"康熙《楚雄府志》说："吕合堡，在城西四十五里，明洪武间，置堡军五十四名，堡田四百三十亩，分给各军种食。"又说："舍资堡，在广通县东四十五里，明洪武二十四年，设堡军五十名，堡田四百八十亩。"康熙《安宁州志》说："明置安宁、禄脿、炼象三堡，各给冷饭田。"方国瑜谓，所设堡军，定居垦田，以地当交通要口，逐渐发展成为市镇。

又铺舍有站户，为邮传服役，《明太祖实录》卷二一一说："洪武二十四年八月甲戌，置永宁、沾益邮传四十八处，贵州都指挥同知马烨巡视所置邮传，未有邮卒，请以谪戍军士应役，每十铺置百户一人总之，就屯田自给。从之。"正德《云南志》说："云南铺舍，大抵与江南、中州不同，江南、中州铺兵俱民户轮充，一年一换；云南或以民户，或系国初调来军士，俱环铺居住耕种，子孙世役。"可知，若"无民充站户"，则以卫军应役。

最多的是分散驻守的哨戍，正德《云南志》说："云南地方，夷汉杂处，盗贼出没无常，故于各道路每十里或二三十里各设哨戍以守之，大哨五十人，小哨或二三十人，俱以指挥、千户、百户等官守之。各哨兵俱连家小住札，一年一换。亦有民哨，与军相兼守哨。"而哨戍，大都在山区，久而久之，逐渐形成村落。

由于"诸卫错布于州县，千屯遍列于原野"，对云南社会产生了重大影响。首先，出现了一大批新的居民点，如民国《陆良县志》所载村名，有称"所"者，如右所、左所、后所；有称"堡"者，如刘官堡、计官堡、李官堡、朱家堡、郭地堡、吴胜堡；有称"营"者，如伏家营、孔家营、杨家营、黄家营；有称"屯"者，如方官屯、占屯、邑市屯、中舟屯；有称"旗"者，如曹旗堡、严旗堡、常旗堡、周旗营、韩旗营、白旗营、朱旗田、杨旗田、黄旗田；有称"庄"者，如黄官庄、孙官庄；有称"哨"者，如棠梨哨、松林哨；又有称小百户、马军营之类。方国瑜谓："这些都是以屯户聚居而得名，村名之上冠以姓氏，称官的大都是千户、百户，称旗的大都总旗、小旗的首领，官旗也是世代任职，所以军屯村落往往以姓为名。在滇东各县的村落名称，如此类者最多，就是军屯的遗迹。也有设为军屯的村落而不用军屯名称，如乾隆《马龙县志》卷三所载村名，北区共四十八村之中，有名为阿里堡、扬官田、孟官屯、查官冲、廖旗田、丁家庄、高外营之类二十六村，其余不用军屯名称，但从志书所载事迹，知为军屯所在，如古城村、车树、古桥、半个山、瓦仓、桃园、大龙井、阿左尘、高坡、中和之类，这些村落，可能原已建立，后为卫军屯驻，不改原名，也可能那时称屯，后来省去军屯字样，如正德《云南志》载昆明军屯有松花坝屯、黄土坡屯、岗头村屯、莲花池屯、白庙屯、波罗村屯之类，现在地名都没有'屯'字，这种情形在各县可能都有。所有军屯，成为移民新村，也就是汉人村落，固定居住下来，而且人口不断增长，有许多地区以汉人占人口的多数。并且设置军屯之处，并不限于平原，即山林荒僻之区亦以维持道路安静，驿、堡、铺、哨，散在各处，都有卫军屯守。"这样，仅明一代，在云南的汉族人口一跃居于第一位，即比云南任何一个民族都多，这是一个重大的变化。

第四节　明代云南的土司制度

一　土司制度的形成

土司制度是中国封建中央政府在部分少数民族地区任命各族首领世袭官职、统治当地人民的一种制度。元代以前，封建王朝对云南实行羁縻政策，元代云南行省设置以后，中央政府在少数民族地区设置宣慰司、宣抚司、长官司等统治机构，任命各族土长，世袭官职，土司制度开始形成。明"踵元故事"，继续在云南推行土司制度，大量任命少数民族上层担任地方各级政权机构中的官职，土司制度趋于完备。《明史·土司传》载："西南诸蛮，自巴夔以东及湖湘岭峤，盘踞数千里，种类殊别，历代以来，自相君长，原其为王朝役使……迨有明踵元故事，大为恢拓，分别司、郡、州、县，额以赋役，听我驱调，而法始备矣。然其道在于羁縻彼大姓（民族上层），相擅世积威约，而必假我爵禄，宠之名号，乃易为统摄，故奔走惟命。然调遣日繁，急而生变，恃功怙过，侵扰益深。故历朝征发，利害各半。其要在于抚绥得人，恩威兼济，则得其死力，百不足为患。"

从这段记载中可以看出，明朝政府在西南设置土司，是采取以夷治夷的政策，以达到巩固其统治的目的。另据《明史》卷三百十六云："贵州田仁智入朝，帝谕之曰：天下守土之臣皆朝廷命吏，人民皆朝廷赤子，汝归善抚之，使各安其生，则汝可长享富贵矣！"在西南实行土司制度，从某种意义上讲，是明朝中央政府和地方少数民族上层双方的相互利用。对明政府来说，在元朝政权被替代之后，其最为迫切之事，就是在西南边疆少数民族地区建立和巩固统治，希望各地少数民族首领能归顺天朝，边境地区也可得到安宁；对于各地少数民族首领来说，土司制度的实施，使其既能得到明中央政府的任命官职，又能保持其原来当地统治者的地位，可谓一举两得，乐而为之。据《明史》卷三百十七，洪武二年（1369），庆远府八番溪洞归顺时，朝中就有人建议说："宜如宋元制录用（其酋长）以统其民，则蛮情易服，守兵可减。"① 正统四年（1439），南丹土官莫祯奏请使宜山等县所治之土民受其统治，帝曰："以蛮攻蛮，古有成说。……彼果能效力，朝廷岂惜一官？"在西南边疆少数民族地区实行土司制度，明朝政府和地方土官各得其所，这也是土司制度得以存在的一个主要原因。

到了明代，土司制度的各项内容已比较完善，明朝政府对于任命少数民族土官、土司的职衔品级、承袭升迁、贡纳征发等，均有明文规定："按有明洪武初年，凡西南夷来归者，即用原官授之，而稽其土官士兵，及赋税差役驻防守御之制；但定铨选，不立征调。其定铨选法，凡土官名号：曰宣慰司，曰招讨使，曰安抚司，曰长官司。初皆隶吏部验封，而后以土兵相制，半隶武选。每袭替则必奉朝命，其无子弟者即妻女皆得袭替。虽数年之后，万里之遥，亦必赴阙受职。迨天顺（1530），始毅然复祖宗之旧，今该府、州、县正二经历巡检驿传三百六十隶验封；宣慰、宣抚、招讨、安抚长官一百三十三隶武选。其隶验封者，布政司领之；隶武

---

① 《明史》卷三一七。

选者，都指挥使司领之。文武相维，机权攸寓，细大相关，股掌易运。"①到了清代，在土司制度方面，基本上是循明旧制，虽然对土司有所增减并进行"改土归流"，但就其制度本身而言，并没有太大的变化。

图 7　洪武时丽江府土知府阿甲阿得画像

二　云南土司的设置

明代初期，中央政府分封的土官不分文武职务，后以土兵相制，以宣慰使、宣抚使、招讨使、安抚使、长官司长官等为武职，以土知府、土知州、土知县等为文职。在汉族少而少数民族多的地方，设立宣慰司、宣抚司等；在汉族多而少数民族少的地方，则设置土府、州、县。明代云南土司制度的根本之点，就是夷、汉参用，流、土共治。最初是土流合治，如在宣慰司、宣抚司等供职的经历、都事、知事、吏目及土府、州、县的同知、通判等皆为流官；后改为流土并治，如州、县的正贰两名，流官和土官各占一名，共管一州一县；"改土归流"时，取消土官，改派流官。

明朝在云南设置的土司，按其所在地域划分，可分为内地、腹地、沿边、边外四类。由于各地的情况不同，社会经济发展极不平衡，土司制度的推行程度也不一致。当时，明政府在云南设置土司，实施的是"三江

---

①　（清）毛奇龄：《蛮司合志·序》。

(澜沧江、怒江、金沙江)之外宜土不宜流,三江之内宜流不宜土"的方针,内地土司处要冲,汉、夷杂居而以汉族居多数,比较容易控制,如曲靖、临安、楚雄、大理等府,皆为流官统辖。

腹地土司多设置于云、贵、川三省交界之地,交通不便,少数民族多而汉族少,不便于封建政府的统治,如乌蒙、乌撒、芒部、东川等府。最初,明政府对待这些地方同内地土司一样,在此设官立学,定其赋税。据《明史·土司传》:"洪武十七年(1384),割云南东川府隶四川布政使司,并乌撒、乌蒙、芒部皆改为军民府,而定其赋税:乌撒岁输二万石,毡衫一千五百领;乌蒙、东川、芒部皆岁输八千石,毡衫八百领。又定茶、盐、布匹、易马之数,乌撒岁易马六千五百匹,乌蒙、东川、芒部岁四千匹。凡马一匹,给布三十疋,或茶一百斤,盐如之。"四府设官,正印知府多为土官,而其余佐贰同知、通判等多为流官。由于是以土官为主进行地方统治,在中央政府对其控制不力时,就会有以土代流的情况出现。如在正统(1436—1449)时期,就有撤革流官、宽贷土官的事情发生,如乌撒、东川、芒部等。

图8 万历时丽江府土知府木增画像

沿边土司在边境地区,汉族极少,多为少数民族居住,如明代"三宣",即南甸、干崖、陇川三宣抚司。明初在这些地方设治,以土官为主，以流官为辅，明中叶以后，通判、经历、同知等流官逐渐为土官所代替。

边外土司设置在边境与境外交界地区，当时中南半岛北部与云南接境的地方受明朝羁縻统治，这些土司包括云南的车里（今西双版纳）、平缅（今德宏）、木邦（今缅甸北掸邦）、孟养（今缅甸克钦邦）、缅甸（今缅甸曼德勒省）、八百（今泰国清迈）、老挝（今老挝朗勃拉邦）、大古喇（今缅甸勃固）、底马撒（今缅甸丹那沙林）等宣慰司。明政府在上述地方设置宣慰使一人，以土官为之，不设流官。对于明朝政府，这些土司要听征调，奉职贡，凭明朝颁发的信符及金字朱牌与中央政府保持联系。

三 土司的承袭

明代土司，常因承袭问题发生纷争，原因在于其规定尚有不尽完善之处。据沈德符《万历野获编》补遗卷四载："武官袭替，例有赀为凭，其纪载生时邻佑及收生妇人甚详，盖防异姓假冒及乞养之滔也。近世作伪者，多凭空捏造，苟得金钱，兵部武选司吏胥概为准行，谁讦奸弊可恨，然仗此为提防，稍杜争竞。至于土官，则全凭宗支一图为据。今唯云南布政司有各土司宗系，以故袭替最便，而贵州、广西诸土官，竟自以所藏谱牒上请，以致彼此纷争，累年不决，称兵构难，而不肖监司，又借以收渔人之利，此最大弊事。"根据明朝政府的规定，土司之后，不论嫡庶、男女皆可承袭，一般来说，土司一夫多妻，嫡庶之间的纷争已相当严重，再加上妇女也可以袭替，情况就更加复杂。另外，有明时期，不少流官接受土司的贿赂，更加剧了土司袭替时的混乱局面。

按照明朝初期的规定，土官的承袭事宜比较严格："每袭替则必奉朝命，虽数年之后，万里之遥，亦必赴阙受职。"[①] 关于云南土司的承袭，据《明会典》卷六《吏部五·土官承袭》载，洪武二十六年（1393）规定："湖广、四川、云南、广西土官承袭，务要验封司委官体勘。别无争袭之人，明白取具宗支图本，并官吏人等结状。呈部具奏，照例承袭。移附选部附选，司勋贴黄，考功附写行止。类行到任，见到者，关给札付，颁给敕诰"。洪武二十七年（1394）规定，如果土官死后无子，允许其弟

---

① （清）毛奇龄：《蛮司合志·序》。

承袭。洪武三十年（1397）又规定，如果土官死后既无子也无弟，其妻、女婿或为当地民族信服者，可有一人承袭。这种情况表明：虽然土官的职务可以由其家人承袭，但并非世袭，在各地土司给明朝政府的上奏中，也只是说请袭，从不提"世袭"之词。例如云南府安宁州土知州，其职为父子承袭，但非世袭，并有"止终本身"的明确规定加以限制。

据《土官底簿》卷上载："永乐二年（1404）二月奉圣旨，见任的流官知州不动，这董节是土人还著他做知州，一同管事，不做世袭，他若不守法度时，换了。钦此。故。男董福海备马赴京告袭，十一年（1413）四月奉圣旨，著他做，不世袭，止终本身。若不守法度时，拿来废了，钦此。洪熙元年（1425），给诰命，不世袭。老疾，三司会奏袭，长男董玉应替。成化元年（1465），奉圣旨，董玉既保勘明白，著他做，不世袭，钦此。弘治十年（1497），患疾，长男董方应袭，十一年奉圣旨是，董方还著他做知州，不世袭，钦此。老疾，嘉靖元年（1522），本部题工部咨开。云南布政司呈送董方男董沂该袭缘由，并已完纳木价印信领状粘咨到部，查得本舍祖来不曾开有世袭字样，奉圣旨是，准他袭，钦此。"从上可以看出，当初明朝政府任命土官的目的，无非是有利于其对地方的统治，只要在地方有威望，无论是否为土官的嫡亲，都可以承袭土官的职务。

明朝初制，凡土官的各种承袭事宜，皆归吏部统管。洪武三十年（1397），改为领土兵者，如宣慰、宣抚等土官之承袭，属兵部；土府、州、县巡检等土官，仍属吏部。至正统元年（1436），又规定，土官在任时，应先将应袭子侄等姓名上报，在其死后，即照所上报的人的姓名令其承袭。由于这项规定不够详细和具体，所以在继任人承袭时，常常引起布政司和兵部、吏部之间的冲突和纠纷。

为了使承袭人姓名准确无误，正德六年（1511）又规定："预取应袭男儿姓名，造册四本，都（察院）、布（政司）、按（察司）三司各存一本，一本年终送本部（吏部）以凭查考。以后每三年一次造缴。"① 至嘉靖（1522—1566）初年，又令"土官衙门，设在荒远，兼因争竞仇杀等项，不能赴京者，抚按等勘实代奏，就彼袭替，仍依先年户部原拟等级，

---

① （清）毛奇龄：《蛮司合志·序》。

令其纳粟备赈"。① 明朝政府对土官的承袭，大多采取"赴阙受职，就彼官带"的办法来管辖土司，且以此为功赏，如嘉靖二十八年（1549）题准："应袭土舍，曾经调遣，效有功劳，暂免赴京，就彼官事署职，管束夷民，待后功劳显者，方许实授。其余不曾调遣，及无功可录者，照例起送赴京袭替。"②

土官职务的袭替，除了承袭外，也有由地方推荐的情况，被推荐者多为地方民族中的头人或德高望重者。由于土官职务并非完全世袭，所以在其承袭的时候，往往是矛盾复杂，冲突四起，有些没有资格承袭的人，或者同时有几名有资格承袭的人，纷纷提出请求，并不惜以重金行贿，而有些贪官污吏，也借机敲诈勒索，以致明嘉靖中再次申明政令："照得布政司六房，唯吏房一科，最为美缺。土官袭职，所得不赀。闻旧时元江、丽江等告袭衙门人役，诓其使用，有至千两以上，其余府、州有至六七百两者。虽各项人役，多寡瓜分，而吏房承行，其所得可知矣。至于两院批行之后，咨批付目（土目）、把（把事）亲赍，其本册则另付承差顺赍，赍车盘缠亦有多至五百两者。夫在省费用如此其多，则目把科骗土官当有数倍……隆庆四年（1570），丽江府土舍告袭，闻其携金甚多，消息甚大。邬布政风知，严行告示，不行留住省城，然奸人之诈骗者已入手矣。今年兰州土舍告袭，本司知有前弊，将歇家张云鹏拘拿到司，颁发告示一道，贴伊家门首，不许棍徒诓骗夷财。其本册即付目把亲赍讫。夫本司防检虽严，而衙门人役，贪心不改，土夷只知旧套，而目把唯欲骗财，即如威远州系偏小土夷，而诓骗使用，尚有五六百两者。"③

明代土官有功议叙，其升迁与流官相同。如安宁州董赐曾任实授鹤庆府流官知府，以侄董节袭替土知州。蒙化州土判官左伽永乐十三年（1415）袭职，正统五年（1440）升府同知，仍掌州事，后征麓川功升从四品，又有功升知府，又功升后三品散官亚中大夫。正统十三年（1448）蒙化州改府，实授左伽知府掌管事。④ 土官因功升迁，有虚衔和实职之分，如实授流官则到任就职，世袭土缺则以子代或替职。明代土官与卫所

---

① 《大明会典》卷八。
② 同上。
③ 《大明会典》卷八。
④ 万历《云南通志》卷十。

世职相同，故有功叙议，不分流土。同样，明代对有罪土官的惩处，也与流官相同。

四 土司的等级与俸给

明朝统治云南以后，凡元朝所授的土官归顺明朝者，仍授其以原来的职务，其中文职如知州、州同等，隶属吏部；武职如宣慰、宣抚等，隶属兵部。洪武十三年（1380）全部改为隶属兵部，其等级如下：

1. 宣慰司：宣慰使一（从三品）、同知一（正四品）、宣慰副使一（从四品）、佥事一（正五品）。

2. 宣抚司：宣抚使一（从四品）、同知一（正五品）、宣抚副使一（从五品）、佥事一（正六品）。

3. 安抚司：安抚使一（从五品）、同知一（正六品）、安抚副使一（从六品）、佥事一（正七品）。

4. 招讨司：招讨使一（从五品）、副招讨使一（正六品）。

5. 长官司：长官一（从六品）、副长官一（正七品）。

另外还有蛮夷官司、苗民官等职。明朝在云南设置了11个宣慰使司、9个宣抚使司、20个安抚使司、1个招讨使司、173个长官司，其中宣慰使司及宣抚使司等，主要设置于云南及边境邻近地区。文职在军民府下有土知州、土知府、土通判、土州同、土县丞等，至嘉靖九年（1530），仍复旧制，以府、州、县等官隶属于吏部，由布政司统管；宣慰、招讨等官隶属于武选司，由都指挥统辖。于是文武相维，与内地相同。

至于在某一地区设置何种等级的土司，没有明文规定。一般来说，离中央封建政权中心较远、明朝政府不便统治的地区，多授以高职，如云南车里、老挝、八百媳妇等地；而明朝政府的威力所能及、相对易于统治和征讨的地区，所授官职则较低。千夫、百夫为明代的兵制之一，而长官司与蛮夷官司之分，以400户为准，400户以上者设长官司，400户以下者设蛮夷司。

关于土官的俸禄，世袭土官均无规定的俸禄，据《明太祖实录》卷一百六十七载："洪武十七年闰十月乙未朔癸丑，云南布政使司言：'所属大小土官，有世袭者，有选用者，如景东知府俄陶、阿迷州知州和宁则世袭者；云南府罗次县主簿赵和，姚安府普昌巡检李智则选用者，世袭者世成本土，素有储蓄，不资俸禄，养廉可也；选用者多因流寓本土，为众所服，故一时用之，非给俸禄，无以养廉。况律官吏受财，有禄无禄，分为二等，今土官犯罪，律条无所依据，乞加定议。'上命六部官会议，凡土官选用者，有犯依流官律定罪；世袭者，所司不许擅问。"

虽然世袭土官不给俸，但明朝政府对各级土官的待遇仍有规定，皆为以米支给，如洪武二十五年（1392）十一月颁定的各级土官待遇如下：

宣慰使月米 26 石，宣慰司同知月米 24 石，宣慰司副使月米 21 石，宣慰司佥事月米 16 石，宣慰司经历月米 7 石，宣慰司都事月米 6 石 5 斗；宣抚使月米 21 石，宣抚司同知月米 16 石，宣抚司副使月米 14 石，宣抚司佥事月米 10 石，宣抚司经历月米 6 石，奉蛮宣抚月米 5 石 5 斗；招讨使月米 14 石，副招讨使月米 10 石；安抚使月米 14 石，安抚司同知月米 10 石，安抚司副使月米 8 石，安抚司佥事月米 7 石 5 斗，安抚司知事月米 5 石 5 斗；千夫长月米 16 石，副千夫长月米 14 石；长官司长官月米 10 石，长官司副长官月米 8 石，长官司吏目月米有差；蛮司长官司长官月米 7 石 5 斗，蛮司长官司副长官月米 7 石。①

其余土官府、州、县官员的待遇，与流官府、州、县相同。上述规定虽然是针对各级土官制定的，但在土司中任职的流官，其待遇与土官一样。明朝政府给予其官员的待遇较低，但相比而言，给予土官的待遇则较为优厚。比如，长官司所管辖的地方，一般说来，范围都很小，方圆几里路，有的仅有几个村寨，大的也不过十几个村寨，其长官月米有 10 石之多；而一个流官知县所管辖的地方，大者百余里，小者数十里，其月米也不过 7 石 5 斗，和土官相比要少得多。

五　土司的贡纳

各个土司在接受明朝政府月米的同时，也要承担向中央政府缴纳赋税差发并进京入贡的义务。土官缴纳的贡赋，同样是以稻谷为计量依据，从 150 石至 800 石不等，这是土官承袭的前提条件之一。土司的赋税稻谷交到行省，以作为地方储备或财政收入。在中央政府筹措某种费用（包括军粮）时，土司还必须提供银两和粮食。此外，土司要每三年入京一次，进贡马、象、孔雀、宝石等土特产品。

各级土官向行省缴纳稻谷的数量是：宣慰使 800 石，五品以上者

---

① 见《土官底簿》。

(土知府、土知州）300石，六品以下者（土知县、土县丞）150石。嘉靖三十三年（1554），改为折银缴纳，每石米当银五钱，宣慰使加200石，共折银500两，其他以次递加。由于赋税的负担过重，以致到15世纪末叶时，云南的一些土官已无能力缴纳，如知府中已有借贷完纳者，而某些职务较低的土官，因无力"纳谷"而不得袭任。据《明孝宗实录》卷四十一载："便纳谷以省借贷，谓近例土官袭五品以上者纳谷300石，六品以下者纳谷150石，是固储蓄良法，缘土官职有大小，家有贫富，如知府等职亦有借货完纳者，冠带之后，即便科取派还；其驿丞巡检等职，人不肯借，以此经年不得袭任，诚为可怜。乞不拘事例，许巡抚巡按官会同三司掌印官访察各官贫富，斟酌处置，量为减免。奏下吏部议，谓土官袭替，宜令云南巡按巡抚官依拟施行，土官纳谷，专为备荒设，宜令抚按三司掌印官从公斟酌，不必拘定数目，不许全免。从之。"

除了"纳谷"以外，各地土司进贡物品的数量也是相当惊人的。例如1382年，景东土知府一次进贡马160匹、银3100两、驯象2只；1383年，寻甸土知府进贡马55匹及虎皮、毡衫等物。1414年，麓川平缅宣慰使思任发一次进贡马600匹及许多金银器皿。1609年，丽江土知府一次助军饷银2万两；1619年，又输银1万两"助充辽饷"。此外，土司的军队听从明朝政府的征调，每次出征，粮饷、象、马等皆需自备，以至于造成"入国朝，新附大家多踣于徭役"，[①] 可见各土司的贡纳负担是相当沉重的。

六 明代中叶后的"改土归流"

"改土归流"即废除少数民族中的世袭土官，换成由明朝政府委派并定期轮换的流官。从某种意义上讲，土司制度虽然与历史上分封诸侯不尽相同，但它是一种分封制度，久而久之，土司就变成一种强大的地方势力。有些土司横征暴敛，鱼肉人民，无恶不作，已成尾大不掉之势，直接威胁着明朝中央政权对地方的统治，"改土归流"即成为历史发展的必然。

从另一方面说，明代云南土司制度的实施是与当时明中央政权和云南地方的状况密切相关的。明朝替代元朝以后，百废待兴，统治基础尚不十

---

① 参见《大明会典》卷二十九，《明太祖实录》卷二二二。

分牢固，对云南各地原来的土官采取安抚与进剿并行的政策，只要各地土官愿意归附明朝，则令其官任原职，继续掌握其原来领地的统辖权。在国家政权稳固以后，对地方逐步实施经济开发、兴办教育，输入内地先进文化，与土司之间的矛盾与冲突已不可避免。不进行"改土归流"，则不足以维护边疆的稳定、地方的正常秩序以及社会、经济、文化的发展。

对于"改土归流"的意义与价值，清人王履阶作过精辟论述，这种论述同样适用于明代中期以后的"改土归流"："苗疆犬牙相错于数省中，唯与四川、云贵毗连者，独多膏肥之地。四隅准测，幅员几及千里。籍户口，区土地，扼险要，建城池，踞其险，彼失所恃，驻以兵，使有所惮，以地形言，宜改者一；峻岭矗层霄，箐深穷百里。轮囷大木，生自鸿荒，竹箭琅玗，一望苍碧，此中土美利也，彼等视为蒸薪之物，不甚爱惜，苟能节取，则材木不可胜用，宜改者二；天地精美所聚，久则必宣，山川清淑之华，积而必发。苗铁固推重一时铜银备国用，药饵资养生，他省珍宝视之，彼民泥沙贱之。征其物产，亦少助库藏于微芒，宜改者三；至信可格豚鱼，盛德可感异物，苗虽顽，同是人耳，人同此心，心同此理，父兄亦知亲，长上亦知戴，悉意抚绥，忍自甘代外哉！宜改者四；苗俗虽悍，苗情则直，官吏于正供外，不取丝毫，亦知感戴之不能忘……能数年潜移默化，讵天良之不发于中哉！宜改者五也。若夫不改之害，官司之威，赫于疆吏，土目之暴，甚于官司。上征一而土目取十取百，下供一而土目先盈十盈百。一年四小派，三年四大派，小计钱而大计两，苛敛之害，有如是者；杀人者死，常刑也，土民有罪被杀，其亲族必输数十金，谓之垫刀金。其他被冤者不敢伸雪，被刑者剥肤炙骨，惨酷之状，口不忍言，其刑有如是者；良苗恒为土目鱼肉，而悍苗为之爪牙，苦役则当之，美差则匿之，国家或大征，召檄土司拨充兵役者，皆良苗富苗也，而悍苗则纠奸民从中生事，其弊端有如是者；喜庆恒事也，官司与土目有喜庆，民并竭资财以供之，虽糜费不知惜。民若有事，则官司、土目主持之，竭力奉承而不知顾。甚至土司一取子妇，则土民三载不敢婚，其难言之隐不如是。因其便，除其害，彼狃于积习者猥曰，未为得也哉！"[①]

"改土归流"的建议，最初是由云南总兵官沐琮提出来的，在得到明中央政府的同意之后，便在云南等地实施开来。在人事制度方面，"改土

---

① （清）王履阶：《改土归流说》、《小方壶斋舆地丛钞》，第八帙。

归流"是以流官代替土官；在地域名称方面，则是以府、州、县、千户所等代替同等级别的土司，或将土司之地划入原流官区域，以纳入明朝正规建制体系之中。

正统八年（1443），鹤庆土司改流。鹤庆土府为洪武十四年（1381）设置，至正统元年（1436），在鹤庆土府境内获得私有土地的汉族地主、汉族和白族农民，都不愿意再接受土官的统治。而土官高伦为了继续其统治，乃"屡逞凶恶，屠戮士庶"，"多造兵器，杀戮军民支解"，"私敛民财"，①造成了鹤庆地区社会秩序的混乱。于是，明朝派人前去查实，由于行省官员接受鹤庆土司的贿赂，拖延了3年才在鹤庆实施了"改土归流"。正统八年，明政府宣布鹤庆土官高氏领地内的"户下人口收籍当差，下令流官管事"。②鹤庆白族土知府在当地的世袭统治权力被废除。

成化十三年（1477），寻甸土府改流。寻甸为彝族"新丁部"（仁德部）所居之地，该部贵族世袭领有其地。洪武十五年（1382），设寻甸军民府，次年，以土官安阳为寻甸军民府知府。与此同时，明朝在此地建立卫所，进行移民屯田，为改土归流创造了各方面的条件。成化十三年（1477），明政府任命寻甸府流官，废除了土官知府。

成化十七年（1481），广西土府改设流官。南诏、大理时期以来，广西府之地为彝族的弥勒、弥鹿、师宗、维麽等部所居，各部贵族皆据地自雄。洪武十四年（1381），明朝以原弥勒部贵族普德为广西府土知府，其侄赤喜为弥勒州土知州，以阿的为师宗州土知州。由于广西土府靠近内地，明朝势力易于深入，加之当地彝族各部各自统治其狭小的领地，势力较小，因而便于实行改土归流。明成化（1465—1487）中，明朝在广西府设流官知府，弘治六年（1493）弥勒州也改设流官。

隆庆元年（1567），武定土府改设流官。唐宋以来，武定世为彝族中的罗婺部所居，该部贵族世袭领有其地。洪武十五年（1382），设武定军民府，以武定女土官商胜为土知府。武定虽靠近内地，但当地彝族的势力相当强大，因而明朝政府在设置土司的同时，又在武定府设置了流官同知，并建立卫所，移民屯田，以便从多方面进行渗透和控制。由于实行土、流并行的政策，双方之间的冲突就不可避免。据《明史·云南武定

---

① 《明史·云南鹤庆土司传》。
② 见《土官底簿》鹤庆军民府。

土司传》载，嘉靖七年（1528），武定土舍"凤朝文作乱，杀（流官）同知以下官吏，劫州印，举兵与寻甸安铨犯云南府（府治昆明）"。隆庆元年（1567），明朝在武定改土归流，但考虑到凤氏家族在当地彝族中的影响，仍"不欲绝凤氏，授索林支属凤历子思尧经历，给庄百余"，[①] 象征性地保留土官在武定的地位。

万历二十五年（1597），顺宁土府改流。洪武十五年（1382），明政府以土酉阿悦贡"署府事，十七年（1384），命其为顺宁知府。万历二十五年（1597），顺宁土知府猛廷瑞与其兄猛思贤为争夺土官职位相攻杀，大侯土知州奉赦也因袭职与其弟奉学发生纷争，明政府借机征剿顺宁府，平定以后，设置该府流官，改大侯为云州（今云县），也设流官，隶属顺宁府"。[②]

到万历（1573—1619）末年，明朝政府将云南靠内地区大部分土司的高职土官改设了流官，州、县以下部分土官也被流官所代替。由于进入明朝晚期，中央政权衰微，有些已改土归流的土司反叛，明政府不得已允许土官继续统治地方，"改土归流"政策的实施受到了阻碍。虽然"改土归流"已成为历史发展的必然趋势，但行将灭亡的明政府已无力将此政策实施到底，对所有土司地区进行"改土归流"的使命，只能由清政府来最终完成。

第五节　思氏反叛与王骥三征麓川

一　麓川势力的兴起

麓川原是瑞丽江上游的一个金齿白夷（傣族）部落，11世纪初，这个部落在勐卯（今瑞丽）建立了一个强势的傣族王国——勐果占璧（又称勐卯王国）。"果占璧"的傣语意为"出产香米之地"。王国时期的地域包括勐卯、勐兴感（《明史》称木邦）、勐兴古（《明史》所称之孟养、孟拱，包括今曼德勒以北的大部缅北地区）、勐兴色（亲敦江下游嘎里一

[①]《明史·云南武定土司传》。
[②] 尤中：《中国西南民族史》，云南人民出版社1985年版，第380—385页。

带的勐色地区）等四个部落。王国起初即是四个部落的联合体。① 天历三年（1330），元朝政府在此设麓川路军民总管府，授勐卯王罕静法为总管。1340年，思可法继任首领。

思可法继任后，迅速扩大势力，陆续兼并周围的傣族各部落，并不断向北发展，将平缅路（此路和麓川路皆属大理金齿等处宣慰司都元帅府管辖）的一些地方划入自己的统治范围。此时的麓川对元朝来说割地称雄的意图已十分明显，元王朝分别于至正四年（1344）和至正六年（1346）两次征讨思可法，都没有结果。

为了继续其在地方的统治，思可法一方面表示归附元朝，派他的儿子满散进贡，而当时的元朝政府已处于风雨飘摇之中，虽然思可法"益吞并诸路"，② 奉正朔，纳职贡，而服用制度拟于王者，③ 但在至正十五年（1355），元朝政府还是不得已在此地"置平缅宣慰司以羁縻之"，任命思可法为平缅宣慰司宣慰使。元代的宣慰司职权很重，兼管军民，上通行省，下令路府州县，每宣慰司皆管辖许多路府州。元设平缅宣慰司于此，相当于承认了思氏的麓川政权对当地的统治。

另一方面，思可法继续兼并邻近的"三十六路，四十八甸"，罢掉元朝在当地委任的官吏，进而攻占了云南中部的远干（今滇沅）、威远（今景谷）二府，势力日趋扩大。

明代傅友德等人率军征云南时，云南有三大地方势力，即滇东的梁王、滇西的段氏和滇西南的麓川。明军入滇以后不久，梁王和段氏很快被击败，云南的地方势力只剩下麓川。对于麓川，明朝采取招抚的办法，而麓川看到明军大兵压境，为了保存实力，便采取主动归附的策略，以后再图割据。据《明史·土司传》载："洪武十五年（1382），大兵下云南，进取大理，下金齿（今保山），平缅与金齿壤地相接，土蛮思伦发闻之惧，遂降。因置平缅宣慰使司，以伦发为宣慰使。十七年（1384）八月，伦发遣刀令勐献方物，并上元所授宣慰使司印。诏改平缅宣慰使司为平缅军民宣慰使司，并赐伦发朝服冠带及织金文绮钞定。寻改平缅军民宣慰使

---

① 龚肃政译，杨永生整理并注释：《勐果占璧及勐卯古代诸王史》，云南民族出版社1998年版。
② （明）钱古训：《百夷传》。
③ 同上。

司为麓川平缅宣慰使司。麓川（今瑞丽）与平缅（今陇川）连境，元时分置两路以统其部，至是以伦发遣使贡，命兼统麓川这地。"

在向明朝表示归服的同时，思伦发并没有放弃割据自立的意图，在接受了明朝麓川平缅宣慰使的职务后，仍自称"麓川王"，加紧吞并邻近傣族各部，孟定、威远、镇康、湾甸、孟养、大俭、孟琏、潞江、芒市、干崖等地先后被并入麓川，车里和八百媳妇虽未直接划入麓川版图，但也承认其统治地位，以藩属的名义向麓川进贡。据钱古训《百夷传》，麓川"地方万里，景东在其东，西天古剌（今印度）在其西，八百媳妇（今泰国清迈）在其南，吐蕃（今西藏）在其北；东南则车里（今西双版纳），西南则缅甸（今缅甸曼德勒），东北则哀牢（今保山），西北则西番、回纥"。可见麓川当时的控制地域范围是相当大的。

之后，麓川思氏认为自己实力增强，已可以和明王朝分庭抗礼，所以，在洪武十七年（1384）接受了麓川平缅宣慰使之职之后，思伦发于次年便出兵 10 万余人攻占景东。景东土知府俄陶率傣族军队抵抗，被击败，退避白崖（在今弥渡），景东为麓川占领；明军在此次战役中也遭到失利，千户王升战死。在这种情况下，云南东北部东川、芒部等地的彝族土官认为有机可乘，便与麓川相勾结，拒绝供应明军粮草，反而供给麓川"人粮、象粮、马草料"，并派阿奴亦结前往麓川进行联络，① 以形成东西夹击明军之势，给明王朝在云南的统治造成了严重的威胁。

二 麓川反叛及明初对麓川的征讨

对于麓川思氏的地方割据意图，明王朝还是有所戒备的。洪武十六年（1383），明太祖朱元璋曾敕谕傅友德等人曰："若死可伐（即思可法）不必备，大军可回。"② 认为麓川"或早或晚，必有扰边之患"。所以，对待麓川思氏的不断向外扩张，明王朝一方面进行招抚，另一方面也在为讨伐做准备。从洪武十五年（1382）到二十三年（1390），明朝先后设置了楚雄、大理、金齿、景东、蒙化等卫，"皆当百夷之冲，时百夷未归职方，故特为之备"。③ 在建卫所的同时，又广兴屯田，洪武二十年（1387），

---

① （明）张纮：《云南机务钞黄》。
② （明）张纮：《云南机务钞黄》。
③ （明）张洪：《南夷书》。

"遣右军都督佥事孙茂以钞二万二千锭往四川市耕牛万头,时将征百夷,欲令军士先往云南屯田,预备粮储"。① 这样,明军在从金齿到景东一线且耕且守,"静以待之",准备做长期打算。

思伦发攻占景东后,又折兵扰金齿卫(今保山)。明朝一方面加强金齿、品甸(今祥云)、楚雄和澜沧江中游地区的防御工事,固营栅,置火铳,加强戒备,除派兵进行军屯以外,还征调车里、元江、顺宁等地的少数民族军队,准备征讨麓川;另一方面调集重兵屯驻东川、芒部等地,扬言要在此地与麓川交战,以威镇当地的彝族土官,避免其与麓川思氏在军事上东西呼应。

洪武二十一年(1388),思伦发率兵15万,向东进攻马龙他郎甸的摩沙勒(今新平县莫沙坝),被沐英遣都督宁正击败。接着,思伦发派兵10多万、象百余头,进攻定边(今大理南涧)。麓川军队避开正面(金齿、澜沧江)防守的明军,从其薄弱之处(品甸)向前推进,沐英调集15000精骑,从昆明日夜兼程,直奔定边与麓川军决战。明军用火枪、火铳、火箭大破麓川象阵,歼灭其有生力量,思伦发败退麓川。与此同时,明朝调集征讨麓川的12万大军已抵达毕节一带,平定了东川、越州(在今曲靖南部)、罗雄(今罗平)等地的叛乱,在当地设置卫、所,阻断了他们与麓川的联系,巩固了明朝在当地的统治。

洪武二十二年(1389),鉴于明军的巨大压力,麓川思氏再次派人向明朝廷"请罪,愿输贡赋",明朝政府派遣通政司经历杨大用到麓川,在思伦发认罪后,答应了他的请求。思伦发除以象、马、白金、方物等进贡谢罪外,还交出了替他顶罪的100多人及两名从内地逃到麓川的叛乱分子。洪武二十七年(1394),明朝政府遣使发给思伦发公服、幞头、金带和象笏,承认了麓川思氏对当地的统治,明朝与麓川进入相持阶段。

洪武二十七年,缅甸由于受到思伦发的侵扰,请求明朝廷封为土司,于是明朝廷以缅族贵族卜剌浪为缅中宣慰使,并于洪武二十九年(1396)派钱古训、李思聪前往麓川,令其停止对缅甸的侵扰,思伦发表示服从。次年,思伦发为其属下刀干孟所逐,后者并发兵进攻腾冲。思伦发率家眷逃出,求援于明朝政府。明朝廷命西平侯沐春为征南将军,何福、徐凯为副将,率云南、四川诸卫兵,征讨刀干孟,并遣思伦发驻潞江以招降其部

---

① 《明太祖实录》卷一八四。

众。洪武三十一年（1398），明军抵金齿，沐春使人招降刀干孟，未果，何福则率军直捣麓川，生擒刀干孟。明朝仍立思伦发为麓川平缅宣慰使，但只让其管辖今瑞丽、陇川二县之地，其余原来属于他的领地的地方，明朝则分设孟养、木邦、孟定三土司，直属云南布政司统辖；设怒江、干崖、大侯（今云县）、湾甸（今昌宁）四长官司，隶属于金齿卫，后又分别改为宣慰、宣抚司等。经过改变行政建置，明朝对麓川分而治之，当地的形势得到基本稳定。

建文元年（1399），思伦发卒，其子思行发继任宣慰使。在思行发任麓川平缅宣慰使期间，当地的经济得到了恢复和发展，明王朝通过云南西南边境与缅甸和大古剌（今缅甸勃固）、小古剌（今缅甸毛淡棉）、底马撒（今缅甸丹那沙林）、特冷（今缅甸克伦）、冬乌（今缅甸东吁）、孟艮（今缅甸景栋）、八百（今泰国清迈）和波勒（在今泰国中部）等的友好关系，也进入了一个繁荣发展时期。

永乐十一年（1413），思任发继其兄思行发为麓川平缅宣慰使。"思任发次子思任者，狡狯逾父兄，差发金银不以时纳，朝廷稍优容之。会缅甸危，思任侵有其地，遂欲尽复父所失故地，于是拥众叛于麓川。先是，侵孟定、湾甸，大杀掠，云南总兵黔国公沐晟以闻。至是复侵南甸州土官刁贡罕地。命沐晟遣官赍金牌信符，谕还所侵地，思任不奉诏。"[1] 到正统三年（1438），思任发已侵占了南甸、腾冲、干崖、潞江、金齿等处，地域范围得到了迅速扩张。

正统三年，明朝政府派遣右都督方政协助云南地方军队征讨麓川。明军抵达怒江时，思任发假意投降，云南总兵沐晟不许兵马过江接战，思任发则乘机攻占了腾冲以北的瓦甸、顺江、江东等地，将在当地屯田的明军全部杀死；并在怒江边造船300艘，准备渡江进攻大理、云州。沐晟按兵不动，明朝廷曾责备其"玩寇养患"，仍置之不理。正统四年（1439），方政愤沐晟贻误战机，自率其部与麓川军战于大旧寨景罕、高黎贡山等处，大败思任发军。后方政孤军至上江，而沐晟拒绝派军增援，方政战死，沐晟败退永昌，后又退至楚雄。

正统五年（1440），云南总兵官沐昂、副总兵吴亮、左参将马翔、右参将张荣等率兵10万，再次征讨麓川。明军抵金齿后，沐昂"逗留不

---

[1] 《明史纪事本末·麓川之役》。

进，后思任发以兵断明军粮道，沐昂率兵退至芒市，为麓川军队所败，沐昂仓惶逃回，明英宗斥责其'怯懦无为，行师失律'"，给予降级处分。而思任发则"兵愈横，犯景东，剽孟定，杀大侯知州刀奉汉等千余人，破孟赖诸寨，孟连长官司诸处皆降之"。① 思任发军队的前锋已渡过怒江和澜沧江，其统治区域已扩张到云南腹地，差不多已相当于思伦发极盛时期的领地范围。麓川平缅宣慰使成为云南一个新的割据势力，如果不予彻底平定，势必给西南边疆经济的发展和明朝的统治带来不利的影响。

三　王骥三征麓川

征讨麓川的失败，引起了明朝政府的震动。为了解决好麓川之事，朝廷召集文武官员研究对策。大学士刑部侍郎何文渊主张罢征，认为麓川乃"一弹丸之地而已，疆里不过数百，人民不满万余，以大军临之，固往无不克，然得其地不可居，得其民不可使，何若宽其斧钺之诛，兴我羽旄之舞"，不如派员"躬诣彼处，宣扬圣化，使之感虞舜之敷德，同有苗之格心，计不劳征伐而稽首来王矣"。② 张辅等人则认为，可以先派人说服思任发，要其纳贡，归还掠土，否则便发兵征伐。朝廷采纳了张辅等人的建议，命定西伯蒋贵为总兵官，兵部尚书王骥总督军务，率南京、湖广、四川、贵州等地军队共15万人，征讨思任发，开始了"三征麓川"之役。

正统六年（1441），王骥率军征麓川，先给云南木邦、大甸、八百大甸、大侯州、威远州、车里、施甸等土官罕盖发等信符金牌各一，命其合兵进剿麓川，并说服南甸、镇康、孟定等脱离麓川。夏末，明军抵达云南，思任发闻讯后，一方面派人向明朝请降，表示愿意输诚纳贡，另一方面却派兵3万、大象80头，进据大侯州（今云县），攻夺威远（今景谷）、景东等地。王骥等识破其意图，将计就计，表面上接受其求降，暗地里则兵分三路，接应大侯、车里等土司的地方武装；西路兵又分为二道，夹击思任发的驻地上江（今保山县北部）。明军利用风势，采用火攻，大败思任发军，并斩其主将。思任发率残部逃到杉木笼山（今德宏州梁河县、陇川县交界处），据险为连环七寨，以抗明军。正统七年（1442），王骥等率明军追至，大败麓川武装，思任发退守马鞍山（今陇

---

① 《明史·土司传》。
② 《明英宗实录》卷七十五。

江川与瑞丽江合流处），以象阵抵抗。明军袭其寨，破其象阵。此时，东路兵与元江、车里、大侯等地的土司武装会合，直逼麓川。王骥率部与东路军配合四面合围麓川，焚其营，思任发走投无路，带其子思机发等逃往孟养（在今缅甸克钦邦），第一次平定麓川的战事结束，明军回归内地。

思任发的儿子思机发看到明朝军队已经撤离，认为有机可乘，便从孟养回到麓川，以图恢复其统治。据《明英宗实录》卷一〇〇云："正统八年（1443）正月庚午……兵部尚书徐晞等言：麓川贼思机发今虽遣其弟招赛等朝贡谢罪，然又令其党涓孟车等来攻芒市，为官军所败，从伊洛瓦底江遁去。乍降乍叛，谲诈难测，宜令锦衣卫收击招赛等，以俟其平。上曰：招赛既来朝，姑遣还云南安置，俟获其父兄至日，奏闻区处。"之后，明政府在当地设芒市长官司，命归附的麓川头目刀放革为长官，以分化和钳制麓川。

正统八年二月，定西侯蒋贵、靖远伯王骥至金齿，希望能招降思任发，并"遣使谕缅甸，送思任军前。缅人佯诺，不遣，骥曰：缅甸党贼，不可不讨也。乃至腾冲，分为五营，与蒋贵及都督沐昂分道并进。木邦宣慰使（驻今缅甸掸邦兴维）统兵万余，驻于蛮莫江浒，觇我军容。骥责以忠义，赐牛酒，遂感悦效死"[①]。六月，明朝军队对麓川进行突袭，攻克思机发所在的者阑，俘获其妻儿，思机发逃往孟养。明政府命已归附的麓川大头目恭项镇守麓川，结束了对麓川的第二次征讨。

正统九年（1444）秋，明政府以原麓川平缅地方设立陇川宣抚司，以恭项为宣抚使。同时，为了与陇川相互钳制，明朝将与陇川接界的南甸州和干崖长官司升为宣抚司，后来所称的明代滇西"三宣"，就是指这三个宣抚司。正统十年（1445）年底，云南千户王政奉敕致书缅甸，让其交出思任发。缅甸担心明军将至，认为根据当时的形势，麓川不平，当地的战事就不会结束，便将思任发及其妻子、属下共32人送往昆明。思任发于途中不食而死，王政将其首级函献京师。

此时的思机发相当孤立，屡次向明廷求降，朝廷已同意其请求，但云南总兵官沐斌想活捉思机发，以树立和巩固沐氏家族在云南的威信和统治，因而力主征伐麓川。正统十二年（1447），在得到明英宗的批准之后，率军攻伐思机发，结果无功而返。

---

① 《明史纪事本末·麓川之役》。

正统十三年（1448），明英宗以沐斌"师出无功"，第三次发兵平定麓川。此时，蒋贵已死，明政府乃命宫聚为统帅，仍以王骥总督军务，张軏、田礼为左右副总兵，方瑛、张锐为左右参将，率南京、云南、湖广、四川、贵州等地大军15万征讨思机发。次年，明军汇集在腾冲，并得到缅甸方面的帮助渡过伊洛瓦底江。明军进至鬼哭山（在今缅甸克钦境内）时，遭到思机发、思卜发的顽强抵抗，贵州都指挥同知骆宣战死，明军伤亡惨重。思机发等退至孟那，明军追击，又遭思任发的幼子思禄的反击，明军退回。

通过三次对麓川的征讨，王骥等人认识到麓川思氏"贼不可灭"，"乃与思禄约，许以土目，得部勒诸夷，居孟养如故。复与立石伊洛瓦底江为界，誓曰：'石烂江枯，尔乃得渡。'思禄亦惧。听命，乃班师，以捷闻，诏增骥禄，赐铁券，子孙世袭伯爵"。①

总的来看，一方面，明朝对麓川的平定，是为了维护明朝政府的中央集权和对云南的统治，有利于国家的统一、云南边疆的稳定以及当地社会、经济、文化的发展。三征麓川以后，大批内地汉族移居边疆地区，对当地产生了多方面的影响，即便是在今缅甸伊洛瓦底江西岸的地区，对经济、文化的发展也有很大的影响。如朱孟震《西南夷风土记》载："江头城（今缅甸实皆省东部伊洛瓦底江西岸的杰沙）外有大明街，闽、广、江、蜀居货游艺者数万，而三宣六慰被携者亦数万。"百夷"婚姻不用财，举以与之，先嫁由父母，后嫁听其自便。唯三宣稍有别，近华故也。""蒲人、粳人、阿昌乃在邦域之中，杂华而居，渐变于夏，间有读书登芹泮、纳粟为吏丞者矣。"但是在另一方面，由于明军在征讨麓川的过程中滥用武力，也带来了许多不良的后果和消极的影响。

由于没有采取"且耕且练"的策略进行屯田戍守，每次征麓川，都要调集各省数万乃至十几万的兵力，转饷运输相当困难，以致"军民连年征进，财务困弊，兼以旱涝相仍，粮饷亦之"。②凡征麓川"大军经历之地，缘途整备刍粮，以备支用"。③而王骥等行军又"全无纪律"，"蹂

---

① 《明史纪事本末·麓川之役》。
② 《明英宗实录》卷一一六。
③ 《明英宗实录》卷七十六。

践伤残，略不怜惜"，① 王骥、蒋贵、宫聚等明军统帅又借助战事横征暴敛，"唯纵己欲"，因而造成了"麓川三大役，骚动几半天下"② 的状况，从而导致了贵州汉、苗、彝、布依等民族 20 多万人的武装起义，并将反抗范围扩大到云南、湖广、江西、福建、浙江等省，明朝政府花费了两年时间才将此次起义镇压下去。

① 《明英宗实录》卷一七九。
② 《明熹宗实录》卷二十六。

第五章

明代的云南经济

第一节 军民屯田与云南经济的发展

一 军屯、民屯、商屯

卫所本来是一种军事设置，目的是安置驻军，控制要害，有事征调，事平则散归各卫。明代在云南省设100多个千户所，驻军人数10多万人，供给成为一个大问题，因此，明朝令各地卫所进行军屯，既满足自给自足的需要，又达到屯兵守备的目的。《明太祖实录》卷一七九云："洪武十九年（1386）九月庚申，西平侯沐英奏：云南土地甚广，而荒芜居多，宜置屯，令军士开耕，以备储库。上谕户部臣曰：屯田之政，可以纾民力，足兵食，边防之计，莫善于此。赵充国始屯金城，而储蓄充实，汉享其利，后之有天下者，亦莫能废。英之是谋，可谓尽心，有志古人，宜如所言。然边地久荒，榛莽蔽翳，用力实难，宜缓其岁输入粟，使彼乐于耕作，数年之后，征之可也。"自此之后，云南各地广开屯田，成效显著，正如《正德云南志》卷二所云："云南屯田最为重要：盖云南之民多夷少汉，云南之地多山少田。今诸卫错布于州县，千屯遍列于原野；收入富饶，既足以供齐民之供应；营垒连接，又足以防盗贼之出没。此云南屯田之制，所以其利最善，而视内地相倍蓰也。"

其实在沐英上奏以前，云南已有少数地区为了解决军粮问题开始屯田。例如，曲靖卫早在洪武十五年（1382）已播种800石（约合3000多亩）。是年，傅友德遣人至京奏事时，称："督布政司窃实云南、临安、楚雄、曲靖、普安、普定、乌撒等卫，及沾益、盘江等千户所，见储粮数一十八万二千有奇以给军食，恐有不足，宜以今年府州县所征，并故官寺院入官田,及土官供输、盐商中纳、戍兵屯田之入以给之。上可其奏"。①而云南后卫(治昆明)的屯田,到洪武十八年(1385)已做到"军不乏食"了。在沐英的总结和推广下,屯田成为云南驻军的一项制度,并"岁较屯田增损以为赏罚",作为考核地方官吏的准则。

在洱海地区,到洪武十九年(1386),屯田已逐渐走上正轨。是年,"置云南洱海卫指挥使司并左右中前后五千户所,以赖镇为指挥佥事。洱海本品甸地,经兵之余,人民流亡,室庐无复存者。镇至,修浚城隍,建谯楼,创庐舍,分市里,立屯堡,筑堤防,严斥侯。又开白盐井以通课利,民始安辑"。②次年,命孙茂"以钞二万二千锭往四川市耕牛万头",以备云南屯田之用,原因在于,"时将征百夷,欲令军士往云南屯田预备粮储故也"。同年八月,命令四川都指挥司"选精兵二万五千人,给军器、农具,即云南品甸之地(洱海卫)屯种",同时,"复命云南楚雄府开中盐粮。先是,商人输米云南楚雄、曲靖诸府,给以淮浙盐,未久而罢。令戍卒屯田以自给,至是仍啬于用,户都请复行中盐法。从之"。③

洪武二十年(1387)九月,明太祖命沐英在楚雄、景东一线大力扩展屯田,"自楚雄至景东,每一百里置一营屯种,以备蛮寇"。"以靖州五开及辰、沅等卫新军选精锐四万五千人于云南听征。今又令市牛二万往彼屯种。""分屯曲靖,越州,仍命云南布政司以白金二十万两给各府籴粮备用。"是年十月,"调陕西、山西将士五万六千余人,赴云南听征","调楚府护卫兵六千,赴云南听征","诏长兴侯耿炳文率陕西士军三万三千人往云南屯种听征"。十一月,"命普定侯陈桓、靖宁侯叶升往云南总制诸军,于定边、姚安等处立营屯种,以俟农隙往进。既而又命桓等领兵屯田于毕节等卫"。十二月,"遣前城门郎石壁往云南谕西平侯沐英等,自永宁至大理,每六十里设一堡,置军屯田,兼令往来递送,以代驿传。于是自曲靖大忽都至云南前卫易龙设堡五,自易龙至云南右卫黑林子设堡三,自黑林子至楚雄禄丰设堡四,自禄丰至洱海卫普淜设堡七,自普淜至大理赵州设堡二,自赵州至德胜关设堡二,人称便焉"。

从洪武二十一年(1388)起,云南的卫所屯田逐渐全面铺开,进入

---

① 《明太祖实录》卷一四三。
② 《明太祖实录》卷一七七。
③ 《明太祖实录》卷一八四。

了一个新的发展阶段。如上面谈及的曲靖、毕节、昆明、楚雄、姚安、大理、祥云等地，开始时只是在几个点进行推广，自洪武二十一年以后便从点到面，普遍实施卫所屯田制度。明朝在洪武年间（1368—1398）征调大批军队前往云南开展屯田，如洪武二十一年二月，"遣陕西都指挥同知马烨率西安等卫兵三万三千屯戍云南"，① 六月，"命中军都督府发河南祥府等十四卫步骑军万五千人往征云南"。② 洪武二十三年（1390）四月，命党昇往湖南辰阳"集民间丁壮凡五千人"于平夷卫（今富源）屯田，③ 这是通过"垛集"（征兵的一种制度）以达到屯田的目的。六月，"以沅州及思州宣慰司镇远、平越等卫官牛六千七百七十余头分给屯田诸军"。④

由于卫所屯田制度的普遍推行，到洪武二十五年（1392），云南各卫基本上皆已实行屯田，其面积已达百万余亩。

为了使卫所屯田制度得以顺利推行，明朝还专门设置了管理屯田的官员。据《明会典》卷十八载："洪武三十五年（建文四年，1402），令各处卫所，每卫委指挥一员，每所委千户一员，提督屯田。""永乐三年（1404），令各处卫所，凡屯军一百名以上委百户一员，三百名以上委千户一员，五百名以上委指挥一员，提督屯田，不及百名亦委百户一员提督。"就上层机构官员而言，"都指挥使司、指挥使及同知、佥事，常以一人掌屯田。卫指挥使司、指挥使、同知、佥事分理屯田"。⑤ 这样，从行省到各卫所，都有系统的屯田组织及管理官员，使卫所屯田制度在云南各地得到了长足的发展。

除了军屯外，明代云南各地还发展了民屯和商屯。

关于民屯，文献记载较少，但估计规模还是相当可观的。据谢肇淛《滇略》卷四载："高皇帝既定滇中，尽迁江左良家闾左以实之，及有罪窜戍者，咸尽室以行。"明太祖朱元璋鼓励人民开垦荒地，作为自己的"业田"，并规定"永不取科"，有力地推动了民屯的发展。与此同时，明朝政府不断向云南进行移民，使民屯的面积不断扩大。洪武十七年

---

① 《明太祖实录》卷一八八。
② 《明太祖实录》卷一九一。
③ 《明太祖实录》卷一二一。
④ 《明太祖实录》卷一二七。
⑤ 《明史·职官志》。

（1384），"移中土大姓以实云南"，① 洪武二十年（1387），"诏湖广常德、辰州二府民三丁以上者出一丁，往屯云南"。② 据《滇粹·云南世守黔宁王沐英传附后嗣略》载："（沐）基还镇，携江南、江西人民二百五十余万入滇，给予籽种、资金，区别地亩，分布于临安、曲靖……各郡县。""（沐）春镇滇七年（1392—1398）再移南京人民三十余万（入云南）。"上述以民屯形式移入云南的人口数字可能会有所夸大，但至少可以表明，当时进行民屯的人数量相当可观。

商屯是明代盐商代替政府运送粮草前往边疆地区的屯垦。洪武三年（1370），为利用盐商输送粮草供应边地军需，实行"开中之法"，即进行商屯。"开中"也叫"中纳"（盐粮），也就是"召商输粮而与之盐"。③ 据《明史·食货志》载："视时缓急，米值高下，中纳者利否，道远地险则减而轻之，编置勘合底簿，发各布政司及都司卫所，商纳粮毕，书所纳粮及应支盐引数，赍赴各转运提举司照数支盐；转运诸司亦有底簿，比照勘合相符，则如数给予。"即为了弥补各卫所军粮的不足部分，招募商人于各地进行垦种，将所获谷物交给当地卫所军队，由当地布政司和都司发给凭证，按照一定的折换比例，发给商人们"盐引"（提盐单，一般大引400斤，小引200斤）。引为国家专营，但以上述方式提取的盐准许自由贩卖。商人们唯利是图，为了避免收购、运送军粮的费时价高，便招募农民到边远地区开荒屯种，就地得到粮食换取盐引，再将盐销往他处。这类屯种土地的方式即称为"商屯"。

早在洪武十五年（1382）二月，明军进入云南之时，傅友德就曾提出"盐商中纳"，作为解决军粮问题的办法之一。"上以大军南征兵食不继，命户部令商人往云南纳盐粮以给之。于是户部奏定商人纳米给盐之利：凡云南纳米六斗者给淮盐二百斤，米五斗者给淮浙盐二百斤；米一石者给川盐二百斤；普安纳米六斗者给淮、浙盐二百斤，米二石五斗者给川盐二百斤；普定纳米五斗者给淮盐二百斤，米四斗者给浙盐二百斤；川盐如普安之例。乌撒纳米五斗者给淮浙盐皆二百斤，川盐亦如普安之例。"④

---

① 诸葛元声：《滇史》卷十。
② 《明太祖实录》卷一八六。
③ 《明史·食货志》。
④ 《明太祖实录》卷一四二。

是年十一月，置云南盐课提举司所属盐课司，此时，云南各盐井如兰州井、黑盐井、安宁井等皆已恢复生产，所以便改用云南当地生产的盐"开中"。洪武十五年十二月，"户部奏定安宁盐井中盐法：凡募商人于云南、临安二府输米三石，乌撒、乌蒙二府输米二石八斗，沾益州、东川府输米三石五斗，曲靖府输米二石八斗，普安府输米一石八斗者，皆给安宁盐二百斤"。①

根据《明实录》及《明史》等文献记载，明朝先后在云南的昭通、曲靖、昆明、建水、沾益、普安、玉溪、红河、楚雄、大理、保山、德宏等地区实行过商屯。为了加强盐业专卖的管理，顺利地进行商屯，洪武十七年（1384）"新置盐课提举司三：曰白盐井，曰安宁井，曰黑盐井。白盐井之地，其人号生蛮，未易拘以盐额，宜设正、副提举二人，听从其便。其安宁盐井，月课盐六万三千斤，宜设提举一人、同提举一人、副提举一人、吏目一人。黑盐井月课盐二万九千四百斤，宜设提举一人、同提举一人、吏目一人，从之"②。在云南各地进行商屯的盐商中，除了本地的地主兼商人以外，更多的则是"客商"。明成化（1465—1487）以后，随着国内商品经济的发展，"开中"由缴纳粮食折成货币银，也就是说，此类地租的形态已由实物地租过渡到货币地租，商屯便逐渐解体，明朝政府宣布废除"开中"制。

二 屯田与社会经济的发展

明代实行的屯田制度，推动了云南社会经济的发展，带来了很大的作用和影响，主要表现在以下几个方面：

第一，大量汉族人从内地迁入，改变了云南民族的分布状况，促进了民族的融合与发展。明代云南都司所领共有133个千户所，每千户所领官兵的编制是1200人，如果每个千户所领官兵都是足额，则驻云南的卫军共有159600人。根据明朝的规定，军士必须有家室，同住户所，那么，这个数字为159600户，人数可谓相当庞大。

明代军户的数字不断增加。另外，军户的正额虽有限定，但舍丁、军余等则自立门户，其人口数字通常还未被统计在军户的数字之内。据

---

① 《明太祖实录》卷一五〇。
② 《明太祖实录》卷一六二。

《明太祖实录》卷一九四载，洪武二十一年（1388），云南都指挥使所属官1301人，军士64002人，合计65303人。到万历（1573—1620）时，军户已达335000多户，而当时云南总共才有47万余户，军户占总户数的70%以上。

大量汉族军士进入云南各地屯田，必然改变当地民族的分布状况，并有部分与当地民族融合在一起。总的来说，汉族移入改变了云南"汉少夷多"的状况，汉族已成为不少地区的多数民族。就民族的演化和融合而言，汉族多的地区，原住各少数民族逐渐融合于汉族；原少数民族占多数的地区，汉族则逐渐融合于少数民族，未融合的那部分汉族，成为当地的少数民族。

部分汉族与少数民族融合的主要原因之一，在于明中叶以后，卫军制度废弛，军户变成民籍，军田也逐渐变为民田。张仲信《云南通志·序》云：卫军"迄于明季，军非旧籍，田各易主，变军为民；屯政之坏，乃不可复救也"。《明英宗实录》卷六十八载，正统五年（1440），"近闻云南军士，精壮富贵者，俱投托大官，或充伴当跟随，或私耕种田土，并不曾操练。须仔细查究，革其旧弊"。由于当时规定军士不得脱离军籍，所以这些人名义上仍是军士，照领军粮，有些则招人顶替其服军役。军户中还有很多人挂着军籍，但已变成工商业者，从事刺绣、雕镂、攻金、治木等各种与卫所屯田无关的商业活动。

另外，卫所中不少军官隐占屯田，作为民田。嘉靖年间（1522—1566）楚雄举人俞汝钦在其《条陈田粮议》中说："自成化（1465—1487）、弘治（1488—1505）以来，屯田或为官旗隐占，不行纳粮；或捏报民田，改作民田卖与别姓，粮数虽如旧，而田亩则大殊于前矣。各军亦屡曾具告，或年数太远，无从稽查，或查出欲断田还伍，而所报民粮米无归着。至于陆地，则侵占变卖，为日已久，到今则大半全无，而麦粮亏赔尤甚。"[①]

由于以上种种原因，大量屯田变成民田，屯户也随之成为民籍。到明中叶以后，脱离军籍成为民户的军士已超过其总数的一半以上，他们与当地少数民族居住、生活在同一地区，其中部分逐渐与少数民族融合在一

[①] 参见方国瑜《明代在云南的卫所制度与开发生产》，载《西南民族历史研究集刊》第一集，1980年。

起。如万历《云南通志》卷二云：云南府"土著者少，宦成多大江东南人，熏陶渐染，彬彬文献与中州牟矣"。景泰《云南志》卷四楚雄府说："定远（牟定）之民，有曰撒摩都者，即白罗罗之类，近年稍变其故俗，而衣服饮食亦同汉僰，更慕诗书，多遣子弟入学，今亦有中科第者。"明朝政府在实行屯田的同时，在云南还普遍设立学校，倡导儒术，传播汉文化，各少数民族深受其影响。加之他们与汉族杂居在一起，在他们的传统文化中，中原文化的因素不断增加。再有，不少汉族与少数民族通婚，更加速了这种民族融合的进程。例如，据调查，云南许多地区的彝族，传说他们的祖先是从南京应天府或江西吉安府迁来，其原因就在于，彝族中融合了一部分原籍应天府或吉安府的汉族，根据家谱、口传等可知其家族的来历；而原来的彝族在云南居住的历史悠久，已无法详其渊源，便根据可知来历的几家认为所有彝族人户都是从应天府或吉安府迁来。①

第二，逐渐摧毁了落后的土官政权。明朝初期，云南大部分地区处在封建领主制阶段，明中央政府在云南靠内地地区实行土司制度，府、州、县大都由世袭土官统辖，在边境地区则设置了宣慰司、宣抚司、安抚司等机构。虽然如此，但各地的封建领主制经济基础并没有被改变。实行卫所屯田制度以后，云南各地的情况发生了很大的变化。

明朝在云南大部分地区，如云南、曲靖、寻甸、广西、澂江、楚雄、大理、武定、临安、鹤庆、北胜、永昌、蒙化、景东等府设置了卫所，安排军户屯田。随着屯田的发展，生产力不断提高，生产关系也逐渐改变，大部分地区从封建领主经济阶段进入封建地主经济阶段，各地的土官政权成为社会经济进一步发展的阻碍。所以，自明朝中叶以后的 160 余年间（1465—1627），明政府在云南各地先后进行"改土归流"，所有土知府、土知州、土知县大多被撤换，或降为土通判，而改设流官掌印。土官政权被逐渐摧毁，有利于云南政治、社会和经济发展。

第三，屯田制的施行，使云南水利灌溉工程得到兴建修整。随着屯田面积的不断扩大，原有的水利设施已不能适应生产发展的需要。明朝早在云南开始实施屯田的时候，就考虑到了修建水利灌溉工程的重要性。如对于昆明的滇池，据《明史·沐英传》，洪武十九年（1386），"滇池溢，浚

---

① 参见方国瑜《明代在云南的卫所制度与开发生产》，载《西南民族历史研究集刊》第一集，1980 年。

而广之，无复水患"。明代对滇池最大的一次疏浚工程，是在16世纪初叶。据正德《云南志》卷二记载："滇池为云南巨浸，每夏秋水生，弥漫无际，池旁之田，岁饫其害。弘治十年（1501），巡抚陈金，役军民夫卒数万，浚其泄处，遇石则焚而凿之，于是池水顿落数丈，得池旁腴田数千顷，夷汉利之。"此后，明代还多次疏浚滇池及其海河口，使滇池之水不致造成泛滥之灾。

除了滇池外，明代云南的屯军还和各地人民一起，疏浚和修建了许多水利工程。如位于宜良坝子的汤池渠水利工程，该渠"旧有沟塍，广不盈尺，流注弗远。……是年洪武二十九，冬，发卒万五千，荷畚锸，董以云南都指挥同知王俊，因山障堤，凿石刊木，别疏大渠导泄于铁池之窍而泆，其袤三十六里，阔丈有二尺，深称之。逾月功竣，引流分灌，得腴田若干顷。春种秋获，实颖实粟，岁获其饶，军民赖之。……壬午（建文四年，1402）夏，既芒种，雨不时降，人方为忧，独宜良水利不竭"①。其他的如昆明南坝闸工程、石屏异龙湖引水工程、保山九龙池的灌溉系统、邓川的弥苴佉江堤工程，以及沾益的交水坝、曲靖的西湖坝、大坝、大理府城堤、云南驿的荒田陂渠、浪穹县的三江口渠、阳宗县的大冲河、鹤庆府的青龙潭等水利工程和设施，都得到了疏浚和修整。特别是在素以干旱著称的云南县（今祥云）坝子，人们还发明了"地龙"（地下蓄水池和渠道）灌溉网，减少了水的蒸发量，使大片荒田得到灌溉而成为绿野，因而有"云南（县）熟，大理（府）足"之说流传。以上各地水利灌溉工程和设施的兴建和修整，有力地推动了云南农业经济的发展。

第四，耕地面积扩大。明朝时期，全国各地共有数十万人到云南屯田，从而使耕地面积迅速扩大。洪武二十一年（1388年）前后，云南都司属各卫所军队屯田的数字为435036亩，到正德五年（1510）前后，已增加到1276603.94亩，120余年中，屯田面积扩大了两倍，直到明朝末年，各地屯田的面积仍在不断增加。

随着屯田面积的日趋增长，农业生产技术也得到相应提高，从而促进了农业经济的发展。凡是有水利的地方，水车、水碓、水磨等工具已普遍应用。就推广牛耕技术来说，明代以前，在云南各民族中，除个别较为先进的民族外，大多不使用牛耕，而明代大批军户在云南屯田，使牛耕技术

---

① 景泰《云南图经志书》卷一。

得到普及和推广，改变了云南历史上"二牛三夫"的耕作方法，使用一牛或二牛（一架）牵引，由一人或二人驱犁耕作。由于屯田面积不断扩大，云南本地耕牛已不够用，需要从外省调入，如《明太祖实录》卷一五四载，洪武二十年（1387）八月，"遣右军都督金事孙茂，以钞二万二千锭，往四川市耕牛万头。时将征百夷，欲令军士先往云南屯田，预备粮储故也"。同书卷一八五又载，洪武二十九年（1396）九月，"前奉诏以靖州五开及辰、沅等卫新军选精锐四万五千人于云南听征。今又令市牛二万往彼屯种"。屯田军户与云南当地民族杂居相处，其先进的耕作技术对少数民族产生了重大影响，以至"夷人亦渐习牛耕"。① 在农业生产不断进步的同时，云南的工商业、矿业、纺织业等也得到了发展。

第二节 手工业和商业

一 汉族移民与工商业的发展

明代以前，云南为少数民族居住，虽有汉族不断地移入云南，但人口占云南总人口的比重小，而且不断融入土著，成为少数民族。明代大批内地汉族人口移居云南，改变了"夷多汉少"的状况，这些汉族的迁入，对云南工商业的发展也起了重要的推动作用。

明代汉族大批迁入云南，有两个高峰期，一是明初洪武时期（1368—1398），二是万历时期（1573—1620）。据《明史·地理志》载："洪武二十年（1387）编户五万九千五百七十六，口二十五万九千二百七十。万历六年（1578），户一十三万五千五百六十，口一百四十七万六千六百九十二。"汉族移民的到来，为云南工商业的发展构建了宏大的市场基础。

汉族移民中有不少是来自内地的工商业者和掌握科学技术的知识分子，他们来自四川、江南、湖广、闽、粤诸地。如《昆明县志·物产志》载："县城凡大商贾，多江西、湖广客，其领当帖设质库者，山右人居其大半。"可见当时在昆明经营当铺业的多为山西人，江西、湖广移民大多经营商业。

著名的知识分子，有浪穹（洱源）的何巢阿、昆明的唐泰、永昌的

---

① （清）檀萃：《滇海虞衡志》卷七。

闪人望等。著名地理学家徐霞客游滇时，曾和他们进行交流。长期住在昆明西华山的杨升庵，更是大名鼎鼎的知识分子。内地知识分子之流寓云南，既促进了云南农业的发展，也推动了工商业的进步，产生了一定的影响。

移入云南的汉族人口中除属于生产性的以外，还有一些是属于经营性质的，他们的迁入也有利于云南工商业的发展。

二　手工业和商业

手工业中，纺织业是一个重要的门类，军屯民屯的地区，常是"机杼之声夜闻"，纺织品有火麻布、苎麻布、绵布、绵绸、乌帕、土绵、乌绫等。纺织的生产技术，一部分是由移入的汉族带来的，另一部分则是在土著民族原来的基础上，学习内地技术进行改进而发展起来的。

其次是在食品加工业。著名食品有芝兰轩的南糖、正香楼的口酥、清香楼的荞驼、萃香楼的麻花、大吉祥的雪片以及酱菜、火腿、乳扇、饵丝、米线等。明代云南各府、州、县有鱼、蜂蜜、皮毛、果园等课税的征收，表明食品及加工业在各地有了较大的发展。制茶叶在食品加工制造业中占有一定的地位，当时的普洱茶已闻名中外。"滇茶有数种，盛行者曰木邦，曰普洱。木邦叶粗味涩，亦作口，冒普茗以愚外贩，因其地相近也。"[1] 普洱茶的产地以昌宁以南的澜沧江流域地区为主，有些品种在当时已是珍品。据张泓《滇南新语·滇茶》云："普茶珍品，则有毛尖、芽茶、女儿之号。毛尖即雨前所采者，不作口，味淡香如荷，新色嫩绿可爱。芽茶较毛尖稍壮，采治成团，以二两、四两为率，滇人重之。女儿茶亦芽茶之类，取于谷雨后，以一斤至十斤为口，皆夷女采治，货银以积为区资，故名。"[2] 通海、昭通、鸡足、新兴等地也都产茶，通海的螺顶、昭通的大叶、鸡足的云雾、顺宁的旗枪等，在明代制茶史上皆占有一定的地位。

明代的茶课，其他各省多征钞，"云南则征银"。[3] 当时仍推行唐宋以来的以茶易马法，而且更为严厉。茶分官茶和商茶，皆贮边易马；官茶间

---

[1] （清）张泓：《滇南新语·滇茶》。

[2] 同上。

[3] 《明史·食货志四》。

征课钞，商茶输课则略如盐制，给引征课。

在明代云南的手工业中，制盐业的地位尤为重要。云南的制盐业有着悠久的历史，如安宁井、云龙井，在汉代即已开始出盐，其他如黑盐井、白盐井、琅盐井、丽江老姆二井、弥沙井，开采的时间都比较早。到了明代，又开采了4个新的盐井，即阿陋井、草溪井、只旧井和乔后井。以上各盐井大致可以分为黑井区和白井区。在黑井区中，黑盐井、阿陋井、琅盐井等属于纯粹产卤的盐井；白井区包括白盐井、乔后井、云龙井等，其中有些是既产卤也产矿的盐井。云南各盐井所产之盐，一般不销往外省，大多在本省流通。为了有秩序地进行买卖，明代行盐，大抵循用引制。由户部印发，商人持引赴场支盐。滇省以地处极边，一切与腹地异，仅给小票代引照盐。嘉靖（1522—1566）时革票用引，合置流通簿一本，每年差人赴部赍领，仍赴南京户部印编额引。召商开中以后，例换文簿并印编引目率以为常，一切批文小票，悉革不用，嗣因行引不便，盖在嘉靖（1522—1566）、隆庆（1567—1572）以后，又复给票。为了保证产盐数量，加强盐业生产的管理，明朝在广东、海北、四川、云南等地设置了7个盐课提举司，其中云南占了4个，即黑盐井、白盐井、安宁盐井和五井。黑盐井又称黑井，明时属定远县，即近代的盐兴县。白盐井又称白井，即近代的盐丰县。安宁盐井在安宁县。五井也称五盐井，包括洛马井、石缝井、河边井、石门井和山井，俱在浪穹县界及云龙州之境。

虽然明代云南新开了一些盐井，盐产量比前代有所增加，但由于几十万移民的进入，滇盐仍无法满足居民所需。直到明末清初，这种状况依然存在："滇处天末，幅员已阔，而民户日增。食盐岁需三千六百余万。产盐者九井，岁止三千五百余万，尚不敷九十余万斤。沿边诸处，每有淡食之苦。"[①] 所以，云南每年还要从四川、广东、淮浙等地调入一定数量的食盐，以满足人口不断增长的需要。

随着手工业的发展，城市经济也有了进步，定期集市在各地普遍建立。云南古代商业以有易无，日中为市，今犹存其迹，可于各县乡镇之市集见之。市集一名赶场，亦名赶街子，按地方习惯定集期。附近居民无论买物卖物，均于是日集一地，作尽日之交易。或以鸡、羊、狗、龙为街期，即按地支配合日期。街场之大者，附近州、县居民毕集其交易之物，

---

① （清）张泓：《滇南新语·盐政》。

自谷米、食品迄于牛、羊、甑、釜、纸、墨，一切用具无不备。云南各地的街期排列有序，通常按十二属相、天干地支排列，或每月中逢几为赶街天，如晋宁州"逢七为市。土人每逢初七、十七、二十七，无问远迩，来集于州治之西平原上相与贸易，每集不下三四千人"。①府、州、县，人多设有集市，其中以昆明之交易额最大，"四方之货一入滇，虑无不售"。大理、保山、建水、丽江、广西等地，也都有较大的集市。例如，太和（大理）有城内常市……每岁三月十五至二十日有三月街，亦称观音街。交易品有木材、药材、玉瓷、皮革、骡马等，汉、夷、藏、回，远近居民毕集，为全滇市集之最大者。新兴（今玉溪）有县城街，单日赶集；北城街，双日赶集；研如街，一、四、八赶集，为滇中货物集散之中枢。

另外，当时云南各地的集市，其交易货物大多有地方特色，或为当地的土特产品，或其经营与当地风俗习惯或对外贸易有关。例如，丽江市集以骡马会为最著，每年三月、七月初间行之。盖丽地气候温和，山脉绵衍，水源清洁，百草丰茂，所产骡马为西南巨擘。每次赴会，公骡、母骡不下数千头，儿马、骟马不下数百头，购运出境者居十之七八。又四方街、石鼓街、九河街亦甚兴盛，商货如麝香、黄连、毛织品等，均由藏属及阿墩子、维西运入。其他如盐井渡交易以盐为主，景东的中所街、文井街为糖市，泰和街、景谷街则为茶市，等等。

第三节　矿业和交通

一　矿业

云南的矿产资源丰富，明代以前，矿产开采已有两千多年的历史。到了明代，矿产开采空前兴盛。

（一）银矿

明朝时期，云南银的产量居全国首位，如天顺二年（1458），滇省上缴课银达10万余两，占全国课银总数的一半以上。因而宋应星《天工开物》云："凡银，中国所生，今浙江等八省所生，不敌云南之半，故开矿煎银，唯滇中可永行也，凡云南银矿，楚雄、永昌、大理为最盛，曲靖、

---

① 景泰《云南图经志书·晋宁州风俗》。

姚安次之，镇沅又次之。"檀萃《滇海虞衡志》也说："中国银币尽出滇，次则粤岭花银来自洋舶，他无出也。"

明代云南先后开采的银矿有23所，主要在楚雄、大理、临安、元江、永昌、镇沅、姚安、孟定等府。银矿由官方开采，民间不得参与，如宣德四年（1429）三月，"行在工部奏总兵官太傅黔国公沐晟言：四川东川府会川卫所属山内产青绿银、铜诸矿，军民往往潜取。其地与云南武定军民府金沙江及外夷接境，恐生边患，宜令四川、云南三司巡禁。从之"。[①] 正统十年（1445）十一月，"云南八寨长官司（驻今马关县南八寨）地方产有银矿（即都龙银矿），而云南左、临安等卫官军家人，不时挟带兵器聚众私采，巡按监察御史以闻。上命总兵等官揭榜禁约，仍令都、按二司各委堂上官设法抚谕，令各复业，有恃顽者，即擒治之"。[②] 为了垄断银矿开采，明朝政府分别在昆明、楚雄、大理各府设立银场提举司，专门管理银矿，征收课税，并任命布政司和按察司参议、佥事参与管理银课。自成化四年（1468）开始，明朝政府派"御用监"（太监）驻镇云南府城，监督银矿事宜，"御用监"又分派其属下"贴差小阉"分监各矿，以保证银课的征收。

万历（1573—1620）间及其以后，云南的银矿开采进入了最兴盛阶段，但随之而来，银课的负担也日趋加重，以至到了无法承受的地步。由于开采方法比较简单落后，在采矿初期，洞浅矿多，得银相对容易，可以完成规定的课额，但后来洞深矿少，开采难度增大，银课便很难完成。谢肇淛《滇略》卷三载："滇银矿共二十余所，置场委官以征基课，岁纳二万缗；然脉有盛衰，课有盈缩。"实际上，早在成化（1465—1487）年间，银课已无法完纳，矿夫不得不卖妻典子来完成课额。成化九年（1473），云南巡按御史胡径奏云："楚雄、大理、洱海、临安等卫军，全充矿夫，岁给粮布。采办之初，洞浅矿多，课额易完，军获衣粮之利，未见其病。近日洞深利少，军士多与瘴毒死，煎办不足，或典妻鬻子，赔补其数，甚至流徙逃生，哨聚为盗，以至军丁消耗。乞行停免。"[③] 成化十九年（1483）十一月，"云南总兵官、黔国公沐琮等以复开新兴铜矿，南

[①] 《明宣宗实录》卷五十二。
[②] 《明英宗实录》卷一三五。
[③] 《续文献通考》卷二十三。

安、判山等银场，矿脉微细，而课额近增至十万二千三百余两。况矿洞愈深，中有积水，矿夫采取愈难，因而致毙者不可胜数。官司必欲登其岁额，追迫赔补，破产鬻子，甚至自经而死。况各场簿近交趾，设有边患，无以控御"。①

到万历时期，云南的银矿虽然还在维持开采，但每年课银二万缗，连维持矿夫的生活都不够。沉重的课额已形成民不聊生、怨声载道的状况，正如王元翰《滇民不堪苛政疏》所云："自兴矿税以来，民间膏血，无日不输之内帑；民间怨气，亦无日不积之内帑。"封建王朝的残酷榨取，激起了矿夫及各族人民的强烈反抗，他们杀死了来云南办矿的太监杨荣，官矿开采日趋没落。万历三十三年（1605），明朝政府不得不承认官矿"得不偿费"，"着一体停止勿采"，② 官矿从此基本宣告结束。

（二）铜矿、金矿

云南的铜矿开采有着悠久的历史，早在先秦时期，铜矿在云南就已开采。两汉时期开采范围扩大。《汉书·地理志》载："俞元、怀山出铜，来唯、从𨙸山出铜。"俞元即今江川澂江，来唯在今越南莱州。至明朝时期，澂江、建水、大理、东川、路南等地，都开采铜矿抽课。

与银矿一样，明代中叶以前，铜矿开采为官办，严禁百姓参与，否则严加惩处。据《明宪宗实录》卷二二〇载："成化十七年（1481）冬十月……户部会议漕运并巡抚官所奏事宜：一、云南路南州铜坑，往往为奸民窃发煎卖，以资交趾兵器。请移交所司封闭，免其税课，仍给旨意，榜义禁约，有犯者发烟瘴地面充军。……云南铜货私贩出边境者，论以死，家属发烟瘴地面充军。"

明朝时期，路南州是云南冶铜业的重要基地之一，每年的课额即达一千多斤。此外，乌蒙府的东川也是云南的主要产铜区。今东川铜矿位于云南东川市汤丹、落雪大山，汉武帝时在此置螳螂县，《华阳国志·南中志》云："螳螂县，因山名也。出银、铅、白铜、杂药。"东汉时期著名的朱提（昭通）、堂狼铜洗，云南的大部分铜鼓及铜佛、铜器等，大多是用东川铜制作。嘉靖三十四年（1555），云南开铸铜钱，铜冶业迅速发展。是年四月，户部给事中殷正茂言："两京铸钱，以铜钱太高，得不偿

---

① 《明宪宗实录》卷二四七。
② 《明神宗实录》卷四一六。

费，可采云南铜，自四川运至岳州府城陵矶开铸。"当时曾铸铜钱3300多万枚。万历四年（1576）和天启五年（1625），明朝曾两次在江南开设钱局鼓铸铜钱，"因鼓铸，屡开云南诸处铜场"，① 这些铜大部分是出自东川铜矿。另外，当时的许多大型建筑物也是用云南铜建造，如武当山的太和宫、金马山的铜瓦寺等，规模非常宏大，后人也感叹不已："铜独盛于滇南，故铜器具为多。大者至于为铜屋，今太和宫、铜瓦寺是也。其费铜不知几巨万。"②

云南的黄金主要产自丽江府属的金沙江沿岸、中甸金江区、怒江、澜沧江及大盈江等地，多为沙金。腾冲以北的金宝山出产生金，《蛮书·云南管内物产第七》载："生金，出金山及长傍诸山，腾冲北金宝山。土人取法，春冬间先于山上掘抗，深丈余，阔数十步。夏月水降时，添其泥土入坑即于添土之所沙石中披拣。有得片块，大者重一斤或至二斤，小者三两、五两，价贵于麸金数倍。……金出丽水，盛沙淘汰取之。"檀萃《滇海虞衡志》卷二云："金出于北金沙江，所谓金生丽水也。淘洗得之，工费正等，唯掘于平地，得金块大小而利赢。滇志所谓丽江金沙江出金，姚安龙蛟江出金，永宁府出金……滇南金厂三，一在永北之金沙江，一在保山之潞江。"

明嘉靖（1522—1566）时期，云南每年上缴国库矿金四百两，矿银一万两，如嘉靖三十六年（1557）、四十一年（1562）、四十二年（1563）缴纳的都是此数，不得缺少。据《明神宗实录》卷二〇八载：嘉靖四十三年（1564）六月，"命户部……兼督催云南年例矿金，务足原数。不许稽缓"。至万历（1573—1620）初年，云南布政司每年贡金二千两，用价银约一万二千两，课额沉重异常，不得稽缓，正如张居正在《答云南巡抚王毅庵书》中所说："矿金之害，往大理李中溪先生亦曾言之，第以此项专供御用，宫中视为额办，未敢轻议停寝，稍事机会，当有处也。"至太监杨荣横征矿税被杀以后，课额不但没有减少，反而有所增加，王元翰《陈滇患孔殷疏》云："民不堪税而后焚采监（杨荣），今采监既焚矣，而征榷不罢。贡金不能如数而后请减，乃请减矣，而例更增。"此时贡金数

---

① 《明史·食货志》。
② （清）檀萃：《滇海虞衡志》卷五。

额已增至二千两,所谓"金取于滇,不尽不止",① 就是最好的说明。

上缴国库的黄金,大多用于供明王朝统治者挥霍享用,如明神宗(1573—1620)死后,在其棺木内尸体下放有大量的金银元宝。《定陵试掘简报》说:"万历帝梓宫内刻字的金宝,都是云南布政司收解的,年代自万历二十七年(1598)至四十五年(1617)",其中金元宝有100多锭,上面刻有"云南布政司计解万历三十七年份(1608)足色金一锭,重十两,委官经历朱宪全,金户吴相,金匠沈教"等字,② 表明其出自云南金矿。

除了银矿、铜矿、金矿外,有明一代,云南的铁矿、煤矿、铅矿、锡矿等矿产资源也得到了一定程度的开采。

明中叶以后,官办矿业陷于停顿,民营矿业逐渐兴起。民矿最初是由隶属坑冶户的军匠民匠不堪重负,逃离官矿,进行"盗采"而发展起来的,《明史·土司传》云:"楚雄所属黑石江银场,军民盗矿,千百为群,执兵攘夺。"云南其他地区都有民众私自采矿的情况发生,后来又陆续出现了一些经过官府批准,并缴纳矿课的民营铜矿、铅矿和锡矿。

民矿的开采具有商品生产性质。由于云南矿产资源丰富,开采成本较低,价格也比外省便宜得多,所以,民矿大部分是销售到内地各省。例如,万历(1573—1620)时期,云南出产的铜、银等,运到外省出售,价格高出本省两三倍。商人们唯利是图,不顾路途遥远,雇用人挑马驮,将其运到贵州镇远等地转售。当时,云南的铜、银、锡等矿产品几乎供应全国各地,四川、江苏、浙江、江西、湖南、湖北、福建、广东、广西、贵州、陕西等省都到云南购买各类矿产品,昆明、腾越、蒙自和贵州镇远等地逐渐发展成为各地矿商云集的城市。在临安、蒙自等地,还存在着民间与国外的矿产贸易。

云南矿产资源虽畅销全国各地,采矿的利润也很高,但大多为商人和矿主所得,矿工们依然十分贫穷。在民矿中,出资开销官府各种捐税,支付劳动者的伙食费用,并购置简单的工具和灯油的,称为"硐头"。"硐头",向官府申请开矿,获得批准后便招募矿工进行开采,矿工称为"义

---

① 《明史·魏允贞传》。
② 参见方国瑜《明代在云南的卫所制度与开发生产》,载《西南民族历史研究集刊》第一集,1980年。

夫",多为破产失业的"无籍流徙"。开矿之初,硐头只供应义夫的伙食,硐成出矿以后,硐头将义夫们采到的矿砂分成四份,一份交官作为官课即矿税,两份归硐头,剩余的一份由所有的义夫平分。有些硐挖了很长时间都可能见不到矿,义夫们也就得不到任何报酬。

二 交通

明朝时期,中国的驿递制度在元代的基础上有了进一步的发展,而这一时期云南的交通,更由于各种矿产资源的开采、数十万军户移民屯田等原因,道路不断扩展,马帮运输也日趋兴盛和繁荣。

中国的驿递制度有着悠久的历史,《左传》即有"乘遽而止"的记载,其注引《尔雅》云:"遽,驿传也",孙炎注曰:"传、车、驿马",可见当时已有驿递之规。唐代以后,驿递制度渐趋完备,文献记载也比较详细。唐代的驿传属兵部之驾部统辖,据《唐六典》云:"驾部郎中掌天下传驿。凡驿,皆三十里一置。唐代天下水马驿共计一六四三所,其中陆驿一二九七所,水驿二六〇所,水陆相兼之八六所。"各驿有驿长1人,驿夫有数人至数十人不等,视事务繁简及所设车马、船只多寡而定。一县之驿,由县令兼理;一州之役,掌于州之兵曹;道则于节度使之下置馆巡官4人,判官1人,进行管理。根据唐代的法律规定,凡奉命乘用驿马及止宿驿舍者,皆称为驿使。驿有驿田,以所收租谷供往来使客的廪给。

元代称驿递为"站赤",据《元史·兵志》载:"站赤者,驿传之译名也。盖以通达边情,布宣号令,古人所谓置邮而传命,未有重于此者焉。凡站,陆则以马,以牛,或以驴,或以车,而水则以舟。其给驿传玺书,谓以铺马圣旨。遇军务之急,则又以金字圆符为信,银字者次之。内则掌之天府,外则国人之为长官者主之。其官有驿令,有提领,又置脱脱禾孙于关会之地以司辨诘,皆总之于通政院及中书兵部。而站户阙乏逃亡,则又以时金补,且加赈恤焉。于是四方往来之使,止则有馆舍,顿则有供帐,饥渴则有饮食,而梯航毕达,海宇会同。元之天下,视前代所以为极盛也。"

明代的驿递制度,全国驿递机构分为三种,即驿站、递运所和急递铺(铺舍),由会同馆总管。驿站有水驿与马驿之分,云南有水、马驿和铺舍,而没有递运所。关于云南水驿,据《明太祖实录》卷二百三十一载,洪武二十七年(1394)九月,"修《寰宇通衢》书成,时上以舆地之广,不可无书以纪之，乃命翰林儒臣及廷臣以天下道里之数编类为书，其方隅之目有八。……西南距云南金齿，陆行，为里六千四百四十四，马驿一百；水陆兼行，为里八千三百七十五，驿一百一十三……时天下道里，纵一万九百里，横一万一千七百五十里，此其大略也，四夷之驿不与焉"。

洪武十五年（1382），大批明军南征云南，军行所至，开始设立驿站。是年二月，"命都督府遴选致仕武官五十七员往守云南诸城。遣使敕谕播州宣慰使杨铿曰：'朕以致仕武官分守云南，每官一人至，备甲兵五十五人卫送之。'谕水西、乌撒、乌蒙、东川、芒部、沾益诸酋长曰：'今遣人置邮驿通云南，宜率土人随其疆界远迩开筑道路，其广十丈，准古法，以六十里为一驿。符至奉行'"。这里的"准古法"，实际上是沿袭元代的制度，只是明代由内地入云南的路线与元代有所不同。据《永乐大典》卷一九四二六记载，元代由内地通往云南之驿路，系取道四川，由建昌（今四川西昌）经滇北至昆明，而明太祖先定贵州，其驿路则是由湖广取道贵州，经滇东而至昆明。

明代沿用元制，驿务与军政建设和屯田紧密结合在一起，而又各自成体系。为了维持驿站和铺舍的正常运转，分派卫所军驻守，因此在交通沿线及偏僻险要之处遍置军户。与内地驿站不同的是，云南驿站的递送是由堡军来承担的，据正德《云南志》卷二："云南有驿无递，故以堡代之，有驿必有堡，堡主递送，领以百户，世职其事，实以军士，世役其事。官军皆国初拨定人数，环堡居住，有田无粮。"每一堡大体相当于一个百户所，堡主和军士皆终身服役，兼务驿、屯，给其田地，但不发给饷粮。有明一代，在云南设军堡多达 50 多处。洪武二十年（1387）十二月，"遣前城门郎石壁往云南谕西平侯沐英等，自永宁至大理，每六十里一堡，置军屯田，兼令往来递送，以代驿传。于是自曲靖大忽都至云南前卫易龙设堡五，自易龙至云南右卫黑林子设堡三，自黑林子至楚雄禄丰设堡四，自禄丰至洱海卫普溯设堡七，自普溯至大理赵州设堡二，自赵州至德胜关设堡二，人称便焉"。[①]

驻守各堡的军士，由官府划给田地开屯耕种，自给自足，这样，既为官府节约了大笔的费用开支，又达到了镇守和联络云南各地的目的，同时也开垦了大面积的农业耕地，客观上促进了农业生产的发展。如康熙

---

① 《明太祖实录》卷一八七。

《禄丰县志》卷二云："明置县前堡，拣选县百户委管；堡军八十三名，每名有冷饭田亩，无粮无丁，应往来未役。"《明实录》说得更明白："正统七年（1442）三月乙亥，复云南曲靖定南堡，是堡立于洪武中，后革去，至是兵部尚书王骥言：平夷白水堡去曲靖远，且田土荒芜，宜复立定南堡，拨军屯守。"[①] 每位堡军屯种的田地，与军户屯田的数量大体相当，为五十亩左右。据康熙《楚雄府志》卷二："吕合堡，在城边四十五里，明洪武间置堡军五十四名，堡田四百三十亩，分给各军种粮。""舍资堡，在广通县东四十五里，明洪武二十四年（1391）设堡军五十名，堡田四百八十亩。"明代在云南各地设置的50多堡，大多位于交通要冲，随着屯田、驿递、交通、经济等多方面的发展，这些地方后来逐渐成为云南的主要城镇。

每个驿站（军堡）有马10多匹至20余匹，设马头（夫）10余人，库子（会计）、馆夫1—2人，站内铺陈、鞍具、草料、马夫工钱等，按指定州县民户摊派。

一般说来，铺舍是每十里设一铺。驿站大多设置于驿路所经之地，而铺舍遍置于各府、州、县，多为驿站未设之处。每铺设铺司1人，铺兵，要路10人，僻路4—5人不等。铺司和铺兵皆由当地人民徭编佥选，屯田自给。铺舍的性质是为邮传服务，《明太祖实录》卷二一一载："洪武二十四年八月甲戌，置永宁、沾益邮传四十八处，贵州都指挥同知马烨巡视所置邮传，未有邮卒，谓以谪戍军士应役，每十铺置百户一人总之，就屯田自给。从之。"明代云南的铺舍与内地、江南有所不同，内地铺舍的铺兵全部是由民户轮流担任，一年一换，施行饷粮；而云南铺舍的铺兵有些是民户，有些则是明初来云南的军士，无论民户还是军士，充任铺兵以后，都要定居在铺舍，在附近屯田自给，并且终身服役，子孙世袭。这一制度实施的初期，比较有利于驿站的建设，甚至有些官家子弟为逃避兵役自愿在铺舍服役。成化（1465—1487）以后，鉴于调云南做官的内地人士惧怕路远地僻而不敢到任，明朝政府便沿袭元制，规定入滇做官的人出任和免职还乡，皆由铺舍接送和供应食宿，以示优待。但过往官员乘机大肆勒索，这些苦难自然转嫁到终身与世袭的站铺主和驿夫的头上。

除驿站（军堡）和铺舍以外，在云南设置最多的是哨戍。据正德

---

① 《明英宗实录》卷九十。

《云南志》卷二："云南地方，夷汉杂处，盗贼出没无常，故于各道路每十里或二三十里各设哨戍以守之。大哨五十人，小哨或二三十人，俱以指挥、千户、百户等官守之。各哨兵俱连家小驻扎，一年一换。亦有民哨，与军相兼守。"明代在云南设置的哨戍，大部分是军哨与民哨分开，如正德《云南志》所载各府州的哨所，云南府有卫军哨二十一，民兵哨七；临安府有卫军哨二十五，民兵哨二十二；楚雄府有卫军哨十一，民兵哨六；澂江府有卫军哨三，民兵哨四；蒙化府有卫军哨三，民兵哨二；等等。也有军民共守哨的情况，如《徐霞客游记·滇游日记二》说："维摩州，昔置干沟、倒马坡、石天井、河九、抹甲等哨，东通广南，每哨拨陆良卫百户一员，军兵十五名，民兵十五名把守。"明代在云南设哨戍近200处，大多位于山区，虽然设置哨戍主要出于治安、巩固明朝统治方面的考虑，但各哨戍拨军驻守，屯田耕种，以后逐渐成为村寨，对云南交通和经济的发展起了一定的推动作用。

前面谈到，有明一代，云南的矿业得到了长足发展。银、铜的产量居全国首位，上缴国库的数量也相当大，如天顺二年（1458）上缴矿课10万两，占全国银课总额的一半。明代对云南的金课数额也比前代增加很多，如元天历元年（1328），云南金课为939两，而明弘治十五年（1502）为1000两，嘉靖十三年（1534）以后增至2000两，万历十八年（1590）则为3000两。明朝中期以后，云南铜大量运往外地及北京用于铸钱，每年需牛、马10余万匹。另外，明代云南的宝石、大理石运至北京的数量相当可观，《明实录》中有诸多记载。由于以上原因，明代云南的交通运输业客观上得到了进一步的拓展。

明代云南境内及通往省外的驿道干线主要有以下几条：

（一）昆明、贵阳道：由昆明经滇阳驿、板桥驿、杨林、易龙所、马龙州、曲靖、白水驿、平彝（今富源）入贵州境，经亦资孔至普安，经安顺至贵阳。此道元代大加开修后成为云南至北京的主要路线，明代同样如此，沈德符《万历野获编》卷二十四《入滇三路》曰："自湖广、常德府入贵州镇远府以达云南之曲靖府，是为中路，则今日通行之道也。"元朝征麓川、平缅、车里，明初傅友德、沐英等征梁王，平定云南，皆由此道并通往滇西、滇南各地。

（二）乌撒（今威宁）道：由昆明经曲靖、沾益、宣威、倘塘、可渡、箐头铺至乌撒。此即元代大加开修的乌撒道。自乌撒经瓦店、赫章、毕节等地可达四川纳溪。明朝时期，这条路也是重要的军事路线。另外，昆明至贵阳后，可北向经播州（今遵义）、綦江至重庆，全程543公里，共需15日。杨慎《滇程记》云："由重庆三驿至綦江，綦江七驿至播州，播州六驿至贵州，乃武侯遣李恢关索分道南征，逐北盘江，马忠抚定牂牁，实由此路进。其地有马忠、关索岭，今为间道焉。"昆明至贵阳后，也有驿道通桂林，计12日程，并由此可转至广东北部和湖南南部。

（三）罗平道：由昆明经宜良、陆凉、师宗、罗平、江底至贵州黄草坝（今兴义）计10日程，380余公里。由黄草坝北可至贵阳，南可达广西。

（四）滇桂道：由昆明经汤池、宜良、路南、弥勒、竹园、江边、邱北、广南、富州、归朝、泗亭、剥隘至广西百色。经田州，则有水路和陆路通达南宁，并可南面出海，北至湖南常德。

罗平道和滇桂道的兴盛，始自南宋时期的大理市马交易，当时的驿道已趋于完善。据周去非《岭外代答》卷三载："中国通道南蛮必由邕州（治所南宁）横山寨，自横山一程至古天县，一程至归乐州，一程到泗城州，一程至古那洞，一程至龙安州，一程至凤村山僚。渡江一程至上展，一程至博文岭，一程至罗扶，一程至自杞之境，名曰磨巨。又三程至自杞国，自杞四程至〔石〕城郡，三程至大理国之境，名曰善阐府，六程至大理国矣。自大理国五程至蒲甘国，去西天竺不远，限于淤泥河不通，亦或可通，但绝险耳。凡三十二程。若欲至罗殿国，亦自横山寨如初行程至七源州而分道，一程至马乐县，一程至思化县，一程至罗夺州，一程到围慕州，一程至阿姝蛮，一程至朱砂蛮，一程至顺唐府，二程至罗殿国矣，凡十九程。若欲至特磨道办自横山，一程至上安县，一程至安德州，一程至罗博州，一程至阳县，一程至隘岸，一程至那郎，一程至西宁州，一程至特磨道矣。自特磨一程至结也蛮，一程至大理界墟，一程至最宁府，六程而至大理国矣，凡二十程。"明清时期，罗平道与滇桂道是运输铜及食盐的主要路线，成为当时著名的驿道。

（五）东川乌蒙（昭通）道：由昆明经嵩明、寻甸、东川（会泽）、乌蒙（昭通）东北上至四川筠连；水路可西通金沙江，东走长江，北上岷江，陆路可至宜宾转达四川各地。此条驿道的北部秦汉时期就已开通，但由于道路狭险，商旅多视为畏途，行人不多。到了清代，这条驿道成为滇铜运京的重要线路。

（六）昆明建昌（今西昌）道：这条道路是云南、四川之间最古老的驿道。杨慎《滇程记》云："中州达镇有三路：自邛、雅、建昌、会川，渡金沙江入姚安、白崖，曰古路，秦常颇略通五尺道，汉武侯南征乃大辟焉（今蜀碉门有大相公岭桐槽驿，有小相公岭，皆因武侯得名，姚安有诸葛营，白崖旧名昆弥，武侯军次白崖川，斩雍闿，遂渡澜沧入永昌。永昌城外七里有村曰旧汉，其人言语、衣服皆类蜀人，盖征南留居者也）。唐曰姚巂路（《唐书》高宗上元中，南诏犯边，杀李知古，姚巂路绝。姚，姚州，巂，越巂也）。"上面所说只是昆明至建昌道中的一条路，明代时期，从昆明有3条路通往建昌：（1）由云南府（昆明）西北经富民县、武定府、马鞍山、元谋至黄瓜园，然后渡金沙江至姜驿，"中辟通道，亦峰腰之势也"。[①] 此后经凤山营、会川（四川会理）、阿庸（德昌）至建昌。（2）由昆明经宾川、北胜（今永胜华坪一带）、浪维（宁蒗）至四川盐井卫（今盐源）转达建昌。（3）由昆明经安宁、禄丰、楚雄至镇南（今南华）向北转姚安，经大姚、鱼闸渡（今鱼鲊）至四川德昌，然后到达建昌。师范《滇系》说："元谋在滇西鄙。自姚、楚（大姚、楚雄）入则近，自滇上入则迂。""明朝建会城于善阐（今昆明），以西偏为属县，邮传商旅未有不经会城者。……兹路虽设，仅有空名。"因此，该驿路虽开辟较早，但直到明清时期仍很艰险，不便旅行。不过，这条驿道从昆明至建昌以后，道路状况大有好转，自建昌至成都，为西南丝绸之路中路况较好的一段。另外，从成都西行，经雅州（今雅安）、打箭炉（今康定）、理塘、巴塘等地可达乌思藏（拉萨），即著名的"茶马古道"，这条驿道已与川、藏之间的驿道连接在一起。

（七）昆明河口道：由昆明至河口有多条线路可以选择，或经宜良、路南、弥勒、竹园，或经呈贡、江川、通海、建水，或经澂江、盘溪、开远，或经玉溪、峨山、通海、曲溪、建水，或经峨山、杨武、宝秀、石屏、建水，上述各道均可到达蒙自，然后经蛮耗至河口，进而通往越南。

（八）昆明车里（今景洪）道：由昆明经新兴（今玉溪）、元江、普耳（今普洱）至车里，这是云南西南行的重要驿道，并且由此西南行至今缅甸景栋，西行至今缅甸曼德勒转达仰光，至今泰国清迈南下至曼谷；南行则可以到达今老挝、越南等国。

[①]（清）师范：《滇系》。

（九）大理车里道：由大理经蒙化（巍山）、景东、镇沅，南行至普耳（今普洱），再南行至车里，在普耳与昆明车里道会合。

（十）大理腾冲道：也是一条古老的驿路，由昆明到大理，然后西行入永昌（保山），分为若干支线，或经蒲缥、腾冲、南甸（梁河），沿大盈江至缅甸；或由保山经龙陵、麓川（今瑞丽）出境至缅甸各地。这条驿道是云南西部通往境外的重要线路，元代曾沿此道设立站赤，明朝政府进一步拓展此道，在永昌府内设有6个驿站，22个铺舍，并将保山（永昌）与永平之间的霁虹桥修建成大型的铁索桥，为滇西对外交通、贸易的繁荣奠定了基础。

明朝时期云南的运输业务，绝大部分是靠来往于各地之间的马帮来承担，无论是送粮草、生活用品，还是运输铜、银矿及冶炼用炭，概莫能外，因而马帮运输在当时云南冶炼业及经济发展中占有相当重要的地位。如冶炼各矿所用木炭，《徐霞客游记·滇游日记八》云："至是屡询樵牧，皆言间道稍捷而多歧，中行无人，莫可询问，不若从炉塘道，稍迂而路辟，以炭驮相接，不乏行人也。""越上厂，抵下厂，而坑又中间之，分两歧来：一自东北，一自西北，而炉舍踞其中。所出皆红铜，客商来贩者四集。"关于东川铜的马帮运输，又云："从冈山西北转为大径，乃驮马所行者。初交水主人谓余：'有间道自寻甸出交水甚近，但其径多错，乃近日东川驮铜之骑所出。'问道于山僧，俱云'山后虽即铜驮道，然路错难行，须仍出鸡头为便。'"由于明代云南各矿产的开采等各方面的原因，这一时期，云南的马帮运输业得到了长足的发展。

第六章

明代的云南文化

第一节 文学艺术

一 诗文、杂剧和传奇

明洪武十四年（1381），朱元璋确立在内地的统治以后，派遣傅友德、蓝玉、沐英等率 30 万大军入滇，平定了云南。为了巩固明王朝在云南的统治，除留沐英（及其后代）世袭镇守云南、大批明军分驻各地进行屯田以外，还多次移内地居民于云南，并将所有军士家属迁来与其同住。例如，洪武二十二年（1389），一次就迁移江南、江西人民 250 余万入滇。大量内地汉族移民进入云南，带来了他们原居住地的文化，并与云南原有的文化结合在一起，演化成为新的文化内容。因此，有明一代，云南的文化进入了一个新的发展时期。

在文学艺术方面，明代云南人（包括汉族和少数民族）留下大量的诗词、歌赋，如著名学者李元阳（白族），除撰有《云南通志》《大理府志》等史籍以外，还著有《李中溪全集》共 10 卷，其中诗 4 卷，文 6 卷，兰溪胡僖为其作序云："今读所为诗歌，半属山水幽趣，非亲至其境者不能，其他序记、志铭诸作，议论感慨，一自胸中流出，且起伏顿挫，波澜层叠，殆十八溪之所以为文，而谓非得溪山之助不可也。故观于先生汇稿，而苍洱之大观备是矣。"[1] 再如担当和尚（1593—1673），号普荷，晋宁人，原名唐泰，字大来，明季诸生，赴南京应试未中，游学江南。回云南以后，由于对明末的腐朽统治不满，到鸡足山削发为僧，专心致力于

---

[1] 方树梅：《明清滇人著述书目》，国立云南大学出版，1944 年《集部》第 7 页。

书法、绘画和诗歌创作,有诗、书、画三绝的称誉。其草书豪放自然,自成一家;画以水墨山水画为主,取材于大自然,不拘陈法,大胆创新,有独特的风格。担当的诗也像其书画一样,出自性灵,不事雕凿,近于口语,极富有感染力。其诗作皆编入《担当遗诗》。明代还有其他许多文人墨客的诗词、歌赋作品,今人方树梅曾将其书目搜集成册,名曰《明清滇人著述书目》,1944年由国立云南大学西南文化研究室印行。

随着汉族军队、移民、商人等大批进入云南,改变了明代以前云南人口"夷多汉少"的状况。他们与云南各地的土著居民交错杂处,而由他们带来的江南等地的戏曲声腔和时尚曲调,也就在云南各地得到普遍传唱,日趋流行。因此,云南地方戏曲滇戏在明代已逐渐进入形成时期,这与大量移民进入、云南社会经济的发展,城市商业贸易的不断扩大、市民阶级的成长及其对文化娱乐的要求等有直接联系。

就整个戏剧演变趋势而言,明朝政府确立其统治以后,在文化方面加紧思想控制,提倡封建礼教,推行八股文,从而助长了戏剧创作上的复古倾向。明文规定不得编演有关帝王圣贤的戏剧,如在洪武二十二年(1389)二月二十五日榜文中明确指出:"娼优演剧,除神仙、义夫节妇、孝子贤孙、劝人为善及欢乐太平不禁外,如有亵渎帝王圣贤,法司究拿。"到洪武三十年(1397)再次重申此令,永乐九年(1411)限制更加严厉,不但不能创作规定以外的题材,而且不能收藏此类作品,否则全家处死。所以,明代初期,戏剧创作的范围比较有限,大多是朱元璋的子孙如宁献王朱权、周宪王朱有燉及其御用文人的作品,大多取材于虚无缥缈的神仙道化,赏花玩鸟的闲情逸致;或点缀歌舞升平,或宣扬封建伦理,实际意义不大。随着南戏的日渐兴盛,尤其是到了嘉靖(1522—1566)以后,虽然戏剧创作仍是杂剧与传奇并行,北曲和南曲相互借鉴和吸纳,但却发生了重大改革,杂剧形式改短了,体例有所突破。有些杂剧以南词作剧本,兼用北曲,打破了原有格局。昆山腔等也得到改革,传奇创作打开了新的局面,"此后名家辈出,文人剧作大增,演出兴旺,扩展到大江南北,一直相沿到清代中叶,发展成为全国流行的大剧种"。[1] 云南的地方戏曲就是在这种形势下逐渐形成和发展起来的。

早在永乐(1403—1424)年间,明代的戏曲声腔已经在云南传唱。

---

[1] 顾峰:《古滇艺术新探索》,云南教育出版社1992年版,第59页。

据魏良辅《南词引证》云："腔有数种，纷纭不类，各方风气所限，有昆山、海盐、余姚、杭州、弋阳。自徽州、江西、福建俱作弋阳腔。永乐间，云、贵二省皆作之，会唱者颇入耳。"杨慎《丹铅总录·北曲》也说："近日多尚海盐南曲，士大夫禀心房之精从婉娈之习者，风靡如一。"各种江南与中原的声腔在云南流行，其传播媒介就是来自内地的移民。如王昶在其《昆明上元》诗注中云："滇池曲调，往往与白下（今南京）相同，盖沐英就国时多挟南直隶人以去，故也。"不但昆明如此，甚至滇西的保山地区也深受影响，据明初施武《永昌词》诗注云："永昌（今保山），故哀牢国也。国初流配独多吴人，故语言风俗，宛似南都（指今南京），为滇之首郡。"可见江南一带的语言、风俗等也随移民进入滇西地区，从明初至今，历时已600多年，保山人讲话的口音仍有南京风韵，可见其影响深远。

江南及中原地区的声腔在云南的流行，可以从元宵灯节和民间社火的定期举行、迎神赛会中的百戏、杂耍、歌唱演出中体现出来，这在当时文人墨客的诗文中有不少的描述。如景泰（1450—1456）间沐英的孙子沐璘《滇南即事》诗曰：

　　管弘春社早，灯火夜街迟。

著名的文人杨慎有过多次亲身经历，也留下许多记载当时盛况的诗句。其在《临安春社行》中写道：

　　少年社火燃灯寺，埒材角妙纷纷至。
　　公孙舞剑骇张筵，宜僚弄丸惊楚市。

《晋宁观社》诗中有云：

　　百戏棚中夺彩筹，南北相过殊不远。

杨慎在《观秋千》一诗中对元宵节夜滇池岸边各族人民的歌舞场面也有精彩的描述：

花边队队红妆出,月下飘飘翠袖香。
平地交飞金蛱蝶,半空对起锦鸳鸯。
滇歌僰曲齐声和,社鼓渔灯夜未央。

其中的"滇歌"当指嘉靖(1522—1566)时已在滇中流行的江南小曲,且已地方化,故称"滇歌",当然也包括本地汉族的山歌小调,至于"僰曲"则是泛指各少数民族的歌曲。①

明代中叶,中国戏剧发生了较大变革,云南也不例外。据晋宁人唐尧官(1541—1610)《游海宝山记》载:"酒数十巡,二子青衣侑之,一为楚人,歌南调;一为滇人,歌北调。"南调、北调即南曲、北曲;杂剧多用北曲,传奇多用南曲,说明这两种曲调皆在滇中地区流行,而且其中已有云南本地人演唱。在杨慎的诗词中已出现秦声,如其《陶情乐府》中有《金衣公子》一曲,描写李菊亭携带一个歌女到杨慎的昆明寓所唱曲之事,词中便有"滇音按歌,秦间半讹"之句。各种声腔在云南的流行,南曲、北曲并存,为后来云南花灯、扬琴的形成奠定了基础。

明代云南人已开始创作传奇和杂剧作品,其中最著名的有兰茂的《性天风月通玄记》、杨慎的《宴清都洞天玄记》、何蔚文的《缅瓦十四片》等,可分别称为明初、明中和明末三个时期云南的代表作品。

兰茂(1397—1476),字廷秀,号止庵,云南嵩明杨林人。兰茂多才多艺,对中草药、音韵、诗律等颇有研究,其《性天风月通玄记》是元明以来云南剧坛上出现的第一部传奇剧本,共20折,描写一个道人如何降服了眼、耳、鼻、口、心、意"六贼",除灭了"青龙白虎",从而得道升天的故事。虽然该剧本为修仙悟道之作,属于"神仙道化"一类的剧目,但其文采音韵十分讲究,有些段落显得文辞华丽,声情并茂,具有浓郁的地方特色。如:

[山歌] 滇池逆水海西头,昼夜滔滔不断流。
若个人儿无孔笛,一声吹过楚江秋。
[混江龙](生唱)

---

① 顾峰:《古滇艺术新探索》,云南教育出版社1992年版,第61页。

盼高峣画栏，看官渡渔船。数叶轻舟浮水面，烟含攒攒，妙堪浮图三星现。松影幽然，南庵现出灵官殿。忆当年，驰骤金马上姚安。到如今，碧鸡空余嵩山畔。

［点绛唇］（生唱）

滇海轻帆，滔滔风浪。沿山响望，眼茫茫，水连天一样。

［油葫芦］（生唱）

人唤高峣渡，朝朝舟子忙。只闲争渡人喧嚷，一篙撑入水云乡。

［村庄渔鼓］（生唱）

恍疑赤壁游，堪入舟舱上。云迷海口，雾锁昆阳。一江秋水来孤浪，顿忘却西湖景在苏杭。

［上马娇］（生唱）

涉滇池逆水河边，倒向西流，直下螳川。西岸河车筒槽，搬运逆上丹田，过曹溪，三回九转，遇三朝圣水还元。沸珠泉，珠浮呈盘，游人拍掌，连珠泛卯酉门前。沐浴温泉逆水河，见放着浮槎，渡人河，那得楼船。

将［山歌］、［村庄渔鼓］等新曲牌写入剧本是兰茂的首创，曲中的地名和名胜古迹都是写实，把滇池附近的山光水色描画得淋漓尽致，让人浮想联翩，可称得上是一曲优美动人的滇池渔歌。

杨慎（1488—1559），字用修，号升庵，四川新都人。嘉靖三年（1524）充军到云南永昌卫（今保山），直到老死。杨慎大半生在云南度过，足迹遍及全省各地，因而云南可以说是他的第二故乡，正如其诗中所云："高峣亦吾庐，安宁亦予宅。屏居二十年，宛如故乡陌。"

杨慎学识渊博，著述甚多。《明史·杨慎传》云："明世记诵之博，著作之富，推慎为第一。诗文外，杂著至一百余种，并行于世。"杨慎的杂剧作品主要有《兰亭会》《太和记》《洞天玄记》等，现今只能看到后一种。由于受明朝政府有关规定的限制，《洞天玄记》也属于"神仙道化"之类的杂剧，但结构要比《性天风月通玄记》更为严谨。杨慎不但写杂剧，而且还参加演出，其歌云："放歌曾作少年游，少树梅花滇海头。宝髻簪花光照座，一船丝竹载梁州。"清初戏曲家尤侗在《新都叹》中说他"永昌市上拥诸妓，簪花涂粉双丫髻"。明人沈自徵甚至将其风流韵事写成杂剧《杨升庵诗酒簪花髻》，使其成为戏剧舞台上的主角，别有一番风趣。①

何蔚文（1625—1699），字稚云，号浪仙，云南浪穹（今洱源）人。其剧目有《插一睹》《摄身光》《笔花梦》《吹更弹》等，其中以传奇《缅瓦十四片》最为著名，主要描述明永历帝之事。自清初以后，上述戏文全佚，仅存序跋。

明代云南戏剧的演出，主要有民间的社火活动及百戏表演等。每逢节日，扮演神鬼传说故事，仪队奉引神像巡游，热闹非凡。如元宵节时的剧目演出，杨慎《丁巳元宵韩炅庵送灯》诗云："多病新春减醉狂，元宵作剧懒逢场。华灯珍重芳相赠，绣佛前头礼定光。"如民间社火活动，除迎神之外，还有骑射、武术、歌舞、杂技的表演，杨慎《临安春社行》诗云："临安二月天气喧，满城靓妆春服妍。花簇旗亭锦围巷，佛游人嬉车骄阗。少年社火燃灯寺，埒材角妙纷纷至。公孙舞剑骇张筵，宜僚弄丸惊楚市。"如有关当地题材的百戏表演，杨慎《晋宁观社》诗云："……花白春城夜色悠。锦伞夫人双毂转，金轮太子四门游。九枝灯下开华晏，百戏棚中夺彩筹。"诗中的"锦伞夫人"，系指晋代宁州刺史李毅的女儿李秀，善射骑，韬略畅达。后继父任宁州刺史，在任 30 年，政绩显著。死后百姓为其立庙，唐时封为忠烈明惠夫人，在晋宁（今晋宁县晋城）设祠建坊。明代当地人将其作为神灵，扮演其形象乘车巡游，进行百戏表演。

另外，明代士大夫有备置家乐的习尚，即在达官显贵之家备有戏班和歌伎，每逢节日或喜庆宴饮时组织演出。到了明朝后期，昆明、晋宁、沾益、黑井等地都已有这种演出活动。据《徐霞客游记·滇游记》："由沾益抵东门，投宿龚起潜家，见其门闭，异之。叩而方知演剧于内也。""戊寅（1638）十月二十二日，唐君（晋宁唐大来，即担当和尚）为余作《瘗静闻骨记》，三易稿而后成，已乃具酹演优。""见有晋宁歌童王可程。"徐霞客还在昆明筇竹寺看过金公趾的歌伎演出，说其"善歌知音律，家有歌童声伎"。在《晋宁州志》《寻亲纪程》等云南史志中，有不少关于明代云南各地剧目演出的记载。

明末清初，大西军进入云南，采取了安抚民众的政策，生产一度得到发展，形势稳定，戏剧演出又活跃起来。"未字之女，指名要去，或学

---

① 杨明、顾峰主编：《滇剧史》，中国戏剧出版社 1986 年版，第 13 页。

戏。""女子十余岁者，发戏房中教戏。"① 顺治六年（1649）元宵节，"大放花灯，四门唱戏，大酺三日，金吾不禁，百姓男妇入城玩者如赴市，迨有熙皞风焉"。② 上述情况表明，大西军中已有戏班，有演出活动，并要少女学戏。明末云南流行以昆腔、弋阳腔演唱的杂剧和传奇，而大西军中多为陕西人，秦腔有可能随之进入云南。

南明永历帝迁都昆明时，有戏班随行，时常演出。直到出逃缅甸以后，仍要演剧取乐，据《也是录》，顺治十六年（1659）八月，永历帝等住在井梗（今缅甸曼德勒附近）的草房里，贫困潦倒，处境险恶。"是月，王患腿疮，旦夕呻吟，焦思万态，形容枯槁，而诸口中之多数，犹日以酣歌纵博为乐。中秋之夕，马吉翔、李国泰强梨园黎应祥者演戏，应祥泣曰：'行宫在近，王体不安，且国破家亡，流离至于此，极力图恢复之不暇，尚行此忍心之事乎？小人从王之出奔也，为国已灭亡，不愿事异族而来，非为供演技而来也，虽死不敢奉命。'"由此可见，明代以昆腔、弋阳腔演出的杂剧和传奇在云南已颇为流行。

二 花灯

明代在内地广为流传的社火活动等已传入云南，并迅速得到普及。在社火秧歌活动中，民间音乐及歌舞表演是一个重要的组成部分，如耍和尚、拉花姊、旱船、竹马灯（即跑驴）、秧佬鼓、金钱鞭等，至今仍大量保存在云南花灯之中，说明社火秧歌活动是云南花灯形成的渊源之一。

明、清两代风行南北的时调小曲，也有一部分传入云南，成为后来云南花灯的流行戏目及音乐唱腔。小曲为明代流行的曲种之一，源自民间歌曲，词文丰富，曲目繁多，沈德符《万历野获编》曾说小曲"不问南北，不问男女，不问老幼良贱，人人习之，亦人人喜听之"。到了清代，传入云南的小曲也进入地方化的演变过程之中。在云南花灯中，根据曲调名称可以查出是明、清小曲的有20多支，仅昆明地区花灯中就保存着10多支明、清小曲，作为花灯剧目的表演唱腔流传至今。

再如云南省东部地区的花灯，一些民间艺人认为，花灯是明代初期江南一带的灯调小曲、民间小戏等，随傅友德、沐英的数十万大军传入云

---

① 《明末滇南纪略》。
② 同上。

南，部分明军长期屯驻滇东地区，江南的灯曲小调和当地的民歌舞蹈交汇融合，形成了花灯。罗平县花灯老艺人张书锋即云："我的始祖随沐英入滇后，被封为靖卫指挥使，镇守在曲靖一带。家道没落后，才移居罗平小发达村。唱花灯是我家祖传。"曲靖、嵩明、宣威、富源、宜良、马龙等地的花灯老艺人，大都如此认为。嵩明地区普遍传说，明人兰茂是当地花灯的创始人，《嵩明县志》也记载，嵩明前所的古戏台，始建于明正德十五年（1520），说明当地的花灯在明代已处于形成过程之中。

三 白剧及傣戏、音乐、舞蹈

明代江南等地的昆山腔、弋阳腔等，不但在滇中汉族地区流行，对少数民族的戏剧发展也产生了很大影响，例如，大理白剧的前身吹吹腔，即来源于明代的弋阳腔。据《白族文学史》载：洪武十四年（1381）沐英、傅友德进攻云南，消灭了元朝残余势力。洪武十五年（1382）进兵大理，俘大理土官，鹤庆土官出降，白族地区划入云南行省，并在白族地区大量实行军屯。军屯和移民里，有很多是当时弋阳腔流行的浙江、南京的人民。吹吹腔大约是此时传入。从吹吹腔剧目《血汗衫》反映的内容可知，大约是当时沐英部下大将蓝中秀弟兄投军从征大理，其弟蓝季子至大理寻兄，蓝氏部下津津乐道而编为剧本，用他们习知的弋阳腔演出，因而成为白族吹吹腔的一个传统剧目。吹吹腔就从这时起，在白族地区传布生根，慢慢成长起来。因而可以认为，弋阳腔是白族吹吹腔的远祖，在现今大理地区流行的"打秧官"风俗活动中，仍可以看到吹吹腔最早演唱形式的痕迹。"打秧官"即每年栽秧结束后举行的"送水"大会，由一群人扮成"秧官"、"差头"等在田间演唱，专门"审问"和"处罚"闲人、懒汉，唱的就是现在的吹吹腔调。流行于大理洱源一带的反映渔樵耕夫生活的"田家乐"，演唱的也是现在的吹吹腔的腔调。

傣戏的产生则渊源于当地的佛教《本生经》、江南的声腔和中原地区的戏剧形式，如皮影戏等。据成书于万历四十三年（1615）的《论傣族诗歌》记载："佛经有故事，有情节，完整地叙述了某一种事情的始终，有好人，有坏人，有神有鬼，有哭有笑。"佛教《本生经》明代在傣族地区十分流行，以后又被发展成傣族叙事长诗，如《兰嘎西贺》《宛纳帕》等。在诸多长诗中有一个共同类型的主人公阿暖，这一形象在傣族地区家喻户晓，受到民众爱戴，各种阿暖的故事成为傣戏的主要内容。阿暖是傣戏舞台上勇敢、英俊、善良、仁爱的象征，浩瀚的叙事长诗也就成为傣戏唱本创作的重要来源。

江南的各种声腔对傣戏的发展也产生过重大影响，如曾风靡德宏地区的傣戏《布腾那》，在演出之前的大段开场白中就有这样的台词："从南京应天府过锡董、锡嘎（今缅甸密支那地区）才来到支那，来开天辟地，开埂耕挖。"当地老艺人们代代相传，认为这段台词不能随便改动，"改了戏神要怪呢"。该戏平时不上演，演出时则有一套严肃认真的迎送戏神的仪式。因此，《布腾那》是属于外来的戏剧，经过傣化而演变成为傣戏剧目。

傣戏《十二马》则来源于中原汉族戏目，到明代仍在滇西各地演出。据傣文史籍《很勐腊》记载，明朝末年，干崖土司反清扶明，迎永历帝于万象城，并上演剧目，据当地老艺人相传，就是演《十二马》。所以，后来吴三桂追永历帝至干崖，不仅烧了万象城，而且下令禁演《十二马》。但该剧目很快就在滇西四处流传，逐渐普及于民间，并演变成地道的傣戏。

在音乐、歌舞方面，明代傣族地区既有仿效中原者，也有当地的民族特色。据钱古训《百夷传》：百夷"酒初行，一人大噪，众皆合之，如此者三，乃举乐。乐有三等：琵琶、胡琴、等笛、响盏之类，效中原音，大百夷乐也。笙阮、排箫、箜篌、琵琶之类，人各拍手歌舞，作缅国之曲，缅乐也。铜铙、铜鼓、响板、大小长皮鼓，以手拊之，与僧道乐颇等者，车里乐也。村甸间击大鼓，吹芦笙，舞干为宴"。李思聪《百夷传》也云："乐有三：曰百夷乐、缅乐、车里乐。百夷乐者，学汉人所作等、笛、胡琴、响盏之类，而歌中国之曲。缅乐者，缅人所作排箫、琵琶之类，作则众皆拍手而舞。车里乐者，车里人所作，以羊皮为三五长鼓，以手拍之，间以铜铙、铜鼓、拍板，与中国僧道之乐无异。"傣族居住在滇西、滇西南边境地区，秦汉以来即位于西南丝绸之路的要冲，与境外的联系、交往相当频繁。到了明代，又有一些内地移民进入傣族地区经商，所以，其戏剧、音乐、舞蹈既受到中原地区的影响，也有当地及境外缅甸等地的艺术特征。

第二节 史籍与方志

明代有关云南的文献较多,除了《明史》《明实录》《明史纪事本末》《明会典》等史籍中有大量关于云南的记载以外,还有许多云南人的著述、方志及专门记载云南诸事的文献。现择要简述如下:

《云南机务钞黄》,张纮辑。该书主要收录制诰之文,《四库提要存目》载洪武二十年(1387)张纮序曰:"洪武辛酉(1381),天兵下云南,自兴发之始,暨奠定之后有诏有诰有制敕……录黄具在,散而不纪,纮实惧焉。……荟萃众底,录于册,再拜奉藏于文庙之尊经阁。"该书为研究明初云南的重要史料。

《南夷书》,张洪撰。张洪,字宗海,常熟人。洪熙初,召入翰林官修撰。永乐四年(1406),张洪出使缅甸至云南,参阅明兵入滇以来的各种记录及访闻所得编成此书,主要记载元军入滇,赛典赤立云南行省,梁王抗明,明军平定云南,布政司及诸卫的设置,麓川思伦发扰定边失败,木邦与麓川之争,缅甸与孟养之争及处理经过,对研究明初的云南形势及云南与缅甸的关系有重要参考价值。

《缅甸始末》,包见捷撰。该书亦名《缅略》,天启《滇志》、师范《滇系》皆有收录。该书多取材于档案资料,主要记述缅甸史事,上溯掸人、骠国、蒲甘至明设缅甸宣慰司之事,对嘉靖七年(1528)至万历二十四年(1596)缅王莽瑞体、莽应里侵扰木邦、孟密、孟养及"三宣"之事叙述得较为详细。

《明末滇南纪略》,佚名撰。该书主要讲述南明政权迁都昆明以后的事情,记录了作者当时的亲身经历,比较可信。书中多为明统治者鸣不平,并有污蔑大西军之词,有些事实的叙述也有错误之处。

《也是录》,邓凯撰。邓凯,江西吉安人,随南明永历帝逃至缅甸,后返回云南。该书即描述作者自明永历十二年(1658)十二月十五日至十六年(1661)四月十八日,永历帝出逃至昆明被处死之间的所见所闻,为研究南明永历最终阶段最珍贵的史料。

明朝确立对云南的统治以后,除了设立布政司、进行卫所屯田外,其封建教育制度也随之逐步推行。洪武十七年(1384),诏命云南增设学校,县设书院,乡设乡塾,知识分子日趋增多。如滇南建水文庙,明代进行了大规模的扩建和重修，儒学教化得到推广，不少云南文人著书立说，其中比较著名的有：

《南诏通纪》，杨鼐撰。万历《云南通志》卷十一《大理府人物·杨鼐》载："太和人，举人，授黄州府通判。致仕归里四十余年，著有《南诏通纪》，寿百岁乃卒。"该书是明代阐述南诏大理史的最早的一部，惜早佚，万历《云南通志》等书有部分征引。

《滇载记》，杨慎撰。杨慎虽系四川新都人，但其一生大部分时间生活在云南，直到去世，其著作也多撰于云南。《滇载记》根据《白古通》、《玄峰年运》等书编纂而成，主要叙述南诏事迹。

《滇程记》，杨慎撰。该书记述自江陵、荆州经湖南、贵州各地至昆明、楚雄、下关、永昌等地的驿站、里程，其附录则记述怒江以西之路程，即自永昌经腾冲、南甸、干崖、雷弄、揭阳、孟乃、火冈、小孟贡、渡孟贡江入大孟艮，对研究西南史地有一定的参考价值。

《南诏野史》，倪辂集。倪辂，嘉靖元年（1522）壬午科举人，昆明县人。该书主要叙述南诏的兴衰经历，后人研究此段历史多征引该书。

在游记及旅途所见方面比较有名的著述有：

《百夷传》，此书有两种，一为钱古训撰，另一为李思聪撰，二人一起出使缅甸及滇西地区，所记内容大同小异。该书较为详细地记载了明代麓川的疆域、民族及风俗、习惯、社会生活状况，为作者亲眼所见，为研究滇西地区社会历史最重要的史料，江应樑先生有钱古训《百夷传》校注本。

《西南夷风土记》，详述缅甸、木邦、孟养、孟密、蛮莫等地的山川、形势、土宜、习尚，分题进行叙述，包括天气、地理、山川、草木、鸟兽、鱼虫、五谷、种类、饮食、婚姻、治理、生活、俗尚、交易、城郭、器用、岁时、礼节、邪术、土产、战斗、形胜等条目，为该书作者亲历所记，比较可信，为研究云南民族史的重要文献。该书作者已不可考，朱孟震得其书，将其附录于《游宦余谈》，故世人多认为该书为朱孟震所撰。

《徐霞客游记》，徐宏祖撰。该书专有滇游日记部分，详细地描述了其旅游云南各地时的情况。崇祯十一年（1638）五月九日，徐宏祖（号霞客）从贵州普安（今盘县）入滇，其所游历的地方主要有：广西府、罗平、黄草坝、盘江源、沾益、寻甸、嵩明、昆明、晋宁、海口、安宁温泉、昆明西山、筇竹寺、富民、武定、元谋、姚安、大姚、普朋、云南驿、清华洞、丽江、大理、鹤庆、剑川、石宝山、浪穹（洱源）、下关、永昌、腾越、顺宁、右甸（昌宁）、顺宁（凤庆）、云州（云县）、蒙化（巍山）、鸡足山，足迹几乎遍及云南各地，是研究明代云南地理不可多得的文献。

在地理志方面，《寰宇通志》《明一统志》、顾炎武《肇域志》等书中皆有《云南志》，顾炎武《天下郡国利病书》中有《云南备录》，顾祖禹《读史方舆纪要》中有《云南纪要》。在云南地方志方面，比较重要的文献有：

洪武《云南志》，成书于洪武十五年（1382），即明军征服云南之初，共61卷，惜此书早佚，《寰宇通志》等书有所征引。

景泰《云南图经志书》，景泰五年（1454）右布政使陈文奉诏纂修，共10卷，前6卷为《地理志》，后4卷为《艺文志》。《地理志》分府州建置沿革及事要两项，事要又分郡名、至到、风俗、形势、公廨、学校、井泉、堂亭、楼台、寺观、祠庙、古迹、墓苑、桥梁、馆驿、名宦、人物、科甲、题咏等21门。《艺文志》多录元人作诗文碑记之文，虽然简略，但是现存最早又较完备的志书，所以，该书历来为世人所重视。

弘治《云南志》，云南巡抚陈金（1500—1505年在任）倡议纂修，原因是考虑到《云南图经志书》详于诗文，而略于事实，并且此书修成以后已50余年，应该重新纂修一本。《云南志》详载诸府、州、司建置、沿革、城池、形势、风俗、山川、土产、公署、学校、书院、户口、田粮、驿馆、哨戍、铺舍、楼台、关塞、寺观、祠庙、坟墓、古迹、流寓、仕宦、人物、科第、烈女、仙释等事，正如彭纲在该书序中所云："展卷一阅，则一方之事，古今之迹，灿然在目。"

正德《云南志》，纂修于正德（1506—1521）年间。全书共44卷，分为《地理志》14卷，《事要》1卷，《列传》7卷，《文章》11卷，《外志》11卷。"大抵区分门类，多为新例，所载事迹，补景泰以后五十余年事。保存史料，反映当时社会经济文化，颇多可取，别开志书新局面，后来即沿其体例而又有发展也。"[①]

万历《云南通志》，滇人李元阳纂修。据李元阳《云南通志·序》云："乃遵《一统志》约其凡目，考稽历代史、山水经、诸子、艺文、

[①] 方国瑜：《云南史料目录概说》第一册，中华书局1984年版，第428页。

《汲冢周书》，以明其疆域土贡之离合，采《说文》《通典》《玉海》及郑渔仲、马端临之志者，以证其经营废置之因由，远取晋常璩《南中志》、唐樊绰《云南志》以及韦皋、崔佐时、徐云虔所为南诏诸录，近取台院司道兴革损益，兵饷经费一切成规……厘为十二类，以事日系之，即分地理、建置、赋役、兵食、学校、科目、官师、人物、祠祀、寺观、艺文、羁縻、杂志为十七卷。"该书新辟《兵食志》，是明代卫所军屯方面的重要史料；且该书所载大多出自档册，作者本人的见解评论，显得更为珍贵。

《滇略》，谢肇淛撰。《四库提要》著录此书谓："谢肇淛官云南时所作，分为十门，一曰《版略》，志疆域也；二曰《胜略》，志山川也；三曰《产略》，志物产也；四曰《俗略》，志民风也；五曰《绩略》，志名宦也；六曰《献略》，志乡贤也；七曰《事略》，志故实也；八曰《文略》，志艺文也；九曰《类略》，志苗种也；十曰《杂略》，志琐闻也。虽大抵本图经旧文，稍附益以新事。是书引据有征，叙述有法，较诸家地志体例，特为雅洁。"已故著名历史地理学家方国瑜评论说："是书概括地方志书体例分目录，其要多出自万历《云南通志》，增益新知，纪述颇具别裁，非徒缀拾资料可比，故论者多推重焉。"①

天启《滇志》，刘文征在李元阳万历《云南通志》和包见捷《滇志草》两书的基础上，根据各本郡邑志编修，并有《搜遗志》为以前志书所未具。该书共33卷，分为14类：一曰《地理志》，首为地图、星野图、沿革大事考，次为郡邑地理，有沿革、郡县名、疆域、形势、山川、风俗、物产、提闻、路梁、宫室、古迹、冢墓，各目之下，分府、州编录；二曰《旅途志》，三曰《建设志》，四曰《赋役志》，五曰《兵食志》，六曰《学校志》，七曰《官师志》，八曰《人物志》，九曰《祠祀志》，十曰《方外志》，十一曰《艺文志》，十二曰《羁縻志》，十三曰《杂志》，十四曰《搜遗志》。后来不少方志的纂修，受天启《滇志》的影响很大，许多内容即引自该书，如顾炎武《天下郡国利病书》、顾祖禹《读史方舆纪要》、康熙《新兴州志》、康熙《云南通志》等。"天启《滇志》为明代云南省志最后纂修之本，其体例大都沿旧志，补万历初年以后五十年间事，颇称完备。其前代事为旧志所缺者，则分题搜遗以补之。

---

① 方国瑜：《云南史料目录概说》第一册，中华书局1984年版，第433页。

尚有旧志所无之类目如路途、土司官氏，则新编之，亦颇得其要。以纂录资料言之，此为明代志书最善之本也。"①

明代纂修云南府、州、县志较多，如：《云南府志》《寻甸府志》《曲靖府志》《临安府志》《晋宁州志》《罗雄州志》《昆明县志》《蒙自县志》等，其中有些尚存，部分已佚，部分为其他志书收录。另外，明代云南还纂修有专门记述某一方面事情的志书，如杨慎《云南山川志》、潘口《全滇盐政考》、刘文征《云南旅途志》、兰茂《滇南本草》等。在土司、土官及少数民族地区纪事方面，有毛奇龄《云南蛮司志》、《木氏宦谱》，《丽江府木氏六公传》《麓川思氏谱牒》《泐史》（西双版纳傣族文献）等，方国瑜先生在其《云南史料目录概说》一书中有详细的考订和论述。

第三节　宗教

一　佛教

明代是云南佛教的兴盛时期，除了沿袭以前各代的发展以外，还与政府的提倡有密切关系。正如《新纂云南通志》卷一百五《宗教考五》所云："明初开发云南，厥有二事：一曰移殖中原、江南人民启发地利，一曰导化土著人民同于内地。今使僧徒兼垦殖教化二事，世人或不信僧徒有此能力，然详考明僧徒在云南开辟之事迹，其功亦不鲜。陈垣之《明季滇黔佛教考》已多言之，而僧徒在云南之活动虽有其大无畏之精神，政府提倡释教亦为主动之一，则又不可淹没者。"从沐氏家族统治云南时候开始，就比较重视佛教的发展，这在各地的碑记如《重修玉案山筇竹禅寺记》《重修海源寺记》《重修碧鸡山华亭寺》等之中均有载记。另据《明史·职官志》载，洪武十五年（1382）在云南设置府僧纲司都纲一人，从九品，副都纲一人，州僧正司僧正一人，县僧会司僧会一人，专门负责佛教的有关事宜，因而明代云南的佛教得到了发展。

云南的佛教有以下几派，在不同的时期传播进来。一是阿吒力教，属于密教，公元8世纪以后逐渐传入云南，在滇西、滇中流传的时间很长，是南诏、大理国500多年间占统治地位的宗教。至今在大理、洱源、剑

---

① 同上书，第435页。

川、鹤庆等县的古墓葬群中，还可以看到刻有密教咒语及梵文碑刻，多数是世代相传的阿吒力教。元代以后，密教除在滇西北藏族地区流传以外，在云南其他地方多已衰落。明太祖曾下禁令不许传授密教，但云南地方仍设阿吒力僧官，表明依然重视此教。如景泰《云南志》卷一《云南府公廨》云："置阿吒力僧纲司"，万历《云南通志》卷五也载："阿吒力僧纲司，正都纲一人，副都纲一人。"不过在汉传佛教中的禅宗流传至云南以后，教徒逐渐放弃了阿吒力教而信奉禅宗，但在丧葬仪式中，当时仍普遍存在请阿吒力僧用该教法密陀罗尼经追荐死者亡灵的现象。昆明现存最早的陀罗尼石刻为地藏寺（今古幢公园）经幢。

二是汉地佛教，也称汉传佛教，是指中国佛教中的汉文经典系佛教。汉地佛教于公元7—8世纪传入云南，其传入路线有两条，即中原和四川，之后在云南各地得到广泛传播。到了明代，在一些相对发达的地区，如昆明、大理，已是"无山不寺，无寺不僧"的状况。郭松年《大理行记》谈及元代大理的佛教信仰时写道："此邦之人，西去天竺为近，其俗尚浮屠，家无贫富，皆有佛堂；人不以老壮，手不释数珠。一岁之间，斋戒几半，绝不茹荤饮酒，至斋毕而已。沿山寺宇极多，不可殚记。"明代永昌（今保山）诗人张含《苍洱歌》诗曰"叶榆（今大理）三百六十寺，寺寺夜半皆鸣钟"，可以想见当时大理地区佛教的繁盛景况。明代云南汉地佛教的主要寺宇有宾川祝圣寺、建水指林寺、大理感通寺等。祝圣寺位于宾川县鸡足山，原名钵盂庵，明朝嘉靖（1522—1566）间开创。建水指林寺始建于元代，明代重修，为云南汉地佛教禅宗的主要寺宇。

三是南传上座部佛教，俗称小乘佛教。13世纪末至14世纪初，南传上座部佛教通过缅甸逐渐传入云南傣族地区，15世纪以后进入兴盛时期。如朱孟震《西南夷风土记》云："俗尚佛教，寺塔遍村落，且极壮丽。自缅甸以下，唯事佛诵经，凡有疾病视佛，以僧代之，或一年二年三年，募人为之。"西双版纳傣族文献《泐史》也载，天顺元年（1457），当地"人民群诣佛寺，面对佛像、佛经、住持三个佛之代表宣誓。并将誓词铭镌寺中，一部分贴金，一部分贴银。礼毕，大家遂各归本土安居"。德宏地区傣族信奉的南传上座部佛教在麓川思伦发时期（明朝初年）传入，据《明史·土司传》："初，平缅（麓川）俗不好佛，有僧至云南，善为因果报应之说，伦发信之。又有金齿戍卒逃入其境，能为火铳火炮之具，伦发善其技能、俾系金带，与僧位诸部长上。"15世纪以后，南传上座部佛教逐渐传入思茅、临沧、保山等地，为这些地方的傣族、布朗族、阿昌族、德昂族及部分佤族所信奉。

明代云南上座部佛教的建筑主要有曼阁佛塔和大勐笼佛寺等。曼阁佛塔位于景洪县城郊，始建于傣历八四〇年（1478），后曾三次修葺。该寺分为大殿、僧舍和戒堂三部分，并以围墙环绕，造型美观别致，工艺精巧，颇具特色。大勐笼佛寺位于勐海县大勐笼，始建于傣历七九四年（1432）。该寺建筑结构分为大殿、僧舍、鼓房三部分，大殿前面建有供祭祖佛寺保护神和方位神"底布拉"的祭台神龛。

四是藏传佛教，主要分布在云南迪庆州和丽江地区，为藏族、普米族和纳西族、摩梭人所信仰。藏传佛教传入云南藏族等民族地区的年代是11世纪初叶，到明代进入兴盛时期。

云南的藏传佛教主要有以下几派：

1. 宁玛派（红教），11世纪时传入迪庆地区，明代在云南藏族聚居区兴盛，是占主要地位的教派，在藏族群众中有广泛的影响。如《新纂云南通志》卷一百六《宗教考六》云："滇之西北今流行喇嘛教，而所知丽江五大寺（红教）中，以福国寺之喇嘛最早始自万历年间，万历以前福国寺为禅林也。其余四寺，则自明末至乾隆年间。唯中甸之喇嘛为较早耳。"清代及其以后，宁玛派的势力逐渐衰弱，现今主要在德钦县及中甸县的部分地区流行。

2. 噶举派（白教），与宁玛派同时传入藏族和纳西族地区。明朝时期由于统治阶级和当地土司的大力支持，噶举派迅速发展和普及，藏传佛教史籍把噶玛噶举（噶举派的一个支系）的创始人都松钦巴算做黑帽系的第一世活佛，第五世活佛得银协巴于明永乐五年（1407）春在南京被明成祖封为大宝法王。从此以后，大宝法王就成为黑帽系的历代转世活佛专有的一个封号，直到明朝末年都是如此，并派人定期到京师朝贡。

噶玛噶举又分为两个小支系，即黑帽系和红帽系，两者在明代皆传布于迪庆藏族地区和丽江纳西族地区，彼此之间并发生过密切联系。正德年间（1506—1521），明朝派太监刘允前往丽江迎请噶玛派的黑帽系第八世活佛弥觉多吉（1507—1554），受到木氏土司的尊礼。自木增在位（1597—1646），噶玛派在丽江更为得势。明末徐霞客游丽江时，曾在木土司家中做客，《徐霞客游记》中也谈到大法王、二法王。二法王于万历三十八年（1610）到过丽江，是受木土司所请主持编纂校刊丽江版《甘珠尔》(《大藏经》),至天启元年(1621),在中甸康萨林寺举行了丽江版《大藏经》的开光典礼。

明代噶举派的寺院主要有承恩寺、福国寺等。承恩寺原名安抵寺,位于中甸县城东北隅,距县城15公里,初建于明代,至清代当地各教被迫改宗格鲁派,民众所请保留噶举派寺院,获准后遂将安抵寺改名为承恩寺。福国寺建于万历二十九年(1601),位于丽江里白沙岩后芝山上,原名"解脱林"(和尚庙),后明熹宗(1621—1627)赐其名为福国寺。

3. 格鲁派(黄教),15世纪末传入中甸、德钦、宁蒗、永宁等藏族、纳西族、普米族地区。三世达赖索南嘉措曾于公元1578年接受丽江木土司的邀请到云南藏族聚居区传教,之后又于1580年到达康区的巴塘、理塘一带传教,并主持建立了理塘寺。中甸县旧称"建塘",藏语称为"建塘宗",与巴塘、理塘地域犬牙交错,同称"三塘"。明朝时期,"三塘"地区皆属于本土司的辖区,格鲁派占统治地位。① 直到现在,格鲁派仍然是云南藏传佛教的主要教派。

二 伊斯兰教

元朝时期,回族人大规模进入云南,伊斯兰教也随之得到普遍传播。进入明代,又有大批回族军士、商人等迁往云南。明太祖起兵的安徽省凤阳县,是世代穆斯林聚居的地区,因而明朝的开国功臣中也有不少回族将领,如胡大海、常遇春、沐英等。军户中的回族就更多,随着明代在云南的屯田而定居于当地。如建水的回族望族马姓,"其先系出金陵,始祖特墨公,明初领兵入滇,官临安卫指挥千户"。② 腾冲大姓望族明姓,"到腾之始祖都指挥讳明恭,原籍南京应天府七溪县人氏,即今之江苏省江宁县。于洪武三年(1370)奉调南征,攻平缅甸后,驻守边疆"。③ 由于明代云南大规模屯田的实施,内地大量的回族入滇,使云南的回族也有了新的发展,云南成为"回回"的一个主要聚居区。……据云南的地方志和已见到的家谱、碑记,今昆明以西的楚雄、大理、巍山、顺宁、保山、腾

---

① 参见杨学政等《云南境内的世界三大宗教》,云南人民出版社1993年版。
② 《马青云行状》,见《云南回族社会历史调查》(三),云南人民出版社1986年版,第9页。
③ 明瑞华:《腾冲明、朱姓族谱》。

冲，昆明以南的玉溪、河西、华宁、开远、蒙自、曲溪、临安、石屏，昆明以东的嵩明、寻甸、沾益、曲靖等地，都有回族的聚居区。[①]

云南伊斯兰教一年中有许多节日和纪念日，重大的有圣纪、开斋节和古尔邦节等。伊斯兰教历3月12日为圣纪日，即伊斯兰教创始人穆罕默德的诞辰纪念日，相传也是他逝世的日子，所以这一天既称圣诞日，也叫圣忌日，云南穆斯林俗称其为"圣节"。伊斯兰教历10月1日为开斋节，云南穆斯林很重视此节日，称之为"大开斋节"、大"尔德"（节日）。伊斯兰教历12月10日为古尔邦节，是回族的三大民族节日之一，云南穆斯林俗称为"小开斋节"。

云南伊斯兰教的掌教制度形成于元代，在元朝中央政权机构中设有"回回掌教哈的司"，并在各地设置"哈的"作为掌教官员，掌理回族的宗教事务，处理回族人之间的纠纷。明代及其以后，掌教逐渐演变成为教坊首领的普遍称谓。明朝时期，云南伊斯兰教开始形成伊玛目掌教制，即回族穆斯林通常所称的"三道"掌教制或"三长制"。"三长"即伊玛目、穆安津和海推布三种教职人员，在明代取代了元代"哈的"的职能，成为教坊穆斯林和宗教领袖，同时拥有掌教和行政两个方面的职权，并世袭至清代中叶。不过在明代中叶以后，由于经堂教育的兴起，阿訇日益成为传教的中坚力量，加之伊玛目掌教世袭制存在着弊端，这种掌教制逐渐解体，最终被阿訇掌教制所取代。

三　道教

大约在南诏时期，道教开始传入云南地区，后由于佛教兴盛，道教地位衰落。到了元代，中原道教中的全真派进入云南。明朝时期，云南道教除全真派以外又有了正一道，汉族地区民间道士多属此道。明成祖建都金陵以后，以恢复中原为号召，肯定了江南道教首领张正常的地位。大量江南移民进入云南屯田，道教在民间的影响日益增大。

明朝允许各教并存，佛道矛盾也有所缓和。比如在大理府，洪武（1368—1398）间设僧纲司，名额二人，正职在感通寺，副职在崇圣寺。同时也设有道纪司，宣德（1426—1436）间设都纪提点一人，驻栖霞观。县有道会司，通常设道会一人，与僧正司设增正一人相等。除了政府对信

[①] 参见《云南回族社会历史调查》（三），云南人民出版社1986年版，第9—10页。

奉道教不予禁止以外，云南有社会地位的文士和乡贤中也有人信奉道教，使道教在民间树立了良好的形象，如丽江土知府木增，在鸡足山创修悉檀寺，同时在家乡丽江地区修建了一批道观楼阁。

明代云南修建的道教宫观较多，如昆明黑龙潭的龙泉观，蒙自的玉皇阁、瑞竹宫、文昌宫，保山的太保山玉皇阁、白鹤观，中甸、丽江地区的玄天阁、老君殿、真武祠等。从其分布来看，滇南、滇中地区居多数，其道观数目甚至超出佛寺。从信奉者的角度来看，信奉道教的多为汉族，其所居地也是当时云南经济比较发达的地区。

第四节　科学技术

云南的古代自然科技成果，元代以前，只能从实物遗存和史籍记载中获知。明代科技著作的兴起，在云南科技发展史上是重要的进步。检索史籍滇人著述中的明代科技著作，存书目尚多，诸如张昇《中星图说》《地理撮要》《地理图说》，杨向春《皇极经世数学引蒙》，杨元《纳甲图九主数》，兰茂《滇南本草》《医学挈要》，龙施《心济医宗》，高肇尧《医案》，何孟龙《医集》，张志淳《永昌二芳记》，徐霞客《徐霞客游记·滇游日记》等，这些著作是关于天文学、地理学、植物学、数学、医药学等诸多学科的专著。遗憾的是，这些著作大多已经散失，留存至今者只《滇南本草》《医学挈要》《永昌二芳记》《徐霞客游记·滇游日记》4部。现对上述4部著作的科技成就予以简单介绍。

《滇南本草》和《医学挈要》，作者兰茂（1397—1476），字廷秀，号止庵，别号玄壶子、和光道人、洞天风月子，云南省嵩明县杨林人。兰茂自幼勤奋好学，博览群书，成年后博学多才。他不参加科举考试，不做官吏，一生为平民，在乡间行医采药，治病救人，设馆授徒，著书立说。他的著作颇多，流传至今的有：医药学《滇南本草》《医学挈要》，音韵学《韵略易通》，诗集《玄壶集》，剧本《性天风月通玄记》等，在医药和文学两方面都有较大成就。

兰茂在行医过程中，遍行滇中、滇东、滇南各地，走村串寨，向汉、彝、白、傣等族人民学习医疗经验，搜集药物单方；跋山涉水，尝百草、辨药性、采药物、集标本。他一面汇集资料，一面撰写书稿，积十数年艰辛劳动，写成《滇南本草》和《医学挈要》。《滇南本草》为上、中、下三卷，共收云南产药物 506 种（该书版本多，所载药物多少不一，这个数字采自乃义的《云南概况》"文献"之说）。在该书中，兰茂阐述了每一种药物的名称、别名、形态、产地、性味、功效、主治、应用、用法、炮制、禁忌、配方等。正其名，验其实，纠正了前人著述中的一些错误，为临床运用提供理论依据。主治、应用、配方则是理论依据的具体体现，药物与方剂结合，便于临床治疗使用。用法和炮制为人们提供用药的具体方法，禁忌等则是用药的注意事宜。该书的成书时间比李时珍的《本草纲目》早100多年，所收录的许多草药为《本草纲目》及其他本草著作所未收。经临床应用，有多种特效草药，如金铁锁、石椒草、大一支箭等，中华人民共和国成立后已收入国家药典或作科学专题研究，推广使用。该书收录云南省少数民族药方数千条，为研究云南少数民族医药的重要典籍，该书成书后，因其是云南中草药学的总结，具有广泛的医药应用价值，深受云南的中草医师重视，多以此为治病开方的重要参考依据。后世云南医师多有对该书进行增补者，明代的范洪，清代的高宏业、朱景阳、刘乾、管暄等人都作了增补。1945年，昆明中国医学研究所经利彬等人按该书文字采集标本，精心绘图，编著成《滇南本草图谱》第二集。中华人民共和国成立后，云南省卫生部门汇集各种版本，重新校订，并补图和作形态说明，由云南人民出版社于1978年出齐三卷本，使得这部具有浓厚云南地方特色的医药学著作大放光彩。

兰茂在著《滇南本草》的同时，总结自己治病的临床经验，又著成《医学挈要》二卷。上卷专论脉法，深入浅出，明白透彻。下卷专论方症，多本金匮。论述治疗方法，说举病症实例，大与云南气候相符。全书提纲挈领，简明扼要地阐述了各种常见病的辨证原则和具体药方。提倡治病要从实际出发，不可拘泥于古人陈方；临床诊断要全面而慎思，不可自恃年长而偏执其一；治病要重视扶正培本，杜渐防微。后来的许多版本多把《医学挈要》附于《滇南本草》之后，将两部著作合在一起，后世地方志书依据专家的意见，对这两部著作作了很高的评价。道光《云南通志》说："辨药性之周详，明脉理之精微，审见证之确切，附汤方之合宜，种种悉备，有益济世，莫可名言，滇中奉为至宝。"现在的医药界也十分重视这两部著作的科学和实用价值，文化界和科技界将其视为云南传统文化的精品和云南传统科技的珍贵遗产。

《永昌二芳记》作者张志淳，云南永昌（今保山）人，明代成化年间进士，曾官户部侍郎，万历《云南通志》有《张志淳传》。《永昌二芳记》是讲述永昌地区生长的山茶花和杜鹃花的专著，开云南植物学专著的先河。全书三卷，上卷阐述36种山茶花，中卷阐述20种杜鹃花，下卷是关于两花的故事和诗文。该书对山茶花和杜鹃花的品种和形态，论述颇为精辟。云南省图书馆尚存珍本。云南山茶甲天下，杜鹃花也颇负盛名，后世植物学家和作家多有论著，张氏的这一成果为最早的著作，是后世研究的奠基者。

《滇游日记》是《徐霞客游记》的一部分。作者徐宏祖（1586—1640），号霞客，江苏江阴人，是地理学家和旅行家。他一生的主要精力是游历考察山川地理和撰写游记。他的足迹遍及19个省区，时间最长，考察得最详细的是云南。他写的《徐霞客游记》共10册，《滇游日记》占了6册。徐霞客于明崇祯九年（1936）九月十九日，从江苏江阴出发，经浙江、江西、湖南、广西、贵州至云南，周历滇东、滇南、滇西，因足病，曾在鸡足山留居较长时间，续写游记的间歇，写成《鸡足山志》。明崇祯十三年（1640）六月回到江阴，几个月后与世长辞。后人评论徐霞客为奇人，《徐霞客游记》为奇书，对中国地理学的发展作出了杰出贡献。

《徐霞客游记》中的《滇游日记》，记述了云南的山川、江河、地貌、地质、岩石、土壤、地热、火山、温泉、植物、动物、矿物、气候、交通、风土人情等情况，是珍贵的云南历史地理资料。徐霞客考察了云南、贵州、广西、湖南的石灰岩分布、类型、特征，对其形成的原因和地区差异进行了认真的分类考察。他对石灰岩地貌的分类考察，比欧洲人瑙曼早200年。他对石峰、石林、岩洞、天生桥、盘洼、暓井、天池等岩溶现象厘定专名，比欧洲人爱士培在这方面的工作早130多年，为地理学史上的创举。他考察金沙江，纠正了古代关于长江源于岷江的谬说，把长江源的正确考察向前推进了一步。他考察北盘江和南盘江，对珠江源的考察作出了有益的贡献。他对腾冲的火山和地热考察，具有新的科学价值。《滇游日记》在地理学上的贡献是多方面的，近代和现代地理学界都给予相当高的评价。明代士人至云南做官、出差、旅游，写了一些见闻录和旅行记，质量参差不齐，某些较好者，虽有一定的历史地理价值，但其学术价值远不如徐霞客的《滇游日记》。

明代云南的科学技术，除了前面所述传世的科技著作外，农业、水利、矿冶、建筑、手工艺诸方面的技术进步,散见于史籍记载,或为遗存文物所显示。

明代时大量内地省区人民移居云南,使云南汉族人口超过了其他各民族人口。除边远地区外,云南大部分地区都有了汉族居住。这不仅有力地促进了云南的政治、经济发展,而且也有力地促进了云南的科技发展。

迁居云南从事农业生产的人们,把内地省区的生产技术带到云南,结合云南的地理气候条件种植作物。在温带气候的坝区一年种两季,稻麦同田轮种。稻谷夏种秋收,麦子冬种夏收。云南的稻谷、麦、豆、荞、蔬菜、水果等农作物的品种,大部分在明代已有种植。牛耕已很普遍,并从南诏、大理时代的"二牛三夫"耕作法改进到"二牛一夫"耕作法。犁具多用铁铧犁,便于深耕。澜沧江以东、红河以北的坝区,农技水平已接近内地省区,对明代云南农业的发展起到有力的推动作用。

明代继续大力修治滇池水系,水利工程施工技术较之元代有突出进步。元代以前所建坝闸、堤渠多为土木结构,虽可兴一时之利,却难以持久,闸坝启闭也不灵便。明代则大多改石坝,关键性的坝闸还"铃以铁,灌以铅",大大提高了使用寿命和安全系数。石、铁、铅引入水利设施,标志着水利工程材料上的重大革新。对河中淤泥的治理,除深挖掘清之外,还在河中设石坝,坝上开小孔,使水得以排泄。又在支流河道上开挖滤水坑,使得水既畅流,又留住泥沙。这些都是治水技术的进步,它表明明代水利工程的设计和施工等方面都有较大的改善。

明代云南的金属铸造技术很先进,铜器铸造技术最为突出。1604年,云南巡抚陈用宾命著名工匠陶熔(云南邓川人)铸造一铜殿,置于昆明东北郊凤鸣山铜瓦寺。该铜殿仿照武当山金顶太和宫铜殿铸造,高5.54米,宽4.4米,深3.15米,柱、梁、椽、瓦、墙壁、门窗、佛像等全用铜铸成,设计巧妙,工艺精细。几年后拆迁安装于大理鸡足山金顶,后被破坏。陶熔还铸造了昆明西城外弥勒寺的弥勒佛大铜像。据《云南概览》说:"弥勒佛坐像高十丈,围十丈,殊为伟观。"永乐二十一年(1423),云南工匠铸造了一口大铜钟,高2.1米,钟口周长6.7米,重14000公斤。铸成后挂于昆明城西南的宣化楼上,故名"宣化楼永乐大铜钟"。传说这口大铜钟被敲击时,声传40里,声波衰减缓慢,表现了精湛的铸钟工艺。在今昆明市西郊黄土坡麻园出土的明代文物中,有铜火锅、铜茶壶、铜盆、铜锅、铜勺等生活用品,说明明代云南的小件铜器铸造更为普遍。明代还有"古铜器""班铜器""乌铜走银器"等器物，它们的制作工艺十分精湛，是特殊的铜器工艺品。

明代云南的省城、府城、州城、县城的建筑大多仿内地省区样式。高大的城墙，高垒深壕。城门楼很壮观，钟楼、鼓楼、文庙、官署建得富丽堂皇。临安府城（今建水县城）和蒙化府城（今巍山县城）都是明代建筑的，临安府的东城门和蒙化府城的西城门楼，现在尚存，保留了明代建筑风格。自建成至今已500多年，经历多次地震，依然屹立，世所罕见。1458年（明天顺二年），在昆明南郊官渡螺峰村建金刚塔，比号称金刚塔鼻祖的北京真觉寺塔早15年，是全国唯一全用砂石砌成的"石塔"。这座历史最久的石造金刚塔，在古塔建筑中有重要地位。万历四十六年（1618）建在富民县城区螳螂川上的"永定桥"，原是石墩木桥面，桥上还建有楼阁和廊柜。1963年为适应汽车通行，改建了桥面，铺上了水泥，大桥基础仍以明代建筑为主体。这座结构独特、造型优美、施工技术精良的大桥，至今已有370多年的历史。

著名的建水陶器和华宁陶器都创始于明代，后发展成全省乃至全国的名陶，凝结着工匠们高超的技术和工艺水平。

第七章

明朝末期云南各族人民的反明和抗清斗争

第一节 社会矛盾的激化和反明斗争

一 屯田制度的破坏

明中叶以后，屯田制度逐步遭到破坏，军户或脱离军籍，或成为工商业者，加之很多田地为强豪霸占，军田变成民田，军户也成了民户，卫所屯田制度名存实亡。

由于不堪忍受沉重的负担和残酷的压榨，军户纷纷采取各种方式脱离军籍，全国情形大多如此。张萱《西园闻见录》卷六十四载，弘治元年（1488）马文升疏云："太祖高皇帝创制之初设卫籍矣，天下之军共有数百余万；即今百有余年，而逃亡死绝过半。"云南也不例外，早在正统七年（1442），右副都御史丁璇就曾说道："金齿，西南极边，洪武（1368—1398）屯守汉军不下二万余，爨人土军不下千余。今逃亡大半，汉军仅余三千，土军仅余六百。"① 脱离军籍的军户，不少成为流民，或受雇开采矿产，或四处流徙，或逃进深山开垦旱地，以维持生计。

军户人数大减，并非所有的人都已逃亡，而是其中一部分隐匿军籍，有名无实，或从事其他职业。成化年间（1465—1487）云南巡抚王恕的《处置边务奏状》写道："今临安虽设一卫，官军见操无几。通计云南卫所官军，多者不过七八百人。"这是当时一个千户所的情况，多者不过定额人数的三分之二左右，少者就可想而知了。那些不再进行操练的官军而是另有所为：正统五年（1440）十二月，"敕行在都察院右佥都御史丁

---

① 《明英宗实录》卷九二。

璇：昨命尔兼提督云南各卫所官军操练。……尔乃总兵事，近闻云南军士，精壮富贵者，俱投托大官，或充伴当跟随，或私耕种田土，并不曾操练。须仔细查究，革其旧弊。其与土官衙门敕书一道，尔与总兵沐昂等，量度而行，若其所管土军土民，除原调见操外，并余果有精壮可用者，再选一万名或二万名，就令土官头目管领，于其本处操练听调"。①《明英宗实录》卷六十七也云：正统五年五月，"行在兵部尚书兼大理寺卿王骥奏：各都司卫所官多非其人，玩愒苟禄，贪墨无耻，私役壮卒，而以老弱就操。况其中不识行陈，不清方略者尤众"。可见当时各卫所的军官早已无心军务，而是想方设法巧取豪夺，中饱私囊。

明嘉靖（1522—1566）以后，"私役壮卒"的情况愈加严重，名义上这些官军仍然在册，并如数领取军粮，实际上已脱离军籍，卫所屯田制度徒有虚名而已。据《明史·欧阳重传》，嘉靖初年，镇守云南太监杜唐"役占官军，岁取财万计"，投托杜唐的官军人数之多，可以想见，否则是不可能"岁取财万计"的。《明世宗实录》卷一〇六载："嘉靖八年，十月己巳……云南巡抚都御史欧阳重，奉诏查清异姓投充、冒领军粮者，移都司查革。久不报，以致放粮后期，云南左等六卫军遂聚噪于巡抚门外，寻省谕之解散。巡按御史刘臬以闻，因劾重虽查革奸弊，而处置失宜，镇守太监杜唐、黔国公沐绍勋职专总领，钤束不严，及布政使陈轼、都指挥方仲等各罪状，下兵部覆议，请分别究治。"军户不服军役，而是招人顶替，这些托庇大官或异姓冒顶的军户，名义上并没有脱离军籍，采取偷梁换柱的办法，并冒领军粮。其原因之一，是明朝政府明确规定，一旦成为军户，不得削除军籍，终身服役，且世代为军。张萱《西园闻见录》卷六十四云："各边军士逃亡，不及旧额之半；今委官查点，名数俱在，而实则亡，何也？盖公畏律条之重，而私冒支粮之利也。"当时卫所屯田制度已遭破坏的状况可见一斑。

投托大官的军户，除了为其耕种私田、服多种劳役外，还从事手工业生产或商业活动，以获得更多收入。"总兵以下，各以官之大小，各占役使刺绣、雕镂、攻金、治木，因而收其班直、冒其月赏。"②《明史·刘定之传》也云：卫军"手不习击刺之法，足不习进退之宜，第转货为商，

---

① 《明英宗实录》卷七十四。
② （明）张萱：《西园闻见录》卷六十四。

执技为工，而以工商所得，补纳月粮钱"。因为工商业的收入相对较多，那些不愿当军职苦差的军户，或为官占役，或贿托达官，虽挂着军籍，实际上已成民户和工商业者。明代中期以后，这种情况已经相当普遍。

卫所屯田制度遭到破坏，还表现在隐田现象十分严重，大量军田变成民田，集中在少数强豪手中，贫富悬殊，加剧了阶级矛盾。据《明孝宗实录》卷六十，"弘治五年（1492）二月，巡抚云南都御史张浩，清查各卫、司、所屯田，盗报有司田二万八千余亩，仍给还各卫屯种，以复原额，其民田册内照数开豁。仍请令二年一次行委管屯官员清理盗报者罪，以盗卖官田过者、收者仍各罚米一百石入官，户部覆奏。从之"。这种所谓的惩罚对于强豪来说微不足道，况且他们也不惧怕惩罚，原因是贪官污吏比比皆是，各级官员都在强占田地，所以他们仍我行我素，继续大肆隐占田亩，扩充实力。嘉靖年间（1522—1566）楚雄举人俞汝钦的《条陈田粮议》说："自成化（1465—1487）、弘治（1488—1505）以来，屯田或为官旗隐占，不行纳粮；或捏报民田，改作民田卖与别姓，粮数虽如旧，而田亩则大殊于前矣。各军亦屡曾具告，或年数太远，无从稽查，或查出欲断田还伍，而所报民粮米无归着。至于陆地，则侵占变卖，为日已久，到今则大半全无，而麦粮亏赔尤甚。"① 可见当时卫所屯田制度已无法维持下去，官旗广泛隐田，法不治众，被侵吞的屯田或无法清查，或清查出来已无法将其归还给军户，土地、田亩买卖现象越演越烈，致使阶级矛盾日趋激化。

对于明朝政府的惩罚措施，官旗们阳奉阴违，甚至不予理睬，但对广大贫苦的军户来说，情形就大不相同了。如在楚雄卫，"乃令凡管屯者，并抛荒逃亡之田派使赔纳，每年赔至十余石或二十石者有之，情岂能堪！于此不为减处，恐逃者不复思归，而在者亦欲就逃矣……近年催督严明，拖欠者视昔虽少，然其中殷实者无几，或卖产业，或鬻子女者多。无卖无鬻，即以逃为上矣！"② 官府的残酷剥削和压榨已经到了迫使军户变卖家产，甚至卖儿卖女的地步，人民已经无法生活下去，他们起来反抗官府的残暴统治已为时不远了。

明中叶以后，面对官旗普遍隐占、买卖田亩的现象，朝廷虽一再下令

---

① 康熙《楚雄府志》。
② 同上。

禁止，并施以惩罚，但已是政不行、令不止，没有任何效力，从而也表明统治阶级的腐败已经到了无以复加的地步。万历《云南通志》卷十《政录》载："职田俱被队官隐匿，至有以职田作民田盗典盗卖者，令追田入官。"这里所谈的是嘉靖年间（1522—1566）的情况。刘辅撰《缪文龙墓志铭》称其在做云南按察司屯田副使时，"治各邑清理隐之田，屯军称便，颂声满滇"。缪文龙任屯田道是在嘉靖四十年（1561）前后，实际上，此时卫所屯田制度名存实亡的情况已无法改变，清理欺隐之田，随清随占，效果甚差。周懋相《条议兵食疏》第六项《核田亩以充储糈》云："今去万历十二年（1584）清丈不远，图册具存，宜遴委复核，屯伍官侵通数及占为私业者，重行参究示儆，庶田不沦没而饷可渐充矣！"周懋相任云南巡按御史时在万历三十七年（1609），他所建议的"遴委复核"不过是一种美好的愿望。庄祖浩《厘正屯粮经制公移》说，从万历三十八年（1610）清理卫、所的屯田，到天启三年（1623）前后10多年的时间，都未能达到预期目的，官府的命令已变成一纸空文。

总之，自明中叶以后，卫所屯田制度逐步遭到破坏，田亩日减月削，或为强豪霸占，或为屯户隐匿，或作为民田盗典盗卖，军田变成民田，军户也就成为民户。由于残酷的欺压和剥削，不少军户采取逃亡的办法以脱离军籍，"先年田各有军领种，近则逃亡者渐多，田虽存而无军领者过半矣"。① 其结果，所有的军户皆改籍为民户，卫所屯田制度宣告结束。相当一部分军户变成"无籍流徙"，他们或成为手工业者，或加入矿产开采的行列，或逃入深山偏远地区，成为后来反抗明朝统治起义中的生力军。

二 沐氏家族兼并土地与社会矛盾的激化

明朝时期统治阶级大量侵占田地，奴役剥削佃户。京畿的王公、勋贵霸占庄田之多，超过了历史上任何朝代，省以下的卫所军官也是掠夺土地财物成风。明惠帝建文（1399—1402）、成祖永乐（1403—1424）期间，云南省一级的军官就开始霸占屯田，奴役屯军。永乐中，左都督袁宇来云南"整肃兵备"，一年中就"占据官军屯田一千余亩，私役军民耕种，侵支官屯子粒，擅用军器颜料，不法之事，非止一端"。② 派到云南镇守的

---

① （清）俞汝钦：《条陈田粮议》，见康熙《楚雄府志》。
② 《明太祖实录》卷二十四。

顺昌伯王佐，"占所官民田地，大兴土木，虐使军士"。① 到了正统（1436—1449）时期，"云南地方膏腴之田，多为权豪占据耕种，及将殷富军余隐占私役"。② 此后，土地集中现象日趋严重，"屯田多为内监、军官占夺，法尽坏"。③

根据明制，凡勋戚、功臣皆赐庄田，沐氏是明王朝的"开国勋臣"之一，被封为"黔国公"，世袭镇守云南总兵官，也可置庄田。"初黔国公沐崑之祖英，始平云南，奉命留镇其地，许于所属临安、腾冲等处垦田自给，不烦有司"。④ 总兵官属兵部，与省的地方机构没有直接隶属关系。但由于"沐氏在滇久，威权日盛"，逐渐产生了控制云南的想法。成化十年（1474），沐琮就曾提出"节制三司（即布政司、按察司和都指挥司）"的要求，未能达到目的。正德（1506—1521）、嘉靖（1522—1566）时期，沐氏家族通过贿赂宦官及权臣王琼、严嵩，"遂挟以自大"，"骄凌三司，使从角门入"，把行省的长官视为其僚属，为其大肆侵吞霸占田地提供了条件，以致后来"云南六卫千、百户，尽是总兵田牧私人，倚势害民，无所不至"。⑤

沐氏家族是明朝时期云南最大的官僚地主，也是大庄园农奴主，其家族通过政治特权掠夺了数量惊人的土地。据《明史·沐英传》载："沐晟久镇（1399—1439），置田园三百六十区。"这360处田庄分布在云南120多个府、州、县的卫所，大多为内地的上等好田，也有位于边远地区的田地，如在红河南岸土司区"十五猛纵横四百里"的地方，也被沐氏圈为"勋庄"，当地的哈尼族土司直接向沐氏贡纳。周嘉谟《查庄田册疏》云："沐镇握兵符，世守兹土，禄俸之外，听置庄田，国家所为优待也。查（万历）十六年（1588）四册税粮，田地共八千三十一顷三十一亩，税粮三千四百一十九石，不为不多矣！环滇村内，莫非总庄，有更难仆悉数者。"这些田地相当于明朝初期云南屯田的总额，占当时全省屯田和官民田总数的三分之一以上，其面积之大，可谓惊人之至。

《明会典》卷十九载："凡赐勋戚庄田，将该纳子粒送赴本管州、县

---

① 《明太祖实录》卷二十三。
② 《明英宗实录》卷一四七。
③ 《明史·食货志》。
④ 《明孝宗实录》卷二〇〇。
⑤ 《明世宗实录》卷九十八。

上纳，令各该人员关领，不许自行收受。"但沐氏家族并不执行明朝政府的律规，而是凭借其在云南的总兵官地位和特权，自行收取租税，并不上缴官府。王弘祚《滇南十议疏》云："前黔国公沐英，世镇滇省，子孙相沿将三百年，各府置有庄田，岁抽租税，名曰籽粒，皆系沐府差官自行催收，不载有司册籍。"因此，沐庄催租，苛扰最甚，以致民不聊生，"相率寇盗"。周嘉谟《查庄田册疏》说："镇不得不委之参随，分之大小管庄火头、佃长，正征之外有杂派，杂征之外有无名，虐焰所加，不至膏见髓干不止。饥寒既迫，相率寇盗，抑何惮而不为。"根据当时的情况，周嘉谟曾建议将"镇住收归公有"，但由于沐氏家族的权势极大，未能实现。

明正德（1506—1521）以后，沐氏家族已成为云南的土皇帝，所受封的"黔国公""云南总兵官"也不如明初沐氏家族的成员如沐英等那么廉洁正直，而是常常专横跋扈，无恶不作，对土地的掠夺与侵吞也日趋加剧。当时明朝派驻云南的官吏也很清楚这种状况，并多次奏请予以处理。如嘉靖八年（1529），"云南巡抚按御史沈教条奏便宜……谓云南六卫千、百户，尽为总兵田牧私人，倚势害民，无所不至，家严行禁约。量选端谨者执役帅府，余悉归卫"。[①] 嘉靖九年（1530）正月，"巡抚云南御史刘臬言：黔国公沐绍勋庄田，近奉旨查勘，而奸恶管庄之人，凭借声势，始而侵占投献，终则劫掠乡村，动以激变，驾言阻挠。有司惧变束手，而绍勋且屡以奏乞分豁为词。及今不处，则蓄乱宿祸，贻害地方，非世臣子孙之福。户部覆议，总兵庄田，原有额赐，宜委守巡官老成练达者一员清查之；其额外无文籍可据者，即属侵占投献之地，宜悉归军民。而庄户犯有窝盗违法者，所司明正其罪。诏如议行"。

然而，对沐氏庄田的清查并未能付诸实施，反过来其对田地的大肆掠夺还得到了皇帝的认可。嘉靖九年六月，"镇守云南黔国公沐绍勋以有清查勋戚田土之命，具奏乞免查勘。上以绍勋世守边陲，化诏许之。户部尚书梁材等执奏曰：圣明御极，首纳辅臣之言，特诏清查勋戚田土，盖欲正王法，恤民情，厚国本也。绍勋世膺厚禄，正欲首先将顺，却乃设词规避，抗违明旨。今荷圣慈，免其查勘，命令所关，渐不可长，宜遵照先旨，按籍清查。上曰：朕念边镇勋臣，故推诚待之，彼必益加自励，不负

[①] 《明太祖实录》卷九十八。

朕恩。可如前旨行"。① 沐氏是明王朝的"开国勋臣",首镇云南的沐英又是明太祖朱元璋的干儿子,沐氏可称得上是皇亲国戚,再加上云南远离明朝都城,地处西南极边,只要能按期定量缴纳贡赋及金银矿课,不致发生动乱,地方统治者侵占田地在明皇帝看来并非严重之事。这一方面反映了统治阶级之间的相互庇护,置人民大众死活于不顾;另一方面也表明,进入明中叶以后,明朝政府的统治日趋腐败,从而加速了明王朝的灭亡。

由于明朝统治者的昏庸腐败,处置不力,沐氏家族更加残酷地侵吞田地,如万历三十九年(1611),云南巡按上书云,总兵官沐昌祚的庄田,除了"钦赐"的以外,还有8000余顷即80余万亩。因而到明嘉靖(1522—1566)以后,云南的屯田已有名无实。沐氏家族数量惊人的庄田主要有两个来源:一是钦赐的田地,二是采取各种手段强占来的军田和民田。所谓"钦赐"的田地,相当一部分也是强占来的,正如《明史·李森传》所说:"名曰请乞(钦赐),实则强占。"至于第二种来源,则是巧立各种名目,将田地霸为沐氏家族所有。如嘉靖八年(1529)十二月,"云南巡按欧阳重劾奏,黔国公沐绍勋任千户经营管庄,诱引投献,混占民田,宜究治之。"② 其结果也是不了了之,沐氏家族依然专横跋扈,无恶不作,对平民百姓构成了最大的危害。正如《明史·食货志》所言:"为民厉者,莫如皇庄及诸王勋戚中官庄田为甚。"其结果,必然导致广大人民群众起来反抗并推翻明朝政府的统治。

沐氏家族占有大量庄田,各级官吏也竞相效仿,大肆侵占屯田及民田,如顺昌伯王佐占据官民田地,都督袁宇侵占官军屯田一千余亩,私役军民耕种,并侵支官屯子粒等。各府、州、县的地主官僚更是强取豪夺,将百姓的田地强占为己有。"正统十二年(1447)二月乙亥,云南金齿军民指挥使司永平县土官县丞马震奏:本县近处边境,诸种夷民刀耕火种,先被本司官舍旗军倚势骚扰,近又被附近永平千户所官舍旗军放债取利,准折子女田产。……夷民愈贫,实为大患。"③ 景泰六年(1455)三月,"巡抚云南右佥都御史郑颙奏,腾冲司官豪占种附城屯田,被人讦发"。④

---

① 《明世宗实录》卷一九〇。
② 《明世宗实录》卷一一四。
③ 《明世宗实录》卷一八〇。
④ 《明英宗实录》卷一五〇。

天顺二年（1458）十二月，"云南南甸土官宣抚刀落盖奏：南宁伯毛胜，腾冲千户所千户蔺愈，强占招捌地方寨子田亩，分作庄户，办纳银两、米谷等物，逼民逃窜"。① 到弘治五年（1492）仅巡抚云南都御史张浩清查出的各卫所盗报的有司田即达28000多亩，未能查出的侵占官田及强占民田的面积更是不计其数。

一般的地主，则与官僚、商人相勾结，兼并军户和民户的田地。如大理宾川，"山阿木隈，平坂可田，多弃为茂草，人有垦之则又为奸人侮夺。……其种田皆是百夷。百夷有信而懦弱，佃租之利，皆为江右商人饵诱一空"。② 据万历《云南通志·兵食志》载："制田之初，军民相参，畛畔相入，欲其旱涝相关，盈亏互察。自后，豪者诬私为公，贪者卖公为私，盖因巨奸宿滑，诱饵于前，纨绔之子，踵袭于后。"军屯田地专供军户屯种，明令严禁买卖，却被军官们盗卖给地主、商人；民户的土地可以买卖，但要向国家交田赋，却被军官们所霸占。"诬私为公"之后，即不再向布政司缴纳田赋，成为军官们的私有财产，其结果导致军田、民田混乱不堪，无法清查，田赋、兵粮难以筹措，原来的一些屯户靠为军官们种田为生，甚至沦为官僚大地主的农奴。

除了各级官吏侵占大量的田地以外，明代云南一些大的寺院也集中了相当数量的土地。如鸡足山悉檀寺，仅在弘治（1488—1505）至万历（1573—1620）间通过买卖，就占有田地五千亩以上。

明朝中期以后，由于土地越来越集中在少数人手中，土地买卖现象日趋普遍。一些还处在封建领主制阶段的土司也纷纷集中土地，而其劳役地租逐步转变成为实物地租，社会经济形态也由此过渡到封建地主制阶段。而那些封建领主制经济已经瓦解了的土司，"往往乞贷汉人（商人），山庄庄民为准折"。例如，万历四十七年（1619），北胜土官将5个庄子卖与丽江木土官，双方订立的契约商定：取消原属领主剥削形式的公务、杂派、下程、年例、兵夫、帮贴等名目，一律"折算作实租"。③ 那些处在封建地主制经济形态的地区，土地的买卖已为常事，如"五井（今云龙）

---

① 《明英宗实录》卷二五一。
② 《明英宗实录》卷二五八。
③ 《敕赐悉檀寺常住碑记》。

商人置田于（澜沧）江外"，① 收取地租。万历年间（1573—1620）邓川土知州一次就出卖土地千亩以上；② 云龙漕润土官以海贝1800索出卖了方圆十余里的一片土地；③ 北胜高土官为了"承袭起关，急缺费用"，卖掉其在鹤庆的5处私庄，得银一千两，④ 等等。这样，土地越来越集中在少数官吏、强豪、地主、商人手中，少地、无地的平民日益增多。在官吏、地主的残酷剥削和压迫之下，广大人民群众已无法生活下去。

随着大量屯田及民田被各级官吏侵吞和强占，各族人民所遭受的压迫和剥削也日趋加重。正统六年（1441）十月，"行在户部员外郎高佑奏贵州、云南二都司并各卫所军职官员，不思保障军民，科敛本土官土民财物，以致逼迫非为，乞加禁约"。⑤ 这种对各族人民的巧取豪夺、残酷压榨与明朝政府的兴亡相始终，并且从明中央政府向云南征取的各项贡赋、课税，到派到云南的官吏以及云南地方的地主、强豪以各种名义进行的掠夺，无不都是由平民百姓来负担。永乐三年（1405）八月，"文武群臣交章劾奏：顺昌伯王佐镇守云南，擅作威福，赃贿巨万，宜明正其罪"。⑥ 如果不是王佐贪赃太多，也不至于"文武群臣交章劾奏"；再者，当时明朝政权确立不久，对云南的统治尚未巩固，为了不致引起动乱，便"征佐下狱"。但到明中叶以后，由于明朝统治阶级腐败程度的加深，虽然不断有在滇官吏违反法纪的奏疏上报，但惩处已不如明朝初期时严厉，前面谈到的沐绍勋侵占大量田地被明世宗庇护就是很好的例子。

据《明世宗实录》卷一百一十载："嘉靖九年（1530）二月甲戌，云南巡抚右佥御史欧阳重、巡按御史刘枭劾奏：镇守太监杜唐役占军余，巧肆渔猎，每岁科取民财以万计。"仅仅是一个来云南镇守的太监，每年搜刮"民财以万计"，那些长期统治云南的各级官吏对各族人民的剥削与压榨，更是到了无以复加的地步。如在开采矿产方面：成化十九年（1483）十一月，"云南总兵官、黔国公沐琮等以复开新兴黄矿，南安、利山等银场，矿脉细微，而课额近增至十万二千三百余两。况矿洞愈深，中有积

---

① 《云龙记往》。
② 《敕赐悉檀寺常住碑记》。
③ 《云龙悉檀寺调查报告》。
④ 《敕赐悉檀寺常住碑记》。
⑤ 《明英宗实录》卷八十四。
⑥ 《明太宗实录》卷三十七。

水，矿夫采取愈难，因而致毙者不可胜数。官司必欲登其岁额，追迫赔补，破产鬻子，甚至自经而死"。① 矿夫的状况如此悲惨，军户的情形更有过之而无不及：楚雄卫"乃令凡管屯者，并抛荒逃亡之田派使赔纳，每军赔至十余石或二十石者有之，情岂能堪！于此不为减处，恐逃者不复思归，而在者亦欲就逃矣。……近年催督严明，拖欠者视昔虽少，然其中殷实者无几，或卖产业，或鬻子女者多。无卖无鬻，即以逃为上矣"！②

明代云南的矿课沉重，这一方面是由于云南诸矿闻名全国，封建朝廷丝毫不顾矿夫的死活，超强制性地进行开采和搜刮，不给各族人民以喘息的余地。如正统十二年（1447）五月，"户部奏：往岁云南诸府夷民逃徙，奏免岁征银两。近闻复业者多，请自明年仍如旧额追征。从之"。③ 另一方面，征收的诸多矿课，并非全部上缴国库，而是相当部分被地方官吏所贪污，从而加重了对各族人民的剥削和压榨。正统十二年（1447）七月，"云南按察司佥事李瑾奏：近改瓦甸等长官司隶布政司，又开设腾冲州，滥保土官，催办差发金银，骚动夷人，致使含怨报仇，遂成西南之患。臣以为金银有名无实，俱递年番臣横敛入己，朝廷不其用。乞将原认金银，一概罢免。……奏下，户部言：金银系洪武旧制，难为免除。唯行云南布政司，审其番臣横敛者，具奏处置。从之"。④ 在这种情况下，官府对各族人民的勒索依然没有减少，致使矿夫穷家荡产，卖儿卖女，或逃亡他乡，或聚众为盗。同样，大量的军户因无以为生，成为无籍流民，并最终走上反抗明朝政府残暴统治的道路。据《明宪宗实录》卷一载："云南等处贼寇发生，多因官司采买物件，守令不得其人，以致饥寒迫身，不得已而啸众为盗。"成化十三年（1477）八月，"巡抚云南右都御史王恕奏：且云南盗贼恒十倍他处，岂徒习俗使然？多由土官纵使家奴纠合部民、庄户诱引无籍军民而为之也"。⑤

明代云南的地租剥削也十分惨重。根据明律，官僚地主可以优免田赋和徭役，进入明代中期以后，大量屯田和民田已被官豪、地主霸占，但这些土地的屯租数额并没有减少，官豪、地主不缴屯租，反而强迫屯户赔

---

① 《明宪宗实录》卷二四七。
② （清）俞汝钦：《条陈屯粮议》，见康熙《楚雄府志》。
③ 《明英宗实录》卷一五四。
④ 《明英宗实录》卷一五六。
⑤ 《明宪宗实录》卷一六九。

纳。有些农民倾家荡产沦为官豪如沐氏家族的佃户，地租竟要于旧租外各加一倍缴纳。天启《滇志·赋役志》所载"云南汉夷相错，其地沃瘠相半。……夫计生齿不加繁，田土不加辟，膏腴半属臣室，征输独烦编户"，正是当时云南农民遭受沉重地租剥削的真实写照。

和全国相比，云南的地租剥削尤为惨重。据张培爵等《大理县志稿》载，万历九年（1581），大理阳和庄农民杨儒佃耕田地四亩，年纳谷九石。而明代田地的年产量，即使肥沃的长江三角洲，"每亩之收，不过三石，少则一石有余"，① 大理地区田地的年产量最高也不会超过每亩二石五斗，依此计算，租率已高达90%以上。

除了沉重的地租之外，转嫁到广大贫苦农民头上的，还有名目繁多、不堪重负的徭役。"每遇征调，则征兵于农……鬻儿破产，并数家之力，尚不成行"。② 正如明代邓川白族诗人高桂枝《卫兵行》所云："屯苦守，练苦行，卫兵不足调土兵，输刍挽粟及乡民。军耶！民耶！都应役，千家只有十家存。"又如其《挑河吟》诗云："挑河复挑河，沙碛泪痕多。秋登未可望，筋骨已消磨。"③

由于明代云南商品经济有了一定的发展，各地的高利贷剥削也极为严重。如"永平千户所官舍旗军放债取利，准折子女田产"；④ 而昆明左卫军五卫的豪强军官、舍丁，也"强以私债，准折民田，不听归赎"。⑤ 这种情况在偏远山区也不例外。崇祯十一年（1638），洱海西山区农民罗杨奴以海贝九百索卖掉大麦地山地一处，每年还要"纳租三石五斗"，这个自耕农被迫降为佃农；而罗杨定借债海贝二百索，"每月行利三分，按月算还"，还将位于大麦地的一片山地作为抵押。⑥

到了明朝末年，云南的情况是："顾徭役之外，则有土军；赋外之征，则有银课。劳已极，而役不休；人已贫，而敛愈急。此乃中州所无，而云南独苦者。"⑦ 各族人民遭受官僚、地主、强豪的层层剥削和压榨，

---

① （明）顾炎武：《日知录集释》卷十。
② 嘉靖《大理府志·风俗》。
③ 《邓川州志·人物志》。
④ 《明英宗实录》卷一五〇。
⑤ 《明英宗实录》卷一六二。
⑥ 《大理白族自治州明清文约钞存》。
⑦ 万历《云南通志·赋役志》。

妻离子散，家破人亡，已无法生存下去，被迫起来进行反抗明王朝腐败统治的斗争。

三　各族人民的反明斗争

从15世纪中叶起，云南各族人民以逃徙、告状、起义等各种方式反抗明政府及地方官吏的残暴统治。最初的斗争，大多是反抗地方土官的欺压，并导致了明朝政府在一些地区加快"改土归流"的步伐。1441年，鹤庆土知府高伦"私敛民财，多造兵器，杀戮军民"，被杀者的妻子阿夜珠上表控告。经过3年的曲折斗争，明朝政府在各族人民的压力下，为避免引起更大范围的反抗，将高伦处以死刑，并将鹤庆"改土归流"。1451年，明朝廷准备提升赵州（驻今凤仪）土巡检为大理土知府，"府民畏其豪横"，联名控告，迫使朝廷只升其官衔，而"不许亲民管事"。公元1440年，维摩（在今邱北北部）、阿迷（今开远）、弥勒三州的壮族人民举行反抗土司的起义；接着，师宗州的彝族、壮族人民联合起来，在金郎刺等人的率领下，举行了数千人的大起义。明朝政府与当地土司进行镇压，但反抗势力有增无减。1442年，维摩州人民继续缴纳粮差；1444年，人民杀死土官从人，夺走其坐骑。最后，明朝政府不得不同意各族人民"愿得流官以治"的要求，于1493年将维摩、弥勒二州"改土归流"。

16世纪以后，随着明政府在云南的统治越来越腐败，横征暴敛日趋加重，云南各族人民的反抗斗争也更加激烈。这一时期，明朝政府对各族人民的镇压，常常是调集土兵，"以夷制夷"，从而制造民族纠纷，激化民族矛盾，以达到维持其统治的目的。正德二年（1507）"师宗民何本作乱，沐崑与都御史吴文督兵分三道进：一出师宗，一出罗雄，一出弥勒，而别遣一军伏盘江，截贼巢，遂大破之"。[①] 这是广西府设流后声势浩大的一次武装起义，明王朝发兵三路围攻，并调集武定土司武装进行镇压。据禄劝"镌字崖"的《凤公世系纪》载，凤英于正德二年（1507）"奉征师宗豆乡，捷报伟绩，钦赐尽心报国金带一束"。师宗的彝族人民发动起义，而派武定的彝族土司武装参与镇压，明王朝"以夷制夷"的企图是不言而喻的。

1500年，寻甸木密千户所的各族人民"杀官夺印"；1515年，施甸

[①] 《明史·沐英传》。

"蒲人"（布朗族），"害极欲变"，开展反抗斗争；弥勒十八寨彝族人民自1514年起就坚持进行斗争，明朝政府对其镇压之后，又"置之城堡，分军守备"。1521年，十八寨彝族人民再次举行暴动，明朝军队采取杀光的残酷手段，竟然砍下樵夫的首级报功领赏，残暴到极点。《明世宗实录》卷九云：正德十六年（1521）十二月，"诛云南十八寨夷贼阿寺等八十三名，仍于本处枭示"。万历《云南通志》卷九《何孟春传》则云："十八寨逆酋负险，不得已奏讨。及至其寨，荡然无一贼可诛。一时官军俸功，复请搜山，遂以樵苏之人充首级报功。后知之，深悔其事，已无及矣。"在镇压了此次起义之后，明政府设十八寨守御千户所，遣旗军500名，操备300名，对当地人民进行武装镇压。

明正统（1436—1449）以后，太监掌握朝政。封建统治者为了掠夺更多的财物以供自己挥霍，除派遣镇守太监监视云南的军政以外，还专门派遣"税监"，以攫取云南的金、银、宝石等。这些太监横征暴敛，为非作歹，如成化（1465—1487）时的钱能，"大为云南人所苦"；弘治（1488—1505）时的吉庆，"贪暴无状，私设牢狱"；正德（1506—1521）时的钱宁，指使其爪牙卢知，"挟索夷人金宝以万计"，买卖土司领地；嘉靖（1522—1566）时的杜唐，霸占屯田，"役占军役，巧肆渔猎，每岁科取民财以万计"。最为严重的，是太监杨荣对云南各族人民的残酷榨取。明代云南的矿课数额很大，以致矿夫们变卖家产，卖儿鬻女，四处逃难，最后在忍无可忍的情况下将杨荣杀死。谢肇淛《滇略》卷七载："万历三十四年（1606）七月，指挥使贺世勋、梁高门等，率众攻太监杨荣杀之。时荣纵爪牙，四索金宝，夷汉汹汹；又日鞭责诸弁，故乘众怒戮之，及其党百余人皆死。"《廿二史札记》"万历中矿税之害"说得更清楚："杨荣为云南税监，肆行威虐，百姓恨荣入骨，焚税厂，杀委官张安民，荣盖怒，杖毙数千人。于是指挥贺世勋等率冤民万人，焚荣等，杀之，投火中，并杀其党二百余人。"这次由各族人民共同参加的反抗斗争，沉重地打击了明王朝在云南的统治。

明朝时期，沐氏庄田遍及云南各地，各级官吏也占有大量田地，并对各族人民进行残酷的剥削和压榨，各族庄户不断进行着反抗庄主的斗争。《明史·欧阳重传》载：嘉靖六年（1527）巡按云南，"是时镇守太监杜唐，黔国公沐绍勋，相比为奸，长吏不敢问，群盗由是起。重疏言：盗率唐、绍勋庄户，请究主者"。1529年，昆阳、新兴（玉溪）的庄户联合彝族人民共同起义，参加者达万人以上，斗争坚持了三年之久。1622 年，罗平各族人民起义，"罗平各夷之乱也，由有司横征无度，岁额之外，溢千三百余金，而歇户诸色，横索尤甚。民不堪命，乱所从来矣"！① 起义军三次围攻罗平州城，一次攻打师宗州城，声势浩大。统治者调集了滇南各土司兵围剿起义军，1623 年，起义被镇压下去。

在各地彝、汉各族庄户进行的斗争中，以莽甸的反抗最为激烈。《南朝野史》纪事载："嘉靖三十六年（1557），易门夷叛。先是莽甸通火李朝阳等，以征粮太急为词，聚众叛。"万历二年（1574），莽甸、嶍峨、易门等地的彝族人民再次起义，被镇压之后，统治者"立营戍守"，以作防备。"万历四十一年（1613），莽甸贼攻宜良，知县龚著击却之。时诸贼皆沐国公庄丁，节事流劫，州县官莫能捕"。② 关于当时各族人民的起义，连明王朝统治者也不得不承认是其横征暴敛所致，据《明神宗实录》卷四八五载，万历三十九年（1611），"近日抚臣周嘉谟、按臣邓渼疏言：该镇总庄横征暴敛，以致劫夺蜂起，昆阳、南安、易门、宁州、嶍峨等数十处，大盗公行，修于夷房，无非该镇庄户"。万历四十八年（1620），"莽甸寇劫掠郡县，巡抚沈儆炌之召抚之。设守备官营、法古甸尤洞等营"，③ 设守备一员，统兵 300 名，分为 4 小营防守。这次斗争前后长达 60 余年，充分体现了彝族等各族人民的不屈不挠的反抗精神。

可以看出，在明朝后期云南各地的反抗斗争中，汉族和各个兄弟民族团结一致，共同进行反抗明朝封建统治的斗争，表明当时的阶级矛盾与民族矛盾已交织在一起，各族人民起义的矛头既对准封建统治者，也指向地方土官等各级官吏。崇祯十七年（1644），清军进入北京，明朝灭亡，大西军进入云南，进行抗清扶明的斗争，云南各族人民又与大西军汇合在一起，成为全国农民起义中的一支重要力量。

第二节　大西军在云南的抗清斗争

一　大西军入云南

1644 年 3 月，李自成领导的大顺农民军攻克北京，推翻了明朝政权。

---

①　天启《滇志·沿革大事考》。
②　《滇系·事略》。
③　天启《滇志·沿革大事考》。

与此同时，张献忠领导的另一支农民军横扫大江南北，摧毁了一些明朝地方政权，而清军则从关外进入关内与农民军作战。山海关一战，农民军失利。4月30日，李自成撤离北京，转移到陕西。5月2日，清军进入北京。8月，清顺治帝福临在北京即位，为清王朝入关后的第一位皇帝。

1644年11月，张献忠率领的农民军攻克成都，建立大西国政权，年号"大顺"。1645年5月，李自成遭暗害，清军集中兵力对付四川的大西军。1646年11月，大西军兵败西充（今四川西充县），张献忠牺牲。在此之前，他曾召集他的4个义子孙可望、李定国、刘文秀、艾能奇等召开军事会议，若有意外，应当即速编整其部队，并建立"后明"继续抵抗清军的入侵。[①] 张献忠死后，其4个义子中因孙可望年龄较长，便推他为领袖，其他诸位皆归孙可望节制。1648年，艾能奇死去，他所留下的队伍也由孙可望兼领。

清顺治皇帝即位后，笼络汉族地主阶级支持清军镇压农民起义军，并对各族人民实行圈地、剃发和屠杀的民族压迫政策，激起了全国各族各阶层人民的普遍反抗。这样，云南各族人民的斗争方向有所改变，即由反明斗争转为支持明室进行抗清，在南方的一些明朝官吏也纷纷打起抗清的旗帜。他们以拥护王室的后裔为号召，1644年，马士英等拥立福王朱由崧于南京，仅一年就被俘。1645年，张煌言等拥立鲁王朱以海于绍兴，一年后即被清军所杀；相继又立唐王朱聿键于福州，朱聿𨮁于广州，均在很短的时间内遭到失败。1646年11月，瞿式耜等拥立桂王朱由榔于肇庆，改次年为永历元年，是为永历帝，得到了当时南方及西南各地不少地主士绅的支持。

1646年，大西军兵败西充以后，根据当时全国斗争形势的变化，决定以云、贵两省为根据地，整顿和扩充实力。12月，大西军攻克重庆，杀死明军将领曾英，于1647年初占领遵义，又由遵义攻克贵阳，总兵皮熊和巡抚范矿不战而逃。据冯甦《滇考》下卷载："顺治丙戌（1646），肃王统兵诛献忠于西充县之凤凰山，其党平东将军孙可望、安西将军李定国、抚南将军刘文秀、定南将军艾能奇，并都督白文选、冯双礼等，率溃众夺重庆，江平蜀侯曾英战败死之。丁亥（1647）春，遂由遵义取贵州，值云南土司沙定洲与妻万氏叛，据省城，黔国公沐天波走迤西。定洲追至

[①] 佚名：《小腆记叙》。

楚雄，洱海道杨畏知率众拒守。可望等诡称援师，由贵州兼程，于三月二十八屠交水，二十九日屠曲靖。定洲解楚雄之围，悉众走阿迷州，遇可望军于蛇花口战败，定洲集溃众遁守佴革竜（今云南开远附近）。可望等取云南，出略迤西郡县。"温睿临《南疆逸史》卷五十二则云："李定国，延安人，少与孙可望、刘文秀、艾能奇俱从张献忠为盗。献忠儿畜之，因冒其姓。献忠僭号于蜀，置四将军：可望曰平东，文秀曰抚南，能奇曰定北，而定国则安西也。"献忠死，可望等溃至重庆，杀曾英。南走綦江，入贵州，破定番。四人相与谋曰："明德入人心久矣，李闯入京，称帝而不终；今蜀事又不成，是天未厌明德也。我等何可踵败辙，盍相与反正扶明，洗去贼名乎？"乃办坛而盟，复本姓，尊可望，受约束。闻黔国公为沙定洲所逐，诈称焦夫人弟所请兵，为黔国公复仇，破曲靖，至楚雄，败杨畏知，释而礼之。

在大西军攻打贵阳的时候，云南土司沙定洲起兵反抗明朝镇守云南世袭黔国公沐天波的统治，沐天波逃奔永昌。与此同时，云南境内的其他土司、土官也相互火并仇杀，攘地争权，全省处于一片混乱的局面。孙可望攻下贵阳以后，沐天波便派人到贵州去迎接孙可望，请求他出兵救援。大西军也有进军云南的想法，孙可望便由贵州进攻云南，平定了滇南土司沙定洲的变乱。1647年3月，大西军进入云南，沿途对老百姓秋毫无犯，受到各族人民的欢迎。4月，"至省会，城门不闭，各民人户外俱设香案迎接"。大西军克复昆明之后，孙可望回师贵州，李定国则留军云南镇守昆明。

孙可望等大西军领袖挟明抗清的打算，就是在这个时候产生的。经过几年的斗争，大西军充分认识到了清军的残暴和对各族人民的镇压，加之云南巡抚杨畏知和巡按钱邦芑极力相劝，促使孙可望等决计扶明抗清。杨畏知与孙可望是同乡，声望历来很高，深为孙可望所敬重。据温睿临《南疆逸史》列传三十五《沐天波传》，杨畏知劝告孙可望云："老先生不乘此时立万世不朽之功，而徒据一隅以自雄，非所以称大丈夫也。且今日之劲敌，非在我明朝之患，令先人（张献忠）曾被大难，是亦老先生不共之耻也。"孙可望被杨畏知所感动，于是与明永历政权联系，将其所管辖的云、贵等地归入明朝的版图，举起拥戴明朝、共同抗清的旗帜。[①]

[①] 谢国桢：《南明史略》，上海人民出版社1957年版，第179页。

二 大西军在云南的政策

明朝后期以来，云南人民饱受明政府的残酷剥削和压迫，清政府建立以后，又与土司一道镇压各族人民。大西军进入云南以后，分路平定安抚，到公元1647年秋天，基本上平定了云南全省。

大西军在云南采取了多项有利的政策措施。在政治方面，平定和招抚各地土官，任命新的官吏就职。1647年4月，大西军由宜良进驻昆明，孙可望"追各官印，铸大顺钱，设四城都捕"，① 并任命新兴雷耀龙，临安任僎，永昌龚鼎、龚彝，昆明严似祖、金维新，澂江吴宏业等数十人为官。8月，李定国平定了云南土司沙定洲的变乱。据佚名《明末滇南纪略》载：李定国"招抚附近地方，凡附逆者悉不究，各安农事，如是出降络绎不绝。李定国慰赏劳之，出令不许掳掠，违者立斩，自是迤东半壁安堵矣。……闻丽江梗阻，李定国带兵亲去破鹤庆，开丽江……方三月而迤西尽平。回省命沐天波为文招抚各土司……各处土司次第来归"。由于采取了以上措施，大西军进驻云南以后，全省的形势很快平定下来。

在发展农业经济、打击富豪和赈济百姓方面，"孙可望分据民田。可望以兵食不足，将云南府属军田地分营庄，一人亩岁纳谷一石二斗"。② "出令招抚百姓回家务业，不足者借给牛、种，而惊鸿始渐集矣。"③ 大西军改革了明朝的繁苛赋税制度，差人"踏看田地所出，与百姓平分。田上十与一焉。条编半征。人丁不论上、中、下全征"。"秋成有望，开仓赈济寒士，每人谷一斗。"大西军还兴修水利，疏浚海口，扩大水利灌溉面积，推动农业经济的发展。在开采矿产和商业贸易方面，大西军鼓励民间开矿，"凡金、银、铜、铁等厂，听民自备工本开采，抽税"。④ "括近省田地及盐井之利，俱以官四民六分收。"⑤ "黑、琅两井之盐归官，令商人在省完工本，领票赴井支盐。"⑥ 大西军鼓励民间贸易，但不许军士参

---

① （清）倪蜕：《滇云历年传》卷十。
② 同上。
③ 《明末滇南纪略》。
④ 同上。
⑤ （清）冯甦：《滇考》。
⑥ 《明末滇南纪略》。

与。"出疆入境，盘诘颇宽。贸易商人，俱给'照验'。"① "禁令甚严，唯百姓贸易，兵一概不许。民以生意茂盛，乐于辀运。"② 为了促进商品经济的发展，大西军废除了不适应商品流通的海贝，于1647年铸造铜钱"大顺通宝"，表示仍继承大西军开国年号。后又于1651年"铸'兴朝'钱，每大者文抵一分，其小者文抵五厘。……钱、盐之法，广行无阻"。③

在改革风俗、廉政及推动地方发展方面，大西军反对封建礼教压迫妇女，支持寡妇改嫁。"令地方上无论绅士军民，有为地方起见，即一得之愚，亦许进言，立引见，不许拦阻，即妄诞之言，亦不深究。奖节孝，复乡饮，浚海口，省耕省敛。凡有利于民者，无不备举。重廉吏，除贪酷，不时差人易服色访察。有廉者立加奖擢，贪者立拿斩首。传示各府、州、县，立登闻鼓，凡政有不便于民，许地方头人赴诉，立即除之；有可以便于民者，立即行之。访姚安知府谢仪贪酷，孙可望差官持令前去，立拿于署前斩首传示，全滇之官无一人敢要钱者。"④ 这些政策措施深受各族人民的欢迎，不少彝、白、壮、傣等各族人民参加了大西军，部队里增添了象队，补充了大理"能跣战（赤脚打仗），不畏矢，执标枪大刀，常以少胜多"的少数民族战士，部队扩大到20余万人。

大西军的军纪非常严明，"日夕操练士卒，三、六、九日大操。凡发兵征剿，所过大路，鸡犬不惊。百姓卖酒肉者，路旁不断。如兵余小子有擅夺百姓一物者，立刻取斩；如该主不首，连坐；该营官失察，贡十八棍。立法若是之严，故民得安息，反富庶焉。"⑤ 大西军开展屯田以供军粮，其家属也得到照顾，解除了后顾之忧，军心安定，避免了明朝统治时军户卖儿鬻女、四处逃亡流离的现象。"将各府、州、县田地分与各营头，即令彼处住坐就食。凡兵丁日支米一大升，家口月支米一大斗，生下儿女未及一岁者月给半斗，至三岁者如家口支。""凡兵有家口者，每冬人给一袍；无家口者，一袍之外，人给鞋袜各一双，大帽各一顶。如是养兵，果士饱马腾。"⑥ "大西军还给其家属安排工作，将他们组织起来，自

---

① （清）丁大任：《永历纪事》。
② 《明末滇南纪略》。
③ 同上。
④ 同上。
⑤ 同上。
⑥ 同上。

食其力,为军队做衣服。""其军中家人并任云南,缝造征衣,其兵有十万余,各省人俱有,秦人约有一万。""其俗:兵不扰民,将不欺士;往来有礼,安置有方。"①

这样,大西军采取多方面有利于人民安定、经济发展的政策措施,与平民百姓和睦相处,仅仅一年多时间,改变了明末云南人民无法生存、或逃亡或反的情况,"一年土产财赋,足供养兵之需",②"戊子(1648)……是岁,滇南大熟,百姓丰足,而孙可望等立法甚严,兵民相安。……外则土司治迹,内则物阜民安。己丑元宵,大放花灯,四门唱戏,大酺三日,金吾不禁,百姓男妇入城观玩者,如赴市然",③以至"云南百姓播时恬熙,若不知有交兵者"。④ 生产得到恢复和发展,人民富庶,安心生活,社会秩序稳定,云南成为大西军进行抗清斗争的基地。

在文化教育方面,大西军多次开科取士,促进了云南文教事业的发展。己丑(1649),"岁大熟……孙可望乃命马兆熙考试滇南生童,马兆熙考试毕,率云、武二府生童赴李定国府谢。定国赏钱三百串,面云:'诸生用心读书,不日开复地方,就有你们官了'等语。诸生谢出。由是文教渐复兴也。甲午(1654)岁春,命学道孙顺考试滇南士子,随即开科,以西寺作贡院,命盐税司史文为监临,减三场为二场,减七篇作五篇。头场三书二经,二场策论表并诗二首,其题:'官柳连云','滇南纪胜';取解元高应雷等三十二名,照给头中青袍,与明例埒。自是士子书声不辍"。⑤《滇云历年传》卷十也云:"十一年(1654)甲午八月,孙可望僭设乡科,驱胁远近就试,以慧光寺为棘闱,亦妄取陈士基等五十四人。……十四年(1657)丁酉八月,永明王举云南乡试,以校场为贡院,取王肇兴等五十四人。"

三 李定国与大西军的抗清斗争

云南局势稳定,生产发展,大西军得到休整,兵力也有所扩充。大西

---

① 《永历纪事》。
② 同上。
③ 《明末滇南纪略》。
④ 《永历纪事》。
⑤ 《明末滇南纪略》。

军进攻南下的清军,兵分三路。第一路是以刘文秀为主将,白文选、张先璧为副将的北路军,进攻四川,自嘉定攻克叙州和重庆,活捉清都统白含贞和白广生。进而抵成都,将投降清军的明朝将领吴三桂包围在成都以北的保宁。连营十五里,张先璧在保宁的西面,王复臣在保宁的南面。王复臣曾劝告刘文秀,不要轻视吴三桂的兵力,请勿围城以分兵势,而要"严阵待敌,切断清兵的饷道",但刘文秀胜而骄,听不进劝诫,加之张先璧临时骚动,被吴三桂杀出重围,退保汉中。此役王复臣战死,明军损失甚重,清军也遭到重创,之后吴三桂仍心有余悸,常对人云:"险呀!平时未见过这样的恶战,假使明朝官军听从王复臣的话,吾军休矣。"① 黄宗羲《永历纪年》载:"文秀撤围而退,三桂不敢追。曰:'生平未尝见如此劲敌,特欠一着耳!'盖如复臣所云也。报至,帝下诏曰:'不听谋,损大将,刘抚南罪当诛。念有复城功,罢职闲住。'文秀归云南,诸军或分守蜀隘,或调征楚,所从者不过百余人而已。"这一方面表明大西军领导集团内部潜伏着不安定的分裂因素,给清军后来分化大西军以可乘之机;另一方面,如此严重地处罚军中将帅,对军心也造成了不利的影响。永历七年癸巳(1653),"是时讹言繁兴……而以废除刘文秀太重,咸曰:成功未行厚赏,偶败则应惩罚,吾等如何苦损身命?……驾前奉令出使者,多恣睢不法,而言之者多获祸。从此,内外文武咸怨,军心渐涣,不乐为可望用者众矣。"② 保宁之战,明朝收复了四川大部分地区,并与巴东十三家农民军取得了联系。

第二路是以孙可望为主帅的中路军,出兵辰州(湖南沅陵)、沅州(湖南芷江),居中策应,但"可望破辰州,止兵不进",没有与其他各方面的军队紧密地联系与配合,而贪图的是财帛、物资等战利品,因此,中路军没有取得良好的效果。

第三路是以李定国为主将,马进忠、冯双鲤为副将的东路军。东征北伐,这一路军最为重要,战果也最辉煌。1652年春,李定国率领彝、苗、瑶、傣等少数民族组成的10万大军,战象50头,由贵州出发,四月攻下黎平,五月至靖州(今湖南靖县),"清将张国柱合许、魏二将之兵迎战;

---

① 肖一山:《清代通史》上册,商务印书馆1932年版,第303页。
② (明)黄宗羲:《永历纪年》。

急攻，大破之，斩首五千余级，国柱弃马走"。① 接着，两日夜驰下武冈，清朝镇守宝庆的续顺望风弃城而逃，李定国收复宝庆。之后，大西军折向东安，攻下桂林，清定南王孔有德自焚身亡，陈邦傅被活捉。李定国乘胜挺进，七月，收复平乐、梧州。清朝驻广西部队将领马雄、线国安逃往广东，大西军遂进占柳州、南宁，基本上占领全部广西地区，在此稍事休整，"整饬军政，于民一无所犯"，② 显示了大西军良好的军纪。

永历六年（清顺治九年，1652）八月，大西军挺进湖南，连克永州（湖南零陵县）、衡州（湖南衡阳县），派马进忠、冯双鲤率领一支队伍北取长沙，派张光翠带兵攻占常德。李定国驻军长沙约半年左右，"人皆言定国兵律极严，驻师半载，居民不知有兵，入市输买。定国所将半为罗倮、瑶、佬，虽其土官，极难钤束，何定国御之有法也"。③ 正因为李定国治军极严，对人民秋毫无犯，所以，各族人民纷纷加入大西军的抗清队伍，大西军所向披靡，给清军以沉重的打击。

永历六年十月，长沙已定，马进忠"略地岳州，所至披靡；别遣军攻永新、安福，下之，遂围吉安，兵出凡七月，复郡十六，州二，辟地将三千里，军声大震"。④ 李定国攻下长沙后，却不见孙可望从辰州派兵增援，接着攻取永新、安福、吉安等地，孤军深入，清朝政府则乘机派敬谨亲王尼堪率军进攻长沙。此时，李定国驻守衡州，马进忠和冯双鲤屯兵长沙，还有一部兵力在岳州。在得知清军大举而来的消息后，李定国与马、冯二人合谋策划，主动放弃长沙，以诱使清军渡湘江，而马、冯二人率军埋伏在白杲市，待清军过衡山即绕到其背后，李定国则率部队在蒸水迎战，与马、冯二人军形成对清军的两面夹击之势，以图将其全歼。

正在此时，孙可望到达武冈，得知了李定国等人的计划以后，"不欲定国之成功，而思陷之败死，密令双鲤径退宝庆。双鲤至湘潭之花石，得可望令，即去湘乡向宝庆；马进忠不知所为，随之而去，秘不遣一人报定国以误之"。⑤ 十一月中旬，李定国率蒸水之军迎击清军，双方交战数十回合，杀死清军千余人，尼堪被劈成两半，大西军也有一定的伤亡。此时

---

① （明）王夫之：《永历实录》。
② （明）王夫之：《永历实录》。
③ （明）李寄：《天香阁随笔》卷一。
④ （明）王夫之：《永历实录》卷十四。
⑤ 同上。

"定国方待进忠、双鲤不至，颇疑，俄而侦骑返自白杲市，言二将已走湘乡，定国大惊；遂收兵走邵阳，敌亦不敢追，湖南复陷"。① 由于大西军的军纪非常严明，如李定国"行兵有五要：一不杀人，二不放火，三不奸淫，四不宰耕牛，五不抢财货。有一于此，军法无赦"，② 所以深得各族人民的大力支持。在这一年中，李定国率领的大西军转战于湖、湘一带，歼灭清朝数十万军队，杀死孔有德和尼堪两位王爵，威震西南地区。黄宗羲评论云："李定国桂林、衡州之战，两蹶名王，天下震动，此自万历戊午（1618）以来所未有也。"③

由于封建君臣思想的作用，中国历代农民起义，大多在斗争取得胜利时出现内讧，从而导致分裂，不能团结一致对付统治者，反而被分化瓦解，各个击破。大西军也不例外，随着大西军的力量不断壮大，在中南、西南地区不断取得胜利，主帅孙可望的野心也逐渐膨胀，先是解除了刘文秀的兵权，后看到李定国的威望日渐增高，使全力排斥李定国，甚至多次设计欲将其除掉，以达到独自称雄的目的。

早在大西军进入云南后不久，云南巡抚杨畏知就曾挑拨孙可望云："王与三将军并肩并起，不惜虚名，无以警众，昔曹孟德奉迎许都，挟天子以令诸侯，由是得志。今桂藩在肇庆，王其无意乎。"④ 在大西军领导集团内部，孙可望独断专横，与李定国等人矛盾很深，张献忠在世时，四位将军尚能和睦相处，张献忠死后，孙可望作为首领，彼此之间的矛盾便暴露出来。"初，张献忠死，余党推孙可望为长，受约束，独李定国稍与之抗。可望恶其倔强，尝以事杖之百，定国恨甚。定国……为人勇敢刚直，目不知书，有昆明人金公趾者，知其可动，取世俗所传《三国演义》，时时为之诵说，定国乐闻之。已遂明斥可望为董卓、曹操，而期定国以诸葛武侯。定国大感悟，谓公趾曰：'孔明何敢望，关张、伯约之所为，不敢不勉。'自是益与可望左。"⑤

大西军在云南稳定下来以后，实力也得到了扩充，到了其分兵抗击清朝军队时，孙可望称王的企图日趋明显。清顺治六年（1649），孙可望派

---

① （明）王夫之：《永历实录》卷十四。
② 《永历纪事》。
③ （明）黄宗羲：《永历纪年》。
④ （明）查继佐：《山东国语·粤徼语》。
⑤ （清）刘健：《庭闻录》卷三。

龚彝到广西梧州向流亡在那里的永历请封"秦王",遭到明朝大臣严起恒等人的反对,未成事实。孙可望恼羞成怒,于顺治七年(1650)七月自称"秦王",并改云南省为云兴省,云南府为昆明府,昆明县为昆海县。顺治八年(1651),孙可望称"国主",为了报复其求封"秦王"未果,四月,派人至广州,杀掉严起恒等人。"永明王乃遣兵书杨鼎和封可望为翼王,行至昆仑关,贼又尽杀之。事闻,上下震惧,不得已,遂封为秦王,赐国姓,更名朝宗,即遣贺九仪充使往。可望喜,备法驾郊迎,拜伏恭受如礼。其谢表云:'臣自入滇以来,纪年而不纪号,称帅而不称王,正欲留此大宝以待陛下之中兴。此臣耿耿孤忠,矢之天日者也。'"① 美其名曰对永历帝忠心耿耿,实际上是为其称王做准备。永历帝处于危难境地,自身难保,对孙可望明目张胆的称王举动无能为力,对其挟天子以令诸侯的做法也只能听之任之。

受封"秦王"之后,孙可望的君主念头便一发不可收拾,加之明朝旧臣及部下不断劝说其称王,孙可望的野心更加膨胀。"可望自居贵州省城,大造宫殿,设立文武百官,凡四川、云南、贵州文武大臣数百余员,惧挟以威令,刻期朝见,授以伪衔。有不从者,即诛之,以吏部侍郎雷跃龙为宰相,贵州总督范矿为吏部尚书,御史任僎为礼部尚书,四川总督任源为兵部尚书,御史张重任为六科给事,礼部主事方于宣为翰林院编修。又铸伪印,为八叠文,尽换明朝旧印。方于宣极其谄谀,为可望拟国史,称张献忠为太祖,作太祖本纪。比献忠为汤武,崇祯为梁纣,进可望览之。可望曰:'亦不必如此之甚。'于宣曰:'古来史书皆如此,否则无以纪开创之勋。'于宣又为制天子卤簿,九奏万舞之乐,作为诗歌,纪功颂德,与鸿胪寺薛宫商订朝仪。可望苦甚。癸巳(1653)秋,于宣屡上表劝进。可望曰:'我何难登九五,便恐人心未附。'"② 《南疆逸史》卷五十二则云:"可望既受其封,迎上入安隆府,以兵守之,岁给银八千、米百石而已。锦衣卫马吉翔、内侍庞天寿私通款可望,议受禅,可望废众心未附而止。"这时的孙可望已目中无人,根本不把永历当成皇上,名义上将其安置在安隆府,实际上等于将其控制在手中:"凡一应诏命,悉非帝

---

① 《滇云历年传》卷十。
② (清)计六奇:《明季南略》卷十四。

出。可望动以天子为名，实挟之以自私也。"①

这样，孙可望企图受禅的最大阻碍即来自李定国，因而便千方百计置李定国于死地。1652 年，孙可望密令冯双鲤突然袭击杀死李定国，被察觉，未能得逞。1653 年初，李定国屯兵宝庆，侦察得知清军在湘江东岸放牧，计划夺其马匹。此时，孙可望三天内七次书召李定国到武岗开会，实际上是想借此机会除掉李定国。李定国在去武岗的途中，从刘文秀儿子的密使口中得知这一消息，大为吃惊，立即缚筏为桥，渡湘江而去。孙可望派兵追至永州，李定国走平乐，下梧州，才幸免于难。1653 年，李定国从广东回师柳州时，孙可望派冯双鲤、关有才带兵三万袭击李定国，遭到反击，冯双鲤大败而回。

1653 年 3 月，李定国率部队由广西进攻广东，直抵肇庆，攻克了高州（广东茂名县）、廉州（广西合浦县）和雷州（广东海康县）等地，收复了两广的失地。李定国进围肇庆的目的，是"计欲取粤东，与郑鸿逵、朱（郑）成功合迎驾，自闽、浙图南京"。② 此时，郑成功在福建、浙江一带打击清军，李、郑二人信使往返，共同策划收复两广进而全国之失地。李定国在围攻肇庆时，曾致函郑成功，希望其进兵配合："客岁西粤诛逋奸之孔酋，仲冬衡州枭敬谨之真房……用以孟夏薄端城（肇庆）……缘托一鸿，敬邀并驾。君诚念君恩孔厚，父恨深长，则五羊赤海，伫睹扬帆；半壁长城，中心呈觇。……予目望之。"并云："东事辅车之谊，潮惠肤凑之勋，上每召问，附髀久之。……公其坚帆饬旅，布号宣威，待我于长详，把臂击楫论心，一偿夙愿，不亦快哉！"郑成功则回信说："宸居既云巩固，帝业未可偏安。况中原有可乘之机，胡运值将近之时，宜速乘胜，并力齐举，不妄既提水陆精锐，收复浙、闽，薰风盛发，指日北向。"③ 不幸的是，李、郑二人之间的联络不够周密，郑成功行军延迟，加之明永历朝内部发生变动，李定国回师广西，屯兵柳州计划未能实现。

在李定国率部转战湖南、两广的时候，大顺军的余部郝摇旗、刘体纯等所领导的夔东十三家农民起义军，也在荆、巴一带活动，西攻湖、湘，北出商、洛，配合李定国的部队并肩作战，牵制了大批清军，使其不能进

---

① 《明末滇南纪略》。
② （明）王夫之：《永历实录》卷十四。
③ 《延平王户官杨英从征实录》。

攻贵州的永历政权。清政府并不惧怕永历，知其已是强弩之末，不可能有什么作为，但却非常担心大西军和夔东十三家军这两支农民起义军，尤其在清军遭到重创以后，不得不考虑认真对付。永历七年（清顺治十年，1653）五月，清政府任命洪承畴总督湖、广、云、贵军务，兼理粮饷，镇抚以下皆归其统辖，以集中力量对付农民起义军。另外，还拨给他五万两银子，用来利诱和分化农民起义军。洪承畴采纳了其门客彭于的建议："以兵攻贼，不如以贼攻贼；以王师攻贼，不如以土兵攻贼。"希望能在夔东十三家军与大西军之间及孙可望与李定国之间挑起矛盾，以便各个击破。

与此同时，清朝政府派贵族郑亲王济尔哈朗、贝勒勒克德浑，与吴三桂、耿继茂、尚之信等勾结在一起，反攻湖南，洪承畴驻扎在长沙，调度军队。永历八年（1654）三月，李定国率兵数万再次从柳州进军广东，七月，围攻新会，久攻不下。李定国曾连续致函郑成功，希望其"刻日直捣五羊"，"速临新邑"，否则十月以后，便会失去良好战机。十二月，清军大举进攻广东，李定国孤立无援，率部退回广西，屯驻南宁，却遭到孙可望的又一次阴谋袭击。（顺治）十二年（1655），定国由广东败回南宁，可望恐其迎永明入滇，乃遣贼将刘镇国、关有才屯田州御之。凡定国必过之地，焚尽刍粮，以绝其归路。①

在孙可望想要"受禅"而恐怕众心不附未敢动手的时候，永历朝的另一批朝臣如吴贞毓、徐极、林青阳等人，认为太监庞天寿、马吉翔等人怂恿孙可望篡夺帝位取而代之是大逆不道，同时对孙可望的独断专横、挟天子以令诸侯的行为大为不满，便秘密给正在出征广东的李定国报信，请他回来给永历帝护驾。此事却被宦官告诉孙可望，孙可望正为"受禅"未遂而伤透脑筋，知道此事后恼羞成怒，于永历八年（1654）三月将吴贞毓、徐极及同谋共18人全部处死，即历史上所流传的"十八先生之狱"。孙可望并强迫永历帝下诏罪己，并蛮横地对永历帝说："臣本关西布衣，据弹丸之地，以供驻跸，愿皇上卧薪尝胆，毋忘濑湍之危，如以安隆僻隅，欲移幸外地，当备夫马、钱粮护送，断不敢阻。"② 这种进行严重威胁的态度，表明永历帝对孙可望来说已无足轻重，反而成了其篡位的

---

① 《滇云历年传》卷十。
② 佚名：《安隆纪事》。

障碍，孙可望只是担心李定国等起义军反戈一击，才不敢加害于永历帝而取代之。

孙可望将吴贞毓等人处死以后，又怕永历帝被李定国接走，于是派白文选到安隆接永历帝到贵阳。但白文选对孙可望的所作所为也深表不满，所以到安隆后借故拖延时间，等到永历九年（1655）二月李定国从广东回师时，一同将永历帝护送到昆明。永历帝在安隆的三四年时间里，大西军进攻清军取得了多次胜利，但由于内部的不团结，致使李定国失去了抗清斗争以来最有利的时机。

四 永历帝入缅与南明永历政权的灭亡

李定国等护送永历帝到昆明以后，年号仍称"永历"。永历封李定国为晋王，刘文秀为蜀王，艾奇能的儿子艾承业为镇国将军管延安王事，白文选为巩国公，王尚礼为保国公，马吉翔为文安侯等。此时李定国仍想与孙可望和好，共谋大业，他到安隆接永历帝时曾对白文选说："圣驾宜幸云南，我与秦王原系弟兄，彼此和好，同辅国家，何事不可为？然全借众调停耳。"[①] 永历十年（1656）六月，李定国促使永历帝派白文选、张虎往贵州劝说孙可望，以图"复敦旧好"，孙可望不予理睬，将白文选留下，"使张虎复命，必得定国亲谢乃可"。永历帝派王自奇同张虎再次去，也没有结果，孙可望反而密约王自奇回云南作为内应。八月，李定国又促永历帝派张虎送孙可望的妻子去贵阳，再度争取和好。孙可望既得妻子，无复顾忌，遂大言"永历负义，定国、文秀谋反"，决意进攻云南。

九月，孙可望亲自率14万大军自贵州进攻云南，直抵曲靖交水，为李定国、刘文秀所战败，逃回贵州。为了报其私仇，孙可望置"复明抗清"盟誓不顾，亲自跑到长沙向洪承畴投降，"欲借大（清）兵以报怨，因献滇黔舆地图，并陈其进取状"。[②] 清廷闻之大喜，封孙可望为义王，不久以后便将其送往北京赋闲。与此同时，抓住孙可望已投降、李定国军心不稳的机会，急令洪承畴、吴三桂等清军统帅，重新部署军队，做好进攻云南的准备。据《清世宗实录》卷一三："敕谕平西王吴三桂、侍卫李国翰曰：'逆贼煽乱云贵，骚扰地方已久。今贼李定国与孙可望互相攻

---

① （清）计六奇：《明季南略》卷二十。
② 《南疆逸史》卷五十二。

战，可望来降，乘此贼党内乱，人心未定之际，特命王为平西大将军同侍卫李国翰统兵进讨。尔等统领所属官兵，及汉中、四川各官兵，由四川前往贵州，相机进攻。汉中、四川仍酌量留兵防守。"

在孙可望败退贵州时，李定国的谋士程源曾建议，立即出兵进取贵州，得以确保云贵，作为抵抗清军的基础。李定国没有采纳，只是派刘文秀去追击。刘文秀至贵阳，接收孙可望的溃兵3万余人，"练之以备边，渐有成局矣。而晋王不悦，请召之还，并召诸将之在边者与从可望云南犯者议功罪，为分兵多寡之地。是以边警猝至，兵失其将，将不得兵，迄于大溃"。①"晋王以收获孙可望之兵名曰'秦兵'，滇省旧兵名曰'晋兵'。由是孙可望之兵心懒矣。"② 在清兵大军压境的危急关头，李定国未能将各方面的抵抗力量团结起来，南明政权已危在旦夕。

清顺治十五年（1658）二月，清廷开始调动军队占领贵州。四月，刘文秀病死，死前曾留下遗表云："北兵日逼，国势日危，请入蜀以就十三家之兵。臣有窖金一十六万，可以充饷。臣之妻子族属皆当执鞭弭以从王事。然后出营陕洛，庶几转败为功。此臣区区之心，死而犹视者也。"③ 九月，清军分三路，分别由铎尼、吴三桂和线国安率领，进攻云南。李定国的对策是，一面联络郝摇旗、李来亨所领导的夔东十三家军，从川东围攻重庆，进取湘、楚；一面命白文选、冯双鲤率部扼守南北盘江，李定国本人则居中策应。但此计划为时已晚，清军已渡过盘江，由铎尼率领的中路清军已直抵曲靖，昆明已处于被包围之中。

永历帝惶恐万分，李定国退守昆明，商议避敌之策。对于迁都何处，当时共有三种主张。李定国建议退到湖南、广西边区，联络少数民族，起兵抗清。胜则可以制取六诏（大理等地），败则可以撤到交趾，再航海到金门与郑成功合兵进讨。第二种主张则认为，应如刘文秀遗表所言，西出巴蜀，与夔东十三家军取得联系，一起进行抵抗。因权臣马吉翔与夔东十三家军发生过冲突，所以极力反对这种主张。第三种是沐天波退守滇西，事急则逃入缅甸的主张，最后被采纳。永历十三年（清顺治十六年，1659），南明永历政权撤出，清军"兵不血刃"进入昆明。

---

① （清）邓凯：《求野录》。
② 《明末滇南纪略》。
③ （清）倪蜕：《滇云历年传》卷十。

永历帝先是撤退到永昌（云南保山县），继而退到腾越（云南腾冲县），吴三桂率领清军进兵滇西。李定国曾在磨盘山（腾冲东部怒江西岸的高黎贡山）与清军血战，双方皆有重大伤亡。李定国率部西撤，派靳统武护送永历帝由腾越进入缅甸阿瓦，李定国和白文选等分屯兵于滇缅边境的孟定、木邦一带，并多次合谋入缅甸迎接永历帝，都未能成功。后来，白文选投降清军，吴三桂乘机上奏对永历帝等要剿尽根株，才能一劳永逸，遂统兵声讨缅甸，索要永历帝。永历十五年（1661），缅甸发生政变，缅王被其弟猛白所杀。为了向清王朝表示好感，巩固其政权，猛白计邀随永历帝出亡的沐天波、庞天寿等42人过江盟誓，同饮"咒水"，结果将其全部处死，即所谓"咒水之祸"。次年二月，缅王猛白将永历帝及其家属送交清军带回昆明，吴三桂随即将永历帝及其子用弓弦经绞死在昆明金蝉寺（今华山西路利昆巷），南明王朝宣告结束。

此时，李定国彷徨于中缅边境，于1662年6月病死于勐腊（一说景线）。大西军余部多数投降清军，还有数千人流落在滇缅边境一带，史书称他们为"桂家"，从事垦种和开采银矿以维持生计，促进了滇缅边境地区的开发和经济发展。

第三编

清朝前期的云南

第八章

清朝统治在云南的建立

第一节　清军入滇与吴三桂总管云南

一　清军入滇

明崇祯九年（1636），清太宗皇太极即皇帝位，改国号为"清"，改元崇德。崇祯十四年（1641），明军在锦州大败，守将洪承畴被俘。崇祯十六年（1643），皇太极病死，爱新觉罗·福临即位。

崇祯十七年（1644）正月，李自成领导的大顺农民军在西安建立大顺政权，建元永昌。是年三月十九日，大顺农民军攻入北京，推翻明朝中央政权。与此同时，张献忠领导的大西农民军，攻占成都，自立为大西国王，大西军在长江中上游地区摧毁了明朝的一些地方政权。驻守山海关地区的明朝宁远总兵吴三桂，拒绝李自成的招降，投降清军。清摄政王多尔衮抓住明朝中央政权灭亡和吴三桂降清的机遇，率领清军大举入关，在山海关地区打败李自成的大顺农民军。五月二日，清军占领北京。八月，多尔衮建议迁都北京，并迎爱新觉罗·福临入关祭天，宣告清朝的建立，改元顺治。清王朝改元后并未立即统一全国，在南方出现了由明朝旧臣拥立的政权，长达十一年，史称"南明"。

清军先后在华北、华中、陕西、四川等地镇压李自成的大顺农民军和张献忠领导的大西农民军；在华东镇压福王朱由崧、唐王朱聿键、鲁王朱以海三个南明政权；又进攻湖南、广东、广西，把最后一个南明政权——永历帝朱由榔赶到贵州和云南。

顺治十五年（1658）十二月，清三路入滇，会师曲靖。顺治十七年（1660年）正月初一，清军进驻昆明。清军占领云南后，清廷诏以云、贵、川、广、湖五省荡平，宣示中外，统一中国大陆。顺治十七年正月，清廷命铎尼、洪承畴、卓布泰等班师回京，"命吴三桂为总管，移驻云南，文武官俱听奏除"。① 吴三桂成为事实上的云南王。

吴三桂总管云南、贵州两省后不久，云贵两省的众多土司酋长发起了反清武装暴动。康熙三年（1664），水西土司（今贵州省毕节地区）安坤、安如鼎等聚众十余万，举行大规模的反清武装暴动，有"谋陷云南"之议。② 吴三桂带兵到贵州毕节，指挥云贵两省军分路围剿。康熙四年（1665）三四月间，滇中和滇南的许多土司，乘吴三桂领兵到贵州，云南兵力大为减少的机会，举行反清武装暴动。新兴（今玉溪）土酋王耀祖造反，潜号"大庆"谋犯省城；又使其党王义、齐正等人陷易门，攻河西（在今通海县境）、昆阳等地。宁州（今华宁）土酋禄昌贤占宁州，攻江川、通海、宜良，窥澄江府。嶍峨（今峨山）土酋、路南土酋秦祖根、陆良土酋资洪、弥勒土酋升复祖、维摩（今丘北北及砚山县境）土酋沈应麟、王弄山（今文山县境）土酋王朔、教化（今文山县西）土酋张长寿等起兵反清，互相呼应，攻占滇东南诸多州县。蒙自土酋李世璠、纳楼（驻今建水县官厅）土酋普率、石屏土酋龙韬、元江土酋那烈举兵造反，威胁滇南重镇蒙自、临安（今建水）、石屏、元江。他们占地攻城，擒杀州县官吏，造反之势遍及滇中、滇南、滇东南的广大地区。云贵总督卞三元、云南巡抚袁懋功、云南提督张国柱等慌忙调兵防范。吴三桂闻讯，加速镇压水西土司之后，率兵回昆明，指挥军队分路围剿。众多土司的武装暴动，尽管人数多，地域广，来势猛，但没有形成统一力量，各自行事，分散行动，吴三桂调兵各个击破，很快镇压了这些土司武装。康熙五年（1666），吴三桂在捕杀了暴动的土司酋长之后，设流官统治这些地区，在今文山设立开化府。至此，清初云南的反清斗争被镇压下去，吴三桂统治云南的藩镇地位进一步加强。

二　吴三桂在云南的藩镇统治

清初，以叛明降清，镇压农民军和残明势力之功取得爵位，而受封的藩镇有三：一是平西王吴三桂，封于云南（扩大至贵州）；二是平南王尚可喜，封于广东（子尚之信袭封）；三是靖南王耿仲明，封于福建（子耿

---

① （清）倪蜕：《滇云历年传》卷十。
② 《云南府志》卷五。

继茂、孙耿精忠袭封)。三个藩镇合称"三藩"。"三藩"之中,吴三桂破李自成,平定陕、川、滇诸省,入缅擒永历帝和灭大西军,镇压贵州和云南的反清土司,受清廷恩惠最重,被封为"亲王",统治云贵两省。

吴三桂拥有较强的军事力量。建藩之初,耿、尚二藩所属各 15 佐领,绿旗兵 6000—7000 人,丁口各 2 万,吴三桂藩属 52 佐领,绿旗兵 12000 人,丁口数万。在由东北至西南的征战中,收编了原来明军和农民军中许多能征善战的精兵猛将。设四镇,以吴应麟、吴国贵、夏国相、胡国柱等为都统,以马宝、王屏藩、王绪等 10 人为总兵。入滇之初,军书旁午,清廷假以便宜,云贵督抚受其节制,在镇压云贵反清土司、入缅、守边等军事活动中扩充军队至 10 镇,每镇 10 营,每营 1200 人,总数达 10 万以上。清廷每年发给军饷九百余万两银,占清王朝全年财政支出的三分之一以上。不够,则奏报频告;盈余,则户部不得稽核。清廷要他裁减军队五分之二,他以"边疆未靖"为由,不予裁减。甚至假报敌情,诡称蒙古侵掠丽江、中甸,及调兵往,又称寇已走遁,挟边防以自重。他通使达赖喇嘛,在北胜州(今永胜)互市茶马,于是吐蕃和蒙古军马大量输入云南,每年达千万匹。他还囤积硫黄、硝石,大量制造武器。本来已是强藩的军事力量,还在不断增强,包藏的野心,日益明显。

在政治上,吴三桂拥有许多特权。顺治帝在封他为平西王之后,又加封"亲王",明令云贵总督。云南巡抚、贵州巡抚受其节制。选用文武官吏本是中央吏部和兵部的职权,吴三桂依仗强权势力,欲笼络人心和结党营私,每以藩府龙凤下批咨部:"某为某守令,某为某参游,虽部选已定,例必撤回,而用藩府所咨选者,号为'西选'。"[①] 当时有"西选之官遍天下"的说法。[②] 西选之官到任,即便是督巡大臣,亦改容加礼,唯恐得罪吴三桂。他的部将王辅臣为陕西提督,李本深为贵州提督,吴之茂为四川总兵,马宝为云南总兵等,都是"西选"的结果。他以连年征战,幕府故旧散亡为由,择诸将子弟及四方贵客资性颖敏者,授以黄石兵书、武侯阵法,以备将帅之选。他散财结士,人人得其死力,专制滇中 10 余年,日练士马、利器械、水陆要冲,遍置私人,各省提督和总兵,多是他的心腹。长子吴应熊是清王室的驸马,朝廷信息,旦夕向他飞报。顺治皇

[①] 《滇系》典故四"逆藩吴三桂传"。
[②] (清)魏源:《圣武记》"康熙勘定三藩记上"。

帝逝世，吴三桂前往祭吊，军队开道，络绎行进，三桂才启行，前驱已到河北，人马塞途，居民走匿；清廷唯恐变乱，于京城外搭场设祭，使吴三桂成礼而还。吴三桂的威势朝野震惊，监察御史郝浴、杨素温，庆阳知府傅宏烈等，先后奏劾吴三桂的不法行为，清廷畏惮，不敢处置，反而晋升"亲王"，进行笼络。

吴三桂凭借军政权力，对云南人民进行残酷的经济掠夺。顺治十七年（1660）正月："三桂受总管，命镇云南，上疏乞沐氏旧庄。"① 明朝分封给沐氏的700顷庄田，为吴三桂所"继承"，变为"藩庄"。他还圈占州县卫所的大量土地和一些"职田"，作为"平西王官庄"，因而成为云南最大的庄园主。大量的土地成为"藩庄"，大量的农民成为"藩役"，向吴三桂缴纳繁重的租税，管理庄园的吏目，对农民还进行再榨取，杀人劫财，无恶不作。失地农民被驱逐到高寒山区或瘴疠之乡，造成人口大量死亡。他取消了大西军在云南所推行的"轻租赋、薄徭役"的政策，变本加厉地向农民征收重赋重租。名目繁多的租赋，赋额较明末增加10倍以上，盐课增加4倍以上。

为加强对少数民族的统治，吴三桂恢复了元明以来的土司制度，挟清廷向土司颁发印札，并借此勒索土司的金银财宝。他控制云南地方经济，把盐、铜、金、银等矿产资源的开采和销售变为自己的专利，强令民夫运往省内外推销，获取高额利润。他假浚渠筑城为名，广征关税和市税，勒索富商和小贩的钱财。他铸造钱币，不仅在云贵两省流通，还强行在全国流通，套购各地物资，除铸钱获利之外，再获厚利。

吴三桂倚仗权势，在农、工、商、金融等经济领域，巧取豪夺，聚集了巨大财富，除用于扩充军备，增加军事力量，还用于奢侈腐化的生活。他扩建五华山永历帝皇宫作为藩府，"红亭碧沼，曲折依尔，深阁丰堂，参差因岫，冠以巍阙，缭以雕墙，横广数十里，卉木之奇，远自两粤，器玩之丽，购自八闽，而管弦锦绮，以及书画之属，则必取之三吴，细载不绝"②。填菜海子（翠湖）之半，建造"洪化府"，作为另一住宅，也是极土木建筑之盛，尽其豪华。又在昆明城北莲花池附近，建造"野园"，又名安阜园，作为别墅，也是花费巨资的豪华建筑："穷极土木，毁人庐

---

① （清）刘健：《庭闻录》。
② 《陈圆圆事辑》页五。

墓无算，以拓其地，缙绅家有名花奇石，必穿屋破壁致之，虽数百里外，不恤也。"① 他从苏州买四十名伶工组成歌舞班，仅制作舞衫道具，就花费数十万金。② 他以美女名妓之娱为享受，自北京携陈圆圆到云南，"宠以专房，昼夜备酒色自娱"；③ 又买名为"八面观音"的美姬，"声色极一时之选"，与陈圆圆并擅殊宠。④ 时人张汉有诗道："吴宫压地金三尺，不博昆明土一丘"。⑤ 吴三桂不仅以军政势力造成与清王朝对抗的割据形势，其奢侈生活也不亚于腐化的皇帝。

第二节　吴三桂反清之乱

吴三桂坐镇云南的10余年间，势力不断膨胀。自以为滇黔形势，北控川陕，东指两湖，南扼桂粤，兵甲坚利，财用富饶，屯守攻战之宜，都已具备，于是对清王朝伪为恭敬，心怀异志。朝野有识之士都看得很清楚：强藩雄镇，久必为患。

随着清朝对全国统治的加强，统一的中央集权与藩镇割据势力之间的矛盾便日益激化。康熙帝玄烨继位后，看到"三藩"分布半个天下，有演变成唐代藩镇之势，逐步采取措施削藩。康熙二年（1663），收缴吴三桂的"大将军印"。六年（1667），免去吴三桂"总管"之职，罢其除吏之权。吴三桂阳为听令，但心怀不满。十二年（1673）三月，广东的平南王尚可喜因受其子尚之信的挟制，向清廷上书请求：自己归老辽东，留儿子尚之信镇守广东。是时，玄烨已亲政数年（康熙六年亲政，此前为四大臣辅政），习知中外利害与前代藩镇得失，正日夜思考改变"三藩"雄镇的形势，得知尚可喜的请求，抓住时机，不仅准其还乡，而且令其尽撤藩兵回籍。吴三桂和耿精忠听得此信，十分惊恐，忙于同年七月上书清廷，假意申请撤藩，以试探清廷态度。玄烨令议政王大臣讨论决策。廷议有两派意见，大学士熊赐履等人主张不撤藩。他们认为：吴三桂镇守云南以来，地方平定，今若将其迁移，不得不遣兵戍守；戍兵往返与三桂迁

---

① （清）孙旭：《吴三桂始末》。
② 同上。
③ 《滇系》典故四《逆藩吴三桂传》。
④ 《陈圆圆事辑》页二十三。
⑤ （清）张汉：《留砚堂诗选》卷六。

移,既劳民伤财,又可能发生混乱;应仍留吴三桂镇守云南。兵部尚书明珠、户部尚书米思翰、刑部尚书莫洛等人主张撤藩。他们认为:吴三桂既申请撤藩,应将所属官兵家口,均迁移关外,酌量安插;云南地方,有土司苗蛮杂处,宜暂遣满洲官兵戍守。玄烨赞成撤藩。他认为"三藩"蓄谋已久,不早除之,将为后患;况且,其势已成,撤也反,不撤也反,不若先发处置;又念吴三桂的长子和耿精忠的诸弟,皆宿卫京师,他们考虑子弟的安全,或许不能变乱。于是决定撤藩。

撤藩之策既决,清廷派专使分别前往云南、广东、福建传达圣旨。礼部侍郎折尔肯和翰林学士傅达礼,于康熙十二年(1673)八月,带着玄烨给吴三桂的手诏赴云南,办理撤藩事宜。吴三桂本以功高自负,假意申请撤藩,预料清廷会颁诏慰留,效法明朝以沐英世守云南故事。撤藩圣旨到,吴三桂愕然,全藩官兵震惊,故外表恭顺,领旨谢恩,内心愤恨,意图反叛。他一再向专使申述延缓行期,与其党聚谋叛乱策略。他想行至中原举事,又恐日久谋泄。经过两个多月的谋划,于康熙十二年(1673)十一月二十一日发动武装叛乱。囚禁清廷专使折尔肯和傅达礼,杀云南巡抚朱国治,捕按察使以下之不屈者。自称"天下都招讨兵马大元帅",以明年为周元年,蓄发易衣冠,旗巾皆白,以为明朝复仇之名,发布反清檄文。

檄文既以复明为口实,举兵反清之日,又聚集藩镇官兵在永历帝陵墓前祭哭宣誓。吴三桂降清又反清,杀永历帝而又祭其陵,用一纸檄文和祭陵之举作反清复明的政治号召,以图欺骗世人。时人谢四新(处士)有答吴三桂反清檄文诗云:"李陵心事久风尘,三十年来讵卧薪?复楚未能先覆楚,帝秦何必又亡秦?丹心已为红颜改,青史难宽白发人。"① 对吴三桂的政治欺骗作了尖锐的讥讽。

吴三桂在昆明发动反清武装叛乱,立即得到贵州巡抚曹申吉、贵州提督李本深、云南提督张国柱的响应。云贵总督甘文焜在贵阳闻变,欲拒守而无兵可用,急奔镇远,镇远守将江义已应三桂,拥兵围困,文焜不屈而自刎死。兵部郎中党务礼,户部员外郎萨穆哈,在黔办理移藩舟马粮草事务,闻变,疾驰12日,赴京报告吴三桂叛乱。不久,湖广总督蔡毓荣的奏报也到,清廷震恐。大学士索额图请诛杀首议撤藩的大臣。刑部尚书魏

---

① 肖一山:《清代通史》卷一,第454—455页。

象枢反对武力平叛。康熙帝皆不许。坚持部署平叛方略。调兵遣将，征剿叛军。先遣都统巴尔布等率满洲精骑 3000 人，由荆州守常德；命都统珠满以兵 3000 人，由武昌赴守岳州；命都督尼雅翰、赫业席、市根持、穆占、修国瑶等，分驰西安、汉中、安庆、兖州、郧阳、汝宁、南昌诸要地，听候调遣；命顺承郡王勒尔锦为宁南靖寇大将军，统师至荆州，率大军进剿；又以滇蜀接壤，命西安将军瓦尔喀率骑兵赴蜀。大学士莫洛经略陕西军事。

在军事征剿的同时，清廷对吴三桂进行政治讨伐。康熙十二年（1674）十二月，康熙帝颁诏书削吴三桂官爵，宣谕云贵文武官员军民人等："逆贼吴三桂，穷蹙来归，我世祖章皇帝念其输款投诚，授之军旅，锡封王爵，盟勒山河。其所属将弁，崇阶世职，恩赉有加，开口滇南，倾心倚任。迨及朕躬，特隆异数，晋爵亲王，重寄干城，实托心膂，殊恩优礼，振古所无。讵意吴三桂性类穷奇，中怀狙诈，宠报生骄，阴图不轨。……近览川湖总督蔡毓荣等疏称，吴三桂径行反叛，背累朝廷豢养之恩，呈一旦鸱张之势，横行凶逆，涂炭生灵，理法难容，神人共愤！今削其爵，特遣宁南靖寇大将军统领劲旅，前往扑灭，兵威所至，刻期荡平。……其有所擒斩吴三桂头献军前者，即以其爵爵之；有能诛缚其下渠魁，及以兵马、城池归命自效者，论功从优叙录，朕不食言。尔等皆朕之赤子，忠孝天性，人孰无之？从逆从顺，吉凶判然，各宜审度，勿贻后悔。地方官即广为宣布遵行。"康熙帝的这一诏书，公开宣判了吴三桂的罪状，削其官爵，发布讨伐令，向军民进行动员，分化吴三桂的属官兵丁。鉴于吴三桂长子吴应熊在京城为官，向其父通风报信，于平叛不利，特把他拘捕监禁，待事平定夺。又暂止撤粤闽两藩，作缓兵之计。

吴三桂发动叛乱后，以云贵两省为根据，派王屏藩率军犯四川，马宝等自贵州攻湖南，于康熙十二年（1674）除夕攻陷湖南沅州。第二年正月，吴将龚应麟、夏国相、张国柱等军至湖南。清湖南提督桑额自澧州走夷陵，湖南巡抚卢震弃长沙奔窜。巴尔布、硕岱、珠满等清军于二月初至荆州、武昌，皆畏敌势盛而不敢前进。于是常德、长沙、岳阳、澧州、衡阳四府一州，在两三个月内先后陷落。吴三桂又使部将兵丁，广布招降书信，四处煽动叛乱。襄阳总兵杨嘉来，广西将军孙延龄、提督马雄等，叛清投吴，吴三桂势力又深入到湖北和广西的部分地区。四川巡抚罗森，提督郑蛟麟，总兵谭洪、吴之茂也叛清，吴三桂顺利地占领四川。耿精忠于三月举兵反清，福建全陷；且耿、吴联合，进攻江西。数月间，云南、贵州、四川、湖南、广西、福建六省尽失，湖北、江西两省部分地区也入敌手。中原震动，形势危急。

吴三桂自云南赴湖南督战，调少数民族土司兵助军锋；伐黔楚山木造楼船巨舰；铸滇铜为钱；名"利用"钱；运川湖粮食作军需；遣吴应麟率大军盘踞岳阳，控制长江堤岸和洞庭湖峡口；澧陵、石首、华容、松滋皆布重兵，与岳阳成犄角之势。清军则云集荆州、襄阳、武昌、宜昌诸郡，与吴军形成对峙状态。当时，吴将有主张快速渡江，全师北进者，有主张直下南京，扼守运河，以绝南北粮道者，吴三桂皆不从。三桂年老持重，不欲轻去云贵根据地。占领湖南后，又令诸将不得北进，希望与清廷裂土议和，以长江为界，划江为国。为此目的，他唆使西藏达赖喇嘛向康熙帝奏言："三桂若穷蹙乞降，可宥其一死；倘竟鸱张，不若裂土罢兵"。① 康熙帝严责达赖不但不派兵由藏入滇，剿吴三桂后路，反帮吴三桂陈述"裂土罢兵，划江为国"之策；又赐吴应熊及子吴世霖死，表明决心剿灭吴三桂叛乱。同时，任命贝勒尚善为安远清寇大将军，助顺承郡王勒尔锦剿湖南之敌。

吴三桂看到荆楚布有清军重兵，遂遣部将由两翼进攻：一由长沙窥江西，一由四川窥陕西。江西方面，入袁州，陷萍乡、安福、上高，与耿精忠之兵合陷30余城。康熙帝命岳乐为定远平寇大将军赴江西；命康亲王杰书为奉命大将军，贝子傅喇塔为宁海将军，由浙江征福建；任命简亲王喇布为扬威大将军率师镇江南。陕西方面，原吴三桂部将后任陕西提督的王辅臣于康熙十三年冬叛清投吴。三桂闻报，封辅臣平远大将军陕西东路总管，赏银20万两，令部将王屏藩、吴之茂率军由四川北进，与王辅臣兵合力，占据汉中、平凉、陇西、秦州、兰州、巩昌、定边、靖边、临洮、庆阳、绥德、延安等陕甘两省的许多州县。清军聚守以西安为中心的关中平原。康熙十四年（1675），平南王尚之信叛清投吴，吴三桂又取得广东全省。此时，吴三桂的势力达到了顶峰，控制了云南、贵州、四川、湖南、广西、广东、福建七省的全部，以及陕西、甘肃、江西、浙江四省的部分地区。

面对吴三桂集团的嚣张气焰，康熙帝丝毫不动摇剿灭叛乱的决心。他

---

① （清）魏源：《圣武记》"康熙勘定三藩记"上。又《东华录》十四年四月乙卯。

镇定地指挥全局，用军事攻击与政治瓦解相结合的战略，逐步扭转局势。他任命大学士图海为定远大将军，统帅西部征剿。嘉奖原甘肃提督张勇，总兵王进宝、孙思克、陈福等，调天津总兵赵良栋增援陕西。清军合击王辅臣，在打败他之后，迫使他反吴降清，收复陕西和甘肃失地；又命张勇、王进宝等部向四川进军。接着调兵进攻福建、广东、广西，用军事打击和政治分化相结合的策略，迫使耿精忠、尚之信、孙延龄先后倒戈降清，福建、广东、广西三省全部及江西、浙江部分地区，也告收复。在取得这些胜利之后，清军聚集重兵征剿在湖南的吴三桂主力。

康熙十六年（1677）吴三桂失去了陕西、福建、广东、广西四省，一度占据的江西、浙江、甘肃的州县也失，其控制地除了云南和贵州而外，仅有四川、湖南两省，地盘日益缩小。加上自发动叛乱以来，军费开支巨大，财用渐竭，川湖赋税不足以供军需，形势见绌；恐四方见轻，诸将解体，欲示威重，思窃帝号以自娱，其部将也争相劝进。康熙十二年（1678）三月，吴三桂在湖南衡州（今衡阳）称帝登位，国号"周"，年号"昭武"，改衡州为"定天府"，置百官，封诸将，造新历。在云南、贵州、四川、湖南4省举行科举考试（乡试），用文教形式进行政治号召。宫殿瓦来不及改黄，以黄漆涂抹，盖芦舍万间为朝房。在南岳之麓筑坛祭天，举行登皇帝位仪式，时遇大风雨，潦草成礼而罢。这时，吴三桂已67岁，年老有病，已无力与清廷争分天下。

第三节　吴三桂集团的覆灭

吴三桂在衡州称帝之后，召回马宝、王绪、胡国柱三大将，率精锐兵急攻永兴。因为永兴为衡州门户，相距仅百余里，三桂势所必争。吴军三面环攻，日夜不停，清军一名都统、一名副都统相继战死。前锋统领硕岱等入城死守，城墙被炮火轰塌，且筑且战，数次濒危，誓死守城二十余天。八月二十一日（康熙十七年，1678）吴军突然停止攻击，拔营而去。清军派员侦察，方得知吴三桂已死，主将被召回衡州料理后事。扬威大将军和硕简亲王喇布向清廷奏报："吴三桂初病中风噎膈，有犬登其案而坐，因病甚，口不能张，且下痢，于本月十七日遂死。贼党闭衡州城门，潜调伪将军胡国柱、马宝等于永兴诸处，取吴三桂孙于云南。越四日，胡国柱等自永兴到衡州，始启城门，通行旅。"①

吴三桂在世之时，力排诸将关于北进与清廷争天下的主张，定下了以云南和贵州为根据，兵止于长江、与清廷"划江而国"的决策，故用兵数年，没有长驱北进，集中兵力于湖南和四川，控制地区狭窄。吴三桂既死，诸将聚谋，众说纷纭，决策陷入混乱。吴国贵重谈己见，他认为从前所为皆大错！今日之计，宜弃滇、黔、湘而不顾，北向以争天下。一陆军出荆襄，直驱河南；一水军下武昌，掠舟犯鉴，顺撼江左。诸将重视云南，马宝首先反对，一倡百和，无从决策。盖因当时形势，一目了然：清军重兵集结于湖南、湖北、江西、陕西等地，紧逼吴军。吴军无论作任何行动，清军都与其作战，吴军纵然冒死冲突，也难于摆脱困境。十月，吴三桂的孙子吴世璠由云南来到衡州，举行发表仪式后，继袭"大周"皇帝位，改年号"洪化"，运吴三桂灵柩还云南。鉴于衡州临近前线，尽管祖父定为"国都"，也不敢留，退居贵阳，以湖南、四川、广西为吴军屏障。

康熙十七年（1678）八月，康熙帝向诸路王、贝勒、大将军、将军、总督、巡抚、提督、总兵发布诏书："吴三桂顷已身毙……尔等即宣布德意，广示招徕，务使怀忠抱义之士，顺天命以图全，审事机而建绩，抚绥勘定，早奏荡平，以副朕嘉与维新全意。"② 清军士气高涨，军势益振，湖南、广西、四川等地前线，捷报频传。湖南方面，清军于康熙十八年（1679）正月，攻克岳州，吴军震恐。荆州清军乘势渡长江，夷陵、澧州的吴军皆以舟师投降，常德和长沙的吴军弃城逃跑。清军由长沙进占衡州，吴国贵、夏国相等领兵弃"国都"逃遁。

此时，湖南唯辰州的辰龙关与武岗的枫木岭为进入贵州要道，皆天险。吴国贵、马宝率兵守武岗，被安亲王和广西巡抚傅宏烈两支清军夹攻，首先攻克。胡国柱等踞辰州，由于辰龙关径狭箐密，仅容一骑，两军相持近一年，才被清军由间道袭破，攻克辰州和沅州。胡国柱率残兵走贵阳，清军主力由湖南的辰州和武岗向贵州和云南进军。广西方面，这一年，吴世琮败死于广西，清军在大将军赖塔率领下，由南宁向云南进军，在桂黔滇边区的安笼所、黄草坝、石门砍等地歼敌数万。陕西和四川方

---

① 《清圣祖实录》卷七十六，第15—16页。

② 同上书，第16—17页。

面，清将图海和孙思克皆密奏暂缓进取汉中，康熙帝不许；赵良栋和王进宝奏请领兵进取四川，康熙帝批准。赵王二将于康熙十八年（1678）各率兵两路出师，旋于当年收复汉中。第二年，在川陕边区大败敌军，逼首将王屏藩自缢，生擒主将吴之茂等。赵良栋自阳平关渡白水江和明月江，攻克成都；又败敌胡国柱部于建昌（今西昌）。湖广提督徐治都自巫山经夔州，攻克重庆。至是四川全部收复。是秋，因降将谭洪等复叛，清廷命王进宝留镇四川，而命赵良栋以勇略将军兼云贵总督统率四川清军向云南进军。

鉴于原湖北、湖南、江西方面的清军数量庞大，攻克湖南之后，蒙古宁古塔乌拉之兵全返，安亲王岳乐殄克强敌，功绩卓著，久劳于外，诏令其率所部之半凯旋班师回京。康熙帝改命贝子彰泰为定远平寇大将军，统率清军进取云南和贵州。因云贵两省乃高原山地，清朝大军以汉族绿营步兵居前，满族骑兵继后，特命原湖广总督蔡毓荣为绥远将军，指挥汉族绿营兵先进。至此，清初"三藩之乱"的耿、尚两藩已先期覆灭；吴藩首领吴三桂已死，其孙吴世璠在云南和贵州负隅顽抗。

在清军由湖南、四川、广西三面进剿退守云贵的吴世璠前夕，康熙帝发布两道诏书，整肃军纪，激励士气。勒尔锦、尚善、察尼、鄂鼐、喇布、洞鄂六个皇亲贵族军官因延误战机等因皆被削去官爵，没收产业，逮捕拘禁。另外，"迟延逗留失陷岳州的都统珠满，失陷镇荆山的贝子达，失陷太平街的前锋统领伊勒都齐，贼遁空营饬奏克服的都统巴尔布，岳州饥贼溃围步遁、不能邀截的辅国公温齐，调接永兴、数月不赴的额附将军毕善，屡次败遁纵兵骚扰诈病回京的将军觉罗舒恕，以及左都御史多诺，兵部侍郎勒布等，奉命总理荆州粮饷，擅遁回京，阿范参赞江西军务，逼都统绰克托随征广东，托病回京，回江宁，皆罪之"。① 凡临阵畏缩逃脱者，即便是皇亲贵族，也严加处罚。激励士气的诏书说："军兴数载，供亿浩繁，朕恐累民，不忍加派科，因允诸臣条奏，凡裁节浮费，改折漕贡，量增盐课杂税，稽查隐漏田赋，核减军需报消，皆用兵不得已之意，事平自有裁酌。至满洲、蒙古、汉军、久劳于外，械朽马敝，借贷买补，朕深悉其苦，其迅奏肤功，凯旋之日，所有借贷，无论数百万，俱令户部

---

① （清）魏源：《圣武记》"康熙勘定三藩记"上。

发帑代还。朕不食言，昭如日月，其宣示中外。"① 既加恩，又给利，清军士气大振。

康熙十九年（1679）十月，彰泰率湖南的清军由平越攻贵阳。吴世璠和吴应麟奔逃回云南，"大周"文武官员200余人投降。十一月，清军收复遵义、安顺、石阡、都匀、思南等府。军至盘江天险，吴军焚铁索桥而逃。清军令土司造浮桥而渡，吴将李本深投降。二十年（1681）正月，吴将夏国相、高隆、王会等拥兵2万屯平远西南山，又分兵万余据盘江西坡天险。吴军以象阵迎战，清军迫险，见象溃，死伤甚多。两日后，蔡毓荣整顿清军复进，夏国相弃险西走，贵州省全被清军攻复。贝子赖塔率广西清军，也屡败吴军而入滇，与湖南来的清军会师曲靖。清军分队前进，于二月到昆明。吴世璠派留守昆明总管郭壮图率步骑兵数万，列象阵迎战三十里外。清贝子彰泰军其左，赖塔军其右，自卯至午，五战五进，冒死战斗。吴军象队反践其军放金汁河，清军以劲骑左右冲杀，大败吴军，擒斩甚多，进逼城东归化寺。清军自归化寺至碧鸡关数十里列营，东、北、西三面包围昆明。吴世璠迁移诸将家口于五华山宫城，分门守卫，誓死守城。又数月，临安（今建水）、永顺（今临沧）、姚安、大理诸路吴军总兵相继投降清军，昆明更加孤立。

在此之前，吴世璠派胡国柱、夏国相、马宝等反攻四川，攻陷泸州、叙永、建昌、马湖诸府；又唆使降将谭洪、彭时亨等在四川东部再度叛乱，降将马永荫再叛于柳州，借以分散清军兵力，减轻清军对昆明的压力。此时，昆明危急，吴世璠急调四川吴军回救；清军赵良栋部分路截击，回救昆明的吴军或死或降，没能返回云南。九月，清军赵良栋部自四川到达昆明，与湖南和广西而来的清军会合，连夺三濠三桥，直抵城下。清军又在滇池内横筏施楼橹，截断滇池航运。十月，城中食尽援绝，南门守将暗通清军，开门投降。清军大队冲入，占领昆明全城。吴世璠服毒而死，郭壮图执剑自刎。胡国柱在滇西云龙县境内自焚而亡，大学士方光深，将军夏国相、马宝等被俘斩首。清廷传令：析吴三桂骸骨，送吴世璠首级入京，晓谕全国军民。得胜的清军诸将，在昆明争取女子玉帛，唯赵良栋严禁军士，并簿籍藩产献送清廷。云南和贵州平定。清廷任命赵良栋为吴三桂叛乱后的第一任云贵总督，伊云为云南巡抚。清军凯旋班师。清

---

① （清）魏源：《圣武记》"康熙勘定三藩记"上。

廷户部发帑代还军士积负，共费五百六十余万。康熙帝大赦天下，发布诏书："当滇逆初变时，多谓撤藩所致，欲诛建议之人，以谢过者。朕自少时，见三藩势焰日炽，不可不撤，岂因三桂背叛，遂诿过于人。今大逆削平，疮痍未复，其恤兵养民，与天下休息。"①

"三藩之乱"平定后，康熙帝进行了一系列的重要改革，不再分封王爵镇守各地，直接委任巡抚和总督治理各省，清朝统一的中央集权国家进一步得到巩固。在云南变卖吴三桂的庄田，招抚农民复业，安置兵丁家属垦荒，鼓励私家集资开矿等。这些措施有利于恢复和促进云南社会经济的发展。

总结历史经验，吴三桂叛乱失败，康熙帝平叛胜利，自有政治和军事战略的失与得。以吴三桂的失败而论，明末降清，引清军入关，充当镇压大顺和大西农民军的先锋；清王朝在全国建立统一政权后，在云南搞藩镇统治，飞扬跋扈，成割据一方之势，在全国人民（特别是汉族人民）的心目中，吴三桂的形象很坏，此其一。吴三桂降清又反清，亲杀明永历帝，又以"复明"为号召，最后又自立为"大周"皇帝，反复无常，既失军心、民心，又失政治基础，此其二。吴三桂叛乱极盛之时，控制10余省广大地区，震撼全国。如果挥师北进，占据武汉地区以后，以一军顺江而下，攻占苏浙；主力北向中原，直指京师，陕西已属，西北隔离，清廷将危矣！然而，吴三桂不行此略，保守云、贵、川、湘，图据南方，意欲"划江而国"，是为战略和战机的重大失误。待清军稳住阵势，先灭闽、粤、桂、陕声援，再歼湖南主力，吴氏只能困守云、贵、川，坐以待毙。由此三点来看，吴三桂只是奸雄，并无英才，虽曾称帝，但没有立国的智慧。

以康熙帝玄烨的胜利而论，玄烨少年继皇帝位，六年亲政，在排除鳌拜等四辅政大臣干扰后不久，吴三桂叛乱。当时清朝的开国宿将和谋臣都已逝世，辅佐他执政的文臣武将，资历和经验都比吴三桂浅。然而玄烨及其下属年轻有为，倚仗清初的上升国力，运筹帷幄，决胜千里，取得既守成又创业的大功绩。魏源在《圣武记》中评论玄烨战胜吴三桂的方略的正确性，符合历史的真实。"一则不蹈汉诛晁错之辙，归咎于首议撤藩之人"，"二则不以达赖喇嘛裂土罢兵，苟且息事之请，力申天付"，"三则

---

① （清）魏源：《圣武记》"康熙勘定三藩记"上。

不宽王贝勒老师养寇之罪,罚先行于亲贵","四则谕绿旗诸将等,以从古汉人叛乱,止用汉兵剿平,有满兵助战"。对满汉两军都赏勇罚畏,故清军的汉族部队,英勇作战,张勇、赵良栋、王进宝、孙思克奋于陕,蔡毓荣、徐治都、万正色奋于楚,杨捷、施琅、姚启、吴作兴奋于闽,李芝芳奋于浙,傅宏烈奋于粤。岳乐、傅喇塔、彰泰、图海、穆占、硕岱等满族将领,也英勇善战。五则兵力部署得当,调遣有序。布精兵于湖北、江西、陕西,扼制湖南和四川的吴军主力;设重兵于中原和长江下游,以备应援;京城安定,中央政权得以稳固;江淮平安,财赋得以输送,军需得以供应。玄烨作为20岁左右的青年皇帝,指挥如此大的政治、军事斗争,并最终取得胜利,不愧为一代智勇兼备的名君。

第九章

清朝前期云南的政治

第一节 行政建置与省、道、府、县

一 行政建置与总督巡抚

清王朝统一全国后，建立中央集权的封建政权。皇帝至高无上，集一切权力于一身。内阁大学士为宰相职，但顺治（1644—1661）和康熙（1662—1722）年间有"议政王大臣"，雍正（1723—1735）以后有"军机大臣"，行宰相实权。行政部门分为吏部、户部、兵部、礼部、工部、刑部六部。司法部门由大理寺、刑部及都察院分工协作，合称"三法司"。都察院又掌监察权，翰林院储人才，备顾问。理藩院处理蒙古、新疆、西藏、青海等地事务。通政司专司奏章。国子监管教育，钦天监掌天文历法占相。宗人府、内务府、詹事府、太常寺、光禄寺、太仆寺、鸿胪寺等管理宫廷事务。

地方政权在元明两朝的"行省制"的基础上有所变革。京城、东北地区，内外蒙古、新疆、西藏、青海为特别行政区，其他各地分为十八省（光绪九年以后，改东北地区为奉天、吉林、黑龙江三省，增设新疆省和台湾省）。

云南为十八省之一，省下设道，道下设府，府下设县。另有州和厅的设置，直隶州、厅的级职与府同，一般州、厅的级职与县同。厅的设置多在边疆和少数民族地区。云南是多民族省份，少数民族地区还设有特别行政区：土府、土州、土巡检、宣慰司、宣抚司、安抚司、长官司、副长官司、土千总、土把总等，按其人口、地域、势力而设。

省级长官。元朝时名为"行中书省平章政事"；明朝时是承宣布政使、提刑按察使和都指挥使，分掌行政、司法、军事，共同向明朝皇帝负责。明朝后期虽然已有总督、巡抚官职，但因事而设，事毕复命，职与权都撤销，不是常设官职。清朝的总督、巡抚是常设的省级长官。总督是省最高长官，管辖一省或二三省的一切权力（从一品）。巡抚也是省级最高长官，掌一省权力，地位比总督略低（正二品）。云南省在元朝时封蒙古贵族梁王于云南，又封大理王后裔为大理总管，这两个封建贵族牵制了云南行中书省平章政事的权力。明朝封功臣沐英及其子孙为世袭黔国公，镇守云南，牵制了云南"三司"的权力。清初，清廷封吴三桂为"平西亲王"，镇守云南，总管云贵两省事务，牵制了云贵总督、云南巡抚、贵州巡抚的权力。康熙帝平定吴三桂叛乱后，不再封贵族和功臣统治地方，云贵总督和云南巡抚就是云南省的最高长官，向清廷负责。没有世守云南的王公牵制。

清代前期（1840年以前），设于云南的总督和巡抚有一些变迁。顺治初年，设云贵总督一人，云贵两省互驻；设云南巡抚一人，驻云南府（昆明）。康熙元年（1662），裁云贵总督，专设云南总督一人，驻曲靖府。康熙三年（1664），云南总督和贵州总督裁并为云贵总督。康熙十二年（1673）设云南总督，十三年（1674）复改为云贵总督。雍正六年（1728）云贵总督鄂尔泰兼督广西，改为云贵广西总督。乾隆元年（1736），广西合于广东，分设云南总督和贵州总督。乾隆十二年（1747）又并为云贵总督，直至清末。云南巡抚一职，除专设云南总督之时不设之外，都有设置。

同时，总督例加"都察院右都御使"衔，巡抚例加"都察院右副都御使"衔，又是云南的最高司法官和监察官。再者，总督例加"兵部尚书"衔（或加"兵部侍郎"衔），巡抚例加"兵部侍郎"衔，又是云南驻军的总司令。总督和巡抚的区别在于"巡抚只管云南一省，总督管一省或两省或三省。云南总督管云南一省"（云贵总督管云南、贵州两省，云贵广西总督管云南、贵州、广西三省）。巡抚的地位比总督略低。巡抚和总督不由吏部"铨选"，而由皇帝"简任"（由皇帝亲自选择和任命的官吏称为"简任"）。清朝前期（1840年前）历任云贵总督和云南巡抚80余人，因各个时期云南的形势和主要任务不同，而任用不同类型的人。

康熙年间（1662—1722），因汉族军队在平定吴三桂叛乱中的功绩卓著，任命赵良栋、蔡毓荣、王继文、范承勋等人为云贵总督或云南巡抚。他们都是在关外培养起来，又在平叛中建功的汉军旗人骨干。他们的主要任务是平定叛乱，革除吴氏弊政，恢复和发展云南社会经济。赵良栋在平叛中功绩显赫，但因与满族大将军彰泰有矛盾，被密奏离职。蔡毓荣针对吴三桂的弊政，提出"筹滇十疏"，有利于云南经济的恢复和发展，但因贪污和品质恶劣被撤职。

雍正年间（1723—1735）的云贵总督和云南巡抚，大多是科举出身，文化水平较高的人，诸如鄂尔泰、高其倬、张允随、尹继善等，主要致力于"改土归流"及其善后工作。鄂尔泰厉行"改土归流"，有利于少数民族地区的社会发展，但曾对昭通、思茅两地区的少数民族进行残酷镇压。张允随在云南为官30余年，熟悉云南情况，在兴修水利、开垦农田方面，成绩突出。乾隆初年的硕色、恒文、爱必达、吴达善等人，没有显著政绩，且办事因循，废弛边务，导致边患。对缅甸战争期间所派的总督、巡抚，大多是出身于"八旗"的将军；刘藻因败自杀，杨应琚因贻误军机被处死。明瑞、阿桂、阿思哈、彰宝、福康安、勒保等，都是满族将军，在取得对缅战争胜利之后，致力于战后稳定、边防、恢复社会经济等。嘉庆年间，多为满族八旗子弟。此时爆发了历时较长的云南各族人民反清起义，书麟、觉罗琅玕、伯麟、庆保等督抚都从事镇压各民族的反清斗争。觉罗琅玕和书麟尤其残酷镇压各族人民。

道光年间（1821—1850）特别重视任用翰林出身的人，赵慎珍、阮元、伊里布、吴其濬、贺长龄、李星沅、颜伯焘等人，都是当时优秀的翰林进士，任总督、巡抚时善于守成，号称"循吏"。阮元是著名理学家，任云南总督时，在盐政管理方面，严惩贪污和走私；在边防管理方面，严惩贪功妄杀。吴其濬任云南巡抚时，对矿务深入研究，著有《滇南矿厂工器图略》一书，颇有科技价值；他还深入调查云南植物，与在其他省的植物调查资料合并，著成《植物名实图考》一书，科技价值更高，流传国外，被译成多种外文本。

在云贵总督和云南巡抚中，也不贬平庸之辈和贪官污吏。康熙年间（1662—1722）的蔡毓荣功过参半，已如前述。乾隆年间（1736—1795）的恒文、郭一裕、李尧，嘉庆年间（1796—1820）的江蓝、富纲，都是大贪污犯，或被革职，或被处死。历任云南的总督和巡抚中，也有为官清廉者。先任云南巡抚，后任云贵总督的郭琇，康熙五十年（1711）死于总督任上，死时家境十分贫困，僚属等筹万金送来，其妻不受。康熙末年任云南巡抚，雍正年间（1723—1735）任过云南总督的杨名时，废除官场送礼陋规，在职 7 年，以奏免盐课被人诬告而遭撤职。

清代前期云贵总督和云南巡抚简表

顺治十六年至道光二十年（1659—1840）

总督：

顺治朝：赵廷臣、卞三元、佟延年、杨茂勋。

康熙朝：卞三元、甘文焜、鄂善、周有德、赵良栋、蔡毓荣、范承勋、丁思礼、王继文、巴锡、贝和诺、郭瑮、蒋陈锡、张文焕。

雍正朝：高其倬、伊都立、杨名时、鄂尔泰。

乾隆朝：尹继善、庆复、孙广泗、张允随、硕色、爱必达、恒文、吴达善、刘藻、杨应琚、明瑞、鄂宁、阿桂、阿思哈、彰宝、图恩德、李侍尧、福康安、富纲、特成额、勒保。

嘉庆朝：勒保、鄂辉、富纲、长龄、书麟、觉罗琅玕、伯麟、庆保、史致光。

道光朝：史致光、明山、长龄、赵慎珍、阮元、伊里布、邓廷桢、桂良。

巡抚：

顺治朝：林天擎、袁懋功。

康熙朝：袁懋功、李天浴、朱国治、伊辟云、石琳、王继文、石文晟、佟毓秀、郭瑮、吴存礼、施世纶、甘国璧。

雍正朝：杨名时、朱纲、常赉、沈廷政、张允随。

乾隆朝：张允随、庆福、图尔炳阿、岳濬、爱必达、郭一裕、刘藻、常钧、汤聘、鄂宁、明德、喀宁阿、彰宝、诺穆亲、李湖、李翰、裴宗锡、图思德、孙士毅、颜希深、刘秉恬、谭尚忠、冯光熊、姚棻、江兰。

嘉庆朝：江兰、初彭龄、伊桑阿、孙日秉、永保、章煦、同兴、孙玉庭、陈若霖、李尧栋、李鏊宣、史致光、韩克均。

道光朝：韩克均、伊里布、何煊、颜伯焘、张澧中、吴其濬、惠吉。

总督只设一人，没有副职。府中职员一般有六：一为"中军"副将是总督护卫官，掌中军营务；二为"武巡捕"，掌督署秩序，文武官员谒见总督时，在旁陪伴与护卫；三为"文巡捕"，总督执行公务时，在左右供使令（秘书）；四为"监印"委员，管理印章；五为"收呈委员"，掌收受呈诉；六为"戈什哈"，侍奉总督。

巡抚也只设一人，没有副职，府中职员与总督府同。巡抚护卫官为

"中军参将",比总督护卫官"中军副将"的品级稍低。

省级长官、总督、巡抚以下,还有"承宣布政使""提刑按察使"。在明朝时,总督、巡抚不是常设官,布政使、按察使、都指挥使合称"三司使",是省级最高长官。清朝因废除卫所制度而废除都指挥使,仍保留布政使和按察使;又因总督和巡抚为常设省最高长官,而降为次官,受督抚领导。布政使(从二品)主管民政和财政。按察使(正三品)主管司法和监察。省内一切政务,布政使和按察使都参与,实为总督和巡抚的两大辅佐官。布政使司设经历司、照磨所、济用库、理问所。按察司设经历司、照磨所、司狱司。

二 道、府、县、州、厅

省级行政机构还有若干道。诸如督粮道,管粮运、水利等;盐法道,管盐政、茶政等;驿使道,管交通、邮政等;提学道,管教育、文化等。云南储粮道,乾隆年间(1736—1795)以后,还兼管某些府州地方。

清朝的地方政权机构,省为第一级,道为第二级,府为第三级,直隶州和直隶厅与府同,县、州、厅为第四级。

云南省在清初设永昌道。雍正八年(1730)七月,改永昌道为迤西道,增设迤东道。乾隆三十一年(1766)十月,因迤东道境域辽阔,增设迤南道;又把云南府和武定府划归盐法道管辖。各道管辖的府为:

迤东道:驻寻甸城,辖曲靖府、广西府(后改直隶州)、广南府、开化府、澂江府、昭通府、东川府。

迤南道:驻普洱城,辖普洱府、镇沅府(后改直隶州)、元江府(后改直隶州)、临安府。

迤西道:驻永昌城(今保山),辖永昌府、顺宁府、景东府(后改直隶厅)、楚雄府、姚安府(后并入楚雄府)、大理府、蒙化府(后改直隶厅)、丽江府、鹤庆府(后并入丽江府)、北胜府(后改永北直隶厅)。

储粮道:驻昆明城,辖云南府、武定府(后改武定直隶州)。

光绪十三年(1885),增设临安开广兵备道,驻蒙自城,辖临安、开化、广南三府;又把原属迤西道的顺宁府、景东直隶厅,新建的镇边直隶厅,划归迤南道管辖。

道的长官称"道员"(正四品)。清初有分守道与分巡道之分;分守专管钱粮,分巡专管刑名;设参政、参议为布政使的次官,分守各道,称为守道；设副使、佥事为按察使的次官，分巡各道，称为巡道。乾隆时（1736—1795），裁去参政、参议、副使、佥事之衔，定守巡道为正四品，职务上的钱粮刑名守巡区别也逐步并得掌握。道员成为总揽一道的行政、司法、监察、财经、文教等权力。若道内动乱，请示总督或巡抚，就获得调遣道内军队、整顿道内治安的军事权力。

道下设府，府的长官称知府（正四品或从四品），掌握管内行政、司法、监察、财经、文教等一切权力。辅助官主要有同知（正五品）、通判（正六品），都有专职，如供给军粮、运输、少数民族事务等。种类相当多，都冠以职名，如某专职同知、某专职通判等。府的属官还有经历（正八品）、知事（正九品）、照磨（从九品）、司狱（从九品）、检校、吏目、书吏等。直隶州、直隶厅的职级与府同。直隶州长官称为知州（正五品或从五品），掌一州政权。辅助官有州同（从六品）、州判（从七品），职责与府的同知、通判同。属官也大体与府同类。府和直隶州都有儒学教授（正七品）掌管教育。

县、州、厅为基层政权机构。长官称为知县（正七品）、知州（正七品）。厅的设置，只在边疆和少数民族地区。知县、知州掌一县一州的行政、司法、财经、文教等权力。属官有县丞（正八品）、主簿（正九品），分掌巡捕、户籍、粮马、赋税等事。还有巡检（从九品），设于关津要冲地方，缉捕盗贼。典史管监狱，驿丞管邮传，书吏掌文书。

清代云南省的地方建置，各个时期有所变动。雍正《云南通志》说："共置府二十三，直隶同知一，领州三十一，土府一，土州一。"清朝《文献通考》说："云南布政司，凡领府十四，直隶州四，直隶厅三。"没有说多少县。《清史稿·地理志》说："领府十四，直隶厅六，直隶州三，厅十二，州二十六，县四十一；又土府一，土州三，土司十八。"分列如下：

云南府：昆明县、富民县、宜良县、罗次县、呈贡县、禄丰县、易门县、嵩明县、晋宁县、安宁县、昆阳州。

澄江府：河阳县、江川县、新兴州、路南州。

广南府：宝宁县、土富州。

曲靖府：南宁县、平彝县、沾益州、宣威州、陆凉州、马龙州、罗平州、寻甸州。

昭通府：恩安县、永善县、靖江县、鲁甸厅、大关厅。

镇雄直隶厅。

东川府：会泽县、巧家厅。

楚雄府：楚雄县、定远县、广通县、大姚县、南安县、镇南州、姚州。

武定直隶州：元谋县、禄劝县。

大理府：太和县、云南县、浪穹县、十二长官司、宾川州、赵州、邓川州、云龙州。

蒙化直隶厅。

丽江府：丽江县、维西厅、中甸厅、鹤庆州、剑川州。

永北直隶厅：华坪县、蒗蕖土州、永宁土府。

景东直隶厅。

镇沅直隶厅。

元江直隶厅：新平县。

镇边直隶厅。

永昌府：保山县、永平县、腾越厅、龙陵厅、镇康土州、湾甸土州、孟定土府、孟连长官司、潞江安抚司、南甸宣抚司、盏达副宣抚司、干崖宣抚司、户撒长官司、腊撒长官司、陇川宣抚司、勐卯安抚司、遮放副宣抚司、芒市安抚司、鲁掌、登梗、六库、卯照。

顺宁府：顺宁县、云州、缅宁厅、耿马安抚司。

普洱府：宁洱县、思茅厅、威远厅、他郎厅、车里宣慰司。

临安府：建水县、通海县、河西县、蒙自县、嶍峨县、宁州、石屏州、阿迷州、纳楼甸长官司、思陀甸长官司、左能甸长官司、落恐甸长官司、溪处甸长官司、瓦渣甸长官司、亏容甸长官司。

开化府：文山县、安平厅。

毛奇龄《蛮司志》卷八论云南省疆域时说："版籍其地，加以经划，创置云南、楚雄、临安、大理诸府为内地；更以元江、永昌之外麓川、车里诸地为西南夷，一如旧时成都之视滇池。其南以元江为关，车里为蔽，而达于八百；其西以永昌为关，麓川为蔽，而达于木邦；其西南则通缅甸，而抵于海；其东南则通宁远，而竟于安南；其西北则拓丽江，而达于吐蕃，幅员广大，至是已极。"关于边疆少数民族地区的特殊行政建置，将于本章第三节中详述。

第二节 军事建置与汛塘关哨

一 八旗兵与绿营兵

清朝的军制，自努尔哈赤创建"八旗"兵始。其时皆为满族兵，每三百人编一"佐领"；五"佐领"设一"参领"，领一千五百人；五"参领"设一"都统"，领七千五百人；八都统是为"八旗"，六万人。"八旗"者，以正黄、镶黄、正白、镶白、正蓝、镶蓝、正红、镶红八种旗帜为标志。皇太极又用汉人和蒙古人各编"八旗"。于是有满八旗、汉八旗、蒙八旗，共二十四旗。入关前后，八旗兵数约20万，逐步攻占全国，建立清王朝。全国统一后，八旗兵主任京城警卫，兼驻战略要地，遂有京营和驻防营之别。大体在京城警卫的京营兵数10万，驻防战略要地的"驻防营"兵数10万，各占一半。八旗兵中，镶黄旗、正黄旗、正白旗为皇帝亲军，称为"上三旗"，担任宫廷侍卫，又称"郎卫"，由六名领侍卫内大臣率领（后改隶内务府总管）。八旗兵的军官除佐领、参领、都统、左右副都统（每位都统有左右副都统）外，在众多军队驻防或集结地区设将军率领。

全国统一后，建立绿营兵，因所执旗号为绿色而称名。绿营兵全是汉族，士兵、中下级军官、高级将领全是汉族；士兵全是招募的，领取薪俸。绿营兵在京城有巡捕五营。各地有督标，为总督直辖部队，抚标为巡抚直辖部队，提标为提督直辖部队，镇标为总兵直辖部队；还有河标为河道总督所辖部队，漕标为漕运总督所辖部队，军标为成都将军所辖部队。清朝前期的全国绿营兵总数各个时期有所不同，大体在60余万人；与八旗兵相加，清军总数为80余万。尚有锡伯兵、索伦兵，察哈兵等，为数不多。

在顺治年间清军初次入滇、赴缅甸捕残明永历帝，康熙年间平定吴三桂叛乱，乾隆年间征缅甸，嘉庆年间镇压少数民族大起义中，有八旗兵到云南作战，平时没有八旗兵驻防。吴三桂统治时期为吴三桂的藩兵，其余时间常驻云南的清军全是绿营兵。

云南省的绿营兵有督标、抚标、提标、镇标，统率各镇、协、营兵、布置在云南各地。其系统是：

一、督标中军（中、左、右三营），领城守营（驻昆明）、楚雄协

（中、左、右三营）、曲寻营（左、右二营）、寻沾营（驻宣威）、武定营。

二、抚标中军（左、右二营）。

三、提标中军（中、左、右三营）、城守营（驻大理）。

四、镇标：1. 临元镇（中、左、右三营）、元江营、新嶍营、澄江营。2. 开化镇（中、左、右三营）、广南营、广西营。3. 腾越镇（中、左、右三营）、永昌协（左、右二营）、龙陵营、顺云协（左、右二营）。4. 鹤庆镇（中、左、右三营）、维西协、永北营、剑川营。5. 昭通镇（中、左、右、前四营）、东川营、镇雄营。6. 普洱镇（中、左、右三营）、威远营、景蒙营。共五十三营。以每营千人计算，大约5万。当然，各个时期的设置有所变动，兵额数也有所增减。因为云南省是边疆和多民族地区，为全国各省兵额中的较多省份。

云贵总督是云贵两省的最高行政长官，因为他例加"兵部尚书"或"侍郎"衔，又是云贵两省的最高军事长官。云南巡抚是云南省的最高行政长官，因为他例加"兵部侍郎"衔，又是云南省的最高军事长官。云南提督是云南省的专职军事长官（驻大理）。镇的长官称总兵。协的长官称副将。营的长官称参将，或守备，或游击，或都司。营以下的军官还有千总、把总、外委、额外委等。《大清会典事例》载军官的品级：提督，从一品；总兵，正二品；副将，从二品；参将，正三品；游击，从三品；都司，正四品；守备，正五品；千总，正六品；把总，正七品；外委千总，正八品；外委把总，正九品；额外外委，从九品。军官有战功，清朝皇帝颁布诏令，授予爵位。军官所得爵位可以世袭。爵位分为九等：公、侯、伯、子、男、轻车都尉、骑都尉、云骑尉、恩骑尉。公、侯、伯，一品；子、男，二品；轻车都尉，三品；骑都尉，四品；云骑尉，五品；恩骑尉，七品。

兵部定期对军官进行考查，五年举行一次。以"操守""才能""骑射""年岁"为考查内容，注册审批。"卓异者"加一级，注册侯升。"中平者"，留用。"差劣者"，纠劾惩罚。惩罚原则是："贪""酷"者，革职提问；"软""不勤"者，革职；"年老""有疾"者，休息；"浮躁"者，降一级；"才力不及"者，降二级。

清朝前期的清军兵种有骑兵（马甲）、步兵、藤甲兵、云梯兵（健锐营）、枪兵（有虎枪营，用西洋传入的鸟枪、铳枪；步兵中也有少量配置)、炮兵(以"红夷炮"为普遍)。八旗兵的骑兵较多。绿营兵多为步兵。兵器多为传统的刀枪箭戟之类,配以鸟枪、铳枪、红夷炮。

军饷制度影响着清军的质量。军官的供给有俸银、禄米、薪银三项,皆按品级发放。在京军官有俸银和禄米,在外军官有俸银和薪银。

品级		俸银(年)	禄米(年)	薪银(年)
正、从	一品	180 两	90 石	144 两
正、从	二品	155 两	77.5 石	144 两
正、从	三品	130 两	65 石	120 两
正、从	四品	105 两	52.5 石	72 两
正、从	五品	80 两	40 石	48 两
正、从	六品	60 两	30 石	32 两
正、从	七品	45 两	22.5 石	32 两
正、从	八品	40 两	20 石	无
正	九品	33.114 两	16.557 石	无
从	九品(未入品级同从九品)	31.5 两	15.75 石	无

士兵的兵饷,八旗兵多,绿营兵少。八旗兵亲军、护军、前锋营的"领催"、弓匠长、士兵,每月给银 4 两,每年给米 48 斛。骑兵、铜匠、弓匠,每月给银 3 两,每年给米 48 斛。炮手每月给银 2 两,每年给米 36 斛。步兵每月给银 1 两 5 钱,每年给米 24 斛。教养兵每月给银 1 两 5 钱,不给米。绿营兵的兵饷:京城的巡捕三营,马兵每月给银 2 两、米五斗。步兵每月给银一两,米 3 斗。各省镇绿营兵,马兵每月给银 2 两,米 3 斗。步兵每月给银 1 两 5 钱,米 3 斗。守兵每月给银 1 两,米 3 斗。一个八旗兵的兵饷等于两个绿营兵的兵饷。

八旗兵与绿营兵兵饷的差异所产生的弊病,在顺治年间绿营兵制建立初期就已显现出来。当时的司农林起龙写的一份奏书指出:"有制之师,兵虽少而以一当十,饷愈省兵愈强,而国富。无制之师,兵虽多,万不敌千,饷愈贵兵愈弱,而国贫。今天下绿旗营兵总六十万,而地方有事,即请满洲大兵,是六十万之多,仍不足当数万之用。推原其故,总缘将官赴任,召募家丁,随营开粮,军牢伴当,吹手轿夫,皆充兵数。……然其大病有二：一则营兵原以戡乱，今乃责之捕盗；一则出饷养兵，原以备战守之用，今则加以克扣，兵丁所得，仅能存活，又不按月支发，贫乏之兵，何以自支？今总计天下绿营兵共六十万，诚抽得二十万精兵，养以四十万兵饷，饷厚兵精，不过十年，可使库藏充溢。"道光年间的魏源写《圣武记》评论说："西洋欧罗巴各国兵，月给洋银六圆，每岁七十二圆，饷糈优厚，故训练精强。其饷同中国禁旅亲军领催之饷数（八旗兵），其余绿营，则半之，且有不及其半者。……以英吉利之倔强，而胜兵只十七万，已无敌于诸国。是知兵在精不在多。"林起龙和魏源都看到了绿营兵量多质差的弊病，深为中肯。

二 汛塘关哨

清代绿营兵制，设镇、协、营于各地驻守，有事调遣应用。云南的绿营在雍正年间的"改土归流"，乾隆年间的征缅甸、征安南，嘉庆年间的镇压云南各民族起义中，都被调遣作战，事毕返回防区驻守。绿营兵分防布置，防区称为"汛地"，委千总、把总领兵驻守，各汛又分设很多塘、关、哨、卡，派兵丁驻守。所有道府州县境内，普遍设立。道光《云南通志》卷四十三载云南全省的汛塘关哨名目，并记分防兵额与建制，其"总叙"说："关哨汛塘"之制，诘奸宄而戒不虞；设立哨塘，分置兵役，星罗棋布，立法至为周详。每县至少一汛，分兵在塘、关、哨驻守。在社会经济较发达的云南府、曲靖府、澂江府、楚雄府、大理府等处，大抵每县设一汛驻城内，分塘哨于各地；边远各府，每县多设汛，分塘、关、哨卡于各地。兹据道光《云南通志》所载各府州县的汛塘关哨抄录如下：

云南府：昆明县，昆明、板桥二汛，二十四塘、十二哨。富民县，富民汛，六塘、四哨。宜良县，宜良汛，五塘、四哨。罗次县，罗次汛，五塘、一关、十八哨。晋宁州，晋宁汛，四塘、三哨。呈贡县，呈贡汛，八塘、三哨。安宁州，安宁汛，十二塘、十哨。禄丰县，禄丰汛，十塘、二关、十二哨。昆阳州，昆阳汛，二塘、一关、四哨。易门县，易门汛，十五塘、十三哨。嵩明州，杨林汛，十塘、一关、十五哨。

澂江府：河阳县，澂江汛，十塘、三关、十一哨。江川县，江川汛，五塘、一关、五哨。新兴州，新兴汛，九塘、一关、七哨。路南州，路南汛，九塘、一关、十一哨。

楚雄府：楚雄县，平掌汛，二十塘、四关。镇南州，镇南汛，十四塘、三关、十一哨。南安州，南安汛，妥甸汛，雨竜汛，李海汛，平掌汛，崿嘉汛，界牌汛（七汛），三十七塘、四关、二十一哨。姚州县，姚州、普溯二汛，三十二塘。大姚县，苴却、白马河二汛，九塘、二关、十一哨。广通县，广通、舍资、响水三汛，十二塘、三关、二十六哨。定远县，定远汛、七塘、二关、十九哨。

大理府：太和县，太和汛，十一塘、二关、六哨。赵州，赵州、弥渡二汛，十四塘、二关、十四哨。云南县，云南汛，十七塘、三关、二十七哨。邓川州，邓川汛，十六塘、一关、九哨。浪穹县，浪穹汛，十四塘、三关、八哨。宾川州，宾川汛，八塘、一关、二十八哨。云龙州，云龙汛，十三塘、二关、二十哨。

曲靖府：南宁县，南宁、越州、白水三汛，十五塘、三关、二十一哨。沾益州，交水、炎方、松林三汛，十三塘、二关、五哨。陆凉州，陆凉汛，十塘、八关、十二哨。马龙州，马龙汛，十一塘、三关、十三哨。罗平州，罗平、偏头山、恩勒村、板桥、大水井五汛，三十八塘、十二哨。寻甸州，寻甸、易隆、东塞堡、功山、秧田冲五汛，三十四塘、二关、四十五哨。平彝县，平彝、黄泥河二汛，十六塘、三关、十三哨。宣威州，关厢专城、倘塘、可渡、鹞鸡山、井田坝、大屯六汛，二十七塘、二关、四哨。

临安府：建水县，建水、曲江、大石硐、簸岩四汛，二十四塘、二关、二十八哨。石屏州，石屏、一碗水二汛，八塘、二关、十二哨。阿迷州，阿迷汛，十塘、二关、二十四哨。宁州，宁州汛，五塘、一关、七哨。通海县，通海汛，六塘、二关、十一哨。河西县，河西汛，四塘、一关、三哨。嶍峨具，嶍峨、化念、俄爽、塔竜、洒冲甸五汛，十八塘、三关、五哨。蒙自县，蒙自、斗母阁二汛，六塘、二关、十二哨。

开化府：文山县，新现、坝洒、老寨、麻栗坡、乐竜、石榴第、江那、者腊、六启、河口、石头寨十一汛，六十四塘、一关。安平厅，牛羊、马达、箐江、天生桥、扣览、马街、山车、八寨、交阯城九汛，三十塘、二关、四十四卡。

广南府：宝宁县，板蚌、者宾、富州、剥隘、普梅、阿记得、弥勒湾、命贴、者洪九汛，一百零一塘卡、一关。

东川府：会泽、者海、大水塘、五竜、索桥，五汛，五十八塘。巧家鲁木得、弩革、者那安机租、汤丹陈机卡四汛，四十一塘卡。

昭通府：恩安县，诸仙背、龙硐、查挈、铁锅寨四汛，十六塘卡。镇雄州，札西、长官司、罗坎关、彝良奎乡、杉树块、洛泽河、伐乌关、牛街八汛，六十九塘、八关、十一哨。永善县，永善、米贴、吞都、桧溪、副官村五汛，二十塘、三关。大关厅，大关、大耆老、雄魁、豆沙关、滥田坝、滩头六汛、四十六塘、一关。鲁甸厅，鲁甸、凉山、苏早、黑鲁松、恩德宏、大里山六汛、二十五塘。

丽江府：丽江县，丽江、石鼓、桥头、蓝州、通甸、打金坝、塔城、阿喜、金江、打古、鸣音吾、俸可、九河关、河西、拖文、工江、树苗十七汛，六十八塘、二十四哨。鹤庆州，鹤庆、姜营、观音山三汛，三十九塘、二关、十七哨。中甸厅，中甸、奔子、格咱三汛，二十七塘。维西厅，青龙哨、鲁甸、其宗、喇普、阿墩子、浪沧江、阿海洛古七汛，四十五塘、一关。

普洱府：宁洱县，通关、西萨、小江边、蛮谷四汛，二十塘、一哨。思茅厅，思茅、那莫田、班鸠三汛，六塘、三关。他郎厅，他郎、阿墨、邦轰、宿南四汛，十二塘、一哨。威远厅，猛住、茂蔑、斗母、抱母、课里、暖里六汛，二十二塘、一关、十四哨。

顺宁府：顺宁县，右甸、锡腊、凝台山水洩厂、万年椿四汛，三十八塘、六关、六哨。云州，云州、遮拔、头道木三汛，十塘、一关、六哨。缅宁厅，马台、撒马厂、圈内坡头、圈内、腊东、南柯、宁安、猛托、三岔河、分水岭、天生桥、象鼻岭、丙野、雾露寨十四汛，三十六塘、三关、六哨。

永昌府：保山县，右甸、潞江、澜沧江桥、姚关、栗柴坝渡口、猛赖、杉木和、猛岗、枯柯、北冲、河湾、戥子铺、观音山、竹鲁凹、莽水渡、旧乃十六汛，三十四塘卡、十七关、四哨。腾越厅，缅箐、固东、蒲窝、杉木笼、干崖、蛮东、暮福、等榜、平山、棚油房、大坝、马鹿塘十二汛，五十一塘、十九关、三哨。永平县，永平、燕子河、漾濞北门铺三汛，二十五塘、二关、十哨。龙陵厅，陵关、象达、芒市、遮放四汛，十四塘、五关、一哨。

景东直隶厅：福都、景谷、猛统三汛，四十七塘、三关、五哨、十七隘。

蒙化直隶厅：蒙化、定边二汛，四十一塘、二关、三十哨。

永北直隶厅：永宁、浪蕖、阿喇山、子里江、鱼鲊江、下金江、片角、上金江、习甸、南阳厂、阿喇咧、苗力、大水井、巴喇、顺州、北关山、峨崀、必勺、他留、象鼻岭、托逢、朵米、中金江渡口、方家村、羊坪天王庙、落底坡、一碗水二十七汛，一百塘、三关、十四哨。

广西直隶州：广西汛，十一塘、二十四哨。师宗县，师宗、邱北、架哈、阿盈里四汛，二十九塘、二十四哨。弥勒县，弥勒、竹园村、弥勒湾三汛，十三塘、二关、四十四哨。

武定直隶州：鸡街、大麦地、虚仁驿三汛，七塘、二十哨、十三卡。元谋县，金江、姜驿二汛，四塘、六哨、三卡。禄劝县，普渡河、鹦哥嘴、撒甸三汛，十二塘、三关、三哨。

元江直隶州：猪街、因远、老乌、马鹿四汛，二十四塘、五关、八哨。新平县，扬武坝、脚底母、舍叠龙、错拿贾、旧哈、大和乡、慢干坝七汛，三十塘、八哨、一卡。

镇沅直隶州：镇沅、新抚二汛，十五塘。恩乐县，恩乐、三家坡二汛，十塘、十一哨。

黑盐井直隶提举司：黑井汛，一关、十一哨。

白盐井直隶提举司：白井汛，十三关、八卡。

绿营兵在云南省驻守的汛、塘、关、哨，总计3000余处，遍布全省，密如蛛网，山险路僻之区，亦设汛、塘、关、哨，声气相连。首要目的是布置军事网落，防范造反，维护治安，巩固清朝统治。由于汛、塘、关、哨的驻防士兵，大多是应募的穷苦百姓，他们在驻防地辟农田，修水利，种庄稼，修道路，许多士兵退役不返故乡，在原驻守地定居下来，形成村舍，客观上促进了云南山区、边疆地区、少数民族地区的开发和云南社会经济的发展。尽管清代前期的绿营兵制有许多弊病，但这两个作用是充分显现出来的。

第三节　土司制度与改土归流

一　土官、流官的设置及管理制度

云南是多民族地区，在昔为夷、越之地，滇、濮、句町……侯王国以数十，各民族与汉族人民共同居住在这片辽阔的土地上。清朝建立云南省，地方行政制度承袭明朝，实行"土流并设"和"改土归流"政策，在巩固对全省各族人民统治的基础上，逐步强化统一的中央集权。所谓

"土流并设"，就是土官制与流官制并行。凡明朝时的土官归顺清朝者，都委任原职，统治原地。一般道、府、州、县官吏，则是流动性的任免调动，称为"流官"。土流并设的地方行政制度，因社会经济基础的不同而设置。云南汉族的社会经济与内地相同，已是地主和自耕农所有制，与之相适应的地方行政制度是流官政权。少数民族的社会经济发展不平衡，社会制度不一，有的是领主制，有的是奴隶制，有的尚处于原始状态；他们各有与自己的经济结构相适应的行政组织，由贵族或酋长执掌政权。清朝政府在尚处于地主制以前社会经济阶段的各民族实行土官制，政治上委其贵族或酋长为土官，经济上由土官向朝廷缴纳贡赋，在不强行改变其政治经济状态的条件下，对各民族行使统治权。

清代云南的土官有文职和武职的分别。文职土官，由清廷吏部任命并管辖，按其人口、地域、势力的大小，分别设土知府、土同知、土通判、土经历、土知州、土州同、土州判、土知县、土县丞、土主簿、土巡检等。武职土官由清廷兵部任命和管辖，也按势力的强弱、人口多少、地域大小分别委任宣慰使、宣抚使、安抚使、长官司、副长官司、土游击、土守备、土千总、土把总等。土官的品级：土知府、土知州、土知县、土游击、土守备、土千总、土把总等，与流官的知府、知州、知县、游击、守备、千总、把总等相同；宣慰使为从三品，宣抚使为从四品，安抚使为从五品，长官司为正六品，副长官司为从七品。土官的官职虽有高低差别，但相互之间并立而不隶属，只隶属于吏部或兵部，或高于土职的省级等地方流官政权。

清代任命土司官职的手续和证明信符，较之明代大为简化和方便。《清吏部验封司则例》卷五说："承袭由部给牒，书其职衔世系年月，名曰号纸。应袭职者，督抚查覆，先令视事，令司州县验封土司具结及本族宗图，原领号纸送部，具疏请袭。"《清会典事例》说："每承袭世职之人，给与钤印号纸一张，将功次支派及职守事宜，填注于后，遇子孙替袭，本省掌印都司验明起文，或由布政司起文，并号纸送部核无异，即与应请袭替，将袭替年月顶辈填注于后，填满换给。如遇有水火盗贼损失者，由所在官司告给执照送部，查明补给。如有犯罪、革职、故绝等事，都司布政司开具所由，将号纸缴部注销。如宗派冒混，查出参究。"清代土司袭职，以印信号纸为凭，较明代大为简便。土司的职责是：服从朝廷政令，管理本地人民和疆土，缴纳贡赋，呈进方物，征调兵役劳役等。吏部和兵部对土司是否忠于朝廷和忠于职守，经常进行考核，"有功则叙，有罪则处"。土司一经朝廷委任，就终身为官，父死子继（无子者，妻、弟、女，择一而继）。土司职务的终身制和世袭制乃是区别于流官的重要特点。但是土司如果反叛朝廷或犯有严重罪行，即被革除。

云南的土司制度创始于元朝，盛行于明朝，衰落于清朝。之所以如此，是因为元明清三朝实行土司制度，并不是要永远保留这些少数民族旧有的政治经济制度，而是要在稳定对各少数民族的统治之后，从政治、经济、文化的各个方面，对这些少数民族施加影响，促进他们的政治、经济、文化发展，创造条件，"改土归流"。实施统一的行政管理，更有利于中央集权的封建专制统治。所谓"改土归流"，就是废除土司制而实行流官制，政治上变土官为流官，在少数民族地区最终实现中央集权；经济上，使各少数民族由原来的领主制、奴隶制、原始制，发展为地主和自耕农所有制；文化上，使儒学为核心的中原传统文化在少数民族地区进一步深入传播。清朝在承袭元明两朝土司制度的同时，大规模地进行"改土归流"。雍正以后，只在边疆地区保留土司制度，内地都实行流官制。

二 清初进行的"改土归流"

顺治十五年（1658），清朝占领云南，大多数土官归顺清朝，清朝承袭明朝旧制，委任这些土官原职，统治原地。与此同时，清朝政府对能够"改流"者，着手改流。顺治十六年（1659）元江傣族土知府那嵩举兵抗清，被清军镇压，清朝便在元江顺势改土归流。康熙四年（1665），新兴州（今玉溪）土官王耀祖、宁州（今华宁）土官禄昌贤、嶍峨（今峨山）土官禄益、蒙自土官李日森、石屏土官龙韬、路南土官秦祖根、陆凉（今陆良）土官资洪、弥勒土官升复祖、维摩（今砚山县北部）土官沈应麟、王弄山（今文山县西部）土官王朔、教化（今文山县中部）土官张长寿、八寨（今马关县西部）土官李成林等，乘贵州水西土司大规模反清、云南清军东调赴贵州之机，也一齐举兵反清，先后被清军镇压，清朝乘势把这些土官废除，派遣流官统治，并在维摩、教化、王弄山、八寨等土司的原领地内，设置开化府，委任流官知府管辖。

康熙五年（1666）至二十年（1681）间，清廷忙于处理吴三桂的藩镇统治和叛乱，暂停实施改土归流政策。平定吴三桂叛乱之后，清廷废除庄田制，把原来的"沐庄"，后被吴三桂占为"藩庄"的庄田变价出售。

凡过去耕种庄田的汉、白、彝等族农奴，交出一定的地价后，便可获得土地，变成自耕农，直接对官府负担田赋和徭役。又废除屯田制，把屯田并入民田，使各地大量的军田变为私田，扩大了各地各民族的自耕农队伍，各府州县控制的户籍和田亩大为增多。地主和自耕农土地所有制进一步发展，云南大部分地区又有了与内地相同的经济基础，商业进一步繁荣，城镇不断增多，包围和分化着土官和土司的势力范围，为进一步实施改土归流奠定了基础。康熙二十二年（1683），废除剑川土千户长和鹤庆土千户长。康熙三十五年（1696）废除阿迷州（今开远）土知州，改设流官知州。康熙三十八年（1699），东川土知府病故，清廷乘势改土归流，委流官管辖。雍正元年（1723），丽江纳西族人民向云贵总督高其倬控告丽江土知府木钟的罪恶，高其倬向清廷奏请丽江府改土归流，清廷批准，废除木钟的土知府，改派流官知府统治丽江府。同年，废除威远（今景谷）土官刀光焕，威远改土归流。

三　雍正年间鄂尔泰进行的"改土归流"

雍正帝即位后，立志锐意改土归流，清廷展开关于改土归流的讨论。雍正四年（1726），鄂尔泰出任云贵总督，向清廷上《改土归流疏》，提出厉行改土归流的方略，揭示土司制度的弊病和危害："乌蒙（土司）上交国库钱粮不过三百余两，而取于下者百倍。一年四小派，小派计钱，大派计两；土司一取子妇，则土民三载不敢昏（婚）；土司有罪被杀，其亲属尚出垫刀数十金，终身无见天日之期。"[①] 边疆土司"无事近患腹心，有事远通外国，自元迄明，代为边害。"[②] 他认为："云贵大患，无如苗蛮，欲安民必先制夷，欲制夷必改土归流"；"若不铲蔓塞源，纵兵刑财赋事事整饬，皆治标而非治本"。[③] 他呈述改土归流的目的是："翦除夷官，清查田土，以增赋税，以靖地方。"[④] 政治上，清王朝的中央集权统治深入少数民族地区；经济上，清政府对少数民族直接征收赋税，增加财政收入。云南的改土归流方案，有人议论："（澜沧）江外宜土不宜流，

---

① （清）魏源：《圣武记·雍正西南夷改流记》。
② 同上。
③ 同上。
④ 同上。

江内宜流不宜土。"鄂尔泰认为这是正确的："此云南宜治之边夷也。"①他还提出改土归流的方法："其改流之法，计擒为上，兵剿次之；令其自首为上，勒献次之。"② 并提出改土归流要以军事力量为后盾："惟制夷必先练兵，练兵必先选将，诚能赏罚严明，将士用命，先治内，后攘外，必能所向奏效，实云贵边防百世之利。"③ 鄂尔泰的《改土归流疏》呈到清廷以后，力图加强对西南少数民族统治的雍正皇帝亲自阅读，十分赞赏，批准他的改土归流方案，把东川、乌蒙（今昭通）、镇雄三土府从四川划归云南管辖，以便鄂尔泰实行改土归流。又任命鄂尔泰为云南、贵州、广西三省总督，厉行改土归流。雍正四年至九年（1726—1731），鄂尔泰在滇黔桂三省进行了大规模的改土归流活动，成效显著。

雍正四年（1726），鄂尔泰先后逮捕沾益州土知州安于藩和镇源府土知府刀瀚，没收这两个土司的庄园和财产，把他们远迁安置到江南，委派流官知州和知府管辖两地。者乐甸（今镇源县恩乐）长官司长官刀联斗迫于形势，主动交出土官印信，请求把自己的领地改土归流，设置恩乐县，归新改流的镇源府管辖。东川府虽早已于康熙三十八年（1699）改土归流，但30余年来，土官仍然盘踞，与乌蒙、镇雄土司勾结，生事作乱，清廷委派的流官知府不敢到东川赴任，长寓省城昆明；鄂尔泰于雍正四年夏天，派兵进驻东川，尽革东川土目，使东川府名副其实地实行了改土归流。此时乌蒙土知府禄万钟，镇雄土知府陇庆侯皆年少，兵权握于其叔禄鼎坤、陇联星之手。鄂尔泰令总兵刘起元屯兵东川，招禄鼎坤降。禄万钟约镇雄兵三千攻禄鼎坤于鲁甸。鄂尔泰派游击哈元生领兵击败，进占乌蒙；又招降陇联星，进占镇雄。两土府被平定后，改土归流，分设乌蒙府和镇雄州，派流官统治。又设乌蒙镇，派刘起元为总兵，控制乌蒙、镇雄、东川三府州。禄鼎坤和陇联星因功分别调任河南和江西参将。

在乌蒙改土归流中，米贴（今永善）土目禄永寿被逮捕，鄂尔泰害怕禄氏家族的反抗，想尽捕禄氏家人。雍正六年（1728），鄂尔泰派副将郭寿域领兵500人，去米贴逮捕禄永寿之妻。郭兵至米贴，禄妻发动当地彝族和金沙江对岸的凉山彝族数千人，把郭寿域及其500名清兵杀死。鄂

---

① （清）魏源：《圣武记·雍正西南夷改流记》。
② 同上。
③ 同上。

尔泰派总兵张耀祖率兵直剿米贴，又派参将哈元生率兵渡过金沙江至四川雷波堵截，清军所到之处，残酷镇压小小的米贴地方，被杀者达3万多人，不仅彝族人民被滥杀，许多汉族人民也遭冤杀。在惨痛的硝烟之后，米贴实施改土归流，设置永善县，派流官知县治理。

　　米贴的反抗被镇压下去，乌蒙等地的反抗又起。乌蒙改土归流之后，乌蒙镇总兵刘起元、知府陆世宣、大关通判刘镇宝，残酷压迫剥削各族人民，"远近夷民皆无生之气，有死之心"。[①] 这就给被废除的土司残余势力鼓动彝族群众起来反抗造成机会。原乌蒙土知府禄万钟的叔父禄鼎坤，在雍正四年（1726）乌蒙改土归流时，想获取乌蒙土知府职位，主动投向清廷，率亲兵会同清军镇压禄万钟和陇庆侯，又到滇南镇压傣族土司的反抗，想借此立功而使清廷让他承袭乌蒙土知府；但清廷调虎离山，任命他为河南绿营兵的参将；他大失所望，伺机作乱。雍正八年（1730），禄鼎坤派儿子禄万福以回鲁甸清理产业为名，趁乌蒙人民仇恨刘起元、陆世宣、刘镇宝等流官贪暴之机，鼓动彝族人民起来反对改土归流。禄万福聚集原来的土目和彝族群众，武装攻占乌蒙城，刘起元和陆世宣逃跑，刘镇宝被擒杀。镇雄和东川的土目随之响应，战事还蔓延到巧家、威宁、寻甸、武定等地的彝族地区。鄂尔泰调动两万军队，由哈元生、魏翥国、韩勋等率领，分三路向乌蒙、镇雄、东川进剿。清军所到之处，攻破村寨，任意杀掠，成千上万的彝族人民惨遭杀害，一部分汉族也遭祸殃，许多彝族人民在清军的追剿中逃到四川凉山地区。禄万福等土目在巧家被擒杀，禄鼎坤也从河南逮押回云南，审讯后伏诛。鄂尔泰动用强大兵力，采取残暴镇压手段，最后完成了对乌蒙、镇雄、东川的改土归流。

　　在滇南的澜沧江下游地区，镇沅的傣族土司被废除之后，流官知府刘洪度在命令原土知府刀氏家族把庄田全部交出的同时，派官吏丈量傣族人民的田亩，勒索清丈费和地价，残酷的勒索激起傣族人民的仇恨。原土司家族中的刀如珍乘机鼓动傣族人民和拉祜族人民起来反对改土归流。雍正六年（1728），刀如珍率众攻占镇沅府衙门，杀知府刘洪度和大小官吏。鄂尔泰闻讯，派副将张应亲领兵前往镇压。在优势的清军兵力威胁下，刀如珍和原土官刀瀚的母亲及孙子持府印到军前投降。清军继续深入村寨和山林镇压反抗的傣族和拉祜族人民。当时，车里橄榄坝的傣族土司刀正

[①] （清）倪蜕：《云南事略》。

彦，也因清朝官吏的敲诈勒索，联合茶山的哈尼族起来反抗。清军自镇源南下镇压，直至勐腊和勐养（今缅甸西北部），深入千里，把反抗镇压下去。清军胜利后，在澜沧江以西地区仍然实行土司制，澜沧江以东地区全部改土归流。雍正七年（1729）设普洱府，派流官知府统治。同时移元江协副将领兵镇驻，又在橄榄坝、攸乐山等地设戍兵。滇东北和澜沧江下游以东的强力改土归流，威镇云南诸土司，"于是广南府土同知、富州（今富宁）土知州，各增岁粮二三千石，并捐建府州城垣，孟连土司献银厂，怒江野夷献皮货，而老挝、景迈二国皆来贡象，缅甸震焉"。①

至此，清代云南省内大规模的改土归流基本结束。未改流的土司大都在边疆地区，自东至西有：土富州（今文山州富宁县）、纳楼茶甸长官司（今建水县官厅）、亏容甸长官司（今红河县下亏容）、落恐甸长官司（今红河县落恐）、左能寨长官司（今红河县西南）、思陀甸长官司（今红河县思陀）、车里宣慰司（今西双版纳）、耿马宣抚司、孟连长官司、孟定土府、湾甸土州（今昌宁县湾甸）、镇康土州、潞江安抚司（今保山县怒江坝）、芒市长官司（今德宏州芒市）、遮放副宣抚司（今德宏州潞西遮放）、南甸宣抚司（今德宏州梁河县）、干崖宣抚司（今德宏州盈江县东部）、盏达副宣抚司（今德宏州盈江县西部）、陇川宣抚司（今德宏州陇川县）、勐卯安抚司（今德宏州瑞丽县）、户撒长官司（今德宏州陇川县户撒）、腊撒长官司（今德宏州陇川县腊撒）。内地土司较大者有：蒙化土知府（今巍山县）、景东土知府（今景东县）、永定土知府（今宁蒗县北部永宁）、蒗蕖土知州（今宁蒗县）、十二关长官司（今宾川县楚场）。

蒙化土府和景东土府于乾隆三十五年（1770）改土归流为蒙化直隶厅和景东直隶厅，余者或为流官的副职土官，或为土巡检之类的小土官，而且数量已经很少。云南腹心地区各民族在政治、经济生活的各个方面，与内地汉族已经大体相同。鄂尔泰因改土归流之功，被雍正皇帝"锡封襄勤伯，世袭罔替，九年冬，入为武英殿大学士"。② 并任军机大臣，位居宰辅；乾隆十年病卒，"以开辟西南夷功，配享太庙"。③ 他的得力干将哈元生，从一个小游击，经参将、总兵，升至提督，成为绿营兵的将军。

---

① （清）魏源：《圣武记·雍正西南夷改流记》。
② 同上。
③ 同上。

清代进步思想家魏源评论这次改土归流说，"五帝不沿礼，三王不袭乐，今日腹地土司之不可置，亦如封建之不可行。鄂尔泰受世宗旷世之知，功在西南，至今百年享其利"。[①] 这个评论是中肯的。改土归流加强了清王朝对西南少数民族地区的统治，客观上促进了少数民族地区社会、政治、经济、文化的发展，所以，它的大方向是正确的，顺应了历史的发展。至于军事镇压中滥杀人民，改流后流官对人民的敲骨吸髓，那是应该受到批评的。

第四节 雍、乾、嘉、道时期的各族人民起义

一 起义的原因

在雍正年间大规模进行"改土归流"后，云南的社会、政治、经济有了较大进步。流官统治区域扩大，标志着地主和自耕农经济在内地已占居了主导地位。但土司统治的边疆地区和内地小土目统治地区，仍然保存着农奴制、奴隶制或原始经济。

当时的云南府、澂江府、曲靖府、楚雄府、大理府、武定直隶州、广西直隶州（今泸西、师宗、弥勒、邱北）、元江直隶州（今元江、新平）、蒙化直隶厅、景东直隶厅、临安府的红河以北州县、永昌府的怒江以东州县，主要居住着汉、彝、白、回、哈尼、傣、苗、傈僳等民族。这是云南的腹心地带，村寨和城镇众多，人口密集，农、工、商业兴旺，是云南社会经济最发达的地方，地主和自耕农经济已普遍确立。由于官府、地主、高利贷者的残酷压迫和剥削，贫富悬殊，即便在"康乾盛世"，广大农民仍在贫困中挣扎。

滇东北的东川府、昭通府、镇雄直隶州，主要居住着汉族、彝族、苗族。由于改土归流中残酷的军事镇压，人口锐减，加之官僚、地主的剥削，广大人民生活十分贫困。滇东南的开化府和广南府主要居住着汉、壮、苗、瑶等族，滇西南的普洱府和顺宁府主要居住着汉、傣、拉祜等族，这些地区靠近边疆，开发不深，改土归流不彻底，还有一些小土目留存。各族人民遭受着官府、地主、小土目的重重压迫剥削，生活更加困苦。

---

① （清）魏源：《圣武记·雍正西南夷改流记》。

滇西和滇西南的南甸、干崖、盏达、潞江、陇川、勐卯、芒市、户撒、腊撒、湾甸、镇康、孟定、孟连、耿马、车里15个大小不等的土司区，傣、景颇、阿昌、德昂、佤、拉祜、布朗、基诺、哈尼等族分布较集中。这些地方的宣慰司、宣抚司、安抚司、长官司、土府、土州的土官，大多是傣族贵族，他们对各族人民实行农奴制的统治。红河以南的纳楼、亏容、落恐、左能、思陀、溪处等土司区，居住着哈尼、彝、傣等族，各族土官和土目也实行农奴制的统治。

怒江上游居住着傈僳、白、彝、怒等族，受鲁掌、登埂、老窝、六库的白族、彝族土千总和兰州（今兰坪）土舍的农奴制统治。今贡山、福贡、维西、中甸的藏、傈僳、怒、独龙等族人民，原受丽江纳西族土知府的农奴制统治，丽江改土归流后，则受维西厅康普、叶枝纳西族土千总和藏族喇嘛寺的农奴制统治。永宁土府的纳西族和普米族受纳西族土司的农奴制统治。这些土司地区的各族人民在官府、土官、土目的重重统治残酷压榨下，生活极其贫困。独龙族"披树叶为衣，无屋宇，居山岩中，宛然太古之民"。① 景颇族"居无屋庐，多有茅棚，好迁移，以树皮毛布为衣掩其脐下。首戴骨圈，插野鸡毛，缠红藤，执勾刀大刃猎捕禽兽，食蛇鼠"。② 佤族"迁徙毋常，不留余粟"。③ 苦聪人"以叶构棚，无定居，略种杂粮，取山芋野菜以为食"。④

清王朝对云南各族人民的剥削是很重的。云南各族人民每年担负着额征银209500多两，额征米谷杂粮227600多石。额赋之外还有杂税，仅牛马猪羊杂课一项就有151167两之多，居全国第二，仅次于四川。⑤ 额赋和杂税之外，还有沉重的差役。雍正年间（1723—1735），云贵总督张允随就说云南人民"户鲜盖藏"。⑥ 乾隆年间（1736—1795），纳西各族人民"贫不能自给"，每年还要向清政府缴纳"杂粮银1093两"。⑦ 繁重的差役也使各族人民喘不过气来。乾隆五十三年（1788），剑川州一次就"派夫

---

① 雍正《云南通志》卷二十四。
② 《永昌府志》卷二十四。
③ 雍正《云南通志》卷二十四。
④ 雍正《景东府志》。
⑤ 《清朝通典》"食货八"。
⑥ （清）张允随：《劝民树艺檄》。
⑦ （清）硕色：《伴送送遗云俅夷》。

200名","每夫折银20两"。①沉重的赋税、差役、地租使云南各族人民难以生活,各地区、各民族的起义烽火此伏彼起。如果说康熙至乾隆年间起义还是零星的,那么,到嘉庆年间(1796—1820),则已燃成燎原大火,席卷全省各地。道光年间(1821—1850),起义还在继续。早在康熙末年,剑川州和宾川州的白、彝、汉等族人民,因不堪清朝政府的重赋和杂派,就相继举行反清武装起义。剑川各族人民攻入州城,杀死知州夏一松。②康熙五十一年(1712),宾川各族人民在农民张三虎的领导下,在和村发动武装起义,给清朝的地方政权以沉重的打击。

二 雍正、乾隆年间的起义

雍正四年(1726),镇沅府改土归流。新任知府刘洪度在没收原土司刀氏的庄田的同时,又派人丈量民田,规定"三月为期,照亩上价,逾限不上,入官变卖",借机向人民勒索田价。知府手下的官吏也"暴虐夷庶,甚至沿途索夫,兼要折贴水火夫供应",并"踢打众民,今日要草料,明日要柴薪,每日谢银四五钱"。刘洪度等贪官污吏的暴虐,激起各族人民的反抗,人们"宰羊歃血,饮酒订盟",联合起来举行武装起义。雍正五年(1727)正月,起义军夜袭知府衙门,歼灭驻防清军,活捉并处死知府刘洪度。云贵总督调清军镇压,在强大清军的压力下,起义军中的傣族土目刀如珍投降,起义军惨遭屠杀,损失巨大。起义军余部在拉祜族黑老胖的领导下,向南转移至威远(今景谷)境内,沿途被清军炮火袭击,死伤数千人。黑老胖率数百人坚持斗争,终因寡不敌众,壮烈牺牲。这次镇沅、威远的拉祜族、傣族、哈尼族人民起义,因为刀如珍变节投降,导致失败;但是,起义沉重地打击了清王朝在镇沅、威远的残暴统治。雍正六年(1728),清朝政府在思茅设立总茶店,垄断六大茶山和附近的茶叶销售,种茶人民"百斤之价,只得其半","文官责之以贡茶,武官挟之以生息",省城派来的"兵差络绎于途"。当地傣族、哈尼族等族人民的"酒不待熟,鸡不成蛋",就被官吏们狂吞猛噬殆尽。流官派土司向少数民族人民征收赋税和贡纳,汉族地主也横行霸道于少数民族村寨之中,阶级矛盾和民族矛盾非常尖锐。雍正十年(1732)初,普洱镇总

---

① (清)师范:《滇系·事略》。

② 《剑川州志》。

兵李天鹰先到茶山搜刮，接着，知府佟世荫又去"聚粮"，命令土千户（傣族）再去向傣族人民聚敛。刀兴国叩头陈述"民已力竭"，难以再纳，佟世荫呵斥刀兴国，并命令随从踢打。刀兴国把官服脱下来丢在地上，跑回村寨，发动傣族和哈尼族人民起来反抗。① 5月22日，思茅的拉祜族人民在蛮坝河蝙蝠洞会聚起义，与茶山、江坝、威远、思茅等地的傣族、拉祜族、哈尼族相互策应。起义军曾围攻思茅城两个月，与清军相持不下，思茅城的清朝官员惶恐万状。7月，清朝政府集重兵于普洱，起义军被迫转移。元江、他郎的哈尼族人民也起义响应，把他郎等地的清兵杀光，烧毁汛塘房屋，还杀了一些汉族地主。新平土司杨昌奉也发动当地各族人民举行武装起义，围攻新平县城，响应思茅、普洱、元江、他郎、威远等地人民的反清斗争。这些地区的各族人民，坚持斗争三年之久，才被清军镇压下去，表现了坚强英勇的斗争精神。

　　清朝官吏和士兵对边疆少数民族人民一贯暴虐，乾隆皇帝也不得不承认："向闻汛防兵卒，遇野蛮愚弱易欺，恣意凌虐，逼以人理之所不堪。"② 乾隆十一年（1746），今泸水的秤戛、幸党两寨的傈僳族人民，在弄更扒的领导下，反对清政府和六库土司派兵差，举行起义。他们在江外阿昌族头人早可的配合下，围攻片马、鱼洞等地，众至千余，声势大振。清朝政府调官兵和土司兵近两千（574名官兵，1339名土司兵）围攻秤戛和幸党两寨。傈僳族人民凭险用滚木、擂石、标、弩等兵器，坚持抵抗。起义领导人弄更扒中了鲁掌土目的诡计，被擒牺牲；清军攻下江外，早可也阵亡，起义被镇压下去。清政府强行把傈僳族人民的土地划归土司所有，再次激起傈僳人民的起义。他们烧毁鲁掌土司和六库土司的衙门，并向滇西重镇永昌（今保山）挺进。清朝政府调集精锐清军"抚标"（巡抚直辖部队）和"提标"（提督直辖部队）自下江进攻，又调鹤丽镇标兵从上江堵击，还调附近土司兵千人围攻。傈僳族人民机智地利用地形进行防卫和伏击，从4月至7月，坚持战斗达4个月之久，终因兵力悬殊，起义首领牺牲，被清军镇压下去。这次起义沉重打击了清朝政府和土司在泸水一带的统治。

---

　　① （清）倪蜕：《云南事略》。
　　② 《清高宗实录》卷三一八卷。

三　嘉庆、道光年间的起义

嘉庆元年（1796），威远厅（今景谷）牛肩山一带饥饿的拉祜族人民，在扎杜的领导下再次举行起义。缅宁厅（今临沧）的佤族和布朗族人民为反对土司的苛刻勒索也举行起义。扎杜率领拉祜族起义队伍来到缅宁大黑山一带，与佤族、布朗族起义队伍联合，共同抗击清军，袭击了缅宁城。这时，云贵总督勒保正在贵州镇压湘黔两省的苗民起义和白莲教起义，嘉庆皇帝急调勒保领军数千来镇压。嘉庆二年（1797），扎杜被俘牺牲，起义失败。这次起义牵制了清朝的实力，支援了湘西苗民起义和贵州白莲教起义。

嘉庆二年（1797），滇黔边区的罗平、师宗、兴义、普安等地的布依族、壮族、苗族、彝族、汉族人民，在布依族女英雄王囊仙和苗族韦朝元的领导下举行起义。义军声势浩大，滇黔官道为之梗塞，清朝政府被迫下令云南戒严。由于当时滇黔边区传染病流行，起义群众死于病疫的不少。在云贵总督勒保和云南巡抚江蓝的镇压下，王囊仙和韦朝元先后被俘牺牲。起义被镇压。

同年，大理、楚雄等地爆发了以"盐案"为导火线的白、汉、彝、回等族人民的起义。云南是盐产地，清朝政府对盐实行官卖。办理盐务的官吏，不顾人民死活，图谋私利，在盐内掺入三四倍灰土，敲诈勒索人民。各族人民"或立毙于庭，或羁死于狱"，苦不堪言。蒙化厅（今巍山）各族人民，在农民余黑胡的率领下，首先起义反抗。两三天内，蒙化、太和（今大理）、邓川、赵州（今凤仪）、云南（今祥云）、浪穹（今洱源）、鹤庆、永北（今永胜）、楚雄、大姚、元谋、定远（今牟定）、禄丰等10余州县的各族人民，不约而同地举行起义。他们"聚众抗官"，"围城捆吏"，"毙差焚屋"，"缚官亲门丁、蠹书、凶役及本地绅衿之为害者"，"历数其害事迹，取其亲供"，给予严厉惩办。[①]这时的清朝统治者，由于同时受到川、陕、鄂白莲教起义、湘黔苗民起义、滇西南和滇东各族人民起义的打击，害怕激起更加严重的事变，采取两面手法对付：一方面，被迫改定盐务章程，"盐务归民，由中收课"，"灶煎灶卖，民运民销"，使起义人民取得一定成果；另一方面，待起义人民"气稍

---

① （清）师范：《滇系·事略》，又见《清史稿·初彭龄传》。

平"之后，抓住起义的自发性和没有统一的组织领导的弱点，捏造罪名，捕杀各地起义领袖，迁徙起义骨干，最后将这次起义镇压下去。①

嘉庆二年（1797）九月，因为猛猛土司罕朝鼎残酷压榨拉祜族人民，李文明率领人民起义，攻下猛猛城（双江）。阿瓦大山的拉祜族和佤族等各族人民在李小老的领导下，起义后渡过辣蒜江，来到猛猛坝卡与李文明会师。孟连的各族人民在"铜金和尚"张辅国的率领下，组织起义队伍，也来到猛猛坝卡。三支起义队伍会师于坝卡，众至万多人，坝卡地区五十余寨拉祜族人民都参加了起义。十一月，在李文明、李小老的指挥下，起义军进攻缅宁城（临沧）并占领一些山区，与清军主力会战于福隆山。起义军主动转移到深山丛林中，清军占领猛猛南洒河一带，焚毁村寨，却找不到义军主力。这时，清军在四川被白莲教起义军打得大败，在云南又被拉祜族和佤族等各族起义军搞得晕头转向，嘉庆皇帝十分恼火，严责云南官吏无能。嘉庆四年（1799），缅宁大黑山的拉祜族人民，在李文明的领导下，再次起义，规模更大。嘉庆五年（1800）二月，嘉庆皇帝把云贵总督富纲和云南巡抚江蓝撤职查办；调书麟为云贵总督，永保为云南巡抚。书麟和永保制定了"能堵而后可言剿，必能剿而后可以言抚"②的策略。三月，书麟指挥清军向义军大举进攻。四月，坝卡被清军占领，惨遭血洗，李文明、李小老被俘牺牲，铜金和尚张辅国投降。嘉庆七年（1802）二月，2000多拉祜族人民在杨金、罗小二的领导下，强渡澜沧江，在威远厅属的福班、猛戛、峨乐、土地塘和思茅厅属的六困等地，与清军多次发生战斗，坚持斗争一年多。书麟调叛徒张辅国来软硬兼施，于嘉庆八年（1803）把这部分拉祜族人民的起义镇压下去。澜沧江以西的拉祜族人民仍然在嘉庆十一年（1806）和十二年（1807）奋起抗击清军的镇压。以后，他们又带着武器和妻子渡过澜沧江坚持斗争。叛徒张辅国企图利用拉祜族人民的英勇斗争，扩大自己的力量，嘉庆十七年（1812）被书麟处死。

嘉庆六年（1801），维西厅（今维西）遭受严重灾荒，康普、叶枝的土官府仍然逼迫人民交租还债，闹得民怒沸腾。这年冬天，傈僳族人民在恒乍绷和腊者布的领导下举行起义，占领康普、叶枝，开展抗租抗粮斗

---

① （清）师范：《滇系·事略》。
② 《清仁宗实录》卷五十八。

争，把土官府和喇嘛寺的粮食、牛羊、银钱分给各族人民度荒。嘉庆七年（1802）二月，土官勾结维西厅官府派兵到康普镇压，愤怒的人民武装起来，大败清军，乘胜烧了土官衙门，占领了喇嘛寺，攻占了康普附近的清军营房、仓库、银厂。起义军宣布：土司和喇嘛寺的土地由人民群众分种。康普、叶枝两地的傈僳族人民起义，得到维西厅和丽江县傈僳族人民的广泛响应，怒江两岸的怒族、独龙族等族人民也渡过澜沧江前来参加，起义地区和起义队伍不断扩大。三月，腊者布领导的义军赶走了康普附近51寨内的清军和土司势力，控制了维西城北面要隘合江桥；李秃树领导的傈僳族、汉族、白族起义军攻占了维西城以南地区；谷尼率领的起义军占领交通重镇石鼓，截断了通往丽江的要道；维西城处于起义军的包围之中。维西厅的官吏惊恐万分，丽江知府向省城告急。嘉庆皇帝在得到云南巡抚永保和云贵总督觉罗琅玕的报告后，令永保留在澜沧江下游继续镇压拉祜族人民的起义，命觉罗琅玕到澜沧江上游用兵对付傈僳等族人民的起义。当觉罗琅玕派出的先遣部队一千余人，在鹤丽镇总兵那麟泰率领下，进入鲁甸太平塘峡谷时，即被起义军包围在峡谷中痛打，几乎全军覆没，只有那麟泰和几个亲兵逃脱，嘉庆皇帝大为震惊，下令摘掉觉罗琅玕的一品顶戴，命他速调清军，组织土司和地主武装加紧镇压。嘉庆八年（1803）四月，觉罗琅玕调集清军和土司兵五六万人，动员30多个厅、州、县的粮饷差役，向起义军发动大规模攻击。五月，起义军被清军逐步击破，起义军由澜沧江东岸转移到西岸。六月，清军分三路渡江追击，派兵封锁渡口。起义军缺乏口粮，处境日益困难。九月，数千清军围攻恒乍绷和乌恒布率领的义军主力，经过奋战，义军虽然击溃了清军，但乌恒布不幸被俘牺牲。澜沧江以西的起义军中心罗马洛被清军攻陷后，恒乍绷等人只得向他处转移。十月，恒乍绷和别的扒率领的起义军主力，在金泥箐顶被清军重兵包围，别的扒和恒乍绷相继就义，大量起义群众惨遭清军屠杀。

  历时两年、经历百战、以傈僳族为主的滇西北各族人民大起义，虽然被清朝政府镇压下去，但这次起义沉重地打击了清朝的统治和滇西北的封建农奴制度，促进了这一地区的社会发展。傈僳族、汉族、白族、纳西族、怒族、独龙族人民在斗争中加强了团结，促进了各民族的政治经济文化交流。渡江西迁的各族人民带来了先进的科学文化和生产技术，促进了怒江地区傈僳族、怒族、独龙族的社会发展，加强了滇西北边疆与内地的政治经济联系。

嘉庆十五年（1810）二月，在宾川等地爆发了白莲教的反清起义。起义的领导者张俞、陈老幺、阳党中，曾参加过四川的白莲教起义。当四川的起义胜利发展之际，被派回云南，在宾川、祥云、弥渡、大理、姚安、禄丰、富民、昆明等地发动和组织群众。他们约定于嘉庆十五年三月在宾川和昆明同时起义。张俞提前于二月在宾川发动，被宾川知州黄靖国派兵包围，张俞被俘，壮烈牺牲。清军又在昆明搜捕参加白莲教的群众，陈老幺、阳党中等50余名首领先后被擒杀。这次起义是四川、湖北、陕西三省白莲教起义在云南的继续，虽然失败了，但却动摇了云南腹心地区的清朝统治，为19世纪50年代云南近代史上的各族人民大起义打下了反清的思想基础。

嘉庆二十二年（1817），在红河以南的元阳宗哈地区，爆发了哈尼族、彝族、汉族和回族人民的起义。义军首先聚集800余人，推举高罗依（哈尼族）为"窝泥王"，章喜（汉族）为军师，朱申（汉族）、马哈礼（回族）为副军师，高罗衣的侄儿高借沙为大都督。不久，起义队伍发展至16000多人，并向临安府（今建水）进军。清王朝急令云贵总督伯麟统率各路官军和土司兵前来镇压。起义军避开清军主力，沿红河而上，攻入瓦渣、溪处两土司地，进围元江城。伯麟兵分两路，一路驰援元江，一路从临安渡红河截击，义军两面受敌，经过英勇战斗，终因力量悬殊，惨遭失败，首领大多壮烈牺牲，仅马哈礼幸免于难。次年七月，高罗衣的堂侄高老五继称"王"，与马哈礼在纳更土司地（今元阳境内）再次起义。起义军攻克稿吾卡，由蛮密渡过红河，再攻临安府城。云贵总督慌忙从昆明和贵州调兵赴援，起义军被迫退回红河以南，固守打雀山顶。由于清军数倍于义军，力量悬殊，高老五和马哈礼被俘牺牲，起义军在残酷镇压下失败。

永北厅的高姓土司不仅出租庄园土地，甚至把租给傈僳族、彝族、傣族等族人民的土地，典卖给汉族地主，造成"夷人无田可耕"的局面。土司和地主的残酷剥削，使各族人民生活困苦。嘉庆二十五年（1820）十一月，公母寨傈僳族农民领袖唐贵，率领数百傈僳农民发动起义，提出"驱逐汉族地主，夺回夷人土地"的口号，得到包括汉族在内的各族人民的拥护。汉族农民领袖傅天贵、陈添培，彝族农民领袖梅衣老十，傣族农民领袖刀周，回族农民领袖沙李得等，会聚各族起义农民一万多人，推举唐贵为首领，称"地王"，傅天贵为"活命先生"，陈添培为"顺天理"，梅衣老十、刀周、沙李得为"将军"，表明他们要用武装起义夺回失去的土地是"顺天理"的。起义军所到之处，杀土司、打地主，夺回土地归人民耕种，把土司和地主的财物分给贫苦人民。

　　道光元年（1821）初，起义军在攻占永北厅城之后，又以迅猛之势，南渡金沙江，攻克大姚县城。云贵总督庆保一面率清军赶往大姚"剿办"，一面急报朝廷。道光皇帝派成都将军呢玛善为钦差大臣，统率川滇黔三省兵力，拨川滇两省库银40万两为军费，征调凡余州县的夫役和粮草，对起义人民进行围剿。五月，义军与清军在大姚激战，陈添培、梅衣老十、刀周等义军领袖，在几十倍清军的围剿下壮烈牺牲。清军集中兵力猛扑起义中心——永北公母寨，唐贵率领起义军英勇奋战，由于敌我力量过于悬殊，起义军首领先后牺牲，起义军惨遭屠杀。永北厅的大多数傈傈族人民在大起义失败后，坚贞不屈，不愿在永北当官吏和土司的顺民，千里迢迢地迁徙到澜沧江以西地区谋生，表现了坚强的意志和斗争精神。

　　康熙、雍正、乾隆年间的云南人民起义，多局限于一个或几个府、州、县，又多表现为民族斗争。嘉庆年间的云南人民起义，规模较大，各民族群众参加，席卷十几个州、县，乃至遍及全省，斗争目标不仅指向当地土司、地主、官吏，而且明确反对清朝政府。但由于没有形成联合的统一行动，分别被清政府残酷地镇压下去。各族人民历次的起义虽然都被镇压下去，但它为云南近代初期的各族人民大起义做了思想准备。

第十章

清朝前期云南的经济

第一节 农业

一 耕地面积的空前增加

清代前期的两百年间（1644—1840），由于新王朝的建立，统治相对趋于巩固，一些土地所有制的变革，人口的大量增多，耕地面积的空前增加，坝区的大力兴修水利，山区和边疆的进一步开垦，玉蜀黍和马铃薯等新作物的推广种植等，使云南的农业有了较大的发展。

促进农业发展的第一个重要因素是土地所有制的变革：庄田制废除了，军屯制改变了，地主和自耕农土地所有制扩大并占据主导地位。

明朝时的云南，以沐氏为首的官僚们拥有大量的"勋庄"和官庄。清代初期，这些庄田大都变成了吴三桂集团的"藩庄"。耕种这些庄田的农民受官僚地主的残酷剥削和压迫，政治和经济地位不如农奴。庄户们在极端贫困的状况下纷纷逃亡，庄田大量抛荒。清朝政府鉴于庄田主在政治上和经济上都对政府不利，还阻碍生产的发展，为了增加政府的直接经济收入和加强政治上的直接统治，决定改变对庄田的政策。康熙二十年（1681）吴三桂集团覆灭。康熙二十四年（1685），云南总督蔡毓荣报请清廷批准，废除庄田制，把"藩庄"变价卖给地主和农民，并入所在府州县的民田。凡耕种庄田的汉、白、彝等各族农民，令交地价之后，承认其土地所有权，直接向政府缴纳赋税和负担徭役。然而，耕种庄田的农民，虽然得到了土地，却要付出地价，已抛荒庄田的原耕者，也遭到官府的勒索。直到康熙三十二年（1693），还有580多顷庄田的地价无法勒索得到，官府不得不免除这一新政。

明朝卫所军制的屯田，在清初按档册登记下来，仍把军屯户束缚在屯田上。清朝政府对军屯田的剥削量比民田高十多倍。废除卫所军制实行绿营兵制，屯田上的"军户"已非军，由于负担太重，纷纷抛荒屯田，争种民田，致使屯田租税严重拖欠，政府收入减少。康熙三十三年（1694），云南巡抚石文晟奏请清廷批准，废除屯田。把屯田并入所在各府州县民田，无论原军户或民户，凡耕种原屯田者，按照河阳县（今澄江）上则民田的赋税额向政府缴纳（每亩8.1升）。

多民族的云南省，明朝时有众多的土司。土司区的土地为土司所有，实行农奴制或奴隶制生产。清代经顺治、康熙、雍正年间的"改土归流"，土司区缩小到边疆地区。"改土归流"的目的之一是"翦除夷官、清查田地，以增赋税"。① 废除土官和土司的土地所有制，为地主或农民所有。地主和农民直接向清朝政府缴纳赋税和差役。

庄田制、屯田制废除，土司制的缩小，扩大了地主和自耕农土地所有制，有利于农业生产的发展。

清代前期，云南边疆地区人口的增加是一种生产力的增加，因为人口即是劳动力，劳动力是生产力的重要成分。清代前期，云南人口在不断增加。据天启《滇志》"赋役志"和"兵食志"的记载。明末天启年间（1621—1627），云南有人口240多万。嘉庆《一统志》记载，乾隆三十七年（1772），云南人口为4499489人。道光《云南通志》记载，道光十年（1830），云南全省人口为6553109人。

清代前期云南的田地面积也不断增加。顺治十八年（1661）清理田亩，统计云南田地为52115顷10亩有奇。② 康熙二十四年（1685），云南田地计64817顷60亩有奇。③ 乾隆元年（1736）核定云南田地89903顷62亩5分2厘。④ 嘉庆十七年（1812），总计云南田地93151顷36亩，夷地885段。⑤ 明代的云南，地广人稀，田地少，主要开发了腹心的平坝地区。清代前期，随着人口增加，清朝政府鼓励开垦荒地。明代开垦云南多是军屯和民屯，清代不搞屯田，而是移民开垦，垦荒成田地耕种后，按亩征收赋税。清初的军屯田地由于征收的赋税加重，屯户纷纷抛荒。康熙二

---

① （清）魏源：《圣武记·雍正西南夷政流记》。
② 《清文献通考·田赋考》。
③ 《清会典事例》。
④ 道光《云南通志》卷一三八。
⑤ 光绪《云南通志》卷三十九。

十九年（1690）以后，清政府为增加赋税收入，允许当地各族人民承垦这些抛荒的军屯田地，最初减征赋税，经过三五年后，再改照一般民田征赋。这类田地垦复之后，便作为垦种者的私田。① 再到康熙三十四年（1695），改照河阳县（今澄江）上则民田征赋。乾隆元年（1736），实行"云南夷户，除耕官屯民田仍按亩起科外，其所种夷地，皆计户纳粮，免其查丈"。所谓"夷地免查丈"，意在鼓励开发山区荒地。乾隆三十一年（1766），又规定"山头地角"、"水滨河尾"之土，6年或10年之后，以下则田地赋税起科，意在鼓励尽可能多地开发荒地。

云南的开垦，清代以前，主要在保山、凤庆以东，思茅、建水以北，昆明、曲靖、大理为中轴的腹心地带，清代前期开始了边疆地区的开发。在滇东南的广南府和开化府（今文山州），自康熙至道光年间，汉族人民不断迁入，与当地壮、彝等族人民共同开发。道光《广南府志》说："楚蜀黔粤之民，携挈妻孥，风餐露宿而来，既视瘴乡如乐土，故稽烟户，不止较当年倍蓰。"民国《广南县志》说："二三百年前，汉族人至广南者甚稀。……清康、雍以后，川楚粤赣之汉人，则散于山岭间，新垦地以自殖。伐木开径，渐成村落。汉人垦山为地，初只选择肥沃之区，日久人口繁滋，由沃以及于脊。入山愈深，开辟愈广。山间略为平广之地，可以引水以灌田者，则垦之为田，随山屈曲，垄峻如梯，田小如瓦。迨至嘉道以降，黔省农民，大量移入。于是，垦殖之地，数以渐增。……"相邻的开化府，情况亦大体如此。

滇南的普洱府，清初以前为傣、哈尼、拉祜等少数民族居住地，人口稀少，土地大多尚未开发。改土归流之后，许多汉族人民前往开垦。道光《普洱府志》卷七统计道光十六年（1836）户口：宁洱县，土著4910户，屯民3036户，客籍3434户；思茅厅，土著1016户，屯民2556户，客籍3105户；威远厅，土著3602户，屯民5171户，客籍433户；他郎厅，土著30410户，屯民30171户，客籍650户。"屯民"和"客籍"都是内地迁居来的汉族人口，已经大大超过了土著人口。同书卷九说："国初改流，由临元分拨营兵驻守，并江左、黔、楚、川、陕各省贸易客民，家于斯焉。于是人烟稠密，田土渐开，广习诗书，文教礼让，日蒸月化，骎骎乎具有华风。"

---

① 光绪《云南通志稿》卷三十九。

滇西南的临沧地区、滇西的德宏地区、滇西北的澜沧江和怒江上游地区，在清代前期都有许多内地汉族人民前往开垦农田，种植茶叶，开矿、经商等。康熙、雍正、道光诸部《云南通志》都有记载。滇东北的昭通地区，在雍正改土归流的残酷军事镇压之后，当地人口流散较多，土地抛荒严重。雍正十年（1732），云贵总督高其倬招募汉族农民前往垦殖。愿往者，由官府借给路费、耕牛、籽种等，到当地后，每户给田二十亩。先尽熟水田给垦，熟水田给完，再就生水田给垦。生水田又完，然后以旱田给垦。所垦之田，发给地照，永远为业。开垦恢复生产之后，按年陆续收其稻谷，照时价计算，扣还所借工本。扣清之后，即令起课纳赋。

在开垦山区和发展边疆方面，清代前期绿营兵设置汛塘关哨，本为军事目的，同时也对开垦农田作出了贡献。全省总计三千余个绿营兵的驻防点，多在山区和边疆。各地驻防兵丁，都是招募服役，年衰退役之后，大多在原驻防地安家落户，垦田置业，渐成村落。经过清代前期几代人的累积，开垦成效相当显著。

二 水利建设加速

农业的发展离不开水利，康熙、雍正、乾隆、嘉庆、道光诸时代，云南各地都修建了一些水利工程，而以雍正年间和乾隆初年大兴水利的成效最为显著。从康熙年间至道光年间，官府和人民都重视滇池及其六河的治理。康熙二十一年（1682）、二十七年（1688）、四十八年（1709），雍正三年（1725）、九年（1731），乾隆五年（1740）、十四年（1749）、四十二年（1777）、五十年（1785），道光六年（1826）、十六年（1836），都对滇池及其六条河流进行了大的修治，疏浚海口，整治六河，建坝闸，修渠道，使海口水流易退，六河之堤岸无倾；泄洪水，灌农田，对昆明地区的农业生产发展起了良好作用。

雍正年间，云南全省大兴水利工程，先后修复和兴修的较大水利工程有：嵩明嘉丽泽的疏浚，涸出田地一万余亩；宜良县开河五道，解除洼地多淹、高地无水、旱涝不均之患；临安府（今建水）泸江严硐的开凿，自江上源的异龙湖（在石屏），至阿迷（今开远）入盘江处，沿途疏导，使塌冲、象冲二水及六河九洫，无壅塞之患，而且开沟导水，酌定条规，挨次引灌，建水等地的田亩皆赖以丰收；寻甸州寻川河，勘察疏导之后，涸出田地二万余亩；澂江府抚仙湖出水口的疏浚，增筑逼水坝六墩，使澂江、江川、华宁等地，既除水患，又便灌溉；楚雄府镇南州（今南华）千家地的修复，灌田万亩；东川府依山临川，但不通河渠，以致种稻田者少，而城北宽长20余里之地又多积水而抛荒，开挖河道三条之后，既泄积水，又增辟了稻田；洱海出水口的疏通，使太和（大理）、赵州（凤仪）、邓川等县水利因之兴复；永昌府城（今保山）外南北两河的疏浚，灌溉面积较明代增广。腹心地区的云南府、澂江府、曲靖府、楚雄府、大理府、临安府、永昌府的各州县，在清朝前期的两百年间，都续修或兴修了一些水利工程。或疏浚湖河，或筑坝建塘，或开渠引沟，除水患，利灌溉。水利工程多在土壤肥沃、自然条件好的坝区，对发展云南农业生产产生了良好的效益。

三　玉蜀黍、马铃薯等新粮食作物的种植

云南耕地所产粮食，明代以前，多在盆地和河谷地的坝区，水田产量最为主要。清代前期，开发山区，旱地作物有较大发展，但与坝区产量相比，仍居次要地位。因此，水田是云南农业最重要的耕地。刘慰三《滇南志略》记载当时滇池地区水田的详细情况。《滇南志略》还记述了云南府（今昆明地区）的作物品种，"以稻、麦、粱、稷为主。苞谷、黑豆、红豆、菜豆、蚕豆、豌豆、麻次之。山稗、蜀黍、草子又次之"。"谷凡百余种，以香糯稻为最。蚕豆熟最早，滇人尤重之，始则连筴而烹以为菜，继则杂米为炊以当饭，干则洗之以为粉。""豌豆亦洗粉，并食其蔓，名豌豆菜。"

云南山岭纵横罗列，盆地和河谷地仅占6%，山区占绝大多数。明代以前，人口稀少，大多居住在盆地和河谷地。山区也有一些居民，农业耕作当然与坝区不同。景泰《云南图经志书》卷二记述陆凉州（今陆良）山区的情况："罗罗，乃其土著之民也，居止多深山，虽高山硗坡，亦为垦之，以种甜苦二荞自赡。"荞的产量低，广种薄收，只能满足少量人口需要。清代云南人口增加较多，居住到山区的人口也大增。这时，玉蜀黍和马铃薯在云南山区广泛种植，使山区生产发生了巨大变化。

云南种植玉蜀黍，明代以前的史籍记载极少，可见种植不多。道光中叶曾任云南巡抚的吴其濬编写了一部《植物名实图考》，有玉蜀黍记述："玉蜀黍于古无征，《云南志》曰玉麦，陕、蜀、黔、湘皆曰苞谷，山民恃以为命。"清代前期云南地方志书记载种植玉蜀黍已较多。康熙年间编

写的志书如《云南府志》卷二、《澂江府志》卷十、《武定府志》卷三、《蒙自县志》卷一、《新平县志》卷五、《新兴州志》卷五、《罗平州志》卷二、《弥勒州志》卷六、《元谋县志》卷二，雍正年间编写的志书如《临安府志》卷四、《东川府志》卷二、《宣威州志》卷二、《镇雄州志》卷五、《陆良州志》卷二等。乾隆《东川府志》、嘉庆《永善县志》、道光《威远厅志》、道光《宣威州志》等也有记载。

倪蜕《滇云历年传》卷十二录雍正四年（1726）储粮道张允随议："云南山多田少，穷岩峻阪、断莽荒榛之间，所栽者荞、苞（所谓'苞'，即苞谷，亦即玉蜀黍）、燕麦、青稞、毛稗，皆苟于救命之物。"乾隆《镇雄州志》卷五说："苞谷，汉夷平民，率其妇子，垦开荒山，广种济食，一名玉秋。"张泓《滇南新语》记乾隆十四年滇西北秤戛的见闻："秤戛在澜沧江、怒江之极边，以苞谷为食。"道光《威远厅志》卷三载："云南地方辽阔，深山密箐未经开发之区，多有湖南、湖北、四川、贵州穷民，往搭寮栅居住，砍树烧山，艺种苞谷之类。此等流民，于开化、广南、普洱三府为最多。"光绪《宣威州志补》卷二说："苞谷，即玉蜀黍，宣人谓之玉麦，熬糖、煮酒、磨面，功用甚大，宣人仰为口粮大宗。"这些情况表明：清代前期，云南广大山区已普遍种植玉蜀黍，它成为山区人民的主粮。

关于马铃薯，吴其濬《植物名实图考》说："阳芋，滇黔有之，饥救荒，贫民之储。"（"阳芋"即"洋芋"的异写，即马铃薯）雍正二十一年（1733）任云南布政使的陈宏谋作《种植杂粮广植树状》说："滇民终岁所食，尚有野菜、萝卜、薯蓣等物，随处可以种植，荒月亦可疗饥。"乾隆《蒙自县志》论："薯蓣，亦名山药，红白二种，倘甸人王琼至坝洒携归，教乡人栽种，不论地之肥硗，无往不宜。合邑遍植，价甚廉。岁歉即以当餐，利甚溥。"记载马铃薯在此时期的种植史料虽不及玉蜀黍之多，但从这些简短的记载中已知，至迟在乾隆至道光年间，马铃薯已有较多的种植，并已成为山区人民的主粮之一。

第二节 矿冶

云南的矿冶有悠久的历史，明代就已闻名全国，清代前期有了更大的发展。铜、银、铅、锌、锡等有色金属产量，居全国之首，除供本省使用外，还大量调运京城和外省。清代前期云南有色金属矿冶业出现了比较大发展。

一 铜矿冶业的发展变化

清代前期的货币是有色金属铸造的"纹银"和"制钱"。云南使用贝币至明末，清代时已不使用。"纹银"是银的制成品，"制钱"的原料主要是铜，掺以适量的铅、锌、锡。随着经济的发展，商品流通和交换日益频繁，货币需求量越来越大，不仅纹银的用量增大，制钱的用量更是猛增。顺治至乾隆时期（1644—1795），由于国内市场兴盛，外贸出超，呈现"钱贵银贱"的状况。法定比价是一两纹银兑换 1000 文制钱外，实际一两银只能兑换 780 文至 800 文钱。清政府虽多方设法平抑钱价和取缔私铸，但效果不大。解决问题的办法主要是铸造更多的制钱，尽可能地满足市场需要。顺治年间（1644—1661），朝廷除在北京设立隶属于户部的宝钱局和隶属于工部的宝源局铸造制钱外，又在江南、宣府、临清、蓟县、密县等地设立 300 余铸钱炉铸造制钱。康熙六年（1667）又令各省铸钱。云南在吴三桂当权时代大量铸钱，吴三桂覆灭后康熙年间（1662—1722年），除在昆明铸钱外，还在蒙自、大理铸钱。雍正元年（1723），增加在祥云、临安、沾益铸钱。雍正八年（1730），云南设局铸钱十万文运往陕西。雍正十二年（1734），清政府命令云南设局铸钱运往京城。铸钱数量的猛增，对铜、铅、锌、锡的需求量自然也迅猛增大。

清代前期，战争频繁，诸如顺治年间攻占全国各省，康熙、雍正、乾隆、嘉庆年间和道光前期，平定"三藩之乱"，收复台湾，"改土归流"，戡定新疆和蒙古，镇压内地汉族和边疆各民族人民的起义，与缅甸、越南等邻国作战等，都需要开支巨额军费。建立庞大的官僚统治机构，费用也浩大。因此，清政府经常处于财政赤字状况。为了获得维护军政统治所需的财政支持，清政府不得不多方寻找财源。开发云南矿冶业，从中取利，就是清政府的一个生财之道。云贵总督蔡毓荣在康熙二十一年（1682）向清廷上《筹滇理财疏》奏章，提出 4 条理财办法：开矿藏、广铸钱、卖庄田、垦荒地。前两条就是用矿冶业来增加政府的财政收入。具体政策是：招民采炼，采炼所得，政府收取 20% 的课税，其余 80% 准许商民买卖。官吏招商采炼，收税在 1 万两以上者，可以升级。商民采炼，上税到 3000—5000 两者，可以授予官职。尽管税率较重，商民还是有利可图。

这个政策的实施，于政府、商民、官吏都有利，极大地刺激了云南矿冶业的发展。康熙四十五年（1706）云南全省矿冶课税总额为银 81428 两，比康熙二十四年（1685）增加二十倍。铸造钱币是政府的专利，私人不得参与。由于钱币用量日益增大，清朝的中央和省级政府多设局铸造钱币。铸制一千文制钱的成本只需几钱纹银。政府可以从铸造钱币中获得丰厚的利益，形成一大财政收入。

清朝统治者面对矿冶业的巨大财富，为取得更多的收益而变换政策。康熙四十四年（1705），云贵总督贝和诺向清廷提出一项建议：商民采炼，由政府发给"工本"，炼成矿冶产品后，政府除征收 20% 的课税外，其余 80% 的产品也必须按规定的低价卖给政府，以抵还政府发给的"工本"。因为铜产量最多，简称"放本收铜"或"官买余铜"（包括其他矿产品）。不向政府领工本的矿厂，政府照样征收课税和"买余铜"。总之，矿冶产品必须卖给政府，不许私卖；如果私卖，一经查获，全部没收，还要处罚。政府设立"官铜店"，垄断矿产品的销售，以低价买进，再高价卖出（以每百斤三至五两买进，再以每百斤九两多卖出），获取厚利。清政府采纳贝和诺的这个建议，作为管理矿冶业的一项政策，加以实施。

"放本收铜"政策的实行，使矿民收入大为减少，加上管理矿冶业官吏的贪污，矿民损失更大。矿民们与官府展开了各式各样的斗争，有的借口"硐老山空"，停止生产，远走他方，另谋出路，至政府统治薄弱的地方"盗采"、"盗铸"。官府来追究，官兵势众，就逃跑；官兵势小就抵抗。著名的石屏矿民吴尚贤，聚集几万矿工到佤族山区开办茂隆银厂，生产兴旺，获利甚丰，发展了边疆经济。清政府既得不到厚利，又害怕造成大的经济和政治势力，设计诱杀了吴尚贤，规模宏大的茂隆厂，由此走向衰落。矿民的另一斗争方式是向政府领取"工本"后，拖欠交付官铜，暗地贩卖私铜。矿民的这些反抗斗争，既减少了官府的收益，又使矿业中衰。从康熙四十四年（1705）到雍正元年（1723）的 18 年中，报开的新厂只有一个，原来 17 个厂的生产也趋于萎缩。

清政府实行"放本收铜"的政策，是为了获取更多的矿料、税收、利润，结果却适得其反，三方面的收益都在减少。清政府不得不修改政策。雍正元年（1723），除下令严禁官吏勒索矿税、短少给价、秤头作弊等腐败剥削外，还修改政府垄断收买矿料的政策：政府除征收矿税和收买部分矿料外，如有剩余矿料，准许矿民自由买卖。这就使矿民有利可图，矿业生产很快增长起来。修改政策后的第二年，云南产铜量100多万斤，第四年增加到215万斤，第五年增至300多万斤。

雍正五年（1727）至乾隆三十七年（1772），清政府仍然坚持实行"放本收铜"和"官买余铜"政策，矿民必须领取工本，出售官铜。清政府采取不断调整收铜价格的办法刺激矿业生产，于雍正五年（1729）、乾隆三年（1738）、乾隆十九年（1754）、乾隆二十一年（1756）、乾隆二十七年（1762）、乾隆三十三年（1768）六次增加铜、银、铅、锌、锡的价格来刺激矿冶业的生产。

乾隆三十八年（1773），清政府又修改矿冶业政策：准许矿民自行出售产品的10%，称为"通商铜"。同时又规定，矿民必须把这些通商铜送到东川铸钱局制成铜钱，以所得余息偿还欠政府的款；积欠还清以后，通商铜才能由矿民自由支配。因为"通商铜"的价格较高，可以弥补"官铜"价格不足，加上矿民秘密出卖私铜，矿民收入稍有好转，经营兴趣增长，产量也随之增加。

清代前期云南矿冶业的产量，从顺治年间（1644—1661）到乾隆年间（1736—1795）是逐步上升趋势。乾隆中期达到最高峰，从乾隆末年到道光（1821—1851）中期呈逐步衰落趋势。产量的具体数据没有文献记载，铜的产量最多，由税铜、政府收购的"官铜"、矿民的私铜三部分组成。"官铜"分"京运"、各省采买、本省鼓铸三项，"私铜"又分前期的自由买卖铜，中后期的"通商铜""盗采铜""盗卖铜"。名目繁多，难予统计。据道光《云南通志·食货志》记载，从康熙四十四年至嘉庆十一年（1705—1806）的100年间，全省共开144个铜矿，著名大矿厂有东川汤丹铜厂、易门义都铜厂、南安（今双柏）香树坡铜厂、路南大兴铜厂、蒙自全钗铜厂、永北（今永胜）得宝坪铜厂、云龙大功铜厂、大关老山铜厂等。据清代戴瑞征《云南铜志》和严中平《清代云南铜政考》等书记载，乾隆二十八年到四十七年（1763—1782）是清代前期云南铜产量最高的时期，全省平均每年产铜12571148斤。

二 银、铅、锌矿冶业的发展

云南银的产量位居全国第二。乾隆中期云南的银课税额每年在7万两左右，税额为产量的20%，以此推算，银的年产量为35万两左右。著名大银矿有鲁甸乐马银矿、阿瓦山茂隆银厂、南安（今双柏）白羊银厂、个旧银厂、会泽的麒麟厂、巧家的棉花地、云龙的永盛厂、丽江的回龙厂等十余个。最大的茂隆银厂和乐马厂矿工数万人。时人檀萃的《滇海虞衡志》说："滇银矿盛时,内则昭通之乐马,外则永昌之茂隆,岁出不赀,故南中富足,且利及天下。"（乐马厂和茂隆厂分属昭通和永昌府管辖）

铸造制钱,除主要原料铜外,还需掺一定数量的铅、锌、锡。因此,在铜的生产大发展的同时,铅、锌、锡的产量也有提高。云南的银矿多半是银、铅、锌共生的矿体。清初,由于清政府害怕人民制造铅弹,用于反抗活动,禁止在炼银时提取铅和锌（当时称铅为黑铅,称锌为白铅）,致使大量的铅、锌被当作"矿渣"丢掉。后来因为铸钱需要铅、锌,清政府才允许提炼。康熙末年（1662—1722）以后,云南先后报开的铅锌矿有丽江的北地坪厂、罗平的卑浙厂、富源的块泽厂、会泽的者海厂、东川的阿那多厂、建水的晋马厂、武定的狮子山厂等。最大的卑浙厂和块泽厂,每年产铅219769斤。

铸造青铜钱,需由锡与铜合成。乾隆五年（1740）,清政府批准在个旧开采和冶炼锡,当时个旧锡矿每年税银3181两。发展到近代,个旧成为名著全国和世界的大锡矿。

三 乾隆末年云南矿冶业的衰落

乾隆末年,云南矿冶业开始衰落,主要有两个原因:一是乾隆末年以后,市场的"银贵钱贱",铸钱减少,对铜、铅、锌、锡的需求减少;二是清政府的残酷压榨政策,严重摧残民营矿冶业。

清初,国内商品经济发展,对制钱的需要量增大,加上对外贸易出超,白银内流,在内贸和外贸市场的双重作用下,货币出现"钱贵银贱"。为适应市场需要,清政府大力铸造制钱,刺激了清初至乾隆末年云南矿冶业的发展。乾隆末年以后,制钱数量增至极限,对银的比值下降,货币出现"银贵钱贱"。清政府不得不减少铸钱数量,铸钱所需金属随之减少,云南的矿冶业也随之衰落。对外贸易的状况也加速了这一趋势。乾隆以前,中国对外大量出口茶、丝、土布、瓷器等商品,而小农业和家庭手工业紧密结合的中国自然经济,对毛织品、洋纱、洋布、五金等"洋货"的需要量不大,形成对外贸易的出超,白银大量流入中国。乾隆以后的嘉庆和道光前半段（1896—1840）,英国、美国等资本主义国家,为改变对中国贸易的不利地位，并遏止贵金属货币流向中国，采用无耻的贸易手段——向中国大量输出鸦片。鸦片输入年年增加，既毒害中国人身心，又破坏中国经济。中国对外贸易由出超变为入超，中国白银大量外流，造成严重的银荒，银价上涨，钱价下跌。乾隆时（1736—1795）一两白银兑换800文铜钱。道光（1821—1850）时，一两白银兑换1600文铜钱。道光十七年（1837），中国白银外流达6000万两之多。清政府为稳定铜钱价值，不得不大大减少铸造铜钱数量。云南的矿冶业随之走向低谷。

清朝统治者为巩固其统治，建立庞大的政治、军事、经济、文化机构，需要开支巨额费用。皇室、贵族、各级官吏还要过奢侈的生活，使得国家财政十分紧张，经常处于赤字状态。榨取矿冶业的巨额利益，是清朝统治者的一项重要政策。这个政策的实施，从顺治年间到道光年间（1644—1850），不断加大压榨的力度。从征收矿冶赋税和获取铸钱利润，发展到"放本收铜"，垄断矿冶产品的销售，控制矿冶产品的生产，剥削榨取量越来越大。

在清初听民开采时期，清政府虽然派官吏驻矿厂监督，但只是为了收税，不干预生产。在"放本收铜"政策实行以后，清政府为了垄断矿冶产品的销售，防止矿民拖欠"工本"和贩卖私铜，防范矿工聚众闹事，就进一步控制了矿厂的各项事务。最初规定，总督、巡抚、布政使有督办矿厂的责任和权力，由粮储道具体负责，派官吏到矿厂监督。乾隆三十三年（1768）以后，清政府强化对矿冶业的管理。省级职权由布政使负责，并直接派官吏管运输。厂务责成道、府、州、县各级官吏负责，厂务成为地方行政事务的一部分。每个矿厂都由地方官委派"厂官"一人，总揽全厂事务；"吏"一人，掌管文书；"胥"二人，负责巡察；还有捉拿盗贼的"练役"、镇压矿民和矿工的"壮练"。"厂官"在矿民中选派"七长"："客长"掌管诉讼；"课长"预发工本，收运产品，征收赋税；"炉长"，负责窑炉冶炼；"㰙头"，负责矿铜开采；"硐长"，解决与邻硐的纠纷；"炭长"，保举炭户和领发柴炭；"锅头"，办理伙食。清政府建立和掌管的这些管理机构，目的是对矿冶业的生产和经营过程实行严密的管理和监督，最大限度地榨取矿冶利益。在政府搜括的同时，经手的官吏也从中大肆贪污。总督、巡抚、布政使、道员、知府、知州、知县等高中级官吏，可以公开收取"归公铜"、"养廉铜"、"损铜"；"厂官"、"厂役"等下级官吏则在"放本"、征税、"收铜"、监督生产等过程中进行种种敲诈勒索。在清政府的高额榨取和各级官吏的大肆贪污下,矿民无利可图,矿工痛苦不堪,这是嘉庆、道光年间,云南矿冶业衰落的另一个重要原因。

清代前期云南的矿冶业,采矿和冶炼都是手工生产,尚没有近现代的机器。采矿有两种方式:一是露天开采,俗称"明礁";一是矿井开采,俗称"礁硐"。露天开采为数不多,矿井开采比较普遍。凿出的土石和矿石,矿工用麻布袋或吊筐沿矿硐背运出来,叫做"背矿"。硐内照明,用铁制的灯盏盛植物油,以棉花条或灯草为芯点燃。灯盏连接在一根铁杆上,"背矿"矿工爬行时插在包头布上或含在口中(矿硐低矮,只能爬行)。矿硐有可能倒塌的地方,用木头支撑,叫做"架樘"。冶炼用土炉,把矿石和木炭装入炉内点燃,用木制风箱鼓风。砌炉、装矿石和木炭、鼓风、取铜(银、铅、锌、锡等)全是手工劳动。尽管各个工序都包含技术,但劳动相当艰苦,矿工和冶炼工的生活十分贫困。

清代前期云南矿冶业的投资人是省内外的地主和商人。他们把从土地和商业上剥削来的钱财投资到矿冶业中,被称为"矿民"或"炉民"。"矿民"又称"锅头","炉民"又称"炉户"。矿民和炉户既是投资人,又是生产和经营的组织者。无论是清初"听民开采"时期或是后来的"放本收铜"时期,政府委派的官吏主要是进行监督,前期是单纯的监督,后期则进一步转为监督加干预生产和经营,逐步加大了压榨力度。

矿冶业的生产单位是"硐""尖""炉",集中在一个地区的硐、尖、炉形成一个矿厂。有的硐、尖、炉属于一个投资人。有的投资人则同时经营几个硐、尖、炉。有的是一个投资人独办,有的是若干投资人合伙办。作为投资人的"矿民"和"炉民",购买生产设备、工具、木、炭、柴、米、油、盐、菜,招收工人进行生产,组织经营。硐、尖、炉的规模现在已不可考,然而,从当时的工作任务包括打硐、采矿、背矿、架樘、通风、排水、送矿、洗矿、配矿、砌炉、装矿、装炭、煅烧、冶炼、鼓风等来推测,一个硐、尖、炉至少要有几百名工人。当时人说:"小厂有工人数千,大厂有工人数万。像茂隆厂、乐马厂、东川矿等特大厂当在数万。云南全省的矿工当有数十万人。"

当时的矿工,或是附近少地农民,或是本省和外省的破产农民和手工业者。他们中的一部分人,有些简单工具和粮油等物,约集若干人组成一个"伙房",进行采炼,在纳税之后,按出资多少,分配产品。这种人是小生产者。另一种是一无所有的雇佣劳动者,靠出卖劳动力生活。他们的劳动报酬有两种形式:一种是"月活",按月领取固定工资;另一种是"亲身",按预定比例分配产品,或五五分成,或四六分成,或三七分成。一个或几个"矿民"分总产量的三至五成,众多的矿工分总产量五至七成;当然矿民所得丰厚,矿工所得微薄。广大矿工无论是领取"月活"或是"亲身"的报酬,都受到"矿民"、各级官吏、清朝政府的重重剥削和压迫,过着贫困和痛苦的生活。

四 云南矿冶业出现资本主义萌芽

清代前期云南矿冶业的生产关系基本上是封建主义的,矿厂是封建主的手工工场,矿民受封建政府和官吏的榨取,矿工受封建政府、封建官吏、矿民的重重剥削,但已经有了一定程度的资本主义萌芽,主要表现在两个方面。

其一,当时云南矿冶业的生产组织有了资本主义萌芽。马克思说:"资本主义生产实际上是在同一个资本同时雇用较多的工人,因而劳动过程扩大了自己的规模并提供了较大量的产品的时候才开始的。较多的工人在同一时间、同一空间(或者说同一劳动场所),为了生产同种商品,在同一资本家的指挥下工作,这在历史上和逻辑上都是资本主义生产的起点。就生产方式本身来说,例如初期的工场手工业,除了同一资本同时雇用的工人较多外,和行会手工业几乎没有什么区别。"① 我们知道,资本主义的发展一般都经历了简单协作、工场手工业、大机器生产三个阶段。清代前期云南矿冶业生产单位一个或几个矿民投资经营的硐、尖、炉已经是一个具有相当规模的工场手工业。它是在同一个资本同时雇用较多的工人,在同一时间、同一场所生产同一商品,有一定规模,为社会提供了较多产品,具有了"资本主义的起点"的萌芽。

其二,当时云南矿冶业的生产关系有了资本主义的萌芽。列宁说:"所谓资本主义,是指商品生产发展的这样一个阶段,在这个阶段上不仅劳动产品是商品,而且人类劳动力本身也成了商品。"② 恩格斯说:"就是

---

① 马克思:《资本论》第一部,上,人民出版社1975年版,第358页。
② 《列宁全集》第一卷,人民出版社1972年版,第77页。

雇佣劳动制，包含着全部资本主义生产方式的萌芽。"[1] 清代前期的云南的矿冶业，除了合伙性质的小生产者外，已经出现了雇佣劳动者。许多受雇于"矿民"和"炉民"的矿工和冶炼工就是雇佣劳动者。领取"月活"和"亲身"报酬的工人都具有了雇佣劳动者的性质，"月活"报酬已近似近代的"工资"。

从这两个方面看，清代前期云南矿冶业已经产生了资本主义的萌芽。但是，必须恰当地看待这种资本主义萌芽的程度和它在整个社会经济中的地位。它们毕竟是云南个别地区、个别部门的资本主义萌芽，不是整个社会经济结构和社会性质的变化。事实上，当时云南矿冶业的生产单位，只有少数是"较大的手工工场"，数量众多的是小生产者合伙经营的硐、尖、炉。在较大的"手工工场"中也还存在着浓厚的封建性。封建政权的清朝政府对云南矿冶业的严密控制，更严重地束缚了资本主义生产关系的进一步发展，阻碍了这种资本主义萌芽的发展速度，即使在道光以后仍然发展得很缓慢。

第三节 手工业和商业

清代前期，在农业和矿业有较大发展的同时，手工业和商业也有较大的发展。

一 制盐业

云南自古产盐，清代前期是大发展的时代，盐的产量和税利超过了以往。据乾隆时张泓《滇南新语》、檀萃《滇海虞衡志》、道光《云南通志》、光绪时刘慰三《滇南志略》等史籍的记载，明末万历年间（1573—1620），政府管理盐业的"盐课司"每年采办的盐不到200万斤（盐业为官营），当时云南的人口大约200万，平均每人每年只有盐1斤左右。清代道光（1821—1850）前半期，云南盐的年产量发展到3500万斤以上，道光十年（1830），云南人口有650万，平均每人每年有盐5斤多。这些记载和估算尽管不太准确，但相差也不会太远，表明清代前期云南的食盐生产有了大幅度的增长。尽管如此，云南的盐产量还是不抵需要量。滇东

---

[1] 恩格斯：《反杜林论》，人民出版社1970年版，第348页。

北的昭通府、镇雄府、东川府需买川盐食用；滇东南开化府、广南府、广西府（今泸西县、弥勒县、师宗县、邱北县）需买粤盐食用；其他各府州县买本省所产盐食用，一些边疆人民仍有淡食之苦。清朝政府每年可得盐课（税）40余万两（银），加上盐业实行官营（产、供、运、销都由政府垄断经营），可得丰厚利润，因而盐业税利成为政府的一大财政收入。

当时产盐的地方分布于昆明、楚雄、大理、丽江、思茅5个地区的10个县。昆明地区的安宁县有新河井、洪源井、大界井、石井、鹅井。楚雄地区的广通县（今禄丰县内）有阿陋井、安丰井、元兴井、永济井，定远县（今牟定县）有黑井、琅井，元谋县有只旧井，武定州有草溪井，大姚县有白盐井。大理地区的浪穹县（今洱源县）有乔后井，剑川州有弥沙井，云龙州有盐井八区。丽江地区有老姆井。思茅地区的景东厅有盐井五区，镇源厅有按板井、思耕井，宁洱县（今普洱县）有磨黑井、石膏井、磨者井、整董井、抱香井、乌得井、猛乌井。

制盐方法是"打井汲卤"，砌土灶、安铁锅、烧柴火、"煎卤成盐"，全是手工操作，属于手工业生产方式。乾隆时人张泓著有《滇南新语》，对食盐生产情况记述较详。他对黑井的制盐法这样记述："掘地为灶，约坎深四尺，长逾丈余，后稍昂，坎内沿以石墙，高过坎三四寸，宽可六七寸，外绕小石渠，坎前开火窦一以爨，墙平坎处，前层齿齿安废锅片，架重六七十斤大锅五层厚，坎内直间以墙高如坎，排大锅四或六，其后安大锅二，高出前锅五六寸，各锅相次之隙，小则淹以泥，大则以小桶子锅周匝实之。先注卤于前层各锅内，煮干三四分，则转注后层，而前层复上新卤，迤转至极后锅内，以杓扬试，水盐相半。锅或沸，以竹枝钳产（铲）豕油蘸之即止。"黑井的生产方式如此，其他各盐井也大体相同。

云南省官府设"盐法道"管理盐政，长官为道员，下设若干"盐课提举"，"盐课大使"等官职，分管各地盐务。各盐井的官员督促灶户制盐，按定额逐月向省级盐库交盐。顺治至嘉庆（1644—1820）初年，实行官运官销；按各州县户口酌定盐额，地方官派人买领，运回本地，设店收贮，分发贩铺销售。这种官运官销的办法，就其统一管理的优点看，是有成效的，但由于后来官吏腐败，按户勤派行销，在运销中舞弊贪污，人民在食盐问题上不堪其苦，到嘉庆初年，因食盐问题引起广大人民造反。嘉庆五年（1800），云贵总督和云南巡抚向清廷奏报官运官销弊病，清廷批准变更盐务管理章程，改为"灶煎灶卖""民运民销"。制盐、运输、销售都由商民经营，官府管理盐政，征收盐税，盐务有了改善。

二 金属加工业

王佐《格古论》说："云南叶子金，皆熟金也，其性柔而重，其色七青、八黄、九紫、十赤，以赤者为足色。"谷泰《博物要览》说："叶子金以生云南会城者为地道。"《新纂云南通志》讲清代昆明的金铺："金箔铺，能造金箔、银箔，以金箔所用为广。庄严佛像及丹漆房屋用具者均需用之，每年行销不少；又有羊皮金，作妇女衣袖裙靴制品，二者仅昆明有数家，子孙世传，秘不授徒……故城内旧有金箔街之名……云南金箔之制造，善始于元也。"[1]

据《滇海虞衡志》，云南的铜器有红铜面盆、铜镯、铜牛、大钟、小磬、大香炉、小香炉、铜像、金殿（铜柱、铜壁、铜瓦、铜佛，整个房屋和殿堂全为铜质所造）。"铜独盛于滇南，故铜器具为多大者"，"绿铜器具尤奇，有之天然生成，有出于人力因势点缀，其供文房之设者颇多，尤古雅也"。"滇制白铜面盆为天下最"。"安宁八街所铸的铁锅，亦为人所称许"。[2]

少数民族的金属手工制品有相当发展，具有鲜明的民族特色。金银制造器具和装饰品是傣族的重要手工业，唐代已经著名，经宋、元、明悠久的时代，到清代更盛。产品有金碗、金瓶、金花、金丝物、银碗、银刀、银花、银瓶、金银装饰品。纳西族的铜器久负盛名，主要产品有铜锅、铜盆、铜壶、铜碗、铜瓢、铜勺、铜灯盏，尤以铜锁最著名。这些铜器有红黄两色，实用、耐久、精致。尤其是铜锁，集实用性与工艺性于一体，制作精良，款式多样，性能良好。一把铜锁，既是实用器具，又是独特民族风格的艺术品。纳西族的银匠工艺也很精巧，他们制作的银手镯、银耳环、银领扣、银色木碗、银饰刀鞘等，都是很好的手工艺品。阿昌族的铁器自明代历经清代和近代一直著名于世，品种有各种长刀、短刀、锯齿形镰刀、犁头、锄头、斧头等。以各种刀最为著名，俗称"阿昌刀"，产于阿昌族聚居地的户撒和腊撒。这些产品行销云南和缅甸北部。

---

[1] 《新纂云南通志》卷一四二，第10页。
[2] 同上书，第8页。

三　纺织、制茶业

纺织业。清代前期的云南虽不种棉花（草棉），但缅甸所产棉花由永昌（今保山）贩运至各府州县，手工织布遍及全省各地，为农村妇女的家庭手工业。滇中的新兴（今玉溪县）和河西（今属通海县）所生产的手工棉布最为著名。"农家妇女织布者占十分之五六。新兴产者除白布外，能染各项颜色。河西产者，白色为多。省会各布铺销售者多属之"。① 晋宁州头塘所产的"头塘布"，以细密著称于世。洱海地区的"大理布"、"喜州布"，质量尚好，除家庭自用外，还畅销滇西各地。昆明郊区官渡的丝织品名著全省，生产的"滇缎""质地虽粗，坚牢耐用"。② 官渡纺织的"纱帕"，"用于裹头，行销各县"。官渡还纺织供装裱装饰的绫罗、供制筛用的罗纱，还纺制丝线、绒线、弦绒，行销市场。昆明东寺街一带的染色作坊，用本地染料，传统方法（土法）染纺织品，是当时云南较为密集的手工染色作坊群，染色能力居全省之首。

傣族的家庭纺织业十分普遍，用木棉纺织的布称为"摆夷布"，丝织品称为"傣锦"。今德宏州和西双版纳州傣族的"傣锦"，在清代前期就已著名。乾隆《腾越州志》记今盈江县的"傣锦"说："干崖锦，摆夷妇女有手巧者，能为花卉鸟兽之形，织成锦缎，有极致者。"彝族、苗族、傜族、拉祜族等民族，自己种麻、纺麻、织麻布，缝制麻布衣裤，自给自足的手工麻纺织业，在清代前期已经形成，延续到现代。

茶业。云南茶叶，自古至今是名特产品。哈尼族、基诺族、布朗族、傣族、拉祜族、白族等少数民族的祖先，是云南茶叶最早的栽种者和加工者。明代以后，云南的汉族人民积极参与茶叶生产。清代云南的茶叶以"普洱茶"闻名于世。所谓"普洱茶"，是云南向省外和国外销售茶叶的通称，因为在普洱镇汇聚而得名。清初人檀萃写的《滇海虞衡志》说："普茶名重天下，此滇之所产而资利者也。入山作茶者数十万人，茶客收买运于各处，每盈路。"③ 可见茶叶生产和销售规模之大。"普洱茶"的产地在今思茅、临沧、西双版纳地区，最著名者是思茅和西双版纳的"六

---

① 《新纂云南通志》卷一四二，第2页。
② 同上书，第1—2页。
③ （清）檀萃：《滇海虞衡志》卷十一"志草木"。

大茶山"以及临沧地区的"凤山茶"(今凤庆县)和"猛库茶"(今双江县)。所谓"六大茶山",李熙龄的(道光)《普洱府志》记为"蛮砖、倚邦、易武、莽芝、曼撒、悠乐",阮福的《普洱茶记》则记为"倚邦、架布、嶍崆、蛮砖、革登、易武"。两者所述的不同,实为"九大茶山"。(道光)《普洱府志》在"六大茶山"之后又说"其余小山甚多",平川产者名坝子茶。①

清代思茅和西双版纳地区的茶叶,因自然条件和加工制作的不同而有各式各样的品种。"生于赤土或土中杂石者,谓之毛尖,以作贡,贡后方许民间贩卖。采而蒸之,揉为团饼,其叶之少放而犹嫩者,名茅茶。采于三四月者名小满茶。采于六七月者名谷花茶。大而圆者名紧团茶。小而圆者名为女儿茶,其入商贩之手,而外细内粗者名改造茶,将揉时,预择其内之劲黄而不卷者名金月天。其固结而不解者名疙瘩茶,味极厚,难得。"② 临沧地区的凤山茶和猛库茶,芽多、鲜嫩、叶大肥厚;加工制作后,颗粒结实,外形美观;饮用时,汤色红亮,香味醇厚,清爽回甘,色香味俱佳。

由于普洱茶的质量好,清王朝每年都要征收一些运到京城,名为"贡茶"。普洱茶的"贡茶"有8个品种:5斤团茶、3斤团茶、1斤团茶、4两团茶、1.5两团茶、芽茶、蕊茶、茶膏,称为8色贡茶。曹雪芹《红楼梦》中提到的"女儿茶",是普洱茶中的一种,这种"女儿茶"是4两重的团茶。《普洱府志》说:"大而圆者名紧团茶,小而圆者名女儿茶,女儿茶为妇女所采,于雨前得之,即四两重团茶也。"俄国文学家列夫·托尔斯泰的《战争与和平》中也有喝中国普洱茶的描述。

清朝前期,通称"普洱茶"的云南茶叶,除"贡茶运到京城外,通过商业渠道,运销省外和国外。其中的团茶,深受滇西北、川西、西藏、青海、新疆、蒙古等地的藏族、维吾尔族、蒙古族等族的喜爱,也受到东南亚、南亚以及世界其他国家人民的欢迎。印度的加尔各达逐渐成为云南茶叶销往世界市场的中转地"。

昆明、大理等地也出产茶叶,数量和质量都不及普洱生产的茶叶。《滇海虞衡志》说:"省城有太华寺茶,然出不多,不能如普洱之盛。"

---

① 道光《普洱府志》卷八"物产·茶"。
② (清)阮福:《普洱茶记》。

清代前期的手工业还有制糖、酿酒和各种农、林、牧、渔产品加工，砖、瓦等建筑材料加工等，名目繁多，比明代有较大的发展。这些手工产品大多为满足本省人民的生产生活日用需要，体现了自给自足的生产方式和交换方式，都是封建性的家庭手工业。

四　商业

清代前期将近两百年的时间，农、林、牧、渔、矿、手工业产品增多，商品增加，商业贸易也比明代有大的发展。

省城昆明不仅是云南省的政治中心，而且发展成云南省的商品交易中心。省内各府州县的商品多汇聚昆明市场，向省内、省外、国外交易。外省商品进入云南大多在昆明集散，缅甸、越南等外国商品输入云南也以昆明为枢纽，这就造成了昆明商业市场比明代繁荣的景象。本省商民以省会为中心进行商业活动，"高嵩、李济两家，在省会规模甚大，互相争衡"。[①] 外省商民也大量来云南经商，人数众多者，形成地区性的商帮，如江西帮、湖南帮、四川帮、北京帮、广东帮、山西帮、陕西帮、福建帮、浙江帮等。这些外省商帮建有商务会馆，如江西会馆、福建会馆、广东会馆、四川会馆、两湖会馆、山西会馆、陕西会馆、江南会馆等。本省商民也在昆明建有一些会馆，如迤西会馆、临安会馆等。

营业种类多种多样："曰票号，亦称字号，经营存放款及汇兑，或办外省外地货，或运销本省出产之茶、盐、矿产于各地，均作批发之交易"；"曰铺户，则棉布、纸张、金银、首饰、百货等业，名目繁多，皆作门市之零星交易"；"曰堆栈业，附设旅馆兼仓库"；"曰转运业，则马帮为多"；"曰典当业，则为陕西、山西帮所开设者"；"江西帮、湖南帮之笔墨庄、磁器庄，四川帮之丝绸、玻璃、烟叶"；"今省会塘子巷、状元楼、南较场一带，皆昔日商业繁盛区域。金碧路旧名广马街，即广商汇集所在"。[②] "全省各县市镇，无处不有江西人之万寿宫与两湖会馆。自省城及各县城以达乡村市镇，舆夫、薙发匠、栈伙、厨役诸工，几无一而非四川人；裁缝及零星贩卖之流，几全操江西、两湖之人之手。"[③] 明清之

[①] 《新纂云南通志》卷一四三，第9页。
[②] （清）谢彬：《云南游记》，第101页。
[③] 《新纂云南通志》卷一四三。

际创始的"票号",经营商业存放款和汇兑,于清代前期在云南营业的有山西帮的"百川通"、"宝丰隆",浙江帮的"乾盛亨""盈泰兴"等,资本都在白银万两以上。

昆明郊区"有大板桥、小板桥、官渡、小街子、龙头街、马街子、恢湾、普吉等街,多以逢子、午、辰、戌日为街期,交易为农产品及砖瓦窑器、沙帕、斗笠、竹器等"。"呈贡有龙街、归化街、安江街等。龙街辰日为市,归化、安江二街皆五日一集。龙街规模尤大,附近农民咸集,货物为米及杂粮、牲畜、果类、布匹、农具等"。"晋宁有州街、新街、河泊所晚街等,主要营业米、猪、粉丝三项"。"昆阳有县城街及海口中兴街等。县城街以五九日集。中兴街以三七日集。货品以米粮、糖、酒等为大宗。每年三、四、十、冬月为旺期,盖在农产收获后也"。"安宁州城市子、午日赶集。草铺市寅、申日赶集。禄脿市辰、戌日赶集。迤龙市巳、亥日赶集。八街市四、八日赶集。鸣矣河市五、九日赶集"。① "富民县城每逢三、六、九日集市,远近贸迁,俱在城内通衢,粮食较多,北关外为炭场,东关内为猪市,为马集,为牛羊街,南关外为菜市。届期旁午方集,未、申旋散。"②

各府城、州城、县城,都是本府、本州、本县的商业中心。县以下有一些乡镇市场,称为"街子"。"日中为市,率名为街,以十二支所属分为各处街期,如子日名鼠街、丑日名牛街之类,街期各处错杂,以便贸迁。"③ 全省各地大致如此,大同小异。还有一种传统的商品交易会,一年一度在较大地区内的大集市,如龙王会、骡马会等。最出名的是大理三月街,又叫观音市,农历三月十五日在苍山下贸易,集省之货,历代累更,此市不变。张泓的《滇南新语》记载了剑川的夜市:"剑川有夜市在禁鼓之后,剑处滇之极西,为进藏门户,州之沙溪、甸尾皆有市。悄悄长昼,烟冷街衢,日落黄昏,百货乃集,村人蚁赴,手然松节,曰明子,高低远近,如萤如磷,负女携男,趋市买卖,多席地群饮,和歌跳舞,酗斗其常,而借此以为桑间濮上,甚届二鼓,如扶醉渐散者半。"府州县城和乡村"街子"交易的商品,大多是农副业和手工业产品,适应当地人民

---

① 《安宁州志》卷六。
② 雍正《富民县志》卷之上"城池"。
③ (清)刘慰三:《滇南志略》。

的生产、生活需要。

清代前期，云南矿业大发展，矿产品的交易是云南的一大商业活动。商人们既要集资办厂开矿，又要运销矿产品，云南盛产的银、铜、锡、铅、锌，除运销省内之外，还大量运销京城和四川、陕西、湖广、江南等省区。矿产品的工商利润和税收是云南的一大经济支柱。鲁甸的乐马、沧源的茂隆以及东川、易门、个旧、路南、寻甸、武定、双柏、元江、凤庆、建水、文山等地的一些著名矿厂，因矿成市，形成繁盛的矿产交易市场。康熙《蒙自县志》卷二说："个旧为蒙自之一乡，户皆编甲，居皆瓦舍，商贾贸者十八九，土著无几，四方来采（矿）者不下数万人，楚居其七，江右居三，山陕次之，别省又次之。"因矿业而兴起的商业市镇不少，路南县的象羊厂在乾隆初年因开矿而形成市镇，就是一个典型例子："路（南）民黎城西象羊山地，得矿苗，呈请开之，远近来者数千人，得矿者十之八九，不数月而荒巅成市，即名之曰象羊厂。"[①]

茶叶销售是云南的商业大事，产于今思茅西双版纳、临沧地区的"普洱茶"，在普洱汇聚，运销省内、省外，以至国外。其中，向滇西北、川西、西藏、青海等地运销，购进这些地方的特产——马匹，史称"茶马交易"，这是云南商业史上的盛事。云南永北（今永胜）是清廷特批的一个茶马市场。《滇南志略》记永北的茶马市：顺治十八年（1611），准达赖喇嘛及根都台吉于地州互市，以马易茶，尚未收课也。康熙四年，核准于州地开茶马市，商人买茶易马者，每两收税银三分，该府详造交易细数，番商姓名，每年题报。

清代前期，我国经云南与缅甸、越南、泰国、老挝的商业贸易相当繁盛。腾越（今腾冲）、永昌（今保山）、开化（今文山）、蒙自、普洱、景洪等地是进出口贸易的重要市镇。这方面的情况将在第十三章中记述。

第四节　交通

清代前期，承担公文传送、军运、铜运、盐运、粮运、商业贸易、私人信函等政治、军事、经济、文化流通的交通，仍然是传统的驿道。陆驿用人力和畜力，水驿用舟船。云南驿道建设始于远古，唐宋（南诏、大

[①]（清）张泓：《滇南新语》。

理)时代趋于完备,盛于元明,鼎盛于清代。

　　清帝国是我国封建社会末期的大一统国家,云南建为省,云贵总督和云南巡抚驻于昆明(雍正时云贵总督兼辖广西而扩大管辖云南、贵州、广西三省)。昆明成为西南地区重要的政治中心。由于矿业、农业、手工业、商业的发展,昆明也发展成云南的经济中心。政治、军事、经济、文化诸方面的公文通过驿道传送。各种物资和商品通过驿道运输,昆明成为云南的交通枢纽。

　　清代云南的驿道和驿制大体沿袭元明两代,而发展得更为详备。驿道的首要任务是为政治和军事服务。清王朝对云南的统治比以前任何朝代更加深入,不仅政治和经济要地建立了道、府、州、县,有驿道相通,山乡僻壤也遍建汛、塘、关、哨,密如蛛网,比明代的卫所制度更加严密。遍设"堡"、"铺",作为驿道的延伸,联结汛、塘、关、哨。如果说道、府、州、县和汛、塘、关、哨是政治和军事统治的网络,那么,驿道和堡、铺就是交通网络。清代沿驿道设驿站,用驿夫乘驿马传送公文。不通驿道地方设置"堡",附属于驿站,用堡夫递送公文,实是驿道的延伸。有重大军事行动时设立军站,军务结束,军站就撤销。《大清会典事例》记载,云南省设置驿站85处,置堡19个,军站54个,额设夫役(马夫、堡夫等)1674名,额设驿马508匹。设驿的州县又缩小区域设"铺"。铺与铺间的距离10至50里不等。云南的铺数在460处以上。各铺设"铺司"管铺务,另有铺兵数名,所需工食费用,由各地丁粮银正供内报销,有的划拨农田充抵,俗称"冷饭田"。驿道上的驿、堡、铺设置,星罗棋布,形成交通网络。

　　清代驿务,中央由兵部车驾司统管。车驾司下设有"马馆",负责夫马的分配与管理,有"捷报处",负责公文的收发。各省驻京的驿务办事机构叫"提塘",省级驿务管理由按察使司负责。云南按察使司管理驿务的机关有时是"粮储道",有时归"盐法道"。粮和盐都是大宗运输物资,管理粮的机关或管盐的机关,并管驿务。

　　清代的驿道,首要作用仍然是传送公文的通讯道路。中央由兵部统管,地方有驻防各地汛、塘、关、哨的清兵保护。安全与畅通有了保障。云南各地之间,云南与京城及各省之间的密切关系,超过了前代。由于经济的发展,驿道的物资运输作用显得重要。云南丰富的铜、银、锡等矿物源源不断地运往京城和内地省区。川盐、粤盐运进云南,解决云南食盐不足问题。其他农林牧副业和手工业商品也在省内外的驿道上流通。驿道上的物资运输量和频繁状况，也超过了前代。

清代云南的驿道，以昆明为枢纽，有的通往各府州具，形成省内四面八方的交通网络，有的通往贵州、广西、四川、西藏诸省区，进而辐射全国各地；有的通往缅甸、越南、老挝、泰国，承续古西南丝绸之路与世界交往。主要干道有：

（一）昆明—滇东—贵阳干道。从昆明的滇阳驿起，经板桥驿、杨林、易隆、马龙、曲靖、交水（今沾益）、平彝（今富源）入贵州境。明景泰年间在云贵交界处建一界坊，驿道从坊下通过。清康熙年间，在此又建石虬亭关圣庙，以"滇南胜境"作为此处地名。从此，"胜境关"即是贵州入云南的第一关口。入贵州后，经亦资孔、普安、关岭、安顺，到贵州省城贵阳，再东向至湖南沅州，与湖南驿道交会；从贵阳北向，经遵义、綦江而达重庆，亦有驿道相通，计程15日；从贵阳南向，又有驿道通桂林，计程12日，并由此转广东北部和湖南南部。

（二）昆明—滇东南—广西干道。有三条线路：第一线，自昆明经汤池、宜良、路南、弥勒、竹园、江边、邱北、广南、富宁、剥隘，入广西省境，经百色，陆路和水路都可达南宁。雍正七年（1729），因云贵总督并管云南、贵州、广西三省，此线自昆明呈贡七甸驿始，到云桂边境的剥隘，设25驿，成为著名驿道。乾隆元年（1736）裁去驿站，但仍是滇铜运两广和粤盐运云南的重要路线。第二线，自昆明，经宜良、陆凉、师宗、罗平、江底，入贵州黄草坝（今兴义）、安隆所，南入广西，经百色而达南宁。昆明至黄草坝计程10日。清代设云南省道七哨通师宗；设曲靖府道八哨达陆凉与沾益县界。康熙六十年（1721），在滇黔交界的江底建"两界桥"，雍正三年（1725）重修，鄂尔泰曾题额"山水图画"。康熙至嘉庆间（1662—1820），罗平城北先后建有九龙桥、块择桥等大型桥。第三线，自昆明经宜良、路南、弥勒、竹园，继续南向至阿迷（开远），转东南向，经马者哨、中和营、平远街、砚山、者兔、广南、富宁、剥隘，入广西，经百色至南宁。昆明至南宁驿道的三条线路，在宋代因大理国交易"大理马"而兴盛起来，元明清三代都大加修缮。清代时除发挥驿道的通讯作用外，还是滇铜运入两广、粤盐运入云南的重要运输道路。

（三）昆明—滇东北—四川干道。有两条线路：第一线，自昆明起，经曲靖交水（沾益）后，东北向经松林、炎方、沾益（今宣威）、倘塘、箐头铺，入贵州境，经威宁、赫章、毕节，入四川境，过叙永达泸州的纳溪。纳溪在长江岸边，陆路和水路均与四川驿道交会。昆明至纳溪25日程。第二线，自昆明，经嵩明、寻甸、东川（会泽）、昭通、大关、盐津，入四川境，经筠连、高县，达宜宾，计24日程。宜宾为川南重镇，金沙江、岷江、长江汇合于此，东走长江，北去岷江，西通金沙江，水路与陆路驿道通达四川各地。这条干道的两线，自古以来就是云南与内地联系的重要通道。秦代常𬯎筑"五尺道"，汉代朱提（昭通）、堂琅（东川、会泽）的铜、银、铁、"僰僮"进出通道，唐代袁滋赴南诏会盟之路，都是它的前身。清代，它更成为重要的军事交通和"铜运"、"盐运"路线，清朝政府在东川（府与会泽县同城）、寻甸设立两大京运铜店，通过这条道路，水陆联运滇铜到京城和内地省区。川盐和其他川滇物资也经这条路运输，沟通云南和四川及内地省区的物资交流。这条路的滇东北地区地势险要，为兵家常争之地，也为运输畏途。乾隆十四年（1749）开水陆联运道路，修建盐津渡，每年动支运铜节省银三百两为岁修费用，并设渡口巡检员稽查。嘉庆二十二年（1817）在渡口建易渡桥，造铁环十二面，墁木板，上有扶手，路分三条，长二十四丈，横宽八尺，成为畅通渡口。在蒙姑段艰险的山道上，乾隆六十年（1795），曾开山凿石，建石桥。光绪七年（1881），在石壁中凿通隧道，长三里多，可通行驮马和轿子，并在隧道口处小江两岸的悬岩绝壁间建铁索桥。这段路俗语称"石匠房"，显示了云南石工建驿道方面的高超技艺。

（四）昆明—西昌—川西间干道。因西昌时名建昌，故又称"建昌路"。清人师范在《滇系》中记载有三条路线。第一线：自昆明西北向，经富民、武定、元谋、黄瓜园挽舟沿大河（龙川江）抵金沙江，渡江经姜驿入四川，达会川（会理）、阿庸（德昌），达西昌。计18日程，979里。第二线：自昆明西向，经安宁、禄丰、楚雄、镇南（南华），转北向经姚州（今姚安）、大姚，在鱼闸渡（鱼鲊）渡金沙江，入四川，达阿庸（德昌）至西昌。第三线：自昆明西向，经安宁、楚雄、镇南（南华）、大理，转东北向，在宾川渡金沙江，经永北（永胜）、蒗蕖（宁蒗），经盐井（盐源）达西昌。这是滇西至川西通道。三条线路到西昌，向北至汉源、荥经、雅安，与川、藏驿道交会，东北行可达成都，西行可达打箭炉（康定）、甘孜麻书司（今甘孜）、察木多（今昌都）、拉萨等地。自古以来，自大理或昆明，经西昌（建昌）达成都的路线，是云南与四川间最便捷的驿道。它是古西南丝绸之路的重要路段。南诏、大理时期就已繁盛，元明清三代都大加修缮。

（五）昆明—滇西北—西藏干道。唐时，滇藏间的交通就已繁盛，元明清三代，云南和西藏都在大一统的国家之内，往来进一步密切，交通也进一步发展。清康熙年间（1622—1722），倪蜕、杜昌丁曾随原云贵总督蒋陈锡、云南巡抚甘国璧自昆明经滇西北至西藏，分别撰写成《滇小记》、《藏行纪程》，记载了云南至西藏的驿道、行程、沿途风物情况。他们所走的路线是：自昆明，经安宁、楚雄、大理、丽江、中甸或维西、阿墩子（今德钦），入西藏境，在芒康、巴塘一带与川驿道交会。两书所记地名较为混乱，难以详查。他们也未到达西藏腹心地区，大约只到今昌都地区东南部。倪蜕的记程是：自丽江塔城至乌斯藏69站，自剑川—维西—乌斯藏67站；自中甸至乌斯藏79站。《新纂云南通志·交通考》记昆明至巴安43日程，3026里。由此可知，清代前期，滇藏间的驿道是健全的，在巴塘、芒康一带与川藏驿道交会。除了发挥政治和军事上的功能外，茶马贸易和其他经济文化交流也甚为频繁。云南茶叶大量运销藏族聚居区，为藏族人民生活必需品，西藏马匹大量进入云南，军用民用都是大宗商品。

（六）昆明—滇西—缅甸干道。由昆明西向经楚雄到大理后，通道较多，主要有三条线路。第一线：大理—永平—永昌（保山）。在蒲缥附近渡怒江，经腾越（腾冲）、南甸（梁河）、干崖（今盈江），沿大盈江入缅甸境到蛮莫（今大盈江出国境后，江南岸之莫茂，或写作曼冒）。再至新街（今八莫），新街在大盈江与伊洛瓦底江汇合处，为缅北重镇，由此沿水路或陆路南下，可达今缅甸中部大都会曼德勒以及南部的仰光等地。第二线：自昆明，经大理到永昌（保山）后，西南向经龙陵厅（今龙陵县）、芒市、勐卯（今瑞丽），入缅甸境水路达江头城（今缅甸杰沙）。第三线：自昆明经楚雄、白崖（今弥渡县红岩），西南向经顺宁（凤庆）、弯甸（今昌宁）、芒市、勐卯入缅甸境达新街。清人师范的《滇系》，倪蜕的《滇小记》记载清代滇缅驿甚为详细。《滇系》说："自永昌过蒲缥，将至怒江，有屋，林山乃百夷界限也。高山夹谷，地险路狭，马不能并行。过是山三里许即怒江，沿江数十里，上高黎贡山，路亦颇险，上二十里，下一陡间，又走三十里至山顶，夷人立栅为砦，过砦又下四十里许平地，乃麓川江上流过此，则无险隘之地矣。一路从怒江西上二日程至腾冲府，七日许到麓川。一路自白崖过景东，从木通甸至弯甸，渡河入茫施，约十日程到麓川。又一路自怒江上流蒙末渡至景线，沿河小渡十数处，皆可入境也。"①《滇小记》说："一由怒江西上，一由腾冲七日至麓川，一由云南县白崖、过景东，从木通甸至弯甸渡入芒市，十日至麓川。三路怒江上流蒙来渡至景乐，沿河小渡十余处，皆可进。又有三道河行：一由天步马，一由弯甸，一由阿郊地界，皆可入缅。"② 由此可见，清代云南西部至缅甸的驿道，上述三线是干道，支线则尚多。滇缅道上的大理、永昌（保山）、腾越（腾冲）、顺宁（凤庆）、茫施（芒市）、麓川（勐卯，今瑞丽）、龙陵等地，是滇西的重要城镇。滇缅间的驿道，在大理以西，要渡过漾濞江、澜沧江、怒江、大盈江、瑞丽江、伊洛瓦底江等江河，要翻越这些江河间许多高大横断山岭，道路十分艰险。由于它是滇西干道和古西南丝绸之路的重要路段，历代都曾修筑。清代更加大力修缮，在大理至麓川间建立 23 驿、39 铺（明代只建有 6 驿、22 铺）。③

（七）昆明—滇西南—车里（景洪）—缅甸、老挝、泰国干道。自昆明经新兴（今玉溪）、元江、普洱、思茅，至车里（今景洪），计 25 日程，1548 里。又有从滇西重镇大理起，经蒙化（巍山）、景东、镇沅、普洱、思茅到车里。这两条路线是滇西南的重要驿道。从车里西南入缅甸境，经景栋再西行，可达曼德勒、仰光等地。从景栋南行入泰国境，可达景迈（清迈）、曼谷等地。从车里南行，经勐腊入老挝境，可达琅勃拉邦、万象等地。

（八）昆明—滇南—越南干道。该道自昆明起，经滇南蒙自县属的蛮耗（红河岸边），沿红河而下，经河口到河内，可达越南各地。此道北段的昆明至蛮耗间有五条线路：一为由昆明经宜良、路南、弥勒、阿迷（开远）、蒙自至蛮耗，二为由昆明经澂江、盘溪、阿迷（开远）、蒙自至蛮耗，三为由昆明经呈贡、江川、通海、建水至蛮耗，四为由昆明经新兴（今玉溪）、嶍峨（今峨山）、通海、建水至蛮耗，五为由昆明经新兴（今玉溪）、嶍峨（今峨山）、元江东南下至蛮耗。该道昆明至蛮耗为陆路，

---

① （清）师范：《滇系·入边各路》。
② （清）倪蜕：《滇小记·缅程》。
③ 《新纂云南通志·交通考》。

蛮耗经河口至河内与海防为水路，顺水而下只需 8 日，逆水而上则需一月。昆明至蛮耗间的各条支线，构成滇南驿道的交通网。

道光二十年（1840），是中国社会由古代进入近代的划时代一年。然而，以铁路、公路、航空、轮船为标志的近代交通，在云南创设晚，发展慢。清朝灭亡前一年的 1910 年，滇越铁路通车，云南境内有 465 公里的铁路。1932 年建成 177 公里的个碧石铁路，1942 年建成 160 公里的昆明至沾益铁路。汽车公路迟至 1925 年才开始，仅有昆明小西门至碧鸡关 15 公里。1938 年，贵阳至昆明和昆明至畹町、横贯云南省东西境的公路始告通车。云南航空，1927 年 4 月 27 日，香港至昆明间试航成功，于 1935 年 5 月 23 日开辟昆明—贵阳—重庆航线。云南江河水急滩险，直到民国时期都没有机动轮船。只在滇池上有一艘 25 马力的轮船，1909 年以后开始航行。清代前期建设的云南驿道，沿用到清朝末年，才有滇越铁路一线的突破；全省广大地区的驿道，直到 20 世纪 40 年代以后才逐渐被公路和铁路代替。

民国时代编纂的《新纂云南通志·交通考》，总结清代云南的主要驿道为 8 条，其里程为：

昆明—贵阳，20 日程，704.7 公里，1223 华里。

昆明—泸州，25 日程，929.7 公里，1613 华里。

昆明—宜宾，25 日程，976.4 公里，1695 华里。

昆明—西昌，18 日程，563.8 公里，979 华里。

昆明—巴安（西藏），43 日程，1742.9 公里，3026 华里。

昆明—八莫（缅甸），33 日程，1173.5 公里，2036 华里。

昆明—车里（景洪），25 日程，891.1 公里，1548 华里。

昆明—百色（广西），28 日程，1090.1 公里，1893 华里。

可能因为清末建成滇越铁路而没有讲昆明—河内间的驿道，因此，"清代云南的主要驿道"，至少还应补充以下 3 条：

昆明—新兴（玉溪）—通海—临安（建水）—蛮耗。

大理—景东—普洱—车里（景洪）。

大理—顺宁（凤庆）—弯甸—芒市—麓川（瑞丽陇川）。

清代云南的交通，在发挥物资运输作用方面，"铜运""盐运""茶运"最为突出。"铜运"对云南交通运输的影响尤大，特加以详述。

清代前期云南的铜产量居全国之冠，主要供应全国各地铸造钱币。要把"原铜"铸造成"铜钱",除了铜产地的采冶和铸钱地的铸造外,中间环节的交通运输是件大事。据清人阮元编的《云南通志·食货志》统计,乾隆三十七年(1772),云南采炼铜的厂矿多达46个以上,且分布在滇东、滇中、滇南、滇西的广大地域。清朝政府对云南所产的铜实行统一分配:运送京城铸造铜钱者,称"京铜";运送云南以外各省铸钱者,称"采买铜";供云南省自铸钱币者,称"省铸"或"局铸"。哪些厂矿供应"京铜"、"采买铜"、"省铸"都有相应的划分。

云南省先后在昆明、蒙自、大理、临安(建水)、沾益等地设局铸钱,凡划分供"省铸"的铜厂,要把所产的铜运到铸钱地。供应京城的"京铜",自乾隆四年(1739)起,每年定额为6331440斤。云南各地各厂矿的"京铜",人背或马驮运到寻甸,再由寻甸经昭通或威宁运到泸州。这段路的运输方式,视路况或人背,或马驮,或用牛车拉,或在金沙江和盐津河的某些路段用舟船运。运到四川泸州的铜料,沿长江水道运至江苏扬州,再北向经大运河转运去京城附近的通州(今通州区)。"京铜"的运输路程,自云南,经四川泸州、江苏扬州到达北京,在万里以上。

外省来云南采买铜,先后有11省。贵州买68次,25815152斤;广西买49次,15981447斤;广东37次,6729551斤;湖北35次,9020771斤;江西20次,6820502斤;陕西19次,7069386斤;浙江18次,8478654斤;江苏10次,5173000斤;福建7次,3648000斤;湖南6次,1691640斤;四川5次,1743735斤。11省共买铜274次,92171838斤。各省来云南买铜运回去的路线,有的经滇东南运到广西百色,转运本省;有的经滇东北运至四川泸州,转运本省。百色或泸州以前路程,大多为人背、马驮、牛车拉;百色或泸州以后路程,用珠江或长江水路船运。陕西、福建等省的运输途程较远,更为艰难。

铜运在云南交通运输史上具有重大意义,主要表现在两个方面。其一,它促进了云南道路交通的发展。产铜厂矿多在过去人迹罕至的山野,要把铜厂生产的铜运到本省、外省和京城的铸钱城镇,就要开辟运输道路。云南许多偏远厂矿通向城镇的道路,成为繁盛的运输线。由于船运比牛车运便宜,牛车运比马驮便宜,马驮比人背便宜,为了便于车船行驶,减少运费运程,官府组织了对道路的修缮和对水路的增辟。自乾隆七年(1742)起,整修了宜宾以上1300里的金沙江航道,凿险滩134处。6年后,宜宾至小江口段通航。东川、巧家、绥江等地,驾一舟可通荆州、扬州。陆路和水路定期修缮。例如，寻甸至威宁的石板路与土路，每五至六年修一次，维修到道光十九年（1839），为了计付运费，明确测量了运路里程，例如，下关—昆明—寻甸—泸州间，昆明—剥隘—百色间，每一个站与站间都测出了具体的里程。清代运铜驿的这个举措，是前所未有的进步。

其二，清代铜运是云南运输史上第一次由中央政府与地方配合，有计划、有组织、有严密制度的大规模运输活动。在一整套制度中包括运额、运路、运程、运期、运费、运力、运具的组织管理和调查统计。由官、商、厂相结合，产、销、运相环扣，作统筹管理，把古代条件下的人背、马驮、牛车拉、舟船运组成严密的联合运输。厂矿成为工商市镇和运输起点，转运站形成交通枢纽和商业城镇。铜运对云南的交通运输、厂矿建设、商业经营、城镇发展都起了促进作用。清代前期的铜运是资本主义运输方式在云南的萌芽。

铜运对云南社会也有消极影响。在铜运中，官府催运紧急，地方主事不惜民力，大量人力畜力被迫弃农事投入运输，行旅艰困，人畜疲惫。夏秋季节，众多人畜死于瘴疠；山洪爆发，车毁船覆，事故迭生，损失惨烈。盛产马牛的云南，因铜运而严重短缺畜力，影响农业生产。乾隆年间云南布政使王太岳叹息"官民交病，进退两穷"，表明了铜运对云南社会经济的消极作用。

由于滇铜运至京城和外省仅作铸造钱币之用，运距太长，运费太贵。道光年间以后，与官府紧密联系的铜商，为牟取暴利，从沿海向外国购买大量"洋铜"，导致滇铜生产和运销衰落下去。云南大规模的铜运在兴盛了100多年之后，宣告结束，铜运中的资本主义萌芽也随之夭折。[①]

[①] 参见戴瑞征《云南铜志》、严中平《清代云南铜政考》。

第十一章

清朝前期的云南文化

第一节 教育与社会科学

　　清代前期的教育和科举制度大体沿袭明朝，稍有变更，仍然属于我国古代传统体制。直到清朝末年，吸取欧美经验"废科举、立学堂"，才有重大变革，逐步转变为近代教育体制。

　　"废科举、立学堂"之前的清代教育有官学、书院、义学三种。官学为中央办"太学"，由国子监主持。地方有省、府、厅、州、县学，各设学官：省有提学，府有教授，厅、州为学正，县为教谕，皆以训导副之。此外，中央还有为贵族子弟办的"旗学""宗学"，地方有为商务官吏子弟办的"商学"、为土司子弟办的"土苗学"等。童生入学，军队由佐领考录，地方由州县考录，册送学官，名为"附学生员"。生员读儒书籍，学伦理道德和文化知识。教官月有课，季有考，册报学官。岁科考取，最优者为"廪膳生员"，次为"增广生员"、"附生"。人数皆有定额。每岁定额内贡于"太学"者，名为"岁贡"；有恩诏则加贡，名为"恩贡"。学官举学业优秀者，每3年由省试而贡者，名为"优贡"。12年选拔优秀而贡者，名为"拔贡"。各省每3年举行一次科举考试，名为"乡试"，中榜者名为"举人"，副于正榜者，名为"副贡士"。次年，各省"举人"到京城考试，名为"会试"，会试中榜者名为"贡士"。"贡士"到宫廷考试，名为"廷试"或"殿试"。廷试中榜者名为"进士"，进士的第一名称为"状元"。"举人""贡士""进士"都分配做官。各级各类考试的内容当然都是儒家学说和古典诗词。

　　官学生员读书，徒为科举考试获取利禄，有名无实，读书风气遂转移到书院。书院成为授徒讲学的古典学校，起于宋代，元明清三代沿袭和发展。由于政府的提倡，到了清代，云南省内不仅昆明有书院，除了邻接缅甸、老挝、越南的沿边州县之外，绝大多数州县都有了书院，有些府厅州县还办有几个书院。雍正十一年（1734），清廷"命各直省省城设立书院，各帑金千两为营建之费"，"封疆大吏等并有化导士子之职"。① 乾隆元年（1736），"谕礼部行文各省督抚学政，凡书院之长，必选经明行修足为多士模范者，以礼聘请；负笈生徒，必选乡里秀异沉潜学问者肄业其中"。② 昆明在康熙二十四年（1686）建"育材书院"。雍正九年（1732），重建"五华书院"（明代已有，明末清初废）。光绪十七年（1891），建"经正书院"。

清代云南的书院，大理有玉龙书院、中和书院、桂香书院、崇敬书院、敷文书院、西云书院，临安（建水）有崇文书院、崇正书院、焕文书院，楚雄有庐公书院、凤山书院、鹿城书院，曲靖有南城书院、腾峰书院、越州书院，澂江有河阳书院，新兴（玉溪）有玉溪书院、敬一书院，开化（文山）有开文书院、文山书院，广南有莲斋书院、培凤书院，顺宁（凤庆）有育贤书院、养正书院，缅宁（临沧）有文昌书院、班凤书院、同仁书院、凤翔书院、龙门书院，丽江有玉河书院、雪山书院，永昌（保山）有永保书院，普洱有凤鸣书院，东川有西林书院，昭通有凤池书院，其他各厅州县绝大多数都办有书院。官府和社会名流，或捐资，或赠书，办书院的风气相当兴盛。肯读书的人，自备伙食费，向官府和书院山长申请，可到书院读书。清代前期，书院生员科举中榜的人数较多。五华书院"每秋榜中式率三十人，少亦二十人云"。③

书院之外又有"义学"，或称"社学"。由地方官择聘有学问的人为教师，设馆立学，收生员读书。每年将师生姓名册报学政，对入学的贫穷生员给予适当学费补助。入学生员，主要目的在于学习文化知识，在云南这样的边疆和少数民族省区，尤其注重对少数民族的文化教育。因此，"义学"的主要性质，类似民众教育。同时"义学"生员也可参加科举考试。雍正元年（1723），明定各州县设立义学。也是雍正年间，明定云南省少数民族子弟入义学读书，并可参加科举考试。雍正三年（1725），议

---

① 《新纂云南通志·学制考》。

② 同上。

③ 同上。

准云南威远（今景谷）地方，五年（1727），议准云南东川土人等处并建义学，选延塾师，先令熟番子弟来学，日与汉童相处，宣讲圣谕广训，俟熟习后再令诵习诗书，以六年为期，如果教导有成，壮作贡生。三年无成，该生发回，别择文行兼优之士。应需经书日用，令该督抚照例办给。俟熟番学业有成，令往教诲生番子弟，再俟熟习通晓之后，准其报名应试。可见，雍正年间，清廷在政治上推行"改土归流"的同时，对少数民族的文化教育也相当重视。以儒学为核心的文化知识在云南各族人民中深入传播。① 乾隆年间（1736—1795），云南布政使令通省乡村设立义学，"其时学馆林立，称极盛焉"。② 云南各地各民族的文化教育有较大的发展，知识分子人数不断增多。

清代前期的云南，涌现了一些哲学和社会科学家，撰写和编纂了数量可观的著作，为云南边疆的社会科学事业的发展作出了贡献。

清代初期的高奣映，是一个集哲学、史学、文学于一身的白族学者。高奣映，字元廓，亦字雪君，别号问米居士、结璘山叟。生于顺治四年（1647），卒于康熙四十六年（1707）。他的先人是大理国的高相国，明代的世袭姚安府土官。他于清初袭职姚安府土同知，因避吴三桂叛乱，把土官职传给儿子。弃官后，他潜心教学与著述，致力于学术文化事业。他招收青年，讲学授徒，学生成进士者22人，登乡荐者47人，可谓桃李丰硕。③ 他的著作很多，据《姚安县志》（由云龙编）说有80余种，可惜很多已经散失。流传到现在的还有哲学著作：《太极名辨》、《增订来氏易注》、《金刚慧解》等；伦理学著作：《迪孙》、《备瀚》等；史学著作：《滇鉴》、《鸡足山志》等；文学著作：《妙香国草》和一些诗歌、散文等。后人对他的学术思想有很高的评价。"凡经史文集、宋元以来先儒学说，与夫诗古文辞、佛藏内典皆各窥其底蕴而各有心得"；"皆能扫前支离，自辟精义，并于先儒偏驳处时加救正"，"以后学犯先正，当仁既不让其师资，论道敢违前哲"；甚至说："清季北平名流有谓清初诸儒应以顾、黄、王、颜、高五氏并列，非过论也"。④ 把高奣映与顾炎武、黄宗

---

① 《新纂云南通志·学制考》。
② 同上。
③ 由云龙：《姚安县志》。
④ 同上。

羲、王夫之、颜元4位明末清初名著全国的大学者相提并论，可见他在当时的学术界是颇有影响的。我们从他留存的著作和文章看，他的思想同顾、黄、王、颜的思想确实相近，且有自己的鲜明特色，从哲学世界观的角度看，他的思想具有鲜明的唯物论和辩证思想。他的史学著作是发展和进步的历史观。他的诗歌和散文造诣也高。

师范（1751—1811），字端人，号荔诽，又号金华山樵，云南赵州（今弥渡县）人，嘉庆辛酉（1801）举人，任过安徽省望江县令。学识渊博，著作很多，有《滇系》《抱瓮轩汇稿》《二余堂全集》《小停云馆艺言》《金华山樵诗集》《南诏征信录》等，共百余卷。最著名的是《滇系》。他在远离家乡的安徽望江做官时，即怀着对家乡的热爱，研究云南地方历史，苦心搜集云南史料，分类汇编成《滇系》。全书共40卷，分12系。其中的"艺文"系有18卷，"典故"系有8卷，分量较重，已占全书过半。师范在该书的序言中说："通志之缺已逾七十年，文献无征，范兹俱焉。七十年以上，必核其真。七十年以下，谨撮其略。肇始于丙寅季夏，告成于丁卯季冬，共阅书四百余种，其专为滇作者，除旧志、新志、志草、各府州县诸志外，尚二十余部。"《滇系》编成后，在当时的学术界产生过强烈影响。名士费淳、姚鼐、洪亮吉等人争相为该书作序，对这部书评价很高。费淳在序言中说："是书纲举目张，简而得要，持论确而取义精。"姚鼐的序言说："撰论古今之是非，综核形势之利病，兼采文物，博考故实，此史氏一家之美。"洪亮吉的序言说："考古论今，由近溯远，其陈列利弊，搜罗隐显，非生长其地，熟其山川井邑，而又通达世务周知治术者，能若是乎。"

《滇系》的材料大都出于志书和历史文献，有些材料是志书中没有的。因此，后来编撰云南地方史者很重视这部书，从中吸取资料，现在研究云南地方史的学者仍很重视这部书。著名云南地方史学家方国瑜教授说："今之言滇事者，亦莫不称其书于滇南史地之学，其不可没也。"[1] 方教授还对《滇系》的长处和短处，多有评论，总的评论是："其书虽不免有疏漏，而不失为考核滇史之善本也。"[2] 此书编刻后，由于传本甚少，光绪年间又重刻，民国初年又收入《云南丛书》，传本又有增多。《滇系》

---

[1] 方国瑜：《云南史料目录概说》，中华书局1984年版，第696页。
[2] 同上。

是云南地方史资料的第一部汇编，保存了许多珍贵史料，具有较高的史学价值，深为史家重视。

王崧（1752—1837），字乐山，云南浪穹（今洱源县）人，白族，嘉庆己未（1799）进士。时乾嘉学派大师阮元为该科总裁，见王崧的试卷，十分赞赏，从此与他结为知遇之交。曾出任山西省武乡县令，重视教育，罢官后，地方人士挽留他主讲晋阳书院数年。道光前期回云南故乡，逢阮元任云贵总督，倡修云南省志，即被聘为总纂。王崧与阮元商议，得到阮元同意的省志体例，条理精密，分为15类68目；每类都详述本末，所引资料，注明出处，有必须辨证的地方，则加上"议按"；所收资料超出以前旧志一倍以上，是明清两代的云南省志中内容最详、体例最好的一部。王崧主编的云南省志尚未完稿，阮元即被调离云南，伊里布继任云贵总督，要对这部书的体例作更改；王崧不同意更改，辞职归家，伊里布另聘李诚担任总纂。王崧把自己编写的文字，取名为（道光）《云南通志抄》另行刻印，有别于李诚主编的（道光）《云南通志》。王崧还写作了《说纬》六卷，为考证经史的著作，阮元把其中有关经义部分，收入《皇清经解》中。

王崧在学术上最突出的贡献是编撰了《云南备征志》。这是他利用主编云南省志之便，搜集前人记载滇事之书汇辑而成。这部书开篇为"总叙"，简述西汉初年以前云南的事迹，之后，汇辑西汉至清朝嘉庆年间的云南资料约60种。它们是：《史记·西南夷列传》、《汉书·西南夷列传》、《汉书·地理志·益州》、《华阳国志·南中志》、《山海经·海内东经》、《水经注·江水·温水》、《晋太康三年地书》、《晋书·地理志·宁州》、樊绰《云南志》、《新唐书·地理志·戎州·羁縻州》、《新唐书·南诏传》、《新五代史·四夷传·附录》、《资治通鉴》摘抄、《太平寰宇记·剑南道·戎州》、《四夷缴外南蛮》、《桂海虞衡志》、《文献通考·南诏》、《四裔考·西原蛮》、《记古滇说》、《宋史·大理传》、李京《云南志略·总叙》、《元史·本纪摘抄》、《元史·地理志·云南行省》、《滇载记》、《鸿猷录》、《图书编》六则、《榖山笔麈》、《曲洧新闻》、包见捷《缅略》、诸葛元声《滇史略》、《南诏野史》、《明史·本纪摘抄》、《明史·地理志·云南》、《明史·桂王传》、《明史·土司传》、《滇考》、《春明梦余录》、《明史稿·南明事》、《也是录》、《求也录》、《滇系·杂说·南明事》、邵远平《续宏简录·大理传》、陈鼎《滇游记》、《蛮司合志·

云南志》、《庭闻录略》、《云南事略》、《维西见闻录》、《腾越州志·忠烈传》、《云龙记往》、《续资治通鉴摘抄》、《平定三逆述略》、《滇系·事略》、《黔宁沐氏事略》，共编为21卷。凡所取，以事为主，照录原文，足可称为云南大典故。得此一部书，云南要籍大体具备，研究云南历史方便矣。王松的《云南备征志》与师范的《滇系》，汇辑了云南宝贵的历史资料。近代云南名士陈荣昌和秦光玉等人十分珍视。陈荣昌重刻《备征志序》，推崇两书为"滇中掌故之尤著者"。秦光玉编纂《续云南备征志》，以作补充。当代云南史学家方国瑜教授也珍重两书："瑜初学滇史，得力于此书，校点批记，随时翻阅，已四十年。"① 王松除以史学家和经学家的渊博编著《云南备征志》、《云南通志抄》、《说纬》三书外，还写了许多诗文，刻印成《乐山集》行世。

来云南做官，久居云南的外省籍知识分子，撰写了一些关于云南事迹的著作。学术价值较高者如袁懋功（康熙初年云南巡抚）的《滇纪》，王昶（乾隆时云南布政使）的《云南铜政全书》、《金石萃编》、《滇行日录》，倪蜕的《滇云历年传》，冯甦的《滇考》，谢圣纶的《滇志略》，刘健的《庭闻录》，刘崑的《南中杂说》，檀萃的《滇海虞衡志》、《农部锁录》等。这些著作或记述和考证史事，或考察和实录当时情状；前代史事多录自旧著，考证优劣并出，所记当时情状，今天则成为珍贵史料，于云南地方史和少数民族史的研究颇有贡献。

清代前期，编纂了数量颇多的地方志书，成绩可谓突出。明清两代，云南和全国各省一样，大兴地方志书的编纂，为我国文化史上的一大盛事。地方志书记述一个地方的自然、社会、政治、军事、经济、文化状况，具有相当高的参考价值和学术价值。清代前期，云南编写了3部省志和80余部府厅州县志，既有官府组织编写的，又有私人自行编写的。

康熙《云南通志》，范承勋监修，吴自肃、丁炜主编。方国瑜先生在《云南史料目录概说》中考证：康熙二十年（1681），云贵总督蔡毓荣奉诏初编，纂成书本送部；康熙二十九年（1690），云贵总督范承勋奉诏再编，次年成书。蔡本今已不传，现在流行的是范本。该书共30卷，分为30门。与明代编纂的几部云南通志核对，大多录自天启《滇志》，只补充了一些明末清初的事迹。所补事迹虽条理清楚，但却相当简略。可见这部

---

① 方国瑜：《云南史料目录概说》，中华书局1984年版，第628页。

书大多保存旧文，增补不多，用功甚少。尽管如此，它所记明末清初数十年的云南事迹，仍然相当珍贵，可供研究者参考。

雍正《云南通志》30卷。《四库全书提要》地理类著录该书说："雍正七年，鄂尔泰总督云贵，奉命纂辑，乃属姚州知州靖道因旧志增修，乾隆元年成书，后任总督尹继善具表进之。"编纂工作先后历12年才成书，因此，职名题写：鄂尔泰、高其倬、尹继善、张允随四任总督为"总裁"，靖道为"总纂"。这部书与康熙《云南通志》核对，十之八九相同，只补充了康熙后期和雍正年间的事迹。

道光《云南通志》，共216卷，分装112册，有15类68目。这部书篇幅庞大，内容丰富，体例完整，详略适当。史学界一致认为，这是现存10部云南通志中最好的一部。该书所引资料超出以前旧志一倍以上，可谓丰富，且皆注明出处，各门类互注，少有遗漏重复的毛病。对必须辨证的资料，则加"议案"。这些"议案"是好的史迹考证，有较高的史学价值。该书篇幅如此庞大，内容如此丰富，考证如此科学，条理如此清楚，文字如此流畅，在全国各省的通志中能如此完善者也不算多。这部书的题名为：阮元、伊里布监修，王崧、李诚主纂。始纂于道光六年（1826），成稿于道光十五年（1835），历时10年，用功甚力。

道光《云南通志》的编纂者还写了两卷本的《存疑刊误》，对历史资料进行考证辨误，此稿没有刻印，原稿抄本存云南省图书馆，于史学研究者颇有裨益。

私人编写的云南省志，有王崧的《云南通志抄》和谢圣纶的《滇黔志略》。关于《云南通志抄》已如前述。《滇黔志略》的作者谢圣纶，号研溪，福建建宁人，乾隆十七年（1752）至二十六年（1761）在云南大理、丽江等地做官。他查阅史籍，整理见闻，写成《滇黔志略》30卷。前16卷为《滇志》，后14卷为《黔志》，于乾隆二十八年（1763）成书。《滇志》16卷的内容半为摘录史书，半为见闻，内有按语多作议论。这部书对研究清代顺治、康熙、雍正、乾隆年间的事迹和议论，有一定的史学价值，可作为研究清初云南地方史的参考。

清朝政府沿袭明朝政府一个良好的文化政策，除了令各省编纂省志外，还令各府厅州县编纂地方志书。康熙十一年（1672），曾命各省府厅州县编写志书。雍正十七年（1739），因纂修《一统志》，严令地方志书限期完成。此后有60年一修志书之令。而且每次纂修省志，官府命各府厅州县送采访资料，并督修本地志书。各地官绅也以编纂本地志书为时尚。清代前期近200年间，成为一大盛事。因此，除了在康熙、雍正、道光年间编写了三部省志外，还编写了许多府厅州县志。据1956年3月编印的《云南省图书馆藏云南方志目录初稿》统计，在明朝、清朝、民国三个时期中，共编写云南省各府厅州县志书147种，其中清朝康熙、雍正、乾隆、嘉庆、道光年间编写80余种，占了一半多。由此可见，清代前期云南省编写的府厅州县志书，成果是丰富的。这些地方志书，大都官府设局，聘请士绅编写。内容大体是录旧闻，增新篇，谈风土，夸名士，辑诗文，故官书气味很浓，其中也有一些佳作。这些志书，无论编写得良好或草率，都不同程度地保存了一些地方史迹，是研究地方史的宝贵资料，具有地方情况的咨询价值和剖析地方情状的学术价值。

第二节　自然科学与建筑技术

清代的云南，与前代相比，人口增多，经济发展，文化提高，知识分子和能工巧匠的队伍扩大，不少人研究自然科学和生产技术，科技成果和著作比前代增多。

农业技术和水利著作。清代云南农业科学技术的进步主要表现在三个方面。一是在平坝河谷地区兴修了许多水利工程，扩大了灌溉面积，提高了农作物产量，增加了农作物品种。二是适应经济、政治、军事、人口发展的需要，大力开发山区，玉蜀黍和马铃薯的普遍种植，促进了云南山区农业的大发展。三是主持水利工程的一些官吏或专家，经过认真的调查研究，设计方案，指导实施，撰写成报告或著作，既取得水利效益，又具有科技价值。

平坝河谷地区，由于雍正和乾隆年间大力兴修水利，灌溉面积扩大，水田增多，农作物品种增加，产量提高。稻谷是平坝河谷地区的主要作物，滇池地区的稻谷达百余种，以香糯稻为最。宜良的良种稻谷有茴香糯谷、麻线谷、大白谷、小白谷等。大理的长穗谷，长至280粒。嵩明有金裹银谷、黄练谷等。易门有红脚谷、连秆谷、线谷等。元江有紫糯米、香谷米、扁糯米等。新平有白糯米，丽江的稻谷分红、白、黑三色。平坝河谷地区除种稻谷外，还因地种植大麦、小麦、蚕豆、豌豆、黑豆、红豆、菜豆、苞谷、麻等作物。根据地形和水源等自然条件，造出各种各样的水田，诸如滨水的"滨田"、湖泊涸出的"海田"、引沟灌溉的"渠田"、积塘水灌溉的"塘田"、雨水灌溉的"雷鸣田"、依山坡造的"梯田"、新开垦的"生水田"、抛荒待种的"熟水田"、不能蓄水的"旱田"等。各种田有各种不同的种植方法和技术，因地制宜地获得农作物收成。

云南山岭盘错，平坝和河谷地区面积不大，山区面积占94%。明代以前云南人口不多，大多居住在平坝河谷地区，部分住在山区。清代云南人口激增，大力开发山区。在气温较高、水源较富的一些山区建造一些梯田，种植稻谷，但很多山区，或气温不宜稻谷生长，或水源不够，不能造梯田种稻谷。适应开发山区农业的需要，普遍种植玉蜀黍和马铃薯，这是云南农业生产的一次飞跃。首先是两种作物的试种、推广、普及等方面的生产技术革新，其过程经历了明末清初近百年的时间，原居住山区的各少数民族人民和进入山区开发的汉族人民都作出了贡献。

清朝前期，云南进行了许多水利建设，在实施这些水利工程的过程中，一些官吏和知识分子通过实地调查研究，制订设计和施工方案，形成一些报告和著作，既有实用效益，又有科技价值。著名的有鄂尔泰（总督）的《修浚海口六河疏》、王继文（巡抚）的《请修河坝疏》、黄士杰（水利道）的《六河总分图说》、孙髯翁（名士）的《盘龙江水利图说》等。其中，黄士杰的《六河总分图说》，具有较高的理论和实践意义，既是当时兴修六河水利的设计方案和施工指导的总结，又具有长远的科学技术价值。黄士杰为清朝雍正年间（1723—1735）的云南水利道副使，《滇云历年传》说："雍正八年（1730），总督鄂尔泰奏请修昆明海口六河水利……水利道黄士杰，昆阳州知州臧珊，皆有于济名。"黄士杰不仅是管水利的官吏，而且是水利专家，在当时就颇有名声。他写的《六河总分图说》，记述了盘龙江、金汁河、银汁河、宝象河、马料河、海源河的源流、支流、沿河农田情况，设计了修治工程及筑堤、开渠、建坝、立闸、修涵、防洪、排涝等方案，颇为翔实，是经过实际勘察之后，精心研究设计的，对昆明地区的农田水利建设贡献颇大。《六河总分图说》分为八个部分："六河总图说"、"盘龙江图说"、"金汁河图说"、"银汁河图说"、"宝象河图说"、"马料河图说"、"海源河图说"、"昆阳海口图说"。图文并茂，清楚明了。其源流经过调查，符合实际。其设计方案，在雍正年间施工，除水患，兴水利，成效显著。其理论和实践意义具有长远科学价值，现在进行滇池地区的农田水利建设，仍然可以作为重要参考资料。

孙髯翁的《盘龙江水利图说》是乾隆年间（1736—1795）的作品。孙氏自幼至老生活在昆明，学识渊博，不愿科举做官，终身为布衣之士。他诗文特好，名重一时，后人辑有《孙髯翁先生诗集》。他所作的昆明大观楼长联，为世人赞美。他还关心和研究人民生活中的迫切问题。昆明城东门外的盘龙江与昆明人民生活关系密切，既可为昆明农田兴利，又常泛滥成灾，祸害人民。他实地调查，细心研究，阐述对盘龙江除患兴利的见解，很有科学价值。后人著文称他为诗人兼水利专家，并非过誉。

鄂尔泰的《修浚海口六河疏》和王继文的《请修河坝疏》，是作为总督和巡抚的省级官吏向清廷写的请示报告，虽然主旨是请示在昆明进行水利建设，但要阐明实际情况和科学技术根据，也包含了科学价值。

矿冶技术和矿冶著作。云南享有"有色金属王国"的美称。自古以来，有色金属产量多，开采技术先进。清代承袭这一传统优势，铜、锡、银、铅、锌、锑等的产量居全国之冠，矿冶技术也处于全国领先地位，达到了我国传统的矿冶和铸造技术的顶峰。而且，这些传统科技，在明代以前，只是口耳相传，还处于经验技术阶段。到了清代，产生了矿冶科技著作，走上了实践经验与科学理论相结合的道路。

清代前期，一些管理矿务的官吏和知识分子，调查、记录、总结、研究了云南矿冶业的管理经验和科学技术，撰写了一些著作。见诸史籍著录和传本的有：余长庆《铜政考》、王昶《云南铜政全书》、戴瑞徵《云南铜志》、檀萃《茂隆厂记》、吴其濬《滇南矿厂工器图略》、王崧《厂矿采炼篇》、倪慎枢《采铜炼铜篇》等。

余长庆的《铜政考》已经散佚，只在道光《云南通志》中留有书名，《滇系》中说此书为80卷。王昶的《云南铜政全书》也已不存。只在道光《云南通志》"艺文志"中有提要，"矿产志"中有摘录。"提要"说，该书是乾隆五十三年（1788）王昶任云南布政使时，受云贵总督和云南巡抚之命编纂的，全书分为八门：收购抽课、厂地、京铜、钱法、采购、厂欠、考成、志余。从摘录的文字看，该书重点是云南矿业的管理，技术问题虽有涉及，但很简略。

戴瑞徵的《云南铜志》共8卷，《厂地》2卷、《京运》1卷、《陆运》1卷、《局铸》2卷、《采购》1卷、《志余》1卷。《厂地》篇对找矿、采矿、冶炼技术作了一些记述。《局铸》篇讲铸造铜料的工艺，其他篇目讲运输、采购、管理问题。戴瑞徵，字去章，号华峰，云南呈贡县人，从事铜务管理工作30年，从丰富经验中总结编写成书。张登瀛在序言中评论说："于制度既详而有体，于法亦则而可循，在官为考绩之书，在幕为佐治之典。"该书写于嘉庆年间（1796—1820），没有印本，有光绪年间（1875—1908）黄华抄本，盖有"晚香室印"一方，存云南省图书馆。光绪十三年（1887），云南布政使曾纪凤排印无名氏的《铜政便览》，流传较广，与戴瑞徵的《云南铜志》抄本相校，大都相同，所异者为增补纪事到道光四年（1824）。

檀萃的《茂隆厂记》，记述乾隆年间阿佤山开办茂隆银厂的事迹，其中有采矿炼银技术的实录。

清代矿冶著作中科学技术价值最高的要算吴其濬的《滇南矿厂工器图略》，有木刻排印本流传至今。该书分上下两部分，上部为《工器图略》，下部为《舆程图略》。上下两部都是前有图，后有文，图文并茂。《工器图略》有图15幅，文16篇。图有矿硐通风示意图、矿硐采矿运矿示意图、矿硐排水示意图、选矿示意图、硐口卖矿图、冶炼示意图、炼铅示意图、炼铜示意图、骡马运铜图、矿税图、银炉图、铜炉图、锻窑图、工器图之一、工器图之二等。文有引、硐、硐之器、矿、炉之器、罩、用、丁、役、规、禁、患、语忌、物异、祭等16篇幅。对清代探矿、开硐、采矿、支架、通风、排水、硐内运矿、选矿、炼铜、炼银、炼铅工具、操作技术、物资供应、组织管理等作了记述。全是纪实和经验总结，其中的"语忌"、"物异"、"祭"三篇属封建迷信，但也是当时实情。上部末尾附录宋应星《天工开物》，王松《厂矿采炼篇》，倪慎枢《采铜炼铜篇》、《铜政全书》"咨询各厂对"。前者为古典科技名著，后三者为清代前期的科技新作。下部《舆程图略》前有图23幅，后有文13篇，对清代云南矿冶厂矿的分布，银、铜、锡、铅的运输、财务管理等问题进行了研究。附录有王昶《铜政全书》"筹改寻甸运道移于剥隘议"和王大岳的《论铜政利病状》。《滇南矿厂工器图略》的作者吴其濬，原籍河南固始，道光二十四年（1844）任云南巡抚。他博学多才，担任云南行政长官期间著有《植物名实图考》和《滇南矿厂工器图略》两部科技著作，对文化科技事业颇有贡献。

地理学。清代云南的地理学有两大显著成绩：一是地图的绘制由示意图发展为仪器测量后再绘制成图，提高了地图的精确性和科学性；二是传统的官修地理志扩展为更多的私修山水志，考察更加详细。关于地图，过去我国绘制的地图都是示意图。清朝康熙年间（1662—1722），清政府吸取西方先进经验，聘用外国人用仪器测绘地图。康熙四十六年（1707），测量全国经纬度630处，云南有29处。康熙五十二年（1713），合测四川和云南。康熙五十四年（1715），清政府派几个法国人和中国人来云南测绘云南省地图。康熙五十七年（1718），汇集全国各省测绘资料，绘制成《清皇舆全图》，其中有《云南省图》，版片留存至今。这是我国最早的测绘地图。

关于地理志和山河志。官府组织编纂的有《清史稿·地理志》云南部分。《清一统志·云南志》于乾隆八年（1743）初编成，以342卷刊行。乾隆二十九年（1764）续修成500卷，再次刊印。嘉庆二十五年（1820），又重修成560卷，未刊印（今有《四部丛刊续编》影印本）。后人使用，多征引1764年续修本。该书有洪亮吉的《一统志简编》（又名《府州厅图志》），优点是便于翻阅，通行较广，缺点是过于简略。《清史稿·地理志》云南省部分，记述清代云南疆域和行政区划较为完备，史料价值较大。

官吏和知识分子考察云南山河，撰写成的山河志有：赵元祚《滇南山水纲目》、张景蕴《云南山川考》、檀萃《滇南山水纲目考》、何其英《迤江图说》、张凤孙《金沙江志》、李诚《云南水道考》、李荣陛《云缅山川志》等。黄士杰的《六河总分图说》和孙髯翁的《盘龙江水利图说》，从地理学的观点看，也可算江河志。一些旅行云南的游记，诸如释同揆《洱海丛谈》、陈鼎《滇游记》、张泓《滇南新语》、《云南风土记》，英大勋《滇南见闻录》、余庆远《维西见闻录》、包家吉《滇游日记》、王昶《滇行日记》等，记述云南的山川、名胜、风土、人情，也有一些地理学价值。这些著作中以赵元祚的《滇南山水纲目》和李诚的《云南水道考》质量较好，价值较大。赵元祚，字葭湄，号我轩，昆明人，康熙年间（1662—1722）举人，曾任金华县知县，喜欢游历考察山水。雍正年间（1723—1735），看到用科学测绘方法绘制的云南地图，结合自己的考察记录，细心研究，写成该书，为当时研究云南山水著作的佳品。李诚，浙江黄岩人，到云南做官，长期生活在云南，曾任道光《云南通志》总纂。执笔《通志》"山川门"，较以前旧志更为详尽。完成《通志》后，再写《云南水道考》。此书与道光《云南通志》山川门的"水道"相较，《通志》分府州记述，此书则以一水自为始终，详加考述，末附

《滇南山川辨误》，把前人之说与自己的见解相较辨正。

植物学。吴其濬，除了编著有《滇南矿厂工品图略》之外，还编写了《植物名实图考》。吴氏是"宦迹半天下"的官吏，又是"具稀世才"的渊博学者。他先后在 10 多个省区任官吏，政务活动之余，研究科学技术。他所到之处，采集植物标本，观察研究，"出其生平所耳治目验者，以印证古今，辨其形色，别其性味，看详论定，摹绘成书"。① 全书收录 1715 种植物，分为 12 大类，1715 种，编为 38 卷。每一种植物都绘有图形，写有文字。图形用中国画技法，画得逼真。文字叙述植物的科属、形状、性味、用途、产地等，若是栽培植物，还简述栽培方法。对有些植物，征引古籍记载，与实物对照研究，决疑纠误，进行考证。全书所列植物，云南占 300 多种，是吴氏在云南期间采访所得。吴氏生前没有把书稿刻印，想是未完稿，还要继续编写。吴氏在山西巡抚任内逝世，稿本遗留在巡抚署。继吴氏之任的陆应谷发现后整理刻印，于道光二十八年（1848）出版。陆氏在书前写了一篇《叙》，对书稿和作者作了简单评价。这部书出版之后，受到国内外学者的重视，评价它是李时珍《本草纲目》的发展。1915 年，云南省图书馆石印 200 部。不仅扩大了该书的传播，而且对云南的农林、药物、植物研究有很大帮助。商务印书馆在民国年间曾多次重印出版这部书。日本、法国、英国、德国等国学者作了翻译出版，受到国际学术界的好评。

医药学。清代前期，云南的中草药医师数量比明代增多，名医辈出。凌继皋在昆明、澂江等地行医，立起沉疴，善用丹术，人们称赞他有陶弘景之风。陈凤典是著名外科医师，有接骨治伤的高超技术，凡骨折、肠出，尚有余息，皆能医治，甚至能易骨、缝肠，治愈众多伤病人，深受称赞。昆明的姚氏，自清朝乾隆年间到现在，世代都是名医。清代的姚方奇、姚时安、姚文藻、姚文彬、姚文清，都是医术高超的名医。姚时安精于诊脉，人传他诊脉能决生死，著有《医易汇参》。姚文藻长于伤寒、痘疹的治疗，著有《痘疗经验录》。澂江医师李裕采善于以常见药物和食物治疗疑难杂症，闻名于世，著有《诊家正眼》、《通微脉诀》。

清代的云南，医师增多，药店也增多。这些药店，有的在省内外收购和销售山货药材，有的制造成药销售，有的兼售生药和成药，著名者如福

---

① （清）陆应谷：《植物名实图考·叙》。

林堂、春树堂、体德堂、济生堂、森保堂等。清代昆明的一些名医和名药店创制销售了一些疗效卓著的成药，在云南医药发展史上有深远影响。顺治年间（1644—1661），王运通的父亲王太和创制的膏药，治各种疮疽、无名肿毒，疗效很好。昆明民间流行一句谚语："王运通膏药——拔尽总毒"。不仅畅销昆明，还行销省内外各地。嘉庆年间（1796—1820），郑幼臣创制的"女金丹"，治妇科病疗效很好，有"妇科圣药"之称，除在昆明的"体德堂"、"济生堂"等药店销售，还行销省内外各地。朱双发家制造的"水酒"（药酒）是医治跌打损伤、痨伤、尿结石、胆结石的良药，明末创制，历清代和民国几百年，世代畅销。阮氏创制的"上清丸"，治疗咽喉疼痛，行销很广，四川等地都来批货。杨衡源制造的"十全大补丸"，补气补血。利济堂制的"福生散"治中暑、头晕、呕吐，"万应痧气丸"治各种痧症。福林堂制造"再造丸"和"糊药"。昆明的其他药店还制成了"小儿急救丹"、"小儿化风丹"、"小黑药镇惊丹"、"化虫菊"、"疳积散"等儿科良药。这些成药都是疗效好、销路广的名药。

建筑技术。清代前期的昆明城规模与明代基本相同，但由于手工业和商业比明代发达，城市建筑也比明代繁华。除省府县各级衙门及达官贵人住宅外，增添了许多省内外工商业者的行帮会馆；南门外、大小西门外、大小东门外建起了繁华的街市、店铺、住宅。道光年间（1821—1850），"城厢内外，居民约三十四五万"。"共有街道一百五十余条，大小巷道四百六十条"。"临街房屋多为木结构平房或楼房。若平房则前为店铺，后为居室；若楼房则底层为店铺，楼层为居室。"

滇池地区的汉族住宅形成了"一颗印"的流行模式。它的特点：四合院、两层楼房，平面近方形，像一颗印章。其结构是：毛石脚、土坯墙或夯土墙、木构架、瓦顶；正房是三开间或五开间的两层楼房，人字瓦顶。前面双披厦；两侧厢房也是三开间或五开间，屋顶前坡长后坡短，前面也是双披厦；正房对面，也即两厢房之间是一高及厢房檐口的高墙，墙头坡瓦，正中开大门。这就形成了一个方方如印的四合院，有利于防盗、避风、抗震，适合人民的生活习俗，城乡皆宜。这种"一颗印"民居建筑也被滇池地区的彝族、回族和通海县的蒙古族采用。少数民族建筑中，傣族的民居竹楼和寺庙"扇面墙房"，彝族和白族的重檐瓦房，以及由重檐瓦房发展成形的彝族"一颗印"，白族和纳西族的"三方一照壁"，哈尼族和部分彝族的"土掌房"，森林山区一些民族的"木楞房"，在清代前期都已形成典型化和规范化的建筑风格。

清代前期昆明的建筑物，以金殿、圆通寺、大观楼的技术和工艺最为精湛。

金殿建在昆明东北郊鸣凤山上，是康熙十年（1671）吴三桂雇用技艺高超的工匠，用铜铸成的道教殿堂。这座铜殿从梁柱、斗拱、瓦顶、墙壁、门窗、供桌、神像、禽兽、花纹、帏幔，到扁、楹联等，全部用铜件铸成，总重量约250吨。整个铜殿精细逼真地模仿重檐歇山式的古典木构建筑，结构严谨，联结精密，浑然一体。殿高6.7米，面阔三间7.8米，进深三间6.15米。重檐歇山顶。周匝回廊。上下檐斗拱均为跴双下昂偷心造，内顶覆斗状，有八角藻井。正脊通体雕云龙纹，两端饰以雕云龙纹火焰宝珠，绒脊饰以仙人、马、鱼等。殿身之圆柱16根，作宝装莲花柱砖。殿壁四面由36块雕花格扇门加坊拼成，前后两面各10块，左右两面各8块。每块格扇门分为三段，上段花纹均为互相连缀的卍形。中嵌11个变形寿字，中段为草鱼虫纹，下段多作圆形的云龙图。一部作方形麒麟图。这些花纹雕饰，图像生动，布局和谐，线条柔和，铸造精美。殿中供鎏金神像五尊：中为真武大帝，高约1.5米，披发跣足，抚膝端坐，身着袍铠，风姿魁伟，相貌庄严；两旁金童持卷，玉女捧印，形态拘谨恭顺；两侧水火二将，凶猛威严，持剑肃立，似饱经沙场老将。

铜殿置于两层石砌高台上。第一层为青石叠砌，周设沙石重台勾栏，华板上浮雕24孝图。第二层大理石勾栏高台。铜殿外有一对小铜亭，供奉龟蛇二将。殿前竖有高杆日月七星旗，也是铜制的。在明清时代全国共有5座类似的铜殿：北京颐和园、承德避暑山庄、武当山天柱峰、大理鸡足山、昆明鸣凤山，以昆明的这座铜殿规模最大，工艺最精，显示了云南铜产量多，铸铜工艺先进。可惜铸造铜殿的工匠姓名没有记载下来。

圆通寺是昆明市区最大的古刹。它以精巧的设计布局和优美的彩色泥塑名震东南亚，是云南优秀的古代建筑之一。它创建于南诏寻牟寻时代（750—808），已有千余年历史，多次毁坏，又多次重建，现存建筑大多是清代康熙（1662—1722）和光绪（1875—1908）时的重建物。它是一进六院的宏大古刹，从南至北沿纵轴线建有：山门、胜境坊、前殿、水池、三孔白石桥横跨水池南北，桥中心是红色八角楼，池北是主体建筑圆通大殿，殿后为藏经楼（已毁），楼后是圆通山，山上有接引殿。全寺的中心在大殿和水池附近，水池东西两侧有对厅，由抄手回廊绕池接通；大殿东西两侧有偏殿，构成水榭神殿和池塘院落的独特风格。设计新颖，布局奇巧，全国罕见。主体建筑圆通大殿为面阔五间的正方形重檐歇山式殿堂，四周绕走廊，胖柱肥梁，琉璃瓦顶，飞檐翘角，檐下为彩色斗拱，吊檐和门窗皆为镂法雕刻。大殿建得稳重牢固，富丽堂皇。殿内现存彩色塑像 118 尊，为康熙和光绪年间多次塑成，出于不同工匠之手，虽然技艺参差不齐，佛神、道仙、民间故事、历史人物，混为一堂，但也塑得生动活泼，色彩斑斓，甚为壮观。殿中两根主柱上塑青龙和黄龙，各抱一柱，高达 10 余米，二龙戏珠，张牙舞爪，似腾空搏击，富于动态美，是古代泥塑佳作。山门内的胜境坊，石柱石坊，柱高坊阔，上有浮雕神仙，施彩画，并书"圆通胜境"大字，颇有气派。水池中央白石桥上的八角楼，抬头入云门，低头映水中，清丽别致。

昆明西郊大观楼公园，创建于清康熙二十九年（1690），当时的云南巡抚王继文看中这里的湖光山色，兴工建筑。除了筑堤、植树、种花外，还建盖楼台亭阁，有大观楼、涌月亭、澄碧堂、华严阁、催耕馆、观稼堂等。最壮观的大观楼，初建时为两层楼阁，乾隆年间，孙髯翁撰写 180 字长联，由书法家陆树堂书写，刊刻后挂于大观楼前，为美丽的大观楼增添了风采。道光八年（1828），大观楼改建为三层楼阁。咸丰七年（1857）和同治六年（1867），先后毁于兵灾和水灾，现存建筑为光绪九年（1883）重建物。

清代前期，云南各族人民为方便交通，建造了许多桥梁，其中规模大、技术高、有鲜明特色的有建水县的双龙桥、华宁县的金锁桥、禄丰县的星宿桥等。

第三节　文学与艺术

清代前期的云南文学，诗词最盛。昆明市编纂委员会编印的《昆明市志长编》卷五，有"清代昆明诗人统计表"，内列顺治至嘉庆及道光时期昆明籍诗人 161 人，其中著有诗集者 48 人。[①] 如果收集史料，作云南全省的统计，诗人数量当更多。

[①] 《昆明市志长编》卷五，第 545—554 页。

孙髯，字髯翁，号颐庵。生年无考，大约卒于乾隆四十年（1775），生活于康熙至乾隆年间。幼时赴童试，不愿受搜身之辱，愤然不入考场，从此不参加科举考试，终身为布衣。青壮年时代住昆明华山西路水晶宫，喜欢种梅花，作小印"万树梅花一布衣"。晚年贫穷，寄寓圆通寺后咒蛟台，卖卜为生，更号"咒蛟老人"。后来儿子在广西州（今云南泸西县）经商，寄钱给他，才得维持寒士生活。老病之际，儿子接他赴广西州，行至弥勒而死。

孙髯博学多才，以诗文著称，一生写了许多诗词文章，大多已经散失，刻印成编、流传后世的有《永言堂文集》一卷、《诗集》一卷、《金沙诗草》一卷，以及选录于《滇南诗略》和地方志书中的若干诗文。孙髯的诗饱含对封建专制的痛恨和对苦难人民的同情。题为"优生"的一首曰："焚书之暴暴于虎，窃书之丑丑于鼠，泥书之愚愚于瞽。六经日月丽中天，焚之不能窃不许，执中敬畏帝王心，辨古辨今何所补。与其鼠也宁为虎。虎暴不可当，六王无寸土；不如卷而藏诸堵，优生优生足生古。""优生"即秦博士优胜，秦始皇"焚书坑儒时，他深藏文献隐居。秦朝灭亡，汉文帝大臣晁错向他求教，他传授今文《尚书》29篇"。孙髯这首诗，痛斥"焚书"这种文化专制暴政，歌颂优生保存文化典籍的美德，影射清廷实行的"文字狱"残暴政策，抒发了反对封建专制的思想。孙髯创作的180字长联，轰动文坛，广为传诵。由名士书写木刻，挂在昆明名胜大观楼，供人瞻仰。在昆明几乎家喻户晓，并名扬四海。它以高超的技法和深刻的含义被誉为"古今第一长联"。郭沫若诗赞："长联犹在壁，巨笔信如椽。"陈毅诗评："诗人穷死非不幸，今日看来似预言。"这对长联，上联写滇池风物，情景交融，明丽动人，抒发"莫辜负四周香稻，万顷晴沙，九夏芙蓉，三春杨柳"的爱乡爱国情怀；下联写云南历史，雄贯古今，悲歌慷慨，评说封建帝王的"伟烈丰功""都付与苍烟落照"，"只赢得几杵疏钟，半江渔火，两行秋雁，一枕清霜"。他在"乾隆盛世"写这首长联时就指出了封建社会行将没落。孙髯还善于"指墨画"，用手指蘸墨和颜色在纸或绢上作画。

昆明人李于阳、戴炯孙，呈贡人戴淳、楚雄人池春生，宁州人杨国翰等，是嘉庆、道光年间的著名诗人，经历各异，都出身于五华书院，又为诗人，称为"五华五子"。李于阳的诗作刊印为《即园诗抄》15卷、《苍华诗文集》、《诗余诗话外集》。另《滇诗嗣音集》录其诗41首。戴炯孙诗作刊印为《味雪斋诗文抄》28 卷、《续抄》1 卷，另《滇诗重光集》选录其诗 135 首。池春生作品刊印为《池司业遗集》，《滇诗嗣音集》录其诗 12 首。杨国翰的诗作未见辑著，散见于各种书刊。"五华五子"的诗，数量多，题材广泛，艺术性也较高，最大的特点是揭露封建社会黑暗，同情人民疾苦。李于阳的《邻妇哭》、《兵夫叹》、《卖儿叹》、《食粥叹》、《拟从军行》，戴炯孙的《北风叹》，戴淳的《食草谣》等，都是这类题材的诗歌。"厂门开，食粥来，千万人，呼声哀。"① "三百钱买一升米，一升粟饱三日腹，穷民赤手钱何来？携男提女街头鬻，明知卖儿难救饥，忍被鬼伯同时录。"② "霖风杀如刀，村农泪成血，血尽始眼枯，磨刀声未歇。" "县仓买米，野田民食草。民命足恤，官位日当保。六城报单来，今年豆麦好！"从不同角度揭露了嘉庆、道光年间社会的黑暗和人民的苦难。时人评论李于阳"能文，尤能诗，诗名满昆华苍洱间。其为诗，上洞千古，下烛百代，远察物理，近识情伪，大该典谟，细掇歌谣，借啸吟抒经济，随见闻，寓箴规，啼笑皆非无因，赠签悉归有用。向有感时愤事，激发不平之处"。③ 戴炯孙"以诗古文负海内重名，诗歌雄健古朴，自成一家。文亦淡雅简净"。④ 还著有《昆明县志》等。他曾是林则徐的弟子，受其师影响，具有爱国思想。戴淳博学多才，不做官，卖药为生，终生为布衣之士。他的诗"以自然为长，和平真挚"，80 岁自撰挽联："阅世八十年，每滋后悔。存诗四千首，深愧前贤。"

"五华五子"的老师刘大坤也是诗文名著全国。刘大坤，字寄庵，云南宁州人，乾隆壬辰进士，曾官山东武定同知，后回云南任五华书院山长。著有诗文集《寄庵诗文抄》33 卷，其中《诗抄》8 卷、《续抄》10 卷、《续附》12 卷、《文抄》3 卷。另有《滇南诗选》录其诗 21 首，《滇诗嗣音集》录其诗 150 首，李祖陶《清朝文选》和近代国文教本选录其文章。

明末著名云南书画大家担当和尚（唐泰）的外甥朱昂（字子眉），也是清初享誉诗坛的诗人。他先随担当出家，后还俗，终生为布衣。工诗，

---

① （清）李于阳：《食粥叹》。
② （清）李于阳：《卖儿叹》。
③ （清）戴炯孙：《北风叹》。
④ （清）戴淳：《食草谣》。

亦长山水画，著有《借庵诗草》3卷。

乾隆年间的女诗人李含章，晋宁人，其父为进士，曾在湖北、山东、江苏、浙江、福建等地做官，官至福建巡抚，丈夫叶文曾任福建布政使。含章随父亲和丈夫周历全国各地，见多识广，博学多才。她通经史，善诗文，是驰名全国的女诗人。著有《蘩香草》、《织云楼诗合刻》等。袁文揆《滇南诗略》录其诗124首。她的诗突出特点是描写女性，抒发女性情感，追求妇女解放。例如，寓言诗四首，反映了封建时代女性的苦闷和对自由平等的追求。长诗《明妃出塞图》，以历史上的昭君出塞为题，歌颂杰出妇女："大抵美女如杰士，见识迥与常人殊。春花不枯秋不落，要令青史夸名姝。"妇女与男人一样，可以为国家、为民族、为社会作出杰出贡献，名留青史。

嘉庆、道光年间的方玉润、许印芳对诗歌理论有深入研究。方玉润（1811—1883），字友石，号鸿子，云南广南县人。他应乡试未被录取，刻苦学习，进行学术研究，著述丰富，取得卓越成果。所著《诗经原始》一书，对以往注疏家的一些见解提出不同看法，且多有创见。他还自编《鸿濛室丛书》，收著作30种，涉及政治、历史、天文、地理、医学、书法等诸多领域，博学多才，颇有贡献。许印芳（1832—1901），字印山，号五塘，云南石屏县人。举人出身，历任昆明、昭通、大理等地教授，五华书院监院，经正书院山长，一生从事教育，学生遍及各地。他同时又是诗歌理论家和诗人，著有《诗法萃编》、《诗谱详说》、《五塘诗草》、《五塘杂俎》等书。前两书对诗歌理论进行深入研究，有不少独到见解。

嘉庆年间（1796—1820），云南保山县人袁文典、袁文揆兄弟编辑刻印的《滇南诗略》和《滇南文略》，是云南古代的第一部诗歌总辑和散文总辑，具有较高的文学价值和历史性的深远影响。袁文典，字仪雅，号陶村，举人出身；袁文揆，字时亮，号苏亭，拔贡出身，两人都做过管理乡村教育的学官。中年以后，辞职回家，耕种田地，赡养父母，同时研究文史，致力于收集和考证云南地方文史资料。云南古代文人的诗作，刻印成书流传于世者较多，多为手稿家传，或散见于各种文献。袁氏兄弟周游各地，悉心搜集，在广博采集的基础上加以研究考证，先后编辑成《滇南古诗略》17卷，辑元代以前诗；《明滇南诗略》10卷，辑明代诗；《国朝滇南诗略》24卷，辑乾隆以前清代诗；《续滇南诗略》10卷，补前三编遗诗。在辑录诗作的同时，附有简要的诗人小传和诗作评论。

袁氏兄弟辛勤编写成册之后，又在家境不富裕的情况下，自筹资金，刻印成书。到民国初年，以赵藩为首的云南丛书处，编辑《云南丛书》，把袁氏兄弟编印的这4部书合编刻印成《滇南诗略》，行世流传到今，足为远古至清乾隆时的云南诗歌总集。清咸丰、同治年间，昆明人黄琮继编《滇诗嗣音集》，辑道光时的诗作，承接袁书。光绪年间，石屏人许印芳又继编《滇诗重光集》，辑咸丰和同治时诗作，承接袁、黄二书。以上三者连缀，为清代以前的云南诗歌选编汇集。关于袁氏《滇南诗略》，当时的真州人程苍评论道："举数百年之零珠碎璧合而成宝，使古今人一片苦心不致埋没，吾辈这少知笔墨者，皆宜丝绸而金铸之。"① 这个评论是中肯的。

袁氏兄弟在编辑刻印《滇南诗略》之后，再度辛勤努力，于嘉庆七年（1802）编辑刻印成《滇南文略》，搜集选录自汉代至清嘉庆间云南著名文人的作品，分奏、疏、檄、书、论议、考辨、说解、序、记、碑、铭、传、志、题跋、骚赋、骈体16类，编成47卷。每文有"眉批"、"总评"、"作者简介"。由于袁氏兄弟邀请当时名士参加编校审阅，批语、评语、简介既有袁氏兄弟所写，又有参与编审者所撰。《滇南文略》是云南第一部散文总集，保存了许多珍贵的地方历史文献，具有文学、社会科学及一定的自然科学价值。

清代前期，云南产生了一批知名全国的画家、书法家和篆刻家。

担当（1593—1673），生活于明末清初，云南晋宁县人。原名唐泰，字大来，"担当"是他出家为僧后的名字。明末，他赴南京参加科举考试落榜，游学江南，向董其昌、陈继儒等人学习绘画。回云南后，由于对明末的腐朽统治不满，到鸡足山削发为僧，专心致力于绘画、书法、诗歌创作，取得卓越成就，享誉全国，有诗、书、画三绝的称誉。绘画以水墨山水为主，取材于大自然，不拘陈法，大胆创新，有独特的风格。书法尤善草书，豪放自然，自成一家。他的绘画和书法作品，保存到现在的，大都收入《担当书画集》（文物出版社出版）。他的诗歌创作，风格与书画一致，出自性灵，不事雕凿，近于口语，富有感染力。诗作编入《担当遗诗》。

周于礼（1720—1779），字亦园，号立岩，云南峨山县人。乾隆时科

---

① 《滇南碑传集》"李即园墓表"。

举进士，曾任职翰林院编修、大理寺少卿。他的书法、绘画、诗歌都名著当世，他的书法出于苏轼、米芾诸家，自成一体。他取唐宋元明诸代著名书法家的墨迹，钩摹刻石，著成《听雨楼法帖》10卷，名震书坛。清代著名金石学家叶昌炽评论这部法帖"别开生面"，甚为赞赏。他写了许多诗，很有名气，刻印成《听雨楼诗集》。

钱沣（1740—1795），字东注，一字约甫，号南园，云南昆明人，名垂史册的大画家和大书法家。父亲是银匠，家境贫寒，少年就喜习书画，能诗能文。青年时半工半读，博学多才，在书画方面就已闻名。在昆明东郊、嵩明、寻甸等乡村教书，养家糊口，同时刻苦读书。乾隆三十六年（1771），进京参加科举考试，得中进士。曾任庶吉士散馆检讨、通政司副使、监察御史等官职。他为官清廉，不畏权势，正直敢言，先后向乾隆皇帝上书，弹劾甘陕总督毕沅、山东巡抚国泰贪污腐败，压榨人民的罪行，使毕沅降官，国泰处死。乾隆（1736—1795）末年，和珅行宰相权，专制作恶，钱沣勇敢地进行斗争。后突然在寓所死亡，年仅55岁。《清史稿》载："沣将劾和坤，和珅实酖之。"① 一代清正官吏和书法家、画家、诗人，被封建权贵毒死，可惜而又可叹！

钱沣的书法，以颜真卿体为基础，参以虞世南、欧阳询、褚遂良、米芾诸家之长，自成一家，以风骨取胜，世称"钱体"。小楷、大楷、行书、草书、隶书都负盛名，"世人争宝之"。② 钱沣的绘画，山水画、人物画、动物画都有，尤其擅长画马。他细心观察，掌握了马的神情和动态，熟练地进行艺术表现。他一生创作了许多以马为题材的画，神态各异，没有雷同者。他把书法运笔的技术充分应用到绘画上，特别注重线条的力度和变化，以达到气韵生动的意境。由于艺术性高，名气大，他的画，落笔就为人争相收藏，视若珍宝。商务印书馆辑他的画为《中国名画》第九集。钱沣的诗文也著名于世，收为《南园全集》。他的许多画上，配有题诗，诗、书、画融为一体。后人所编写的辞书，大多介绍和评论他的书画，声誉很高。

李诂，字仰亭，昆明人，职业画家。生活于清嘉庆、道光（1796—1850）时期，性格敏锐，放荡不羁。临摹古名画，几乎逼真。创作的山

---

① 《续修昆明县志》卷四"人物志"。
② 《滇南碑传集》"戴淳传"。

水画、花鸟画、人物画都好，尤以工笔青绿山水画最妙。他重视从实际生活中取材，进行创作，因此，写实性很强。云南是多民族省区，他深入许多少数民族居住地采风，创作了许多少数民族风情的图画。礼社江少数民族头人高罗衣请他画该地区的少数民族风情画，献给云贵总督伯麟。最著名的是他绘的《滇南夷情集汇图册》，计108开，每幅都有小跋记其所绘情景，闻名一时。书画鉴赏家认为，清廷刻印描绘少数民族风俗的《职贡图》，不过充数而已，李诂的《滇南夷情集汇图册》，"采自风俗，绘其形声，宛然听铜鼓之声，聆芦笙之节也"。[①] 李诂的绘画成就突出，获得"老画师"的誉称，人们以得到他的画为贵。

清代前期的两百年间，云南的文学艺术领域呈现出诗人多、画家多、书法家多的景象。画坛情况，除前述几位大画家外，仅以昆明及附近州县而言，还有朱昂、陆艺、钱允济、万廷思、谷沅等人擅画山水画，周其淳、李圣成等人画花卉最佳，王雪卢精于画松鹤，温津新画驴尤知名，蒋甫画葡萄最著名，刘成琦以画竹菊梅兰擅长，李维新画梅清奇有致，李芳善画墨梅巨幅，孙髯有用指头蘸墨作画的特艺（指墨画）。

昆明人虞世璎（字虞山）的书法，在清代的顺治、康熙年间（1644—1722）名著全国。他的真行书，淹贯诸家，形摹神肖。曾选历代大书家墨迹临摹，得10种，石刻成《寄园十帖》。今石刻已不存。乾隆时拓本尚在，为钱沣临摹遗留。他的著作已散失，袁氏兄弟的《滇南文略》辑录他的一篇文章名《墨池琐言》，讲自己的书法心得，是难得的书法专论。虞世璎为明末人，避乱出游大江南北。清顺治时到北京，因书法闻名，被清廷召用为光禄寺署正，在清廷做书写工作。康熙时擢升为通政司右参议。清军平定吴三桂叛乱后，告老还家乡昆明，特许领全俸，年已85岁。

昆明还涌现了三大篆刻名家和名著：湛福的《介庵印谱》、孙铁洲的《十瓶斋印谱》和谷梦山的《味秋吟馆红书》，均见重于艺林。湛福曾居京城，因精篆印闻名，京城人士得其一篆的作品，珍若鸿宝。

[①] 《新纂云南通志》"艺文考八"。

第四编

元、明、前清时期云南土著民族的社会制度、文化及与邻国的关系

第十二章

元、明、前清时期云南土著民族的社会制度

第一节 氏族制和奴隶制

一 独龙、基诺、佤、景颇、德昂、傈僳、怒诸族先民的原始氏族制

独龙、基诺、佤、景颇、德昂、傈僳、怒诸族先民,元、明时期以来一直保有原始的父氏族制。如独龙族先民,《元一统志·丽江路》称为"撬",明、清时期称其为"俅"或"曲"。俅人从事刀耕火种,采集、狩猎为生。道光《云南通志》说:"俅人居澜沧江大雪山外,系鹤庆、丽江西域外野夷。其居处结草为庐,或以树皮覆之。男子披发,著麻布短衣、袴,跣足。妇耳缀铜环,衣亦麻布……更有居山岩中者,衣木叶,茹毛饮血,宛然太古之民。"① 俅人常被藏属察瓦龙的封建农奴主"掠买为奴"。察瓦龙土千户"以牛买人,每一人黄牛给与三条,勒令上江(即独龙江)百姓领牛为之买人,以充奴婢,百姓畏其霸恶,不敢不依,辗转购置,直至狄子、脱落各江,以此各江百姓,受其笼络,只图有牛享众,不顾欠债日多,迨受逼迫,强悍者每将懦弱者一家大小捉交察蛮,以偿牛价,或杀其强壮,捉其弱小以偿。此等事无岁无之,无月无之,尤为各江第一惨状"。② 有一部分不堪奴役而逃往境外的俅人,在境外也长期保留着传统的生产生活方式:"深居简出,长期穴居窑洞或是在深山密林里移动……"③

---

① 道光《云南通志》"种人"四,引《皇朝职贡图》。
② (清)夏瑚:《怒俅边隘详情》。
③ 孟达:《缅甸的独龙族》,《民族译丛》1981 年第 5 期。

与原始经济相适应，俫人的社会制度是原始氏族制。其氏族由一个五代以上祖先组成的血缘集团组成。一个父系祖先的直系后代组成的血缘集团为一个家庭公社。一个氏族包含若干个家庭公社，一个家庭公社包括两三个以父家长为主的大家庭公社，大家庭下面是小家庭。一个家庭公社共居于一间大而长的房屋内。氏族之间以物易物，刻木结绳记事。氏族称为"尼柔"，家庭公社称为"其拉"，大家庭称"宗"，小家庭称为"卡尔信"。一个"其拉"构成一个自然村，村长（即家长）称"卡桑"。每个"其拉"有共有的山林、猎场、鱼塘、耕地、祭祀场。土地共耕，平均分配。"卡桑"的职能是领导生产，主持祭祀，排解纠纷，指挥作战，但仍参加劳动生产。一个大家庭中有几个火塘，每个火塘为一个小家庭。大家庭由主妇管理。各火塘轮流煮饭，煮好后由主妇平均分食。氏族中没有私有观念和私有财产。因此，其氏族保有原始社会组织的完整结构和特征。

基诺族直至20世纪前半期，还保留着明、清以来一个父系氏族几代人共居于一间大竹楼里的习俗，这种竹楼叫"长房"。进门处有一个象征氏族的总火塘，在整个长房中排列着若干小火塘，每个火塘代表一个小家庭，火塘两边便是各个小家庭的住处。长房有一个年长的男性族长，称为"着勒"。各个小家庭有自己的家庭经济，土地共耕，平均分配，小家庭独立消费。

二 宁蒗摩梭人的母系氏族制

宁蒗摩梭人元、明以来一直保存着母氏族时代男不娶、女不嫁的母系家庭制度。成年男女之间只有"阿注"的概念，不知何谓婚姻。"阿注"为摩梭语，汉语意为朋友。男女之间的结合是男子夜晚走访女阿注，在女家与其同宿，翌晨又返回母亲的家里进行劳动与生活。男女双方不组织共同的家庭，无共同的经济生活。双方之间的同宿只要彼此同意即可，一旦一方不愿意，"阿注"关系即自动解除。阿注关系唯一的戒律是禁止同一母系血统的成员结合。平均每人一生结交的阿注为六七人，多者达十人甚至数十人，但大都在一定时期内有一个较稳定的阿注，又有一至两个短期或临时的阿注（延至20世纪50年代，建立这种阿注关系的人大约还占成年人的78%）。在这种制度下，家庭成员的血统依母系计算，财产按母系继承，家庭内部全是母系成员。女子所生子女为家庭成员，男子在外结交阿注所生子女为另一个母系家庭的成员。祖母、母亲及姐妹是家庭的中心。子女最亲的是母亲，其次是母亲的姐妹和兄弟（舅父），他们对母亲的姐妹都称爱梅（母亲），对舅父的阿注亦称"爱梅"，对母亲的兄弟和母亲的阿注，都称"阿屋"（舅父）。

三　宁蒗、华坪彝族先民的奴隶制

清代宁蒗、华坪一带自四川大凉山迁来的彝族先民罗罗，盛行奴隶制度。社会成员被分为诺伙（黑彝）、曲诺、阿加、呷西四个不同的等级。诺伙为奴隶主，大约占总人口的7%。他们占有全部的土地、牲畜、工具和所有社会成员的人身；拥有世袭统治特权，自认为是天生的贵族，自视血统高贵，以"黑骨头"自居。他们的财产，主要是以有多少"娃子"来表示。"娃子"是奴隶的别称，多为掳来的汉人，也有从市场买来的，"黑骨头"辖区内有买卖娃子的市场。训练成熟而又忠顺的男女娃子，主子将他们婚配结合，为主子生产娃子。因为他们生下来的子女仍是娃子。这些小娃子长大成人去掳来的新娃子，就成了"娃子"的"娃子"，所以娃子有贵贱之别。"黑骨头"严禁与"白骨头"结婚，怕污了他们的血统。"黑骨头"的统治地位不因其经济的破产而改变，即使破产成为"干黑彝"也不能降为"白骨头"。被统治的"白骨头"富裕了，也不能升为黑彝，故彝谚说："山羊是山羊，绵羊是绵羊；山羊变不了绵羊，绵羊变不了山羊。"曲诺大约占总人口的50%，因其人身被黑彝主子所占有，他们必须为主子提供各种奴隶式的负担和劳役，为主子打冤家，并承担各种强拉硬派。主子可以买卖、抵押或以他们作赌注。阿加约占总人口的33%，人身完全为黑彝所占有，是奴隶主田间劳动和奴隶再生产的承担者，奴隶主对他们有生、杀、予、夺之权。呷西约占总人口的10%，被蓄养在主子家中，是典型的奴隶，主子可以任意杀害或买卖他们。掳掠奴隶是这个地区突出的社会问题，汉族、纳西、普米、傈僳、白、傣等民族是被掳掠的对象，彝族各部落之间亦经常打冤家以掳掠对方的人口做奴隶。被掳者要是逃跑，抓住后就要被砍断手脚，直至抛岩、上吊、挖心处死。

第二节　滇西北藏、纳西、白、傈僳等族先民的封建领主制

一　封建领主制和地主制的界定

封建领主制和地主制是封建生产关系的两种类型，还是相互连接的两个不同发展阶段，学术界至今尚存有不同的看法。恩格斯说："英国农奴制度的逐渐消灭，形成了人数众多的自由农民、小地主或佃农阶级。"① 根据这一论断及我国一些少数民族在中华人民共和国建立以前的社会发展状况，地主制应是领主制之后的一个发展阶段。

在领主制阶段，由于国王的封授，土地为领主所占有，并依封职的高低呈阶梯式的等级占有结构。领主没有对土地的最后支配权，不能把这种土地当做他们私人意志的"专有领域"而任意出卖或转赠。这是因为，国王不是将土地赠予他们，而是仅仅作为俸禄田而授予他们终生使用，而且，授予是有一定条件的，倘若违背了这些条件，便以收回相惩罚。甚至在不违背国王附加条件的情况下，王室也可随时将它收回。因此，恩格斯指出，领主的占有地，"在任何情形之下都是一种职田"。② 在这种土地占有制的基础之下，统治关系是占有的基本关系，领主在占有领地的同时，亦占有领地上的生产者农奴。为了维持领主制度，领主将自己占有的土地，分一些给农奴作为份地，将农奴束缚在土地之上，终年为自己服各种繁重的生产劳役和杂役。

在地主制阶段，土地所有制形态不再具有职田的性质，地主即土地的私有主，对土地具有支配权，但不能占有生产者，只能迫使生产者佃农租种自己的土地，自己不劳动，依靠剥削地租为生。佃农（佃户）一般没有土地或只有很少的土地，他们租种地主的土地，被迫将收获的四成、五成、六成、七成甚至八成以上的实物交给地主作为地租，自己却过着十分贫困的生活。比之农奴，佃农有较多的自由，少数的还可以通过购置土地

---

① 恩格斯：《论封建制度的解体及资产阶级的发展》，中国人民大学中国历史教研室、世界通史教研室编译《历史问题译丛》1953年第6期。

② 恩格斯：《法兰克时代》，《马克思恩格斯全集》第19卷，人民出版社1963年版，第551页。

而成为地主。

明代云南土著民族的封建领主制，是以封建领主（即农奴主）土官统治为特征的。

土司制即土官制度，是中国封建统治者对少数民族的一种特殊统治方式。这种制度有悠久的历史，《明史·土司传》说："西南诸蛮……历代以来，自相君长，原其为王朝役使，自周武王时，孟津大会，而庸、蜀、羌、微、卢、彭诸蛮皆与焉。及楚庄王滇，而秦开五尺道置吏，沿及汉武，置都尉县属，仍令保土，此即土官土吏之所始耶。迨有明踵元故事，大为恢拓，分别司、郡、州、县，额以赋役，听我驱调，而法始备矣。"土司制官职分文武两类，文职由吏部铨委，称土知府、土知州、土知县等，武职属兵部管辖，由兵部武选司任命，称宣慰使、宣抚使、安抚使、招讨使等。文、武皆择各族酋长担任，品秩尊卑有差，均为世袭。袭替皆赴阙受职，亲领诰敕、印章、金银符等"统摄其部"之证物。世袭时嫡庶不得越序。无子者准弟袭，族无可袭者或妻或婿为众信服者可许袭。土官不论文职武职，都是封建农奴主。

二 藏族先民古宗的封建领主制

自元代以来，滇西北大都为土司统治区，明、清时期虽进行"改土归流"，但因这个地区各民族的社会经济还处于原始状态，统治者以"江（澜沧江）外宜土不宜流，江内宜流不宜土"为原则，使江外地区的土司制长期延续下来。明朝时期称云南的藏族先民为"古宗"。天启《滇志》卷三十说："古宗，西番之别种。滇之西北与吐蕃（今西藏）接壤，流入境内，丽江、鹤庆皆有之。"丽江地区的"古宗"分别受本族和么些土官及寺院僧侣贵族封建领主的统治。土官和寺院僧侣贵族两大封建领主，人数只约占总人口的1%，但却占有辖区内的全部土地，并占有总人口87%的生产者农奴的人身。封建领主以"份地"（每份7—12架，每架3亩）的形式把土地分配给农奴耕作，不许农奴自由迁动，将其束缚在土地之上。封建领主对农奴的主要剥削有三项：一是必须向农奴主缴纳粮食收获物的30%作为实物地租（官租）；二是必须自带耕畜、农具为农奴主耕种官庄地，谓曰"支乌拉"（服劳役）；三是必须提供各种各样的礼金礼物。三项剥削占农奴实际收入的60%。

建塘地区（今香格里拉），明代曾由西藏农奴主政权派员进行农奴制的统治。清康熙五十一年（1712），西藏停止委派建塘官员，任命本地土官管理。分建塘地区为 5 个宗卡（热乌）、17 个德卡（德乌）。由松氏任武官迪巴，腊咱家族的金堂七林任文官迪巴，取代藏委宗本，总领全境 7700 户，下属宗卡分为 5 个神翁，各分管 660 户；德卡分设 17 个德本，各分管 60 户。迪巴、神翁、德本三级土司土官职务法定为世袭。共 24 员土司土官。清代雍正初改土归流，在当地实行"土流并存"之政策，在委派流官管理全境的同时，土司员额不变，但将 5 个宗卡改为五境，将迪巴改为土守备，神翁改称土千总，德本改称土把总。改世袭制为承袭制，守备缺额从千总中拔补，千总缺额从把总中拔补，把总缺额，从土司子女或能服众者中拔补。松赞林寺有特殊之武力，地方民政设施须先经八老僧会议裁决，流官县长方能行之。权威最高的民团指挥为僧人，其对中央王朝之德威最忠诚。土官亦须受寺院僧侣领主之节制。

宁蒗（永宁）地区古宗人的封建领主为永宁土知府阿氏。其先为元永宁土知州卜都各吉。洪武十六年（1303）授土知州。永乐四年（1406）升土知府，命土官知州各吉八合为知府，领长剌次和、瓦鲁之、革甸、香罗四长官司。末任土知府为阿民拉。阿氏因王朝的封赐不但占有辖区内的全部土地，也占有土地上的全部生产者农奴。

三　纳西族先民么些的封建领主制

么些为纳西族先民，么些地区的封建领主是丽江土知府木氏。宋理宗宝祐元年（1253），元世祖忽必烈征大理，丽江么些土酋阿琮、阿良迎兵助征，元授给茶罕章管民官。至元八年（1271）置茶罕章宣慰司，封宣慰使，"越析郡（今云南宾川县北）、柏兴府（今四川盐源）、永宁府（今宁蒗）、北胜府（今永胜）、蒗渠州（今宁蒗县）、罗罗斯（今四川西昌）、白狼（在今四川盐源）等处地方，无不管束"。[①] 元朝末年，阿甲阿得任丽江宣抚司副使。洪武十七年（1384）阿甲阿保归附明朝，赐姓木，因名木得。次年赐任丽江世袭土官知府。正德四年（1509）进攻吐蕃地区，维西、中甸、阿墩子（今德钦）及四川之巴塘、理塘皆被其占领，木氏被称为"姜杰布斯南绕登"，意为纳西人的皇帝——"木天王"。至明末，木氏统治势力达到北部四川的巴塘、理塘及西藏的查木多（今

[①] 《木氏宦谱·阿琮、阿良传》。

昌都)一带,西部达到今缅甸的恩梅开江一带。木土司在府域内有大小14个庄园,官庄田24顷53亩(折合2453亩),皆为肥田沃土。官庄田由农奴耕种,收获物全部上交领主木氏。土司下有酋长、通判、千夫长、把总、头目,分别占有辖区内的土地,强迫农奴耕种。清朝雍正元年(1723),丽江土知府改为流官知府,原所设的流官通判改由土官木氏出任。

四 兰坪白族先民的封建领主制

兰坪地区"白子"(今白族先民)的封建领主为兰州土知州罗氏。"白子",又作"白人"。元至元十二年(1275),元朝在今兰坪县置兰州,封"白子"酋长罗克为土知州,隶丽江茶罕章宣慰司。其辖地"东至鹤庆军民府剑川州一百里,南至剑川弥沙井盐课司六十里,西至西番宝郎山二百六十里,北至西番界二百里,东北到通安州二百五十里,东南到云龙州四百五十里,西南到云龙州四百五十里,西北到西番界二百五十里"。① 以今地名而论,其辖区为今兰坪、洱源、维西、泸水、福贡等县的全部或大部地方。罗氏占有全辖地内的所有土地,并对土地上的生产者进行封建领主制的剥削压迫。

五 维西、六库地区的封建领主制

明万历年间(1573—1619)丽江土知府木氏攻占维西,令军事头目"世守斯土",对傈僳等族进行封建领主制的统治。土长为康普土千总禾氏。《维西县志稿》说:"土职中以女千总禾娘裔为尚,禾字从木。据土人说,丽江木土守委人辖维西,于木上加撇为禾,以示区别,即禾娘之先也。今阿墩子土千总禾姓,叶枝土千总王姓(王姓祖先原姓禾,因入赘王家改姓王),皆其后裔也。"余庆远《维西见闻纪》说,明土知府木氏攻取康普、叶枝、其宗等地,"屠其民,徙么些戍之,后渐蕃衍",么些人的土官在当地,按"二三百户或百余户,或数十户(设)一头目。……地大户繁者以土千总、把总为头人,次为乡约,次为火头,皆各子其民,子继弟及,世守莫易,称为'木瓜',犹华言'官'也,对之称为'那哈',犹华言'主'也。所属么些,见皆跪拜,奉物

---

① 景泰《云南图经志书》。

及对，则屈一膝……农时，助头目工三月。谷将熟，取其青者蒸而舂脱粟，曰'扁米'，家献二三升，腊奉鸡米"。傈僳人居维西城四山、康普、弓笼、叶枝、奔子栏等地，"喜居悬崖绝顶，垦山而种，地瘠则去之，迁徙不常。刈获则多酿为酒，昼夜沉酗，数日尽之。……性刚狠，嗜杀，然么些头目、土官能治之。年奉头目麦、黍共五升，新春必率而拜焉"。① 么些土官、头目对维西的么些人实施的是封建领主制的统治，除农忙时农奴要"助头目工三月"外，秋收时还要"家献（米）二三升。"对傈僳人的统治也一样，更有盛者，傈僳农奴每年要交麦、黍五升，新春时还要上交封建性质的贡纳。

六库地区傈僳族的土官，一为土巡捕段氏。万历四十八年（1620）委任，清嘉庆十五年（1810）置土千总，以段履仁为土千总，其后子孙承袭。二为老窝土千总段氏。其先为云龙土知州。明万历四十八年（1620）改流，准在边远地区老窝设土目衙门。清乾隆十七年（1752），兵部颁给怒、澜二江土千总札付，管辖怒江两岸大兴地、秤戛一带傈僳族。三为卯照土千总段氏。清嘉庆十二年（1807）授职，管辖地域为"东至老窝，南联鲁掌、登埂，西至雪山顶外傈僳野人地，北至秤戛、老窝地"。四为登埂土千总段氏，清乾隆十二年（1747）授职。其辖地东接六库，南接练地，西逾高黎贡山与腾冲接茨竹左抚夷界，北至帕地河……片马五寨亦在辖境。五为鲁掌土千总茶氏。清乾隆十二年（1747）授职。驻鲁掌。辖地"东南接登埂，西至浪粟野人地，北至直上、治堵、罗雪山"。② 土官皆为封建领主，对其辖地的生产者进行的都是农奴制的奴役。

第三节　滇西南傣族、哈尼族和滇东北彝族先民的封建领主制

一　西双版纳傣族先民的封建领主制

西双版纳，傣语称"勐泐"或"勐乃"。明洪武十七年（1384），王朝封其酋长刀坎为车里宣慰司宣慰使。由于王朝的封赐，西双版纳全部土地为车里宣慰使，即"召片领"所占有。傣语所谓"喃召领召"，说的就

---

① （清）余庆远：《维西见闻纪》。
② 《杨玉科研究资料辑录》，《怒江文史资料选辑》第13集。

是"水和土都是官家的",所谓官家,指的就是"召片领"。"召片领"下辖三十余个"勐"的行政单位。各勐的统治者由"召片领"分封其宗室勋戚担任,称为"召勐",亦称勐土司。按封地的大小,召勐有"纳先龙"(大十万田)、"纳勐龙"(大万田)等大小之分,召片领和召勐把封疆内的土地一分为三。

一部分作为自己的私庄,俗称宣慰田或勐土司田。据都竜掌《杂记》一书记载,历史上"召片领"在景洪坝子的曼洒、曼洪、曼景蚌、曼听、曼广、曼朗、曼别、曼共、曼侬冯、曼景们、曼暖典等寨共有宣慰田11950纳。宣慰田概由农奴耕种,由农奴偿付劳役地租及实物地租。

另一部分是作为属官(波朗、村寨头人)的俸禄田,称波朗田、头人田。其特点是认职不认人,谁当波朗、头人谁占有。波朗田占景洪全勐土地总数的40%左右,全由农奴耕种,农奴须上交收获物的40%作为官租(即缴领主的地租)。

再一部分作为农民的份地,称为寨公田或寨田。这份土地有"米纳把哈"的说法,意为"有这份田就必须挑起负担担子",为"召片领"服各种劳役,提交劳役地租。提供劳役以村寨为单位进行,因劳役分配的不同,西双版纳有养马寨、轿子寨、鼓手寨、脂粉寨、灯油寨、守坟寨等按不同劳役而命名的村寨。

西双版纳封建领主制自元、明兴盛以来,至晚清逐渐发生向地主制经济的转化。这种转化是从领主土地所有制向地主私有制转化开始的,转化沿着三条不同的路径进行。①

(一)王土转化为农民的私土

其产生多是出于在田边小块荒地上开荒。这种农民私有的土地称为"纳辛"和"纳哈滚"。"纳辛"意为私田,分属于"召庄"、"傣勐"、"滚很召"三个不同的社会等级,由于前一等级和后两等级所属的"纳辛"在私有的程度上有所不同,故"傣勐"和"滚很召"的"纳辛"又称为"纳多很",意为自己的田。"纳多很"的特点是不参加体现领主占有的抽补调整,可以世代承袭及进行租、典和买卖。如景洪曼纽寨的波依喊,将"纳辛"10纳卖给同寨的鲊波更,得半开10元;又曼菲竜的波香

---

① 为从理论上探寻晚清领主制向地主制的演变规律,本文在下列的三条转化路径分析中,不妨使用一部分20世纪40年代以前的资料。

甩，卖给布在满 10 纳，得半开 30 元；波埃而拢卖给妹丙 10 纳，得半开 40 元；康郎喊卖给纳得 10 纳，得半开 25 元。据调查，"纳多很"约出现在清光绪年间（1875—1909），傣勐寨曼暖典的"纳多很"至 20 世纪 40 年代不过才延续了四代，叭竜、波撒、召鲊拉的都是在他们的曾祖父手上开垦出来的。

属于"召庄"等级的"纳辛"，私有程度比"纳多很"高，特点是可以自由买卖。其私有性不但不受封建领主法律的约束和限制，而且还受到它的保护。马克思说："私有财产的权利（任意使用和支配的权利）是随心所欲地处理什物的权利。……私有财产的真正基础，即占有，是一个事实，是不可解释的事实，而不是权利，只是由于社会赋予实际占有以法律的规定，实际占有才具有合法占有的性质，才具有私有财产的性质。"① 从法律对它的承认和保护来说，它是从领主占有地上分演出来的一种私有化程度很高的专有地段。

"纳哈滚"意为家族田，数量比"纳辛"多，出现的时间比"纳多很"要早。数量约占总耕地面积的 4.46%。家族田的支配权属于家族长，村寨头人无权干预。也就是说，这是一种独立在领主占有地之外的一种以家族为单位的私有地。家族田的继承权属于家族三代以内的血亲成员。对其租佃、典当和买卖都可以，但须在家族内部进行。考察一下 20 世纪 40 年代家族的大小，我们发现，这里的傣族家族一般都不大，如家族田占全寨耕地总面积 70% 的景洪曼播寨，全寨 16 户，分属于 7 个家族，最大的鲊忠家族有 4 户，叭温喊与布比两个家族各只有 2 户，而岩温喊、妹孟竜两个家族则各只有 1 户。就岩温喊、妹孟竜两家而言，家族田实际上已演变为以户为单位的私有地。

"纳辛"、"纳哈滚"等农民小私有地的出现，在"普天之下，莫非王土"的封建领主社会中，具有划时代的意义。由于它们的出现，土地的买卖和集中成为可能，一些人可能因购置大量的土地而变为地主，而另一些人会因丧失土地而沦为地主的佃农。西双版纳傣族的情况说明，农奴私有地的出现是领主制走向瓦解的标志，这个社会中最先出现的一些地主，就是从农奴私有地上产生出来的。在农奴私有地出现以前，由于"水和土都是召片领的"，社会中根本没有发生过任何买卖土地的现象，也没有

---

① 《黑格尔法哲学批判》，《马克思恩格斯全集》第一卷，人民出版社 1956 年版，第 382 页。

出租土地、依靠剥削地租为生的地主，可是在这之后，买卖土地的情况就发生了，地主和佃户的剥削关系因此而产生了出来。

"纳多很"和"纳哈滚"在买卖时是要受到一定限制的，如"纳多很"不能卖出寨子。"纳哈滚"不能卖出家族。它们的私有性质，也还没有得到法律的正式承认，但不能因此就否认这类私田的私有性质。这是因为每一种新的所有制形式，在开始出现的时候，都不仅要受到旧的形式的阻碍，而且要受到旧的政治设施的阻碍，新的所有制形式只有经过长期的斗争，才能排除对于自己的限制和种种阻碍，并最终取得合法的地位。因此，不能以实际存在的某些限制和封建领主的法律是否承认来否定上述两种土地的私有性。

(二)"职田"转化为私田

"职田"即"薪俸田"，是封建统治者授给属官作为薪俸来源的一种土地。在西双版纳傣族领主社会中，"职田"有"宣慰田"、"勐土司田"、"波朗田"、"头人田"诸种。由于宣慰使和各勐土司的官职是世袭的，故"宣慰田"、"勐土司田"为世袭田。"波朗田"、"头人田"不能世袭，其特点是"跟着官职走，谁当波朗、头人谁占有"。其实，"宣慰田"、"勐土司田"也是跟着官职走的，一旦王朝进行"改土归流"，宣慰使及其属下的土官、头目也就不能再占有。

在生产力提高和商品货币经济日益发展的情况下，领主把从农奴身上榨来的一部分剩余产品变为商品，这使他们越来越把土地视为珍宝，并为谋取更多的土地而施展各种伎俩。于是，"职田"出现了扩大的趋势。据都竜掌《杂记》一书记载，约在傣历542年，即明景泰元年（1450），"召竜法"（天朝皇帝）封"召片领"为车里宣慰使时，规定他在景洪坝子的世袭宣慰田为11950纳（约合3000亩）。但这个数字在后来不断发生了变化，"召片领"利用政治特权夺取了一些田。据说曼竜匡寨的宣慰田（纳召片领）1000纳，就是他从曼中海寨夺来的。有一次，"召片领"到曼中海、曼景兰寨吃鱼，遗失了金马鞍，乃强令两寨赔还，曼竜匡的老叭（头人）出面调解，由曼景兰出钱及曼中海出田1000纳进行赔偿。又如宣慰街附近名为"纳永"的1000纳宣慰田，是勐永土司（召片领之子）强迫勐永地区的农奴来为他开垦的。勐土司、波朗、头人等扩大"职田"的步子比宣慰使还要大。其手段亦是凭借政治特权兼并农奴的份地。景洪大波朗怀朗庄主，曾窃走曼达寨的土地册进行窜改，夺取景达寨租给曼养里寨的土地140纳；曼浓坎寨原有农奴份地寨田500纳，波朗（召孟刚）的官田（纳干）140纳，后来召孟刚令人对曼浓坎寨说："500纳是官田，140纳是寨田"，曼浓坎寨群众不依，召孟刚说："你们说不是，可去召竜那扁处看'囊丝'（记载土地的簿子，因召竜那扁管附近的山）。看后真如其说。"召孟刚于是夺得曼浓坎寨的农奴份地360纳。原来，这个簿子是召孟刚勾结召竜那扁假造的。更有甚者，一些领主对农奴份地的兼并，是不加掩饰地进行赤裸裸的霸占，如曼迈竜寨的头人叭竜，霸占曼暖典退还该寨的寨田70纳。农民波岩永死去，其私田100亩亦为叭竜所霸占；又如曼暖典寨头人叭竜，以抽给波朗为借口，将300纳农奴份地霸为己有。除上述外，有的是强迫农奴进行开荒，以扩大自己的"职田"，如曼达寨头人叭荷哈，强迫农奴为自己开垦了三十多纳的田。根据傣族封建领主政权的法规，凡开荒之地，"熟荒三年、生荒五年"，到期并入"寨公田"，即并入召片领和各勐的领地，但是，在地权越来越重要的情况之下，中小领主及农奴都不执行这样的规定。

"职田"的自发增加是与"职田"私有化的进程紧密相连的，在商品货币经济的作用下，中小领主不满足于对"职田"的占有，指望获得世袭的可以随心所欲地进行支配的地权。"召片领"的一些远亲，或通过自由开垦取得私有土地或凭借与"召片领"的亲戚关系，在从领主统治集团中游离出来以后，继续占有"职田"，使它们形成"召庄"所属的"纳辛"（私田）。与此同时，一些波朗也利用自己的政治权势，将"职田"在实际上变成自己世代世袭的私产，一些头人对"薪俸田"进行抵押、出租，甚至买卖，使头人田也逐渐转化成为体现自己意志的私有地段。

由于"职田"向私田的转化及统治者利用政治特权兼并农奴的份地，头人和群众占有土地的数量悬殊，如景洪曼暖典寨，8户头人占有"寨田"420纳、"波朗田"191纳、"头人田"420纳、私田190纳，每户平均占有152.6纳；45户群众占有寨田的2650纳、"波朗田"1147纳、私田369纳，每户平均仅占有77.5纳，约比头人少50%。在曼景傣寨，每户头人平均占有134.1纳，而每户群众平均只占有37.4纳，约比头人少72%。在地的质量上，头人占有的土地比群众的质优，单位面积产量高。如曼暖典头人叭竜100纳的土地，产量为200挑，而群众老五100纳的土地，仅产120挑。占地多的头人，或雇工，或出租进行剥削，或二者皆兼，结果都使自己转化而成为地主。曼暖典出现的两户地主和两户富农，都是从领主头人转化而来的。

中小领主向地主阶级的转化,主要不是通过土地买卖来进行,而是利用超经济的政治特权来实现。一方面,他们利用这种政治特权,与上层领主作斗争,将"职田"转变为私田;另一方面,又利用政治特权,兼并农奴的份地,以实现土地的集中,并迫使丧失份地的农奴变成种他们土地的佃农。

(三)"份地"转化为私有地

份地制度的存在是封建农奴制生产关系存在和发展的基础。在西双版纳,"召片领"划给农奴的份地,占全部耕地面积的58%。傣语称为"纳曼"或"纳火尾",意为"负担田"。因其使用是由村寨头人代表"召片领"按户平分给农奴,分配形式保留着农村公社时代由村寨头人按户平分土地的特点,所以又称为"寨田"或"寨公田"。领种这种份地的农奴,必须以村寨为单位,为召片领或勐土司提供生产劳役或非生产性的杂役。如景洪的曼暖典、曼纽、曼模曼、曼景兰等寨的农奴,必须用自己的耕牛、农具为"召片领"耕种私庄田,收获物全归"召片领";曼东老、曼南、曼喝勐三寨,必须为"召片领"点灯;曼列寨必须为其养象;曼醒、曼岛两寨,必须为"召片领"养马;曼洒寨必须为其舂米……在提供生产劳役和各种杂役的情况下,农奴份地上的产品归农奴享用。当然,领主这样做并不是要保证农奴的生活资料,而是要保证自己的劳动人手。

份地制度存在的必要条件,是自然经济在社会经济生活中占统治地位,农业和手工业紧密结合,未出现可以引起生产者两极分化的商品货币经济。一旦自然经济被破坏,社会生产结构和社会阶级结构就会发生新的变化,份地制度就会走向瓦解,如景洪曼广竜、曼广卖、曼景栋三寨,20世纪50年代共有131户,有15户已从份地上分离出来,其中以帮工和进行副业为生的8户,出租土地为生的4户,出租份地转为经商的2户,铁匠、小商贩各1户。仍困着于份地之上的116户,也还继续发生着分化,其中有15户兼营酿酒卖酒,2户兼营制银器,4户兼营缝纫,4户兼营屠宰,1户兼营烧瓦,1户兼营木工。随着商品货币经济的发展,他们势必还要从份地上分离出来。

就份地制度的整个瓦解而言,其实质是由领主占有转化为地主和小农私有。在西双版纳,农奴份地私有化的表现主要有三:(1)是中小领主不断将份地攫为私有，使份地的均平性遭到破坏。如在景洪的曼暖典寨，由头人转化而来的 4 户地主、富农，共占有寨田 220 纳，每户平均为 55 纳，一般群众每户平均只有 50 纳。在蛮买寨，由于份地均平性的破坏，占全寨总户数不到 6% 的 5 户地主、富农，占有全村 17% 的土地，每户平均占有 250 纳，占地最少的 1 户，仅占有 25 纳，完全丧失份地的 2 户，其中 1 户沦为地主的雇农，另一户转而靠出租牛为生。① （2）是农奴通过典当自己的份地，在一定程度上把份地转变为自己可以进行支配的私产。如新中国成立前 15 年，曼暖典寨的暖典波板告，因无牛和缺乏劳动力，把 5 纳田当给曼景傣寨的岩康印，当价为每年 5 元半开；又康朗奔将 50 纳进行典当，每年当价为 10 元半开，当了 5 年共得 50 元；曼广卖的岩燕将田当给富农岩拉，当价为 40 元半开。在戛栋、戛洒等 17 个村，当出的份地多达 260 纳。典当关系虽然还处于初期阶段，当期不长，当价不高，当期届满不经取赎就可以收回。但典当的发生不是偶然的。在领主的统治下，由于"水和土都是召片领的"，故份地绝对不允许典当。典当一经发生，就意味着农奴份地取得了一定程度上的支配权，而这正标志着份地由领主占有向生产者私有的转化。（3）是头人和农奴通过出租份地，进一步把份地转化为私有。从清末发展至 20 世纪 50 年代以前，西双版纳农奴制社会对份地的租佃已经很普遍。其形式有二：第一是集体租佃，如景洪曼广竜寨曼哈勐寨租入寨田 550 纳，租额有 100 纳 30 挑稻谷和 70 纳 20 挑两种。在曼洪地区，除陇会的 6 寨以外，其余 11 个傣勐寨都出租寨田。其中曼达寨出租给曼贯、曼景、曼南龙、曼磨锡等七寨的数目多达 467 亩，头人具有租出、夺佃、加租等方面的专有支配权。租额表面上是拿来为全寨，但实际上大部分为头人所私吞。地租的占有是土地所有权由以实现的经济形态，头人在出租寨田中私吞地租的事实，说明寨田正部分地沦为头人的私田。第二是单户出租。出租者有两种情况：一是出租者为占地较多的头人和富户，通过出租，他们不但攫取地租，而且把租入者中的一部分变为自己的佃户，使自己转化为地主；二是出租者为缺乏耕牛、农具、生产垫本，对份地已丧失独立经营的贫户。这种出租与前一种完全不同，他们不是为了攫取地租，而是要摆脱领主加于自己身上的剥削负担，但事与愿违，他们在出租了份地之后，即沦为一无所有的短工或长工，变

---

① 见中央访问团第二分团编《车里县概况》，《普洱区资料之六》第 8—10 页。

成地主的雇农。租入者也有两种情况：一是租入者为牛多、劳力多的头人、富户，其租入份地的实质是兼并份地；二是租入者为份地量少质劣的户，其租入份地，则是为了补充自己份地之不足，但其结果是使他们成为地主、富农的佃户。不管是集体出租还是单户出租，其剥削形式都不再以劳役地租为主，而是转以实物地租为主，并兼以采取货币地租。劳役地租、实物地租、货币地租都是封建土地所有权得以实现的经济形态，其更替反映了封建社会生产力的发展。劳役地租是以劳动生产力的不发达和劳动方式的原始性为基础的，在领主制阶段，封建领主只能以这种地租形式作为其剥削的主要形式。实物地租逐渐成为主要形式，在一定程度上反映了领主制经济向地主制经济的过渡。头人、富户及其他一些份地出租者攫取地租的事实，说明份地进一步被转化成了私有的土地。

从以上可以看出：（1）封建领主土地占有制的瓦解，是以地主土地所有制产生和发展为基础的；封建社会的发展是从领主制走向地主制。（2）领主土地占有制向地主土地所有制的转化，是以社会生产力的发展和商品货币经济对自然经济的破坏作为前提的。领主土地占有制与地主土地所有制的根本区别在于，前者为占有而后者为私有。领主土地占有制被破坏的途径有三：第一，农民小土地私有制的发展，即由于生产者自发开荒，封建大领地被不断分割为农民的小私有地。第二，中小领主的"职田"转化为私田。第三，农奴份地转化为私有地。（3）地主阶级最初是由中小领主转化而来的，引起这一转化的是不可抗拒的商品货币经济规律的作用。中小领主兼并土地的手段主要不是通过土地买卖，而是利用政治特权进行超经济的掠夺，同时也通过典入和租入进行掠取。

二 德宏傣族先民百夷的封建领主制

明代百夷的分布地区很广，主要分布在今德宏州与红河州的南部，湾甸（今昌宁南部）、大侯（今云县）、勐缅（今临沧）、勐勐（今双江）、景东、镇沅、马龙他郎甸（今墨江、新平）、元江、临安东南部（今文山、马关）等地也有分布。明代百夷地区的社会经济形态为封建领主制。明王朝分封各地土长为大小不等的土官。土官是封建领主，占有辖区内的全部土地和生产者农奴的人身。钱古训、李思聪的《百夷传》（景泰志本）说："其下称宣慰曰昭，犹中国（按，指汉族）称主人也；其官属刀孟、昭录、昭纲之类，总率有差。刀孟总统政事，兼领军民，多者总数十万人，少者不下数万，昭录亦万余人，赏罚皆任其意。昭纲千人，昭百百人，昭哈斯五十人，昭准十余人，皆刀孟之属也。又有昭录令，遇有调遣，则统数千人以行。其近侍各立者，亦领人户数百，皆听其使，令食其所赋，取之无制，用之无节。"

图9　南甸宣抚司署公堂（咸丰元年，1851年建）

三　红河哈尼族先民和泥的封建领主制

明朝和泥（哈尼族先民），又作窝泥，主要分布在红河南岸及今文山、江城、墨江等地。洪武十五年（1382），明朝在红河南岸地区今红河县境设思陀甸、落恐甸、左能寨、溪处甸等长官司，又设教化三部（在今文山县西）、纽兀（在江城和墨江之间）长官司，封各部土长为长官。这些长官司皆为和泥的单一聚居地。思陀长官司辖区内的农奴有千余户，其余长官司，辖区内农奴只有五六百户。担任长官司长官的封建领主占有辖区内的全部土地和土地上的生产者农奴。领主占有的土地以份地的形式交给农奴耕种，农奴按年向领主缴官租。由于沐英家族把红河南部十五勐之地圈为"沐氏勋庄"，土官将官租的一部分作为贡纳交给沐氏。

四　昭通、镇雄、东川等地彝族先民的封建领主制

洪武十五年（1382），明朝在昭通设置乌蒙军民府，封原土长实哲为

世袭土知府，后改用汉姓为禄姓。在镇雄设置芒部军民府，封陇氏为世袭土知府；在东川设东川军民府，由土官姑胜古为土知府。各土知府占有辖区内45%的土地，并将其作为份地交给农奴耕种，让其缴纳官租，并服各种劳役。这一带封建领主对农奴的奴役剥削是十分残酷的。天启《滇志》说："部夷称酋，必曰'撒颇'，夷言主人也，夷皆憨而恋主。诸酋果于杀戮，每杀人，止付二卒携持至野外，掘一坑，集其亲知泣别，痛饮彻夜，昧爽，乃斫其头，推坑中，复命，更使二卒勘之，乃许其家收葬。虽素暱者，欲杀则杀之……每酋长有庆事，令头目入村寨，计丁而派之，游行所至，阖寨为供张，无少长皆出，罗拜马前。邻寨在数十里内者，皆以鸡黍馈。"

第四节　明代罗婺部乌蛮的封建领主制

一　罗婺部的兴起及明朝对其土长的封赐

（一）罗婺部的兴起

罗婺，又作罗武、罗午、罗舞、罗胡、鲁屋、罗羽、劳羽等，原为部落酋长名。《元史·地理志》云："武定路，段氏时使乌蛮阿历治纳夷眤共龙城于共甸，又筑城名曰易龙，其裔孙法瓦浸盛，以远祖罗婺为部名。"继而又作为民族之名。天启《滇志》卷三十说："罗婺，本武定种，古因以为部名。又称罗武，今俗又称罗午。楚雄、姚安、永宁（今宁蒗）、罗次皆有之。男子髻束高顶，戴笠披毡，衣火草布，其草得于山中，绩而织之，粗恶而坚致，或市之省城（昆明），为囊橐以盛米贝。妇女辫发两绺垂肩上，杂以砗磲缨络，方领黑衣，长裙跣足。居山林高阜，牧养为业。有房屋，无床榻，以松叶藉地而卧。婚姻庆事，结松棚为宴会。葬用火化。腰刀长枪，行坐不释，嗜酒酗斗。"罗婺部分布十分广泛。景泰《云南图经志书》卷四楚雄府云："有罗午蛮者，又名罗胡，居山林高阜处，以牧养为业。男子髻束高顶，戴深笠，状如小伞，披毡衫衣，窄袖开袴，腰系细皮，辫长索，或红或黑。足穿皮履，毡为行缠。妇女方领黑衣长裙，下缘缕文，披发跣足。所居有房屋，无床榻，以松毛铺地而卧焉。"道光《云南通志·种人志·罗婺》引《皇朝职贡图》说："罗婺，自宋时大理段氏立罗武部长，至元、明俱辖于土司。嘉靖中改归流官，其部落流入云南、大理、楚雄、姚安、永昌、景东等七府，居多在山林高阜藉地寝处。男子挽发戴笠，短衣披毡衫，佩刀跣足，耕种输税，妇人辫发垂肩，饰以珠石，短衣长裙，皆染皂色。其地产火草，绩而为布，理粗质坚，衣服之余，或贸于市。"引旧《云南通志》说："罗武，俗又称罗午，本武定种，古以名郡，今楚雄、姚安、永北、罗次皆有之"。引《景东厅志》说：罗婺"性黠，亦务种植，好屠宰，女大耳圈，著短衣，裙用密褶，垂缏于边，用铜钏，以宽布袱缀海蚆覆其首。"引《楚雄府志》说：罗婺"状类倮罗，犷诈好讼，有书字，女不著袴，系桶裙，衣不开胸襟，从首领而褂之。"引《广通县志》云："畏痘疹，村邻有出者，即移远去。妇辫发数道，围绕缠头，耳坠铜环，形如铃，有下坠及肩者。"引《定远县志》说：罗婺，"其性愚朴，居山中，住草房，种苦荞杂粮而食之。男子缠头跣足，女子织毛布为衣，裹头用布，下缀缨花，腰著筒裙，手绾铜镯，居家亦知有礼"。引《姚州志》说：罗婺"类倮罗而顽，亦甚贫苦，畏法多疑，遇事则窜"。引《元谋县志》说：罗婺"畜发不蓄须，逢仇则相屠"。引《师宗州志》说：罗婺"无姓氏，性凶悍，多为穿窬，多用弩弓"。引《新平县志》说：罗婺"在哀牢山上，性顽健，冬夏衣皮"。引《大理府志》说：罗婺"喜山居，知伦礼，颇有华风，富者周贫，耕者助力，饶荞牲畜，岁春烹宰牛羊，召亲戚会食，歌笑为乐。腊则宰猪，登山顶以祭天神，暇则射腊，凡蔓、青、笋、蕨之属，悉乾而储之，以备荒年，羊皮毡被，秽恶不可近，语非重译不能通"。

乾隆《侬部琐录》是研究清代罗婺部史事最重要的资料，该书卷十二云：

> 罗婺，又称罗午……按此即乌蛮也，在本处（禄劝）谓黑罗罗，徙他处为罗婺。盖罗婺者，乌蛮之远祖，居禄劝幸邱山，故其种因以为名。
>
> 其俗男子挽发，以布带束之。耳圈双环，披毡佩刀。妇人头蒙方尺青布，以红绿珠杂海贝琏珠为饰，着桶裙，手带项圈，跣足。在夷为贵种。凡土官营长皆黑罗罗也。土官服虽华，不脱夷习。其妇以彩缯缠首，戴金银大耳环。服锦绮，曳地尺余，然披黑羊皮于背，饰以金银铃索。
>
> 男事耕牧，高岗硗陇，必火种之，顾不善治水田。所收菽稗无嘉种。其畜马、羊，多者以谷量。女子能织羊毛为布。植木于地，维经

于木，跣足坐地，贯杼而纬之，最巧捷。幅宽五六寸，染之似屬。

其富者辄推为土司，雄制一方。耕其地者，直呼为百姓。土司过必跪谒。奉茶烟必跪进，或献鸡酒，或炮豚，虽不食必供之……不然即逐之。每曰："汝烧山吃水在我家，何敢抗我。"

其婚姻犹诸夷，兄死妻嫂，尝有一妇而递为兄弟四五人之妻者。妇拥夫赀，不欲他嫁，则招夫，谓之上门郎，能专制，所有亲族不得过问。

其耕山，男女和歌相答，似江南田歌。所居多为楼。楼下煤熏，黑逾黝漆，其光可鉴。扫地必择日，粪秽丛积，不俟日不敢拚除。贵宾至，以松叶席地，自门径至堂室，履之青滑可爱。贵者屋以瓦，次则板，次则茅。如汉俗不大远。

多有姓氏，其同姓者，不必亲种类，或久居相爱，即结为同姓，叙伯仲。

死以火化，同诸夷，惟神主或以金银叶为之，葬于一处，或高冈之上，叙昭穆次第，并无坟冢，惟指悬崖曰："此吾祖茔"。有侵之，亦控诉纷纭。

值冬节，歌舞宣淫。而平素，弟妇见兄公，必肃立低头。不敢仰视，其谨如此。

然富者多聘汉儒为师，习六艺，补博士弟子。次则学为吏典。衣服冠带如汉仪，讳言其夷。丧葬多如汉礼。禄劝四大土司，撒甸之常，他颇之张，半果之鲁，汤郎之金，或举于乡，或由廪贡，或补诸生，皆累世相承。……

夷性畏鬼，多禁忌。有效汉葬，而裔不昌，群诮之，复以夷法葬。其焚尸也，贵者裹以虎皮，贱者以羊皮。执役者，必其百姓。其市以牛街、狗街。其约以木刻，大略与诸夷不相远云。

又道光《浪穹县志》卷十一说："罗武，在莽后里黑惠江西岸沿山而居，户口颇多。……衣食寒俭，能耐贫苦，披毡，衣麻，包头跣足，性怯懦，耻为盗。"道光《昆阳州志》卷五云："罗武，其种类多聚处不杂，州境惟罗武哨及大小罗武二村，离州治二十里，其人性直，耻盗。"雍正《师宗州志》卷下《土司考·附种人》说："罗武倮罗，无姓氏，服饰婚丧与黑倮罗同。……槟榔洞、六灰里、豆温乡有之。"

总而言之，罗婺部是南诏时期东方三十七蛮部之一。元、明、清时代称黑㸯或黑罗罗，为今天彝族的先民，其部族之核心在今武定、禄劝。而族众则遍布于滇中、滇西、滇东地区。

罗婺部兴起于大理国时期。南宋孝宗淳熙时（1174—1189），有阿而（即阿历）能服其众，被大理国主段氏举为罗婺部长。其子矣袜时，罗婺部发展为三十七部中最有实力的部落，"雄冠三十七部"。四传至矣格，遇元世祖征云南，"矣格首先归附，授罗婺万户侯，将仁德（今寻甸）、于矢（今贵州普安）二部统入本部，名为北路，升矣格为北路土官总管"。又经郡则、安邦，七传至安慈，得"以功授武德将军，赐龙虎符金牌，兼管云南行中书省参政"。八传至弄积，"以功升兼管八百司元帅，加升亚中大夫"，强大到能"兼制全滇"的程度。

（二）明朝对罗婺部土长的封赐

洪武十五年（1382）正月，明军征云南抵达昆明，罗婺部土长商胜将金牌印信交给千户徐某，自运米千石，开通道路，至金马山接济大军，而后回本府，招谕人民。十六年（1383）遣阿额、黑次、曲里、使迷、赵寺贡马二十匹，七月亲身入觐，获"授中顺大夫、武定军民府土官知府，锡之世袭诰命"。经海积、萨周，十二传至商智，诏赐其"诰命中顺大夫"。经阿宁，十四传至矣本，"诰授中宪大夫"。经金甸，十六传至阿英（即凤英），"奉例赐姓凤，帝宠之甚，晋中宪大夫。赠其母索则，妻索国俱为恭人"。弘治十五年（1502），征贵州普安，"以功进云南布政司右参政"。正德二年（1507）"征师宗豆温乡，功尤伟，赐尽忠报国金带一具"。

自宋淳祐十二年（1252），矣格升北路土官总管，至嘉靖十二年（1533）的281年间，中央王朝屡封罗婺部土长官爵名号，元朝所封的有北路土官总管、罗武路土官总管、武定路军民府土官总管、云南行中书省参政、武德将军、亚中大夫；明朝封的有武定军民府土官知府、云南布政司右参政、中顺大夫、中宪大夫、亚中大夫等。其间罗婺部土长朝觐不绝，贡使往返不断，且屡受明王朝厚赐。

二 罗婺部的封建领主制

（一）领主"专土"与主奴关系

就社会经济的发展言之，如果说宋末以前罗婺部尚以牧业为主，"其民多散居林谷，不事耕作"的话，那么，宋末以至元、明时期则不如此。据《元史·地理志》追述，段氏使阿历治纳咦昵共龙城于共甸，又筑城名曰易龙（今禄劝云龙）。阿历（阿而）能在幸邱山筑易龙城，如果社会经济仍以牧业为主，那是不可能的。阿而子矣袜雄冠三十七部，明军入云南时，商胜能"自运米千石"至金马山接济大军；平凤朝文之乱后，瞿氏与凤昭能"招抚良善万有七千，出粟千石，给济复业"，都说明罗婺部的社会经济已发展到了一个新的阶段，建立在这种经济基础上的社会生产关系，是封建领主制，阿而、矣袜、矣格、安慈、弄积、商胜、商智、凤英、瞿氏等都是封建领主，而不是奴隶主。由领主制的经济基础所决定，元、明中央王朝在罗婺部推行的是以"凤氏专土"为特征的封建领主制度。

"凤氏专土"，设"曲觉三人分管地方；庶古三人管理庄田；更资三人管理喇误（喇误者，钱粮之畸零也，指受理租谷和劳役），一应调遣，各领步兵从征；扯墨（掌刑法）一人，管六班快手；管家十二人管庄田租谷，皆头目也，籍土衙之势索取，夷民畏之如虎"。① 所谓"庄田"，就是王朝封授给凤氏的封建领地。在凤氏土长的封建领主制的统治下，统治关系是占有和被占有的关系。即领主在占有领地的同时，亦占有领地上的生产者——农奴。为了维持领主制度，凤氏将自己占有的土地，分一些给农奴作为份地，将农奴束缚在土地之上，迫使他们终年为自己提供各种繁重的生产劳役和杂役。《农部琐录·种人志》说："每酋长有庆事，令头目入村寨，计丁而派之，游行所至，合寨为供，邻寨在数十里内者，皆以鸡黍馈，无以应诛求，往往潜出他境，劫掠所得，酋长头目私分之。"关于领主对农奴的剥削，魏源《圣武记·雍正西南夷改流记》说：领主上交的"钱粮不过三百余两，而取于下者百倍。一年四小派，三年一大派，小派计钱，大派计两。土司一取子妇，则土民三载不敢昏（婚）。土民有罪被杀，其亲族尚出垫刀（钱）数十金，终身无见天日之期。东川虽已改流三十载，仍为土目盘踞，文、武长寓省城，膏腴四百里无人敢垦"。封建领主制下占有和被占有的人身依附关系，形式表现为"主"与"民"的关系，《武定凤氏本末》说："夷人愚而恋主"，"瞿氏与（凤）昭率众自省城回，武定蛮民相顾惊喜曰：'我主故在也，咸投凤昭降。'"所谓

---

① 乾隆《农部琐录》卷十四。

"主",就是占有生产者人身的封建领主凤氏,所谓"民"(百姓),就是人身属于领主凤氏占有的农奴。这种"主"与"民"的占有和被占有的关系,在政治上是靠封建领主的武装及其土府政权统治机构来维持的,故檀萃在《武定凤氏本末》中说,对于凤氏主子的各种苛派,"民畏之如虎",甚至不得不"甘为盗贼劫掠以应其求"。罗婺部改流以后,封建领主制下的主奴关系在慕莲等地区依然存在,领主甚至还可以处死农奴。[①]

(二)封建领主对"改土归流"的反抗

由于明代在云南推行卫所屯田制度,大批汉族人民由内地迁入罗婺地区,给罗婺人民带来了先进的文化和生产技术,使这个地区的社会经济在明代中叶有一个较大的发展。弘治元年(1488),土官凤英袭职后,以"四礼正家,一经教子,开辟田野,教民稼穑"。所谓"四礼",指的就是内地汉族中所有的封建道德规范;"一经"即"儒经",指传统的儒家思想;"教民稼穑",就是教给彝族人民汉族的先进生产技术。农业、手工业生产的快速发展,最终导致了封建领主土官制的解体及流官制度的建立。

罗婺部土官制度的解体和流官制度的建立,是在凤氏封建领主强烈反对"改土归流"中进行的。从明嘉靖七年(1528)至明末,凤氏反对以流官代替土官,或图谋恢复土官制度的叛乱有五次。

第一次是嘉靖七年(1528)凤朝文发动的反抗。凤朝文是武定土知府凤昭之叔。在他发动反抗的头一年,寻甸土酋安铨不堪于流官知府马性鲁的压迫奴役,率众攻嵩明等处,凤朝文自感于武定改流之威胁,于次年自厂江拥兵响应安铨,攻禄劝、武定,陷之,杀同知袁俸、知州秦健等十三人,并与安铨联兵二万直指省城,屯于城西北门外,焚军民房屋。明朝以右都御史伍文定为兵部尚书,提督川、湖军务,调四镇土、汉官军

[①] 据张传玺等调查,武定慕莲地区的土目除在劳役上由内四甲的农民耕种私庄田,外四甲地区负责放哨守卫及各村都要做的一般杂役之外,对于某些民族、某些村子还确定了一些特殊的劳役:支卧村、尼拉沟村(甘彝族)为土司舂米,吹唢呐,耍五哨鞭;罗纪戛(傈僳族)村,为土司家抬轿;甲腊沟、万宗铺(黑彝族)村,为土司家守灵;万拉、上普黑、罗能、一都摩等十个小村,土官家有红、白事时,负责烧饭做菜。外四甲官租与劳役极重的支卧村,过年时要派两人去土司家叩头,并要带去新麻二十市斤,新鸡(大的)十二只,绿豆一斗二升,烟一斤,作为礼物。罗能和岩脚两个小村,过年时要出新鸡四十只,每只一两斤重,蒜八十斤,黄豆、花豆共八斗,酒八十斤,草烟四十把,送给土目家。(张传玺、杨万全等:《武定万德区万宗铺村彝族社会历史调查》,《云南社会历史调查》)

讨之。

第二次是嘉靖四十四年（1565）凤继祖为巩固土官制争袭武定土知府而发动的反抗战争。凤继祖大发兵围府城，攻和曲、禄劝等州、县。巡抚敖宗庆讨之。凤继祖潜奔四川会理州，阴结姚州土官高钦、高钧及易门土官王一心等进行反攻。新抚吕光询命佥事张泽督兵由寻甸进讨，被围遇害，吕光询乃移黔、蜀官兵四道并进会剿。凤继祖久困绝粮，其党惧，遂斩凤继祖乞降。高钦、高钧、王一心俱被诛。事定后"改土归流"，择凤索林支属凤思尧授府经历。

第三次是隆庆三年（1569）凤历反对"改土归流"。凤历系凤思尧父，"凤思尧授府经历，彝人之赴府者，必潜往拜谒思尧如主"。凤历以其子凤思尧不得知府怨，阴结四川七州及贵州水西宣慰使安国亨谋作乱。隆庆三年（1569）凤历聚众，称思尧知府，夜袭郡城。后为知府刘宗寅击溃。凤历被诛。

第四次是万历三十五年（1607）凤阿克、郑举图谋恢复土官制的叛乱。郑举为武定人，富于财，流官知府陈典以廉访禁举，举置金于鱼腹馈典获免。已而复收之，郑举恶其无厌，乃纠土目阿克陷武定，杀指挥金守仁等男妇四百五十余人。时陈典正在省城，郑举等乃拥推官白明通，以兵随其后向省城进发，要求以冠带印信给阿克。围城三日，当事不能制，缝印与之，举等方去攻禄丰，禄丰知县苏梦旸力战死。次年六月，诸路兵至，斩其家属十一名。举等逃东川，官兵追及之，东川土官禄哲缚举、克献军前，余党郑文、郑宗舜就擒。阿克等八人被送京师，磔于市。

凤阿克、郑举的叛乱，除图谋恢复土官制度的原因之外，也折射出流官政权在罗婺部掠夺贡金、榷税的严重。万历三十六年（1608）四月，工科右给事中王元翰认为，凤阿克等头目发动的反抗，也与统治者掠夺贡金、榷税分不开。他说："（凤）阿克小丑，一旦猖獗，地方破坏，生灵戮惨，不可胜言……若夫招乱之由，则以滇中贿赂公行，阘茸成政，其为害者，莫如贡金、榷税两者。是以室室空虚，人人思乱。闻会城焚劫之日，纵火之人，盖有不尽出于贼手者，离心结怨，使贼酋借为师名，即二贼（指凤阿克、郑举）扑灭，而虐政不除，滇之为滇，未可知也。"这样的议论，还见于万历三十四年八月云南巡抚陈用宾的上疏，该疏云："税使杨荣以掊夺取祸，今荣死而税犹在也。滇省无商，从民取盈，急之则变乱又作，且国家最重之征，莫过云南输金一事。陛下知此五千之金，岁入内帑者，公私之费几何，臣简阅案牍，布政司岁给金值三万二千两，民间贴买，亦如其数，计亦十年，滇力当竭。若加征无已，窃恐金税两穷。则如滇民勉力输金，又不得不罢税也，伏望皇仁罢税首从滇始，次第以及天下。"① 所谓"五千之金"，即规定由云南上缴给朝廷的五千两金子。成化九年（1473），明宪宗命令云南布政司在"差发银"、"赃罚银"内拨银购买黄金五百两进贡。这个数字不断增加，嘉靖十三年（1534）为二千两，至万历二十年（1592），则为五千两。万历三十七年（1609）七月，"云南抚臣之请暂免滇中贡金也。按臣邓渼复言：滇中所产，止铜、锡矿砂，金非自有之赋。二千两之派，始自嘉靖十三年（1534），非祖宗之制也，五千两之加，始自万历二十年（1592），非肃宗皇帝之旧也。今民穷财尽，即不敢望全蠲，乞以嘉靖年间为例"。②

第五次是天启二年（1622）凤阿歹、张世臣之乱。是时，沾益土妇设科土目补鲊、奈科、李贤、期曲等叛，陷各堡卫，凤阿歹与土目张世臣率禄劝、东川等地夷人千余，攻陷禄劝的他颇、补知二堡，进攻武定。东川、沾益土酋与之呼应，共同陷城邑。天启四年（1624）新抚闵洪学平之。

以上五次反抗的起因虽然不完全相同，但其目的都是要巩固或恢复土官的统治。然而，在地主制封建生产关系确立和发展的情况下，属于农奴制上层建筑的土官制度，已经失去了它所赖以存在的基础，加上王朝的力量强大，这些反抗都只能以失败为结局。

明朝通过"改土归流"，加强了在云南土著民族地区的统治，除少数边远地区和社会经济发育程度低下的山区之外，"土流并制"的体制被内地化的流官统治所取代，封建领主制被封建地主制所取代。封建领主变为新兴的地主，农奴变为自由农民或佃农。在地主制阶段，地主即土地的私有主，对土地具有支配权，但不能占有生产者，只能迫使从农奴制中解放出来的生产者佃农，租种自己的土地，自己不劳动，依靠剥削地租为生。佃农（佃户）没有土地或只有很少的土地，他们佃种地主的土地，被迫向地主缴纳地租。比之农奴，佃农有较多的自由，少数的还可以购买土地而成为地主。罗婺部地区"改土归流"以后，佃农受到封建官僚和新兴

---

① 《万历实录》卷四二四，第3页。
② 《万历实录》卷四六〇，第3页。

地主的剥削奴役。

1. 封建官僚和新兴地主横征田赋、地租

嘉靖四年（1525），明王朝以应天府溧阳县进士马性鲁任寻甸府流官知府，马性鲁为向罗婺部夷人征收田赋，不惜系安氏（土知府）余孽安铨及其妻入狱，并裸挞其妻。封建官僚地主为获得地租，大肆兼并掠夺农民的土地。如万历末年的云南总兵官沐昌祚就霸占民田八千余顷。"万历三十九年（1611）二月……云南抚按奏，镇臣沐昌祚田，自钦赐外，多至八千余顷，横征暴敛，以致庄户劫掠公行，该镇庇之，滇民如在水火，宜归并有司征收，明国法以甦民困。"据万历《云南志·赋役志》记载，万历初年，云南布政司征收的田赋总数为夏税麦三万六千一十九石六斗一升七合，秋粮米十万六千九百九十九石一斗八升九合二抄四圭。这个数字比洪武二十六年（1393）征收的夏税麦一万八千七百三十石、秋粮米五万八千三百四十九石增加了一倍。其增加的部分多来自改设流官后变贡纳制剥削为赋税制剥削的原土官统治地区，而且是靠采用马性鲁系捕土酋入狱及裸挞其妇那样的强迫手段来实现的。

2. 封建官僚和新兴地主进行敲诈勒索

檀萃在《武定凤氏本末》中说，武定流官知府陈典，以火头"郑举（罗婺部土官凤阿克属下之马头）富于财……假廉访禁举，（郑）举置金鱼腹馈典，乃已。已复收之，如是再四，举恶其无厌，阴畜异谋，而管甸马一龙、马化龙等侵夺诸夷，有司不为理，诸夷咸怨。举乃趁此与凤阿克号召诸夷反"。又说，武定改流后，"管甸通火……指一科十，鱼肉弗厌"。马一龙、马化龙是新兴于夷区的官僚地主，其侵夺诸夷事见云南巡抚周嘉谟的一份奏疏。该奏疏说，马化龙，其先为凤氏仆，改土设流以后，化龙等遂世占田庄，积成巨富。素把持府、州，拨置启衅。禄劝黄知州从马化龙、马一龙管征环州二十七马钱粮，将旧额每年二钱，增加至七钱。① 像陈典、马一龙、马化龙这样的勒索，明代中叶以后遍及云南内地所有土著民族地区。何孟春《复永昌府治疏》说：明代中叶以后，"广占夷田以为官庄，大取夷财以供费用。然名目尚少，犹可支持，相承到今，日增月盛，典马典军，费以万计。磕头见面，亦要数千，过江籽粒等钱，无时得了；白米马料等项，无日不征；加以跟官小人，百样生事，害人积

---

① 《万历实录》卷四七五，第9—10页。

棍，一时纵横取索；椎髓剥肉，倡言不恤。夷民畏死，不敢不从。由是强者为盗，弱者远逃"。

3. 封建官僚和新兴地主阶级进行的剥削

檀萃在《武定凤氏本末》中引云南巡按周懋相《条议兵食疏》说：罗婺部改流，"奸商黠民，移居其寨，侵占田土，倍索利息，稍不当意，罗告撼词，不才有司，乘之以上下其手，左右其袒，彼夷民视城市如陷阱，见差役即魂消。宿怨深怒，郁结而不可解矣！一夫疾呼，诸蛮响应，其势然矣"！

第十三章

元、明、前清时期云南的土著民族文化[*]

第一节 文字与文献

一 么些图画象形文字及典籍

明代居住在丽江、中甸、维西、永胜等地的"么些"、"摩沙"人自称"么些"（今纳西族先民），么些有一种图画象形文字，兼有表意和表音成分，为祭师东巴创造和传承，所以又称东巴文。总字数有1300多个，么些语称为"木迹石迹"、"斯究鲁究"（意为木石的记号）。日本著名语言学家西田龙雄称其为"活着的象形文字"。特点是象形文字、图画文字并存。文字的发展规律是从图画文字到象形文字到表意文字，所以东巴文是世界上留存至今，尚有人能够识读，并用以书写、交际的活着的最古老文字。学者们认为它比苏美尔和巴比伦的楔形文字，古埃及的圣书文字，

---

[*] 当今学术界，文化概念有广义和狭义之争。广义文化论赢得了大多数学者的赞同，但是持此论的学者又有下列各自不同的看法：第一，文化是指一个民族的生活方式及其设计；第二，文化包括语言、物质特质、艺术、神话、科学知识、宗教、动作、家庭、社会制度、财产、政府和战争等十二大要素；第三，文化是一个复杂的总体，包括知识、艺术、宗教、神话、法律、风俗以及其他社会现象；第四，文化是环境的人为部分，石头不具备文化的意蕴，但经过人工打磨，就进入了文化的范畴；第五，文化是一个民族在长期社会生活中凝聚起来的生活方式之总体，其中包括思维方式、行为方式以及按照这种思维方式、行为方式创造的精神和物质产品；第六，文化指人类劳动创造成果的总和，人类作用于自然界和社会的一切活动，包括物质生产、社会组织和精神生活、科学技术、思想观念；第七，文化是指以语言文字为符号传播的价值观念和行为准则；如此等等。这些看法有一个共同的特点，即文化是一个无所不包、无所不容的概念。按照这个概念的完整架构来论述元明清时期云南的民族文化，那将是一篇难以完成之作。本文不面面俱到，只突出重点，写一两个侧面。另外，最早的云南回族人民是7世纪自波斯、大食、阿拉伯国家来云南经商的商人。回族文化在云南的传播已有1300多年的历史，作为云南的一种少数民族文化，我们在这一章也把它和土著民族文化一起作介绍。

中美洲的玛雅文字和我国的甲骨文字更原始和古老。用此种文字彩色书写的东巴经约有 1400 种，20000 多卷。其中大约有 1000 卷留存在美国国会图书馆和哈佛大学燕京学院。有 2000 卷留存在德国，是德国前总理阿登纳批准从罗马东方学研究所买去的。大英博物馆和曼彻斯特图书馆有 250 卷，中国台湾有 1000 多卷，为李霖灿教授所收集。

东巴经被认为是了解纳西族古代社会的百科全书，天文、历法、医药、历史、地理等诸多学科的知识应有尽有。从 20 世纪初起，美、德、荷、法、意、瑞士、西班牙等国的学者纷纷深入丽江，对东巴文化进行研究。美国学者洛克观察研究了 30 年，成一代宗师。自巴克的《么西研究》1913 年问世开始，洛克的《中国西南古纳西王国》、左拉特的《一个被遗忘的王国》先后问世，不断揭开了东巴文化的奥秘。日本学者在最近十多年中形成引人注目的研究阵容，并取得成就，其特点是以文字学为先锋，神话学为中坚，以宗教学、民族学为两翼。西田龙雄、山田胜美的文字研究，伊藤清司、君岛久子的神话研究，斋藤次郎的宗教研究，生明庆二的音乐研究，都取得可喜成果。20 世纪 80 年代初期，美国学者洛克编写《纳西英语百科词典》两卷，1963 年、1974 年中国台湾将这两种词典合为一本再版重印。80 年代初，纳西族著名古文字学家方国瑜教授编《纳西象形文字谱》，由云南人民出版社出版。东巴经的内容丰富，具有美学、文学、历史、哲学和某些自然科学的价值。

图 10　么些图画象形文字

用么些图画象形文书写的典籍，图形复杂美观。李霖灿在《东巴经典艺术论》一文中说："纳西象形文字的经典给人的印象只有一个字：美，一种满纸鸟兽、虫、鱼、洪荒太古之美。"

就它的文学价值而论，从对《董埃孰埃》、《崇般突》两部经典的品味中，就可感受到它的文学价值。《董埃孰埃》（黑白战争）说：

> 白部落董有灿烂的白太阳、白月亮、白星辰，其地光明。黑部落孰只有黑太阳、黑月亮、黑星辰，其地无光。黑部落派走兽飞禽偷盗白部落的日、月、星辰未果，黑部落王子安生米吾又陷入白部落之边境陷阱，死于非命。黑部落为给王子报仇，大动干戈，攻陷白部落。白部落酋长夫妇及王子四散躲避，黑部落派公主格拉茨姆施美人计去擒白部落王子，公主裸体沐浴于湖边，口咏情歌，藏于湖底的白部落王子情不自禁，出湖与之谈爱，黑部落公主将其引诱至黑部落境内，俯首就擒。但二人在这过程中假戏成真，坠入爱河，二人在黑部落中生下双胞胎姐弟。但白部落王子终被黑部落酋长所杀。黑部落公主恸哭刑场送别，求刽子手别毁了王子美丽的脸容。白部落为给王子复仇，养精蓄锐，大举反击，攻陷黑部落，杀死黑部落酋长全家。

全诗反映了古代部落之间所进行的血亲复仇战争、血亲至上观念和光明战胜黑暗的思想。学术界将这部典籍誉为"南方民族杰出的战争史诗"。

《崇般突》是创世神话史诗。么些人始祖崇仁利恩九兄弟七姐妹相婚配，天地不悦，导致洪水暴发，人类灭绝，只余崇仁利恩孑然一身。崇仁利恩遇天神女衬红褒白命一见钟情，上天求婚。天神不想叫女儿嫁给凡人，九出难题，尽为崇仁利恩克服。天神无奈，允婚，夫妇从天上迁徙至人间，历尽艰辛，最后繁衍出藏族、纳西族、白族三兄弟。

与东巴象形文字及经书相联系的东巴绘画（木牌画、纸排画、卷轴画），在中国文化宝库中占有很高的地位。其卷轴画类似藏族的唐卡，其中，《神路图》长15—20米，内容博大，是东巴绘画艺术的珍品。

么些图画象形文字的起源，有前殷商说、唐宋说、元明说诸种，不管是哪一种说法，都说明它的产生源远流长。但明代是其发展的辉煌时代。云南省社会科学院丽江东巴文化研究院已公开出版了《纳西东巴古籍译注全集》100卷。

二　爨文及爨文典籍

"爨"字，明代为罗罗人的族称，景泰《云南图经志书》卷二说："罗罗，一名爨，而有黑白之分，黑爨贵、白爨贱。"天启《滇志》卷三十说："爨蛮之名，相沿已久，其种类甚多，有号卢鹿蛮者，今讹为罗罗。""爨文"又称"韪书"、"罗文"或"倮文"，是罗罗人的古文字。道光《云南通志·爨蛮》说："有夷经，皆爨字，状类蝌蚪，精者，能知天象，断阴晴。""爨字为纳垢（此部落在今马龙）酋阿丁所撰，凡十千八百四十有奇，名之曰韪书。"明朝时"凡官长（土官）有所征发，则用木刻。其制：楔木形似鱼而书其事，彝民奉行惟谨"。民间有所贸易，亦用木刻书爨字于上。

《后汉书·南蛮西南夷传》"笮都夷"条有白狼王所作的《远夷乐德歌》诗三章，汉译以外又用汉字注明原来的"夷音"，丁文江在《爨文丛刻》自序中，认为白狼文就是爨文的前身。其说似可成立。这说明古彝文在两汉以前就已存在。爨字笔画简化，无初期象形文字的书法形式，表意字和同义假借字多，而且字数较多，仅明代云南武定土知府凤昭刻印的爨文经典《劝善经》就有2.2万余字。现今发现的爨文金石资料，最早的为"明成化钟铭文"和刻于嘉靖十二年（1533）、十三年（1534）、二十五年（1546）的禄劝《镌字岩彝文摩崖》、武定《凤昭碑》和贵州大方县的《千岁衢碑》。

爨文典籍卷帙浩繁，早期有用竹片锤碎一端，蘸鸡血或木炭锅烟等写在木板上，用竹条将左边缝合，以黑布为经皮，由左至右捆成一捆，装入皮包珍藏的；后期有用棉布或棉纸制成本子，用墨笔写的。爨文经典多五言句，有音韵，比喻生动，便于背诵、记忆。内容有祭祀用经、占卜经、律历、谱牒、伦理、历史、神话、医药、音乐、译著等多种。除去部分糟粕之外，大多具有重要的历史文化价值。

《梅葛》是爨文史诗，共有5175行，由《创世》、《造物》、《婚事》、《恋歌》、《丧葬》等5部分组成。《创世》说："古时宇宙混沌，没有天，没有地；天神的五个儿子造天，天被雷打通；派四个女儿造地，地被地震震塌；天神补天，用虎骨来撑天，虎骨来担地；用虎的左眼做太阳，右眼做月亮；虎须做阳光，虎牙做星星；虎油做云彩，虎气做雾；虎腹做大海，虎血做海水；虎肠做江河，虎肋骨做道路；虎皮做地平，虎毛做森林和草地；虎肺做铜，虎脾做锡……天地间万物由虎变，万事由虎生。"唱词充满无穷的想象力，逻辑严密，寓意深刻，唱出了罗罗人对天、地、日、月、星辰、云雾、海洋、江河、森林、草地等大自然生态的友好感情及对铜、锡等人类创造的物质文明的珍重。《梅葛》与古希腊史诗、印度史诗不同，是史诗的活化石，直到今天民间仍以口头传唱的形式广为流传。汉文本由云南省民族民间文学楚雄调查队搜集翻译整理，1978年由云南人民出版社出版。

《齐书苏》是一本在双柏县民间发现的彝文手抄医药典籍，成书于明代嘉靖四十五年（1566），比李时珍的《本草纲目》早12年。《齐书苏》的汉语意为"配药方的书"。该书载可治56种病症的87个药方、274味药，其中植物类药160味；动物类药94味，矿物类药12味，其他类药8味。

由于彝文经典的科学、历史、文化价值高，1852年，法国人首先把其中的《宇宙源流》译成法文，并于1898年用法文、彝文对照形式出版。1905年又出版了用法文、爨文对照的《法倮字典》，1909年重印第二版。20世纪30年代，地质地理学家丁文江在贵州收集、主编贵州大方县彝族老人罗文笔翻译的《爨文丛刻》；民族学家杨成志、马学良继之对云南的爨文经典进行收集、翻译。马学良在武定、禄劝、寻甸收集到2000多卷，分藏于中央研究院历史语言研究所、北京图书馆和南开大学图书馆。50年代以来，贵州毕节、云南禄劝、四川凉山和中央民族学院的彝文翻译组翻译近万册爨文经典。目前出版的爨文典籍有《增补爨文丛刻》、《西南彝志》、《阿诗玛》、《勒俄特衣》等。《阿诗玛》还被译成英、法、德、俄、日等多种外文出版。

在云南彝区流传而发掘于贵州大方县的《西南彝志》（《哎哺啥额》）被誉为"彝族的百科全书"。该书大约成书于清初，作者姓氏无考。全书共26卷，有爨文37万余字、400多个分类题目，全面地记载了彝族的社会历史、哲学、文学、天文学以及生产、生活等方面的知识。《年算书》记载了28个星宿中的26个，是预报农时季节用的。

三 白文及白文文献

"白子"是明清时代今白族先民的自称。白子有一种用汉字记白语发音，音义不同于汉文的白文。历史学家石钟健曾考察白文《邓川段信苴宝摩崖》，在其所著《大理喜洲访碑记》中说："1. 白文流行的时期，大概在段氏总管的后期，到明景泰年间正是最盛行的时期；2. 白文初创时期，当在段氏后理国。最晚当在段氏总管的初期；3. 借用汉字记载民家（指白子）口语的书最初或由读汉书困难的人所发明，后来成为社会上一般人普通使用的文字；4. 第一次叙述民家人历史的白史，也是用这种文字写成的。"又云"白文就是当时白人所用的文字。这种文字十之八九借用汉字，新奇之字不过占十分之一二；在语法上，则与汉文稍有不同，不过是借汉字来写他们的口语罢了"。①

白文被用以作祭文、写白曲底本、作碑刻和为密宗佛经作批注。明代杨慎（升庵）修《滇载记》，求南诏、大理国图经，所得《白古通玄峰年运志》，就是用白文写的。杨慎因谪居永昌（保山）40余年，熟悉其语，乃将此文译之收入《滇载记》。万历《云南通志·南诏始末》即录自此文。现今可看到的白文碑刻有明洪武二年（1369）描述捐田建寺的《段信苴宝碑》，景泰元年（1450）杨黼所作的《词记山花·咏苍洱境》碑，景泰四年（1453）的《故善士杨宗墓碑》等。《词记山花·咏苍洱境》碑是白文碑刻的杰作，作者"杨黼，云南太和人。生成、弘间，通五经，尤好释典……注《孝经》数万言，引证群书极博"。② 杨黼在此碑中运用白子民歌七七七五或三七一五（头三句七个字，末一句五个字）句式的山花体，描述了苍洱美丽风光和佛家思想。现录两节如下（左栏是碑文，右栏是译文）：

苍洱境锵玩不饱	苍山洱海美境游不尽
造化工迹在阿物	自然造化的功绩真神奇
南北金锁把天关	金锁般的南北天险
镇青龙白虎	有青龙白虎镇守
山侵河处河镜倾	山影倒映在清澈的海里，海面倾斜
河侵山处山岭绕	海水沐浴着葱绿的山影，山岭荡漾

---

① 引自徐嘉瑞《大理古代文化史稿》，中华书局1978年版，第386页。
② 查继佐撰《罪惟录》列传卷二十二《杨黼传》。

平面漘十八溪	十八条溪水屏风似自苍山倾泻下来
补东洱九曲	对衬东海的九个海湾

此碑文为白语调查组译注。载大理白族自治州 1957 年 3 月《文化通讯》。白语调查组在说明中说："这块山花碑有人认为是块'白文碑'，根据我们的初步判断，文字并不是白文。……这是用汉字的音或意所写成的白族语文的碑，通篇可以用白语念通，而现在会念这块碑的白族已经没有几人了。"[①] 所言该碑"文字不是白文"，而是用汉字的音或意所写成的"白族语文的碑"，比较准确地说明了"白文"的性质和特点。

1956 年，民族学家费孝通在大理凤仪镇东南 15 里的北汤天村法藏寺发现了 3000 多册佛经，其中有南诏、大理国时期的写本 20 多卷，其余是宋、元时期及其以后的作品，虽皆为汉文写本，但用白文作批注。又剑川县杨建鸿藏的《瑜加焰口填充》的叹亡魂词为白词。现摘录如下片段：

佛宝白词

鸣化千声哭口爹，	魂魄去则使方那，
木常初守门鱼利，	阿斗替扬种。
破不开是无常关，	架不弥恼衣后脚，
今夜追荐超度扬，	再相见子得。

法宝白词

千千思自心恼病，	口爹在自阿麻董，
阿时木常初叫字，	生可声利面。
千金担子使斗当，	千事万事使斗管，
口爹安摆不想字，	有情没说处。

僧宝白词

坐人初要行礼恼，	礼恼阿行争阿使，

---

① 此山花碑存大理市作邑乡庆洞庄圣源寺。共 20 节，520 字。引自徐嘉瑞《大理古代文化史稿》，中华书局 1978 年版，第 429 页。

阿时本常初叫自，　　抱佛脚利面。
有黄金利替自闲，　　寻炼丹利没处寻，
十王脚恼他点名，　　去了初不见。①

四　傣泐文与贝叶经

今云南傣族有傣泐文（西双版纳傣文），通行于西双版纳和孟连等县傣族地区；傣那文（德宏傣文）通行于德宏及保山、腾冲、景东、景谷、临沧、沧源、双江、耿马、镇康等县傣族地区；傣绷文通行于瑞丽县及澜沧县傣族地区；傣端文（金平傣文）通行于金平县傣族地区。四种文字均为拼音文字，源于古印度婆罗米字母，与泰文、缅文、柬埔寨文及老挝文同属一个系统，字序自左而右横书，行序自上而下接行，但各地的形体结构有所不同。傣泐文、傣绷文为圆形字母，傣那文为方形字母，金平傣文方圆兼备，并有一些尖角形字母。傣泐文约创制于13世纪，傣那文创制于其后，金平傣文又晚一些。最早的一本傣泐文著作《论傣族诗歌》写于万历四十二年（1614，即傣历976年）。把傣泐文用铁笔刻写在棕榈类木本植物贝多罗树的叶子上，称为贝叶经。傣绷文也有贝叶经，但数量少。最早的贝叶经是清嘉庆五年（1800），即傣历1162年刻的《玛哈瓦戛经》，现藏于中国历史博物馆。据说西双版纳的佛寺共有500多座，保存的贝叶经有5万多册84000多卷。长篇贝叶经故事共有40多部，长篇贝叶经叙事长诗有500多部，二者篇幅皆宏大，有的长达150万字。所写的故事情节曲折而复杂，人物栩栩如生。

如《祝佐妈赖》共十三卷，写在836面贝叶上，每页刻1500字，全书共有125.4万字，完整而深入地写了国王帕雅维选达腊对上座部佛教的虔诚信仰。

《兰嘎西贺》（十头魔王）反映教派斗争，长达4万多行。由于贝叶经典籍全面记述百夷的历史、法律道德、神话传说、天文历法、祭祀经典、占卜问卦、医药方子、农田水利、手工技艺等方面的知识，是研究百夷和今天傣族文化的百科全书，所以被称为贝叶文化。勐海县档案馆保存着贝叶经200多册，已翻译70多册，内容是记载傣族民间故事和傣医傣药的，其贝叶经所存的傣医药方，光治感冒的就多达七种。

---

① 摘自侯冲著《云南阿吒力教经典研究》，中国书籍出版社2008年版，第126—128页。

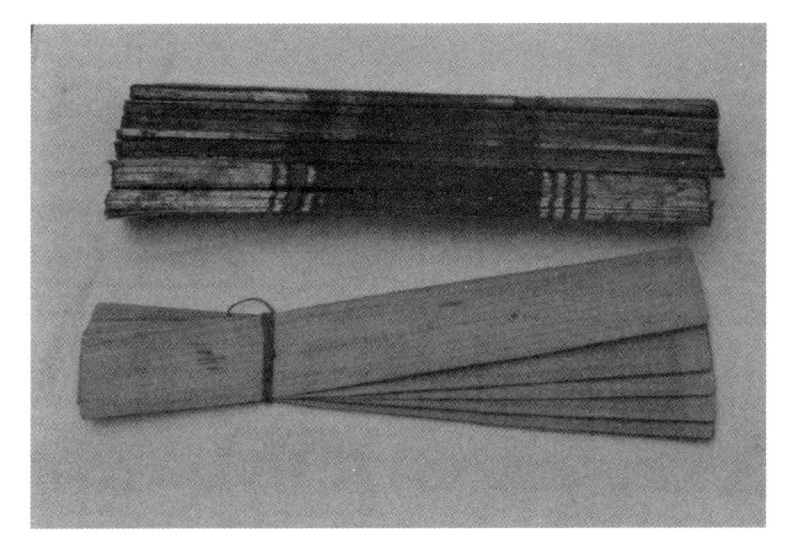

图 11　贝叶经

贝叶经的制作是将贝叶片切割整齐，3—5 片卷成一卷捆好，放入锅内煮。煮后用细砂擦洗干净，晒干，放入特制的木架里压平，再装钉成匣。制作贝叶经专门有两片木尺为标准，木尺长约一市尺五寸，宽约四寸，在距木尺的两端约半市尺处钻上两个小孔，把一片片晒干压平的贝叶紧紧夹在两片木尺中间，500—600 片贝叶为一匣，用线捆紧，再用快刀把边修光滑。在刻写之前，先用线弓弹出淡淡的墨线，再用特制的铁笔照弹好的墨线刻写经文。刻好后，还要用植物油掺锅底灰拌和，用布蘸着涂抹，字迹就会清晰而不易褪色。装订成册后，在边上涂上金粉和红、黑漆加以保护和装饰，使其成为可永久保存的珍品。①

五　古壮字和《布洛陀经诗》

元、明、清时期，云南的侬人、沙人、土僚为今壮族先民，主体在广西。云南的广南府、土富州（今富宁）、临安府的教化三部长官司（今文山、马关）、阿迷州（今开远）、广西府（今泸西、师宗、弥勒、邱北）也有分布。唐、宋以来，壮族知识分子模仿汉字创造出方块古壮字，用以

---

①　毛福民：《我看到了中国贝叶经》，《云南档案》2009 年第 4 期。

记述本族的史事和信仰。宋范成大在《桂海虞衡志》中说："边远俗陋，牒诉卷约，专用土俗书，桂林诸邑皆然。"所言"土俗书"，即用古壮字撰写。古壮字由象形字、会意字、形声字、借汉字音字四类组成，共有8900多个。

《布洛陀经诗》是用古壮字撰写的。此书广泛流传于广西红水河、左江、右江、龙江及云贵南、北盘江流域的壮、布依族地区。在各地搜集到的22个手抄本中，最多的一本有12章，2300多行，由序歌、造天地、造人、造万物、造土官皇帝、造文字历书、伦理道德、祈祷还愿等篇章构成，是研究壮族原始宗教和壮族古代社会文化历史的重要文献。《布洛陀经诗》在元、明、清时期的使用非常普及。壮族逢喜庆吉祥之事，都要请祭司来唱布洛陀创造天地万物，造福民间的篇章；遇到不吉之事，也要请祭司来用它驱鬼神恶魔。因其唱词是民歌，所以在民间也广为传唱。1991年9月，广西人民出版社出版了张声震主编的《布洛陀经诗译注》。

图12　《布洛陀经诗》部分古抄本

第二节　民俗

一　么些、力些、怒、古宗、西番诸族

（一）么些

么些为今纳西族先民。正德《云南志》说："所居用园木纵横相架，层面高之，至十八尺，即加桁，覆以板，石压其上，房内四面皆施床榻，中置火炉，用铁练刳木甑炊爨其上。"其地好畜牛羊，产名马。"男女无少长，出入常带大小二刀，以锋利为尚，大者长三尺许，小者长尺许，富贵者刀错以金银，系饰以砗磲等物。"永乐十六年（1418），丽江、兰坪地区开始建学校，推广汉文化。天启初"云南诸土官知诗书，好礼守义，以丽江为称首"。[①] 汉族文化的推广促进了么些政治经济的发展。"万历间（1573—1619），丽江土知府木氏渐强，日率么些兵攻吐蕃，吐蕃建碉楼数百以御，维西之六村、喇普、其宗皆要害，拒守尤固。木氏以巨木作碓曳以击碉，碉悉崩，遂取各要地，屠其民而徙么些戍焉，自奔子栏以北皆降。于是，自维西及中甸、巴塘、里塘，木氏皆有之。"[②] 在学习推广汉文化的同时，么些人"迹专象形，人则图人，物则图物"[③] 为代表的东巴传统文化，也得到了快速发展。由于么些人的社会经济发展不平衡，许多地方的么些人至清代仍保有元、明时期的民俗。雍正《云南通志》说："今丽江之夷，总称么些，而永北、禄丰亦皆有其类。……男子以绳缠头，耳戴绿珠，妇人布冠。好畜牛羊，勇厉善骑射，挟短刀。……俗俭约，饮食疏薄。岁暮，竞杀牛羊相邀请，一客不至，则为深耻。正月五日，登山祭天。人死，以竹簧异至山下，无贵贱皆焚之。"

（二）力些

力些，又作栗粟，为今傈僳族先民。道光《云南通志》引《皇朝职贡图》："傈僳，相传楚庄蹻开滇时便有此种，无部落，散居姚安、大理、永昌等府。其居六库山谷者，在诸夷中为最悍，其居赤石崖、金江边地与永江连界者，依树木岩穴，迁徙无常。男人裹头，衣麻布，披毡衫，佩短

[①]《明史·土司传》。
[②] 光绪《续云南通志稿》卷七十一。
[③]（清）余庆远：《维西见闻纪》。

刀，善用弩，发无虚矢。妇女短衣长裙，跣足，负竹筐出入，种荞稗，随地输赋。"北胜州（今永胜）的力些"居山林，无室屋，不事产业（农业），常带药箭弓弩，猎取禽兽。其妇人则掘取草木之根以给日食。岁输官者惟皮张"。① 云龙州的力些"衣麻布直撒衣，披以毡衫，以毳为带束其腰，妇女裹白麻布衣。善用弩，发无虚矢，每令其妇负小木盾径三四寸者前行，自后发矢中其盾，而妇无伤，以此制服西番"。②

（三）怒

怒为今怒族先民，主要分布在今福贡、贡山、兰坪、维西地区。天启《滇志》卷三十说：怒人，"男子发用绳束，高七八寸，妇人结布于发。其俗大抵刚狠好杀"。雍正《云南通志》说："鹤庆府维西边外，过怒江十余日，有野夷名怒子……于本朝雍正八年（1730），相率到维西，将虎皮二十张、山驴皮十张、麻布三十方、黄蜡八十斛充贡，愿永为年例。"余庆远《维西见闻纪》："怒子居怒江内，界连康普、叶枝、阿墩之间，迤南地名罗麦基，接连缅甸，素号野夷。男女披发，面刺青文。首勒红藤，麻布短衣。男着袴，女以裙，俱跣。覆竹为屋，编竹为垣。谷产黍、麦，蔬产薯蓣及芋，猎禽兽以佐食。无盐，无马、骡，无盗，路不拾遗。非御虎豹，外户可不扃。人精为竹器，织红文麻布，么些不远千里往购之。"

（四）古宗

古宗，今云南藏族先民。披长毡裳，种蔓菁、麦稗（青稞）。③ 康熙《云南通志》载："古宗，西番之别种。滇之西北与吐蕃接壤，流入境内，丽江、鹤庆有之。"道光《云南通志》引《皇朝职贡图》："古宗乃西番别种，先为吐蕃部落，与滇西北接壤，流入鹤庆、丽江、景东三府，土流兼辖，与民（指汉族）杂居，男子戴红缨黄皮帽，耳缀银环，衣花褐，佩刀系囊，着皮靴，妇人辫发，以珊瑚、银豆为饰，着五色布衣裙，披花褐于背，足履革靴。种青稞，牧牛马为生。颇知礼法。输赋唯谨。"

（五）西番

西番为今普米族先民。居永宁（在今宁蒗）、北胜（今永胜）、浪蕖

---

① 景泰《云南图经志书》卷四。
② 天启《滇志》卷三十。
③ 天启《滇志》卷三十。又见景泰《云南图经志书》卷五《风俗》。

(今宁蒗)，其俗"佩刀披毡，无室屋，夏则山巅，冬则平野以居，畜多牛马，有草则住，无草则移，初无定所"，[①] 尚处在随水草而居的游牧经济阶段。天启《滇志》说：其族"有缅字（藏文）经，以叶书之"。道光《云南通志》引《皇朝职贡图》："西番本滇西北徼外夷，又名巴苴，流入永北、丽江二府。居深山，聚族而处。男子辫发，戴黑皮帽，麻布短衣，外披毡单，以藤缠左肘，跣足，佩刀，伐竹为业，不通汉语，妇女辫发，缀以玛瑙砗磲，亦衣麻披毡，系过膝桶裙，跣足。地种荞麦。纳粮。"

二 百夷、蒲人、峨昌、哈剌、倮黑、基诺、遮些诸族

（一）百夷

百夷又称白衣、白夷、摆衣，为今傣族的先民。元朝时称"金齿百夷"、"漆齿百夷"、"绣面百夷"、"花脚白夷"、"花角白夷"。明朝时居今德宏地区的称大百夷，西双版纳地区的称小百夷。清朝时百夷写作"摆夷"，大百夷称"旱摆夷"，小百夷称"水摆夷"。关于百夷的分布，元李京《云南志略》说："西南之蛮，白夷最盛，北接吐蕃，南抵交趾，风俗大概相同。"[②] 又明钱古训、李思聪《百夷传》（景泰志本）说："百夷，即麓川（今瑞丽）、平缅（今陇川）也。地在云南之西南，东接景东府，东南接车里（今西双版纳），南至八百媳妇（今泰国北部之清迈、清莱府），西南至缅国（今缅甸曼德勒地区），西连戛里（今缅甸钦敦江流域地区），西北连西天古剌（今印度阿萨姆邦），北接西番（今西藏），东北接永昌（今保山）。"

元朝时，李京记百夷风俗如下：

> 记识无文字，刻木为约。酋长死，非其子孙自立者，众共击之。男子文身，去髭须鬓眉睫，以赤白土傅面彩绘，束发，衣赤黑衣，蹑绣履，带镜。……不事稼穑，唯护养小儿。……妇女去眉睫，不施脂粉，发分两髻，衣文锦衣，联缀珂贝为饰，尽力农事，勤苦不辍，及产方得少暇。……风土下湿上热，多起竹楼，居濒江，一日十浴，父

[①] 景泰《云南图经志书》。
[②] （元）李京：《云南志略》，载涵芬楼《说郛》卷三十六。

母昆弟惭耻不拘，有疾不服药，惟以姜盐注鼻中。……交易五日一集，旦则妇人为市，日中男子为市，以毡、布、茶、盐互相贸易。地多桑柘，四时皆蚕。金裹两齿谓之金齿蛮，漆其齿者谓之漆齿蛮，文其面者谓之绣面蛮，绣其足者谓之花脚蛮，彩绘分撮其发者谓之花角蛮。①

明承元制，拓展土司制度，在麓川（今瑞丽）、平缅（今陇川）、车里（今景洪）、南甸（今梁河）、干崖（今盈江）、芒市等百夷聚居区，封"昭"、"叨孟"、"昭录"、"昭纲"、"昭百"、"昭哈斯"等大小土长为"宣慰使"、"宣抚使"、"长官"。让其"兼领军民"、"任其赋役"。"昭"（宣慰使）是最大的封建领主，其下虽贵为总统政事的"叨孟"，"见宣慰莫敢仰视，凡有问对，则膝行以前，三步一拜，退亦如之"。大小领主"每年于秋冬收成后，遣亲信往各甸计房征金银，谓之取差发，每房一间，输银一两或二三两"。社会中贵男贱女，男子不事生产，耕、织、贸易、差徭之类，皆由妇女为之。盛行多妻，头目妻多至百数人，普通平民男子，也有妻十数人。元代的"记识无文字，刻木为约"，明初已进步为"大事则书缅字为檄"。所谓"缅字"，应为一直保留至今的"老傣文"。因傣语、缅语是两种不同的语言。明初南传上座部佛教已从缅甸传入百夷地区，缅甸南传上座部佛经为"缅字"所写，把"老傣文"也视为"缅字"是可能的。南传上座部佛教当时在民众中的信仰尚不普遍，以丧葬习俗而论，社会中仍通行着固有的传统。"父母亡，不用僧道，祭则用妇人祝于尸前，诸亲戚邻人各持酒物于丧家，聚少年百数人，饮酒作乐，歌舞达旦，谓之娱尸；妇人群聚击碓杵为戏，数日而后葬。葬则亲者一人持火及刀前导，送至葬所，以板数片如马槽之状瘗之，其人平生所用器皿、盔甲、戈盾之类，坏之以悬墓侧而自去，后绝无祭扫之礼也。又有死三日之后，命女巫刹生祭送，谓遣之远去，不使复还家也。"②

（二）蒲人

蒲人为今布朗、德昂族先民。道光《云南通志》引《皇朝职贡图》说："蒲人即蒲蛮……元泰定间……以土酋猛氏为知府，明初因之。宣德

---

① （元）李京：《云南志略·诸夷风俗》。
② 引自明钱古训、李思聪《百夷传》。

中改土归流。今顺宁（驻今凤庆）、澂江、镇沅、普洱、楚雄、永昌、景东七府有此种。"又引《顺宁郡志余钞》：蒲人"穿麻布衣，女子用青布裹头，戴篛帽，耳戴大银环或铜圈……婚娶无礼文，惟长幼跳踏。吹芦笙为孔雀舞。……住山寨茅屋中……多刻木记数"。

蒲人事耕锄，所种荞麦、棉花、黑豆。知汉语，通贸易。永昌府（驻今保山）蒲蛮"咸慕汉俗，而吉凶之礼多变其旧"。① 居澜沧江以西的蒲人，其俗与永昌府城近郊的不同。其性勇健，髻插弩箭，兵不离身，以采猎为务。骑马不用鞍，跣足，驰走如飞。男子出外，妇人杜门绝客，禁杵臼，静坐以待其至。有罪无分轻重，酋长皆杀之。有战斗，杀犬分肉为令，击木为号，讲和则斫牛为誓，刻木为信。争酋长位则父子兄弟相攻，邻里不救，受贿乃救。②

（三）峨昌

峨昌为今阿昌族先民。"耐寒畏暑，喜燥恶湿，好居高山，刀耕火种，形貌紫黑。妇女以红藤为腰饰，嗜酒，背负不担。弗择污秽，览禽兽虫豸，皆生啖之。采野葛成衣。乘酋长管束。"③ 道光《云南通志》引《皇朝职贡图》："峨昌以喇为姓，大理、永昌二府有此种。无部落，杂处山谷间，性畏暑湿。男子束发裹头，衣青蓝短衣、披布单。妇女裹头，长衣无襦，胫系花褶而跣足。刀耕火种，畜牧纺织为生。……婚聘用牛马，祭以犬，占，用竹三十枝，如蓍茎然。地产麻、葛，输税。"

（四）哈剌

哈剌，又作哈喇、戛喇，为今佤族先民。"哈剌有名无姓，服、食相类蒲人，男子衣花布套衣，妇女以红、黑藤缠腰，居山中，刀耕火种。男子间有剃发者，俱戴笋篛笠。"明代佤族先民支系繁多。有古剌、哈杜、哈瓦等不同称谓。《百夷传》说："古剌，男女色甚黑，男子衣服装饰类哈剌，或用白布为套衣。"明朱孟震《西南夷风土记》说："古喇……男戴黑皮盔，女蓬头大眼，见之可畏。"天启《滇志》卷三十说："古喇，种类略同哈杜，亦类哈喇，居山，言语不通。"

（五）倮黑、基诺

倮黑为今拉祜族先民。倮黑为拉祜的同音异写。始见于清代文献。康

---

① （明）谢肇淛：《滇略》。
② 景泰《云南图经志书》卷六《永昌府》。
③ 万历《云南通志》卷二《永昌府·风俗》。

熙《楚雄府志》卷一说："倮黑，居深箐，择丛篁蔽日处结茅而居，遇有死者，不殓不葬，停尸而去，另择居焉。"雍正《云南通志》说："倮黑顺宁有之，亦蒲、僰之异派，其俗与僰人不甚相远。……勤于耕作，妇人任力，男子出猎，多居山箐间。"

倮黑中有一部分自称基诺，是今天基诺族的先民。道光《普洱府志》说："三撮毛，即倮黑派。其俗与摆夷不甚相远，思茅有之，男穿麻布短衣裤，女穿麻布短衣桶裙。……发留中、左、右三撮。以武侯（诸葛亮）曾至其地，中为武侯留；左为阿爹留；右为阿嬷留……以捕猎取野物为食。男耕作，妇女任力。"

（六）遮些

遮些为今景颇族先民。道光《云南通志》引《伯麟图说》：遮些，"男女皆穿耳，性奢，彩衣盘旋，饮食必精洁，善用火器及弩。永昌府属有之"。

三　白人、罗罗、窝泥诸族

（一）白人

白人，也称"白子"、"民家"，又写作"僰人"、"僰子"，有一部分则称"那马"。为今白族先民，聚居于大理府，散居于云南府（驻今昆明）、临安府（驻今建水）、普洱府、曲靖府、开化府（驻今文山）、楚雄府、姚安府、永昌府（驻今保山）、永北府（驻今永胜）、丽江府。散居的白人"居处与（汉）民相杂，风俗衣食，悉仿齐民（指汉族），有读书应试者，亦有缠头、跣足、衣短衣、披羊皮者，又称民家子，岁输赋税"。[①] 大理府的白人"有僰字，善夷语（指白语），信佛事巫，常持斋诵经。然性勤俭，力田，颇读书，习礼教，通仕籍，与汉人无异"。[②] 万历《云南通志》说："家无贫富皆有佛堂，少长手念珠，一岁之中，斋戒居半。……阿阇黎僧，有室家，能诵咒制龙。大理原有罗刹邪龙为患，观音以神力闭之于上阳溪洞中，传留咒术以厌之。今有阿阇力僧纲司云。"[③]

（二）罗罗

罗罗为今彝族的先民。元李京《云南志略》记录元代罗罗人之风俗

[①] 道光《云南通志》引《皇朝职贡图》。
[②] 乾隆《赵州志》。
[③] 万历《云南通志》卷二。

甚详。

> 罗罗即乌蛮也。男子椎髻，摘去须髯，或髡其发。左右佩双刀，喜斗好杀，父子昆弟之间，一言不下，则兵刃相接，以轻死为勇。……妇人披发，衣布衣，贵者锦缘，贱者披羊皮。……有疾不识医药，惟用男巫，号曰大奚婆，以鸡骨占吉凶，酋长左右，斯须不可阙，事无巨细皆决之。……酋长死，以豹皮裹尸而焚，葬其骨于山，非骨肉莫知其处，葬毕，用七宝偶人，藏之高楼，盗取邻境贵人之首以祭，如不得，则不能祭。祭祀时，亲戚毕至，宰杀牛羊，动以千数，少者不下数百。每岁以腊月春节，竖长竿，横设一木，左右各坐一人，以互相起落为戏。多养义士，名苴可，厚赡之，遇战斗，视死如归。善造坚甲利刃，有价值数十马者。标枪劲弩，置毒矢末，沾血而死。

罗罗，又写作"倮罗"，有黑、白之分，黑者为贵，白者为贱。道光《云南通志》引《皇朝职贡图》说："黑罗罗，为滇夷贵种，凡土官、营长，皆其族类。……白罗罗于夷种为贱，云南等府及开化、景东皆有之，一名撒马都，又称为洒摩。其部落贡税与黑罗罗同。居处依山箐，或居村落。男子以布蒙首，衣短衣，胸挂绣囊，着革履。妇女椎髻，蒙以青、蓝布，缀海贝、锡铃为饰，缠足着履。勤于耕作。婚姻以牛、马纳聘。祭用丑月，插山榛三百枝为门，诵经罗拜。有占卜则投麦于水，验其浮沉。其言语、饮食、输赋税均类齐民。"

自明代开始，罗罗人用自己的文字（爨文或韪书）进行祭祀和记录历史文化，形成彝、汉文并重的历史格局。禄劝县城西北十五里法泥则村出现的彝、汉文摩崖是这一历史格局出现的标志。该摩崖在掌鸠河畔，高数丈，上刻彝、汉文文章多篇和土长凤英的勒功诗。当地人称其为镌字岩。1983年云南省人民政府公布为第二批重点文物保护单位。康熙《禄劝州志》卷上云："镌字岩，在州北二十里法泥则村旁，一名红崖峡。山崖巉峭，下临掌鸠（河），凤氏世系刻上。"又民国《禄劝县志》卷十二云："镌字岩石刻……昔凤氏专土，叙其家世官爵，磨岩数丈，书深刻。一方题曰《凤公世系序》，自宋淳熙起至明嘉靖癸巳止，则禄劝知州徐进也；一方题曰《武定军民府土官知府凤氏世袭脚色》，则凤英之世次履历也；一方为爨书（老彝文），不可辨；疑翻汉文而成之者也；一方题诗一章，颂凤世守（即凤英）之功。又有大字题壁者几处，惟'山水之间，武溪胜景'八字颇佳，题名隐隐见王元翰字。"

《凤公世系序》为嘉靖十二年（1533）徐进题，内容为叙述罗婺部酋长阿历被大理国段氏封为罗婺部长至明嘉靖十二年，十四代十七世的史事。《武定军民府土官知府凤氏世袭脚色》，全文详细地叙述了凤英的曾祖母商胜归明以后，直到凤英本人共一百三十年间，历代土知府受命袭位，赴京朝觐、进贡、受封、受赏等情况。[①] 彝文摩崖与上述二刻并列，内容非"翻汉文而成"，为"凤阿维与凤来玉二人所刻。主要记述凤土知府家庭盛衰史。先记述了凤家的来历，谓凤家起初是从东方黄海迁来，先在白马山住了七代，并在那里做过一次大斋。后又迁到昆明的石牌寺，在这里住时，打制了石牌寺的石柱并用石板铺了一条普箕大路。后来，凤家的子孙不娘阿桌与杰朵阿卧又修造了一座昆明城"。[②]

（三）窝泥

窝泥，又称和泥，为今哈尼族先民。道光《云南通志》引《皇朝职贡图》："窝泥本和泥蛮之裔，南诏蒙氏置威远睑，称和泥为因远部，明置元江府。东至元江，南至车里，西至威远，北至思陀，皆和泥种，今云南、临安、景东、镇沅、元江五府皆有之。其人深居山中……编麦秸为帽，以火草布及麻布为衣，男女皆短衫长裤。耕山牧豕，纳粮赋。常入市贸易，亦有与齐民（汉人）杂处村寨者。其俗，女适人，以藤束膝下为别，娶妇数年，无子则逐之。祭祀宴会，击钲鼓，吹芦笙为乐。"

窝泥有黑、白之分。道光《云南通志》引《宁洱县采访》：白窝泥"服饰尚白，身挂海贝，耳坠大环。所居上楼下屋，人住楼上，牲畜楼下，名曰掌子房。以耕种为生，土产花猪，家家多畜养之"。又引《他郎厅志》：墨江的窝泥"性情淳朴，男勤稼穑，女事纺绩。虽出山入市，跬步之间，口衔烟袋，背负竹笼，或盛货盛柴。左手以圆木小槌，安以铁锥，怀内竹筒，装裹绵条，右手掀裙，将铁锥于右腿肉上擦撑。左手高伸，使绵于铁锥上团团旋转，堆垛成纱，谓之撑线。至心喜时，口唱山歌，名曰

---

① 何耀华：《武定凤氏本末笺证》（云南民族出版社1986年版）收录《凤公世系》及《武定军民府土官知府凤氏世袭脚色》两文。
② 张传玺：《云南武定、禄劝两县彝族碑记、雕刻与祖筒》，《文物》1960年第6期。

倒板腔，亦娓娓可听也"。

窝泥人普遍耕种梯田。嘉庆《临安府志》说："依山麓平旷处，开凿田园，层层相间，远望如画。至山势峻急，蹑坎而登，有石梯磴，名曰梯田。水源高者，通以略杓，数里不断。"

四　苗、瑶、土僚与土人诸族

（一）苗人

苗人在云南全省多有分布。自称蒙、蒙豆、蒙星、蒙瓜等，他称以服饰之色不同而有白苗、青苗、花苗等称。道光《云南通志》引《镇雄州志》说："苗人四境皆有，好山居。男女任力，刀耕火种，以供食用。服饰俱不甚异，色尚青、白，以彩线织文于布为衣，男女皆然。婚姻不先媒妁，每于岁正，择地树芭蕉一株，集群少，吹芦笙，月下婆娑歌舞，各择所配，名曰'扎山'。两意谐和，男女归告父母，始通媒焉。以牛、马、布匹为聘，嫁娶迎送，亦以人多为荣。葬有棺无殓，祭宰羊，击高颡鼓，以为哭奠之节。三年内不食盐，不莳蒜。性忠朴。居寨不论人户多寡，皆立乡老，事争曲直，必从乡老判决，乃鸣于官。为人佣田，事所尊如父母。不喜争斗。见城市衣冠（指见到他族的官吏），辄趑趄惊避。此则诸苗性情风俗之略同者。"

东川府的苗人，"所居树栅为墙，削树皮为壁，编叶为瓦"，被迫为"爨（罗罗人）、僰（白人）服役"或"佣佃"。[①]

苗人以"古歌"，包括开天辟地歌、枫木歌、洪水滔天歌、跋山涉水歌，叙述自己的历史。古歌为五言问答体，共约 8000 行。

苗人信仰基督教。1905 年，英国传教士潘乐德与苗人杨雅各、汉人李斯提等设计了一套拼写苗语滇东北次方言的字母，翻译出版了《新约全书》。每个字由 1 个大写字母和 1 个小写字母组成。大写字母表示声母，是字的主体；小写字母表示韵母，写在大写字母上方、右上角、右侧、右下角，以位置表示声调变换，识字者限于信教苗人。

（二）瑶人

瑶人分布于广南、开化（今文山）、临安、普洱等府。乾隆《开化府志》说："多处深山"，"男女皆知书（汉字标瑶语音的书）"。《他郎厅志》

[①] 乾隆《东川府志》卷八《户口附种人志》。

说，墨江的瑶人在山区"开垦耕种"，"俟田稍熟，又迁别所开垦如前"。①

（三）土僚与土人

土僚、土人皆为今壮族的先民。

道光《云南通志》引《皇朝职贡图》说："土僚，一名土老，亦名山子。相传为鸠僚种，亦滇中乌蛮之一，从蜀、黔、粤西之交流入滇境，散居临安、澄江、广西、广南、开化、昭通等府，与齐民（汉人）杂居，男子首裹青帨，著麻布衣，常负竹笼，盛酒食，入市贸易。妇女高髻红巾，缝花布方幅于短褐。其治生最勤，生子置水中，浮则养之，沉则弃之，今俗亦渐革矣。"

康熙《云南通志》说："土人在武定府境。男衣絮袄，腰束皮索，饥则紧缚之，系刀弩，妇披羊皮毡毳。姻亲以牛、羊、刀、甲为聘，新妇披发见舅姑。性刚烈，不能华言。有争者告天，煮沸汤投物，以手提之，屈则糜烂，直者无恙。耕田弋山。寅、午、戌日入城交易。"

第三节　土著民族的宗教

一　毕摩教

（一）名称

毕摩教以罗罗人（今彝族先民）的祭司毕摩而得名。毕摩是彝语音译，因方言不同，又写作必磨、邦祃、白马、白末、布慕、比目、白毛、呗耄等。② 道光《云南通志》引《宣威州志》说：黑罗罗，"病不医药，用必磨，翻书扣算病者生年及获病日期……祀祷之"。道光《云南通志·爨蛮》说："巫号大觋幡，或曰邦马，或曰白马。"《昭通县志稿》说："（夷）有白末能识夷字，读夷语，凡其族婚葬，应延其咒经。"毕摩教是罗罗人固有宗教文化体系或宗教现象的统称。尽管人们对"原始宗教"这个词汇提出种种的质疑，但将毕摩教定性为原始宗教还是比较准确、科学的。因为"原始"这个词语在这里并不是"落后"或"后进"的意

---

① 民国《墨江县志稿》引道光《他郎厅志》。
② 也有根据意译的不同写法，而称为奚婆、巫幡、鬼师的，如元李京《云南志略·诸夷风俗·罗罗》说："有疾不识医药，惟用男巫，号曰大奚婆。"明景泰《云南图经志书·曲靖府》说："土人称巫师曰大奚婆。"万历《云南通志》说：爨蛮"疾不识医药，惟用男巫，号曰大巫幡。"

思，而是表示"最初"或"发端"、"肇始"的时间概念。将"原始宗教"视为人类一切宗教的发端，或某个群体、某个民族起始阶段的宗教现象，是不成问题的。在元谋人的故乡，元谋大墩子和宾川白羊村遗址出土的新石器时代墓葬，说明云南远古居民的宗教观念，已导致他们在远古就产生了一定的宗教行为。大墩子的墓葬分土坑葬和瓮棺葬两种。前者为成人墓，后者为儿童墓。成人墓的葬式有断肢葬（将死者的上肢或下肢砍断，倒置于下胸腹部或盆骨的两侧）、仰身直肢葬、侧身葬、屈肢葬等。在两座俯仰身直肢葬的墓中发现石镞十余枚；另一座母子合葬墓中发现石镞一枚。有一墓存有随葬的石锛一件，牙饰品一枚。儿童瓮棺墓共发掘17座，瓮为陶制，高50—60厘米，钻有直径1.5—2厘米的圆孔1—3个，饰有篮纹、划纹、弦纹和附加堆纹。瓮棺全部成行排列于宅屋附近。随葬品有陶罐、陶壶、石斧、骨镯等①。宾川白羊村发掘的墓葬共24座，均为竖穴土坑墓，其中16座为无头葬，一次葬的10座，内有无头骨架23具；二次葬的6座，均为无头葬。这个遗址中有瓮棺葬10座②。从以上墓葬可以看出：云南远古居民在新石器时代已经有了复杂的灵魂不死观念。他们对死者遗体的种种处置方法，都是针对死者的灵魂而作出的。断肢葬的用意是将死者的灵魂砍死，使之不祟祸于人。这些被砍断尸体的死者，可能是凶犯或暴死者。石锛、牙饰品等随葬物的放入，意在表示对死者的祭奠，以使他们不死的灵魂有工具和饰品可以使用。瓮棺葬的位置体现出对小孩灵魂的体贴与爱护，瓮棺上的圆形小孔是为不死的灵魂提供的出入孔道。这与西安半坡村出土的70多座儿童瓮棺葬相同。研究半坡村新石器时代墓葬的考古学家们认为，瓮棺上的小孔是原始宗教信仰的表现。人们认为儿女肉体虽死，但灵魂不灭，因此才给他（她）的灵魂留出一个出入的孔道。宾川白羊村的二次葬墓，是将骨骼堆放在一起埋葬，这种葬俗的产生，是出于这样一种观念，即认为人的血肉是人间的，只有等肉体腐烂，将骨骼埋葬，死者的灵魂才能进入鬼魂世界。从墓葬中出土的随葬品可知，当时已有灵魂崇拜的仪式和法术。石锛、牙饰品、陶罐、陶壶、石斧、骨镯等随葬物，也是在一种复杂的宗教观念驱使下才放入的，放入时当做过祈祷和跪拜等简单的仪式，或者做过其他的敬尸法术。

---

① 云南省博物馆：《元谋大墩子新石器时代遗址》，《考古学报》1977年第1期。
② 云南省博物馆：《云南宾川白羊村遗址》，《考古学报》1981年第3期。

同样，砍断死者的上肢、下肢时，也必然举行过某些法术和仪式。否则，人们就无法沟通与死者灵魂的联系。宾川白羊村的无头葬，是死者被砍了头后葬入的，可能说明当时已经出现了猎头祭祀的习俗。他们的头可能是在械斗中被敌对氏族的人猎去，也可能因是美鬓髯者被异族或本族人砍去头颅。因为猎头者的氏族相信，敌首或美鬓髯者之首具有神力，用它进行祭祀，可使村落和氏族兴盛。

从以上考古资料可知，彝族先民的原始宗教产生于原始时代或史前时代。元明清时期乃至现代的毕摩教，是彝族先民原始时代宗教的遗留和发展的片断。

(二) 崇拜对象

毕摩教的宗教观念是万物有灵论或泛灵论。崇拜的基本种类有自然崇拜、图腾崇拜、鬼神崇拜和祖先崇拜，现以其自然崇拜进行抽样剖析。

1. 天崇拜

道光《云南通志·爨蛮》说："民间皆祭天，为台三阶以祷。"临安府爨蛮"以六月二十四日为节，十二月二十四日为年。至期，搭松棚以敬天祭祖，长幼皆严肃，无敢哗者"。又该书"罗婺"条引《大理府志》说："腊则宰豚，登山顶以祀天神。"爨文经典《献酒经》说："天神是阿父，地神是阿母。"这种祭天神的仪式，一直在民间延续。弥勒西山等地的彝村，逢腊月祭天神。而武定、禄劝等地的彝村，则在山林中建屋供奉天神。其天神的神位以竹筒制作，长约四寸，一端削尖，中贮竹节草根，草上以红、白色丝线缠羊毛少许，并入米十数粒，与其他的四个神供在一起，每逢节日进行祭献。历史上，宁蒗小凉山罗罗人男子额前顶皆留一块方形的头发，编成一个小辫，用头帕竖立包着，直指蓝天，据说人们以其为天神的代表，认为它能主宰自己的一切吉凶祸福，故谓之"天菩萨"，严禁他人戏弄或不慎触着，否则即认为触犯了天神，被触者必遭凶遇，而被触者就要与之搏斗。即便是在冤家械斗中处于敌对的双方，胜利者亦不能摸弄俘虏的"天菩萨"。按社会习惯法的规定，违者须出一二百两银子作为礼赔，不然，就要将触摸者的那个手指砍去。

2. 地崇拜

道光《云南通志·白罗罗》条引《开化府志》说："白罗罗……耕毕，合家携酒馔郊外，祭土神后，长者盘坐，幼者跪敬酒食，一若宾客，相饮者然。"又引伯鳞《图说》："奚卜（即毕摩）能为农祭田祖，以纸囊盛螟蟘，白羊负之，令童子送之境外。云南府属有之。"地崇拜也一直延续到近现代。巍山母沙科一带的彝族，逢农历正月初一祭地母，彝语称祭米斯。祭法是以一树枝代表米斯，敬献以鸡血和鸡毛，祈地母保佑丰收①。昆明西山区谷律一带彝族，逢农历二月撒秧时祭田神，携腊肉、猪心、酒、饭等祭品至秧田边，对秧田焚香祈祷，撒些祭品到田中求地母保佑秧苗出得齐，长得壮。祭毕才下种。景东、武定、禄劝等县彝族，逢农历六月二十四日祭天公地母，或合村杀猪宰羊共祭，或以户为单位，在地中立树枝，或以土块搭一小楼，杀鸡敬祭，烧香祈祷，祈地神保佑五谷丰登。永仁县迤计厂的彝族，农历六月二十四日祭地神，称为"青苗大会"，祭费由各户分摊。另外，弥勒西山的彝族阿细人，逢农历九月择日祭地神，杀白公鸡祭地。②

3. 水崇拜

明、清以来对水的崇拜也一直延续到现代。爨文《献酒经》有"水神鸭以祭"的记载，指的就是对水的崇拜。在景东罗罗人的神谱当中，水神居于重要的地位，据说主宰田地不受水旱之灾。寻甸等地罗罗人举行作斋祭祖大典时，要同时祭水神，做法是在斋期的最后一天举行驮水仪式，由毕摩念经，把一只带角的雄壮绵羊赶到水源去，并在水边祈祷水神供给族人圣洁之水，而后把水驮回来进行供祭。平时，他们视此水源为"神泉"或"神井"，严禁人畜进行糟蹋。在武定、禄劝一带，过去作斋亦要选斋场附近的长流水，由同宗之人用竹筒取回祭祀。同宗人视取水处为护佑本宗水神之所在地，并以其作为同宗的标志，而与他宗相区别。③在昆明，西山区谷律一带的彝村，凡立夏前不下雨，村人便要出钱买一对鸡和两只羊，去泉水旺盛的地方祭水。祭法是先用烧红的木炭放入冷水中，以蒸腾的热气驱除鸡、羊身上的邪秽，而后宰杀，并煮熟供在水边。同时，砍三叉形的松枝一根，蘸点鸡血，捆两撮鸡、羊毛，插在水边，供以酒饭，点香磕头，求水神降雨。④

---

① 中国科学院民族研究所云南民族调查组、云南省民族研究所：《云南彝族社会历史调查》，1963年。

② 同上。

③ 马学良：《从倮罗氏族名称中所见的图腾制度》，《边政公论》第6卷第4期，1947年。

④ 董绍禹：《昆明西山区谷律公社核桃箐彝族宗教信仰调查》，中国社会科学院世界宗教研究所昆明工作站、云南省民族研究所民族宗教研究室印，1981年。

彝族所盛行的龙崇拜，就其内容而言，实际上是水崇拜的一种，故许多地方把龙神作为水神来祭。如弥勒西山的阿细人，以水塘或龙潭作为龙神的象征，逢农历三月合村杀肥猪祭祀。昆明西山谷律一带的彝族，称祭龙为"下铜牌"。每年农历五月下一次，由村中长老主祭，地点在泉水边。祭时全村老幼云集祭场，点三尺余长的高香，对水叩头烧纸祷告，并由主祭者将铜牌拴在一青年潜水者的颈上，令他潜入水里，将其放入出水口，铜牌有手掌大，上刻"恭请龙王降雨"诸字。若此祭祀后三五日内降了大雨，村人须再至泉边烧香磕头，潜水者再将铜牌取回，用红布包起来供次年用。谷律以东大勒姐、小勒姐、妥基、大兴、北门等村的彝族，逢农历三月的第一个龙日祭龙，村人在龙潭边共杀一头猪，向龙潭水供肉、酒、菜、饭，磕头点香烧纸。景东太忠地区的彝族，以农历正月十五日为祭龙节，马街子、多衣树、基麻林、尼期佐、白虎门、小河等寨，各户平均出猪、鸡共祭，以求不受水旱之灾。

4. 石崇拜

民国《石屏县志》卷四十引《明一统志》说：石屏"有汉人而染土俗者，如拜木、石、供家堂之类"，所谓拜石，即指对石头神的崇拜。又爨文《献酒经》有"石神黄焦焦"，指的也是对石头神的崇拜。元、明、清时期罗罗人的石崇拜也一直延续到现代。云南弥勒西山的彝族阿细人，每逢农历十月祭石神。该区攀枝邑的彝族，以村边的三大块巨石作为石神的代表进行祭祀，祭时打牲。昆明西山区谷律乡的小河口村，路边有一只红沙石的石狮，彝民认为是石神的象征，逢年三十晚，村民端三碗饭、一碗酒、一碗茶去那里祭祀，祭者对其烧香、烧纸、叩头，并将钱纸贴在狮头狮身之上。初一、初二还要再用糯米粑粑去供奉。目的是求家人清吉平安。[①] 祭石神的彝区很多，但祭的目的不大一样。景东太忠地区的彝族认为石神主玉米、瓜菜不被偷盗，故祭石的目的是防御庄稼被人偷盗。峨山县太和村的彝族，认为石神主宰生育儿女，祭石在于促育。

5. 山崇拜

罗罗人元、明、清时期的祭山，源于遥远的古代，又一直延续下来。如巍山彝族，每逢农历二月初八、六月二十五日和腊月三十祭山神。其中

---

① 雷宏安：《昆明西山区谷律、团结公社彝族宗教调查》，中国社科院世界宗教所昆明工作站印，1981年。本书有关谷律乡、团结乡的材料，均依据此篇调查报告。

二月初八为地区性的山神会，村中老幼一起上山共祭。景东彝族二月初八祭山，亦名"山神会"，村人上山汇集，遍地烧香、磕头和祷告。弥勒西山彝族阿细人的村寨都建有一简陋的山神庙，并以石头或树枝作为山神的象征供于庙内，每逢农历四月初一杀鸡进行祭献，祈山神保村寨兴旺。石林撒尼人村寨，亦建有山神庙，形式为一小茅屋。庙中供石块作为山神的代表，村人不时前往祭献。永仁迤计厂，彝民称祭山为"祭山伯"，须合村共祭，共祷山神免除自然灾害。在泸西的阿盈里，彝族逢农历正月初三祭山，由老牧人、牧童向有牛、羊的人家募米、肉、蒜、辣椒等食物，到山林中祭献，祈山神庇佑牛、羊不遭兽害。在昆明西山区谷律一带，彝族农历正月初一、六月初六两次祭山。正月初一以户为单位祭，斋饭上撒红糖、插青松毛。家人烧三炷香、磕三个头，而后祷告说："山神老爷，我用斋饭来祭你，请你保佑我家人丁兴旺。"六月初六以村为单位祭，称为"祭密奢"。当地彝谚说："山神不开口，老虎不食人。""祭密奢"旨在防人畜不受豺狼、虎、豹的侵害。当地彝村也都建有一个山神庙，用土坯砌成，顶覆瓦片，内置石碑一块，上刻男女神像一对，一男神头戴圆顶帽。石像之前置一石香炉。祭祀时，全村在山神庙共杀一头猪献祭。除举行村祭之外，平日村民家人有病，就带鸡蛋来庙里叫魂。猎手出猎，先带酒肉来此祭拜，以求山神允许打山中野兽而不降罪。新娘回门，亦常与新郎携酒、菜前来祭献，求山神降福。昆明西山区团结乡大、小勒姐一带的彝族。一年祭山两次，一次在农历二月初八，一次在农历八月中属马日或猴日，需杀一头猪、四五对鸡，地点在山神庙，每家去一人，念《山神经》，烧香、磕头、祈祷。

6. 火崇拜

火崇拜是自远古相沿下来的自然崇拜之一，元、明、清时期尤盛。农历六月二十四日是彝族古老的祭火节，俗称火把节。当天夜晚，彝民以松木为燎，先在家中各处照耀，并持火把挨家挨户走，边走边向火撒松香，以驱除村中的邪魔。而后，大家共持火把照田，占岁丰收，扑灭虫害。最后，将火把插于村中或村前村后的宽阔地带，各人回家取事先准备好了的酒肉饭菜来祭火。除火把节祭火之外，巍山彝族农历正月初一祭火，称祭火龙太子。永仁迤计厂彝族正月初二或初三举村祭火，名曰开"火神会"。泸西县阿盈里的彝族，农历正月初一和六月二十四日祭火塘，饭前，家庭主妇选一块最肥的肉，投进烈火熊熊的火塘之中，以祈求火神不降火灾。宁蒗小凉山彝族视锅庄为火神之所在，严禁人畜触踏或跨越。

7. 日、月等崇拜

元、明、清时期的日、月崇拜也源于远古，又延续至近现代。昆明西山区大、小勒姐等村的彝族，每逢农历冬月十九日举行太阳会，村人到山神庙中去祭"太阳菩萨"。祭时，用五色纸旗写"太阳菩萨"几个字，念《太阳经》七遍。供品上须雕类似太阳的"莲花"图案。祭者人人敬香磕头，喃喃诵求太阳神保佑的祷词。

当地彝村逢三月十三日举行"太阴会"，时间为该晚月光放白时，祭者为老年妇女。地点亦在山神庙，须用黄纸写上"太阴菩萨"的字样，供以油炸荞丝、豆腐片、洋芋片、饭、糕点、果品等素食和水果，而后念《太阴经》七遍和《太阳经》三遍。人人敬香磕头。中秋之夜，还要举行拜月，做法是家家户户在月光下陈放祭品，中央放香油灯一盏，点十二炷香（闰年点十三炷）。老幼对月叩头，三跪九叩，祈月神保家人清吉平安。

另外，景东等地的彝族有对路神、桥神、雷神、羊神、玉麦神、荞神等的崇拜。他们认为，路神、桥神主病，雷神主死亡，羊神主瘟疫，玉麦神、荞神主该种作物的丰歉，故不断对这些自然物进行敬祭。永善兴隆等地的彝族崇拜野猪神"牛的白斯"、老鹰神"党格白诺"。

（三）祭司毕摩

毕摩是罗罗人原始宗教（毕摩教）的祭司。最早的毕摩是罗罗人先民父系氏族时代的祭司和酋长。据贵州彝文典籍《帝王世纪》记载，最早的祭司称为密阿叠（即密阿典），出现在彝族始祖希母遮的第二十九世裔孙武老撮之时，当原始父系氏族社会时期。彝族学者罗文笔在《帝王世纪·序》中说，就在这时，"上帝差下一祭司密阿叠者，他来兴奠祭，造文字，立典章，设律科，文化初开，礼仪始备"。[①] 那时，人们崇拜图腾和妖鬼，武老撮生子十二，有十一个以虎、猴、熊、蛇、蛙、虾、鸡、犬、树木、鸟、蚱为自己的图腾名号。祭司即是人们崇拜图腾和妖鬼的产物。当时的一切祭祀都是以氏族、部落为单位进行的，因此，祭司实际上是由氏族、部落的酋长担任。也就是说，最早的毕摩就是氏族部落的

---

① 丁文江：《爨文丛刻》甲编。上海商务印书馆1931年版。

首领。

在彝族先民的宗教观念中，万事万物和一切社会现象，都有神灵在主宰，都是各种神灵（或鬼怪）意志的体现。因此，他们总是祈求于神灵，求救于神灵，酬谢于神灵。怎样才能有效地和各种各样的神灵打交道呢？他们认为毕摩可以通神，只要通过毕摩与神灵交往，一切就能如愿。因此毕摩能施行各种神术或法术去与神灵交往，他们有在村中主持祭祀、进行禳解祟祸、占验吉凶、主持诅盟及神判等各种职能。

（四）用于祭祀的经典

毕摩教的经书皆爨文（老彝文）写成，俗称"彝经"。明人刘文征天启《滇志·爨蛮》说："有彝经，皆爨字，状类蝌蚪，精者知天象，断阴晴。"师范《滇系·杂载》说："汉时纳垢酋之后阿畸（又作阿丁、阿轲）者，为马龙州人，弃职隐山谷，撰爨字如蝌蚪，二年始成，字母千八百有奇，夷人号为书祖。"① 《开化府志》说其创造的字母是"凡十千八百四十有奇，名之曰'韪书'"。彝文典籍《西南彝志·勿阿纳家的叙述》说："恒本阿鲁创始供奉祖先，发明了天地根源，创制彝族的象形文字。"又该书《阿底氏起源的叙述》称："创造文字的伊阿伍，聪明无比，能天文地理。……不论彝族掌权或汉族掌权，都一一记载，明朗如满天星斗，伊阿伍造的书很多，都是有始有终。"罗文笔《帝王世纪·序》认为，彝文系"祭司密阿叠所造"。其《说文·序例》亦说：是书"始于密阿叠所造，中于博耿先知所述，终于冉冉一义所赞……于汉光武时，我主阿长侯阿基实守此约，相传六十余代"。以上传说和文献材料虽不尽可信，但它至少可以说明爨文和彝经产生的时代是相当早的，而且创造者不止一人。从已发现的最早的彝文实物来看，云南禄劝的"镌字岩彝文摩崖"刻于嘉靖十二年（1533），武定县的《凤诏碑》刻于嘉靖十三年（1534），贵州大方县的千岁衢碑刻于嘉靖二十五年（1546）。这些碑文说明，彝文和彝经的产生最迟不会晚于明代。

"彝经"有颂扬毕摩用的《比补特衣》，背诵家谱用的《初痴特衣》，超度祖先用的《灵木特衣》，咒骂疯病鬼用的《努的特衣》和诅咒用的《尼布特衣》，有进祖灵祠堂念的《至侯素》，作红、白事念的《纪侯素》，换灵牌念的《皮斋素》，驱鬼念的《子头素》，祭奠祖灵念

---

① 参见何砚《清一统志》，杜端《爨人阿轲论》，《新编云南志》卷九。

的《皮书素》和进行年算用的《尼哈扎素》，等等。1931年，丁文江收《千岁衢碑记》和彝文碑《说文》、《帝王世纪》（人类历史）、《献酒经》、《解冤经》上下卷、《天路指明》、《权神经》、《夷人做道场用经》、《玄通大书》、《武定罗婺夷占吉凶书》等十部彝经，请贵州大方彝族著名学者罗文笔将其中的八篇译成汉文，合编成《爨文丛刻》（甲编），1931年由上海商务印书馆印行。1935年，民族学家杨成志在昆明等地区收集到一百三十部，依内容将其分为献祭、祈祷、酬愿、作斋、禳祓、动植物与无生物经咒、咒术技法、婚姻和生产、丧葬祭祖、农业、火神、雷神、龙王、李老君、占卜、历史与传说等十六类。1947年，民族语文学家马学良在武定、寻甸等地收得彝经两千余册，并依内容将其祭祀用经分为作斋经、作祭经、百解经、除祟经、占卜经（包括膀卜经、鸡骨卜经、签卜经、占梦经）等五类。[①]

祭祀经在"彝经"中占的比重极大，集中反映了毕摩教的意识形态。其所祭的神不但包括各种自然神，而且包括各种社会神。社会诸神中有文神、武神、交易神、猎神、农务神、福神、财神、倚荣神等。

《爨文丛刻·献酒经》祈祷自然神、交易神、农神、猎神的祷词说：

> 神神十二神，酒献到座前。天神是阿父，地神是阿母。原神银幕穿，野神金帐围，树神白皎皎，石神黄焦焦，岩神乌鸦翅，水神鸭以祭，露神露浓浓，雨神雨淋淋，光神光明明，雾神雾沉沉，坑神气薰薰。

> 买卖交易神，献酒及他啊，到了明后日，城市四方面，买时和卖时，人说已便成，人己皆言正，言来道价真，人说已买好，银与金买好，钱与米买好，十行都会成。

> 农务之总神，献酒及他啊，过了些日子，到耕耘之日，山耕不遇风，原耕不失露。土边蛇不屈，田外鼠不窜。护神好来护，禾秀蝗不害。守神好来守，见守雀不临。田大秧不费，工人腰不疼。禾长就出穗，出穗就结谷，结谷就成实，收割就逢晴，簸净遇风力，大仓满，

[①] 马学良：《倮族的巫师呗耄和天书》，《边政公论》第6卷第1期。

小仓盈。

　　猎虞的总神，献酒及他啊，过了些日子，猎取去之日，高山安窠弓，窠弓猛虎中；石下扯套索，套索套合了；大弩发应机，天空火箭似。枪刀快得好，猎者手应成。威弓饮血气，伙伴吃脂肉，虎豹箭中伤，麋鹿落网内。猎官手摇摇，左手张银弓，右手搭金箭，树上莺，云霄鹰已中。

二　本主教、阿吒力教

（一）本主教

"本主"是白人崇拜的村寨保护神或社神。一村或数村供奉一个本主。白语称本主为"武增"，意为"本地之主神"。本主常有"景帝"、"皇帝"、"灵帝"等的封号。自然物（如苍山神）、祖先、英雄（如杜朝选、段赤诚）、帝王将相（如段思平、段宗榜、郑回、李宓）等都可奉为本主。本主庙供奉着本主及其家属、侍从的像。这些像用泥塑或用香木雕成，凡供有本主的地方，每年举行两次本主庙会，一次在春节或正月初，一次是在本主的诞辰或忌日，按请本主、迎本主、祭神、娱神的程序进行。迎本主须用彩轿抬木雕或泥塑的本主及其家属像，打着大红伞和日、月、龙、凤旌旗，敲锣打鼓地进行。沿途人家要设香案恭迎。庙会期间要唱大本曲、"吹吹腔"，打霸王鞭舞、耍龙舞狮，请巫师唱巫歌，以祈求风调雨顺，五谷丰登，村人清吉平安。大理的"绕三灵"是代表各村本主共同朝拜"五百神王"的祭神会。平日，村民多有自发到本主庙磕头敬香，求本主护佑，祈消灾免难的。

（二）阿吒力教

方国瑜说："唐宋间传至云南之佛教，当不止一宗派。有阿吒力者，瑜伽秘密宗也。蒙段时期，此宗盛传。"[①] 在唐、宋时传入大理后，瑜伽阿吒力教逐渐本土化，并在明代发展为具有白人特点的宗教。阿吒力（又作阿阇黎）教，亦称"大乘有宗"，与中观等派并列为印度大乘佛教的两大派别。明代白人接受汉文化，"阐瑜伽教，演秘密法"，兴阿吒力

---

① 方国瑜：《云南佛教之阿吒力派二三事》，《方国瑜文集》第三辑，云南教养出版社2001年版，第583页。

教是一大特征。"洪武之初，太祖屡建法会于南京蒋山，超度元末死难人物。洪武五年（1372）的广荐佛会，太祖亲临烧香，最后并命轨范师行瑜加焰口施食之法（宋濂：《蒋山广荐佛会记》）。其后忏法广泛流行。举行忏法仪式，成为僧侣的职业。僧侣以赴应世俗之请而做佛事的，称为应赴僧。这些僧人行瑜伽三密行法，又称为瑜加教僧，略称教僧。洪武十五年（1382）制定佛寺禅、讲、教三宗制度，并于南京能仁寺开设应供道场，令京城内外大小应赴寺院僧人集中学习，作成一定佛事科仪，洪武十六年（1383），由僧录司颁行。"① 慧琳、希麟《一切经音义》卷三十说："阿遮利耶，梵语也，唐云轨范师，或云受教师，旧曰阿阇黎，讹也。"又卷21云："阇黎。又云阿阇黎，一羯麽，二威仪，三依止，四受经，五十戒阇黎，西域又有君持阇黎也。"阿阇黎意为轨范师，以轨则仪范，依法教授弟子。明太祖命轨范师引瑜伽焰口之法，就是要推行瑜伽阿阇黎教。洪武十五年（1382），明太祖谕言："今云南既克，必置都司于云南，以统诸军。"明王朝置云南都司，先后将大量汉人自内地移入云南进行卫所军事屯田及民屯、商屯。洪武二十三年（1390），云南都司所领的九个卫所中，包括大理卫（驻今大理南部）、洱海卫（驻今祥云东部），汉人总数达二十六万五千二百多人，移入的汉人当有僧人，这些僧人将明太祖在南京蒋山弘扬传瑜伽的圣义传入云南，进一步使瑜伽阿吒力教白人化，是毋庸置疑的。

大理的阿吒僧人杨畅奎，在所抄藏的《斋醮各榜》经书的封皮中，题有"应佛缁流如玉存"的字样，"如玉"是杨畅奎的法名。② "应佛缁流"就是应佛僧，即洪武时僧侣以赴应世俗之请而做佛事的应赴僧。2000年底，出席在昆明晋宁举办的一场由云南十方僧、应赴僧和阿吒力僧共同举行的水陆法会的人，都会立刻得出应赴僧与阿吒力僧五百年前是一家的结论。③ 阿吒力教所传的是瑜伽经典，光绪癸巳年（1893）大吕月重刊的《瑜伽焰口科范》所载之《瑜伽焰口施食集要序》说：

> 昔世尊为一大事因缘出现于世，普愿众生超脱生死，入般涅槃，

---

① 林子青：《忏法》，中国佛教协会编：《中国佛教》（二），知识出版社1980年版，第391页。
② 张锡禄：《大理白族佛教密宗》，云南民族出版社2009年版，第342页。
③ 侯冲：《云南阿吒力教经典研究》，中国书籍出版社2008年版，第333页。

以一音演说，四十九年，分五乘八教，且瑜伽设八教之一也。

瑜伽竺国语，此翻相应，密部之总名也。约而言之，手结密印，口诵真言，意专观想，身与口协，口与意符，意与身会，三业相应，故曰瑜伽。扩而广之，即与密部中乘境行果所有诸法，亦莫不相应也。焰口者，因阿难尊发起，文中已载，不赘。有不空法师述为《瑜伽集要》，后云栖大师重加参订，实小异大同，繁文未尽削去。夫利济幽冥者，惟戌亥之时，过此则鬼神不得食，虚延时刻而无实功矣！

康熙癸酉（1693）年间，叶榆（指大理）十九峰下若寂义者，为资三有，发广大心，与上善人重梓流通，使名山古刹，到处有本，所谓幽冥并利。因兵燹后，法道辀轲，凡经书印板，概为灰烬，今后进之学无本可稽，其误入迷途而弗得其传者，皆由此矣。

壬辰（1892）仲春，鹤阳龙华诸山结期说戒。一日，有心印法雨上座于丈室中偕余相语：云栖《瑜伽集要》，大板罕得见闻，若不重修，后来威仪越度。余亦常忧是书绝不可而缺废也，遂同两序，勿论老参新戒，各趁其力，随心助缘，以裨益后学，利济幽显。时标山法雨禅师，念报四恩，忻然出众，为之倡首。解制毕，即回，鸠工庀材，到处扣钵。名山甚重其事，成斯善举也。

今圆告成，命余为序。余曰：佛在性中作，定于身外求。凡登瑜伽显密之座，六度齐修，开定慧法施之门，三业俱净，放先明上细之理。时常洁己身心，六根纯熟，左以慧方愿力智，右以施戒忍进禅，手印相交，心胸透澈，无有疑虑，方不愧拨云见日，开门见山。不然，瞿谷匪少。但得涧底水清，自然枝头果熟。若果印咒观道，令一切众生远离颠倒，则共悟无生，除一切苦而自他俱利云耳。

时光绪癸巳之夷则月佛欢喜日龙山乞士慧明昌礼和南谨识芷湖居士柳堂杨士求书。①

这篇序言载大理府浪穹（今洱源）县城北际楞寺藏版《瑜伽焰口科范》。它反映了瑜伽派佛教在大理白人地区本土化的情况，有重要的资料

---

① 引自侯冲《云南阿吒力教经典研究》，中国书籍出版社 2008 年版，第 120—121 页。

价值。阿吒力僧习儒书，传瑜伽经典，为人驱邪禳灾，在明、清时期颇受推崇。

三 东巴教、达巴教

东巴教、达巴教因祭司曰东巴、达巴而得名，二者分别是么些人、摩梭人固有宗教体系或宗教现象的统称。

（一）东巴教

东巴教源于纳西族先民新石器时代的万物有灵信仰，及对大自然和非自然物的崇拜。在他们的观念中，天、地、水、星、风、山、火、雷电和农事、猎事、牧事、战事、交易、殉情等都有神灵在主宰，只有进行祭献才能得到诸神的护佑。

祭天是东巴教的主要祭祀之一，分布在不同区域的么些人都要祭天。东巴经《祭天·崇邦飒》说：

> 天，天不祭呀不高阔，祭天之后，丽恩（按，么些人始祖）才能安身立命。天神是祖老阿普，是日出月出之天，是养十八颗明星之天。是会给以光明和温暖之天，是会给以黑暗和寒冷的天，是会给以刮风下雨的天，是会施放冰雹黑霜的天。

所以对天要进行祭拜。这部经书关于祭天的神话说："么些始祖崇仁丽恩和夫人策恒布白命二人，从天上迁回到人间后，因不懂祭天礼仪，三年没有生育子女，只好派使者回到天上探听求问，才知道其缘由，于是举行祭天礼仪，酬谢两位天神（岳祖和母舅），才生育儿女，生下三个儿子，变成藏、么些、白三个民族。"[1] 在长期的祭天活动中，各个村寨都有自己的祭天群体及祭天坛。祭天的仪式和内容各地大致相同，现以丽江下长水古许村为例。该村祭天群有22户，祭天从农历正月初九日开始，第一天举行祭树神、祭米箩神、祭寨神仪式；第二天（初十）举行点大香仪式；第三天在祭天坛献牲猪，这是祭天活动的主祭日，祭司东巴念《祭天·献牲经》说："阿纳贡，蒙培金，主人祭天神呀断祸

---

[1] 吴大吉、何耀华总主编：《中国各民族原始宗教资料集成》，中国社会科学出版社2000年版，第43—45页。

根，夏天洪水流深谷；男子搭毡棚，女人生铁火，吃洁饭，喝净水，住长丽恩寨，立在坝子中，夜宿村之旁……"念完，举行熟献仪式，把煮好的全猪放入大木盆中，向四尊天神敬献酒、肉、饭、汤各一碗，共十六碗，四位长老到祭天坛下跪敬酒，东巴用高亢洪亮的声音诵《祭天·熟饭经》，祈求天神保佑，风调雨顺，农牧丰收，人丁兴旺。整个祭天仪式规范着村民的思想行为，增进着村民之间、村民与大自然生态环境之间的友好、和谐。祭祀经中有不得在水源地屠宰牲畜、不得随意抛弃死禽死畜于野外、不得随意挖土采石、不得在生活用的水源地洗涤污物、不得随意毁林开荒等内容。

东巴教的祭祀经典为东巴经，用么些图画象形文字写成，可分为祭风、消灾、求寿、开丧、超荐、祭龙王、口舌经、零杂经等12类。

（二）达巴教

达巴教是摩梭人的传统宗教，祭司曰达巴，以万物有灵论作为立教的基础。其经典用图画示意，称为"天书"，共32个图画文字写成。达巴与巫师比喳不同，比喳无图形文字之经书，只靠神灵附体来作驱鬼、送魂、治病等巫术。达巴是世袭的，比喳则以是否有神灵附体而产生。达巴说，世间有"八百神，三千鬼"，"天上有三十三神，地上有二十八鬼"。在达巴的神灵系统中，天神、山神、水神、女神是其祭祀的主体神。达巴教受藏族苯教的影响较大，其祖师与东巴教的一样，都是西藏苯教的祖师丁巴什罗。

四 藏传佛教

藏传佛教传入滇西北地区的时间比较早。唐调露二年（680），吐蕃在今丽江塔城置神川节度府，至天宝十年（751），南诏降于吐蕃的前后，是藏传佛教传入滇西北古宗、么些、白人、摩梭等部族、部落的时期。中甸五境乡的"仓巴寺"遗址，就是这个时期宁玛派（红教）居士仓巴留下的。

南宋绍熙三年（1192），噶举派（白教）的卓滚热清（1148—1217）在建塘建立中甸藏区第一座白教寺院。明朝时期，噶玛噶举派因纳西族木氏土司的扶持，在滇西北得到巨大的发展。万历至天启年间，丽江土知府木增主持刻印藏文《大藏经》108卷（史称丽江—理塘版《甘珠尔》），这不仅是藏族历史，而且是云南历史上的一件大事。噶玛

图 13　德钦东竹林寺

噶举派在中甸建立的佛寺有大宝寺、康司寺、甲夏寺等 25 座。噶举派祖师大宝法王、二宝法王因明末清初格鲁派（黄教）盛起，到丽江避难，使该派在丽江又得到大的发展。清康熙至道光年间，噶玛噶举派在维西建立了达摩、寿国、兰经、太平苑等四座寺院；在贡山县建立了普化寺；在丽江县建立了福国、指云、文峰、普济、玉峰、灵照、吉星、兴化八座寺院。

　　元时，萨迦派（花教）传入云南，在中甸、德钦、宁蒗等地发展，元世祖至元十三年（1276），在宁蒗永宁狮子山下建立萨迦寺，就是为摩梭人和普米族先民信奉花教而建立的。

　　明代后期，格鲁派（黄教）也传入云南，三世达赖索南嘉措于万历八年（1580）应丽江木氏的邀请，赴木氏辖区巴塘、理塘传教，建理塘寺。理塘寺的影响所及达中甸、丽江一带。据说藏历第十一绕回阴土羊年（康熙十八年，1679）前后达赖五世掌教期间，僧侣不守戒律，俗民不守清规，藏区灾害横发，七年庄稼无收，众生坠入苦海，两位政教领袖问卜，决定在中甸修建格鲁派大寺。五世达赖促成康熙帝批准，大寺于康熙二十年（1681）建成，五世达赖赐名"噶丹松赞林"，"噶丹"表示对黄教创始人宗喀巴所建的第一座黄教寺院噶丹寺的传承，"松赞林"意为天界三神游戏之地。经过藏族人民捐资出劳多次扩建，松赞林寺布局层叠而上，仿拉萨的布达拉宫。

五 南传上座部佛教

印度佛教有大乘和南传上座部之分。前者为后期佛教，后者为早期佛教。大乘自称能运载无量众生，从生死大河之此岸，达到菩提涅槃之彼岸。它贬称早期佛教为"小乘"，早期佛教不接受这个贬称，自称"上座部佛教"。"上座者"，"首座"也，即居于首座的佛教。在向东亚、南亚各国传播的过程中，大乘由帕米尔高原传入我国，由我国再传至朝鲜、日本、越南，所以大乘有北传佛教之称；上座部佛教则自印度南传至斯里兰卡，从斯里兰卡再传至泰国、缅甸、老挝、柬埔寨及我国云南的百夷地区，所以"上座部佛教"有南传佛教之称，合起来就称为"南传上座部佛教"。大乘和上座部的不同之点在于：上座部把释迦视为教主，追求实现个人的自我解脱；大乘则主张三世十方有无数佛，追求大慈大悲，普度众生。南传上座部佛教传入云南百夷地区的时间，当在明初。《明史·麓川土司传》说："初，平缅（今德宏地区）俗不好佛，有僧至自云南（指昆明），善为因果报应说，伦发信之。"伦发即思伦发，《明史·土司传》说："洪武十五年（1382），大兵下云南……土蛮思伦发惧，遂降，因置平缅宣慰司，以伦发为宣慰使。"民族史学家尤中认为："既有至自云南者，必然也有至自缅甸者，则思伦发时，今德宏地区始传入佛教。"[①] 明钱古训、李思聪《百夷传》说：百夷"无中国文字（指汉字），小事则刻竹木为楔，大事则书缅字为檄，无文案可稽"。所谓"缅字"，即是佛教传入百夷地区后，百夷人模仿缅文创造出来用于书写佛经的"老傣文"。元李京《云南志略》记元朝时期的百夷"记识无文字，刻木为约"，这与明朝时百夷"大事则书缅字为檄"不同，从有无缅字可说明元朝时佛教尚未传入百夷地区，而明朝时则已传入。

南传上座部佛教的主要经典是《阿含经》。此教传入云南后，今傣、布朗、德昂、阿昌诸族的先民都虔诚信仰。这些民族的村寨大多建佛寺，供奉释迦教主，信众以各种形式到佛寺赕佛，奉献各种祭祀财物，如"赕帕"，是每对夫妻向寺院捐赠袈裟用布；"赕好轮瓦"是每户秋收后向

---

① 尤中：《云南民族史》（修订本），云南大学西南边疆民族历史研究所编印，1985 年版，第 146 页。

图 14　德宏傣族南传上座部佛教佛寺

寺院捐赠稻谷；"赕坦木"是向寺院捐赠佛经。村寨的赕佛活动由祭司"布占"主持。净居把斋节即关门节（傣历九月十五至十二月十五）期间，信众要以食物、鲜花、银币赕佛，七天小赕一次。

六　伊斯兰教

元、明、清是伊斯兰教在云南传播和发展最兴盛的时期。

说唐初伊斯兰教传入云南，这大致已不成问题。昆明南城清真寺、永宁清真寺的《重修清真寺碑》、《清真永宁寺合同碑记》都有这两座寺建于唐初的记载。大理的穆斯林有"教门起于唐天宝"之说；大理的回族杜姓认为他们是唐天宝战争中被南诏俘虏的御史杜光庭之后，杜光庭是回族，是他把伊斯兰教传入大理。又马颖生在《云南回族文物》一文中说："云南回民是波斯、大食阿拉伯国家的商人。早在 7 世纪中叶，他们就到南诏洱海地区进行商业贸易活动，带来了伊斯兰教和阿拉伯文化。"[①]

元朝是伊斯兰教大量传入和在云南空前发展的时期。蒙古宪宗三年（1253），忽必烈率十万蒙古大军南征，灭大理国，忽必烈以兀良合台率蒙古、回回军镇戍云南，回回人通过军屯、民屯、商屯的方式与汉族和云南土著各族杂居，共同开发云南边疆，为伊斯兰教进一步在全省传播奠定了基础。至元十一年（1274），大理城的西门清真寺建立。[②] 巍山县永建

[①] 此文载《云南回族社会历史调查》（四），云南人民出版社 1988 年版。
[②] 关兴祖：《大理州伊斯兰教概况》，《大理方志通讯》1987 年第 1 期。

乡回辉登村清真寺亦建于元代。建水清真古寺为元皇庆年间（1312—1313）建。至元十一年（1274）建云南行省，忽必烈以回回人赛典赤·赡思丁为平章政事，赛典赤在省治鄯阐（昆明）创建了十二所清真寺。[①] 其中，南城清真寺和永宁寺一直保存至今。通海纳家营的清真寺建于至元二十七年（1290）。

洪武五年（1372），明朝发布文告说："令蒙古、色目（即回回人）人氏，既居中国，许与中国人（指汉人）家结婚姻，不许与本类自相嫁娶，违者男女两家抄没，入官为奴婢。"[②] 这个文告既促进了回回人与汉人之间的相互融合，又促进了回回人与云南土著民族的相互融合。民族融合为伊斯兰教在云南的传播创造了新的历史条件，因此，明代是伊斯兰教在云南进一步发展的时期。禄丰罗川乡的三家村清真寺建于明成化九年（1473），开远大庄清真寺建于万历年间（1573—1620），个旧市沙甸镇的清真大寺建于万历十五年（1587）。这些清真寺的建立，都为明朝云南伊斯兰教的发展树立了里程碑。

图 15　鲁甸拖姑清真寺

清代，伊斯兰教在云南又有新的发展，以清真寺的建立和发展来说，

---

① 《盘龙区志》，云南人民出版社 1998 年版，第 726 页。
② 《明会典》卷二十。

雍正八年（1730），鲁甸桃源乡拖姑村清真大寺建立，占地约6亩，由朝真殿、唤醒楼、南北厢房、后亭、照壁、水房等组成，四合院式布局，寺内有清乾隆年间的匾额。昆明庆云街的迤西公清真寺（又称崇尚清真寺）建于光绪十年（1884）。应该指出，见证清代伊斯兰教发展的一件盛事，是对年久失修或损毁的清真古寺进行重建、扩建，如同治十年（1871），对崇祯时毁于兵乱的禄丰三家村清真寺进行重建；光绪二十三年（1897）对同治末年毁于兵火的巍山回辉登清真寺进行重建。清嘉庆间对开远大庄清真寺择址另建。乾隆二十八年（1763）对个旧沙甸的清真大寺进行扩建，道光二年（1822）又进行翻修。清真寺的兴建、重建、扩建，都是进一步推动伊斯兰教发展的盛举。

七 天主教、基督教在云南土著民族中的传播

元代是天主教、基督教传入云南的时期。意大利旅行家马可·波罗（Marco Polo1254—1324）说：押赤城（昆明）"人有数种，有回教徒、偶像教徒及若干聂思脱里派之基督教徒"。元代聂斯托利派和天主教统称也里可温。元至元九年（1272），聂斯托利教徒马薛里吉思到云南活动。[①] 天主教、基督教传入云南当在此时。清同治、光绪年间是天主教、基督教传入云南土著民族地区最快的时期。同治十一年（1872），德钦阿墩子天主堂建立。光绪六年（1880）维西县小维西天主堂兴建。光绪七年（1881），基督教（新教）内地会传入大理。光绪二十四年（1898），法国天主教司铎伍安寿在怒江地区传教，在贡山白哈罗、茶兰等地修建天主教堂，600多傈僳、怒等族人入教。光绪二十九年（1903），内地会英籍牧师党居仁在昆明武成路中和巷设立基督教内地会云南总部，并在滇西、滇北设传教区传教。光绪三十年（1904），维西县保和镇十字堂（天主教）建立。宣统元年（1909），德钦县茨中村天主教堂建立。

滇中、滇东是天主教传播的重点地区。光绪七年（1881）法国古若望在昆明平政街设立主教座堂，并先后修建了华山东路经堂、圆通街高地巷女学堂、护国路天主教友招待所等教会设施。以昆明为中心，法国神父

---

① 元至顺《镇江志》卷九《镇江大兴国寺记》。又见《新纂云南通志·宗教考八》、[英] 阿·克·穆尔《1550年的中国基督教史》（中华书局1984年版）第171页注③，只是时间为至元十年（1273）至元十一年（1274）。

图 16　贡山丙中洛的天主教堂

邓铭德、黄国治等人相继前往弥勒建烂泥箐圣母堂、大营天主堂等9座教堂，发展教徒1500人。路南、师宗、泸西等彝族、苗族、傈僳族地区还有多座教堂扩建或新建。晚清时期，天主教、基督教传播遍及全省。

滇中地区的禄劝、武定、寻甸等彝、苗、傈僳等族，入教的人数也比较多，武定撒颇山、禄劝撒营盘都建有影响较大的苗、彝等族的基督教堂。撒营盘还有外国传教士建立的西南神学院。

第十四章

元、明、前清时期云南与邻国的关系

1260年至1840年,我国处在元朝、明朝和清朝前半期的封建时代,云南是封建中国的西南边疆省区,其西面和南面与缅甸、泰国、老挝、越南四国相邻。元、明、清三个封建王朝在处理与这四个邻国的政治交往、军事冲突、疆域变迁、经济和文化交流诸方面的问题时,发生了许多重大历史事件,深刻地影响着云南的历史发展。

第一节 与缅甸的关系

缅甸与云南省西部山水相连。13世纪中叶至19世纪中叶的近600年间,中缅疆域有很大的变迁。两国封建王朝之间发生过几次战争,给两国人民带来过灾难,但持续的友好交往是主流,两国人民的传统友谊不断得到发展。

13世纪中叶,缅甸是蒲甘王朝统治。首都在今缅甸中部的蒲甘城,疆域尚未达到伊洛瓦底江上游和萨尔温江上游克钦、掸等族居住地区。此时的中国,正值忽必烈建立大一统的元朝封建帝国。元朝云南行省的疆域基本上沿袭"大理"时代,在伊洛瓦底江上游和萨尔温江上游克钦族、掸族等族居住地区,设置了一些路、府,由当地土官管辖。蒲甘国王和元朝皇帝双方各有所图,矛盾日益激烈。1271年和1273年,忽必烈两次派遣使者到缅甸,蒲甘国王那罗梯诃波扣留了元朝第二次赴缅使者,元缅矛盾激化。1277年,蒲甘国王反对金齿(今德宏)总管阿禾服从元朝统治,兴兵攻打。缅军集结兵"四五万、象八百、马万匹",攻入干崖(今盈江)、南甸(今梁河),与金齿士兵和元朝驻军发生激烈战斗。

缅军入侵,严重威胁了元朝对云南西部的统治。云南行省长官赛典赤命令云南诸路宣慰使都元帅纳速剌丁率3800余蒙古、爨僰（白族）、么些（纳西族）军增援，元缅两军在南甸（梁河）、干崖（盈江）一带大战。缅军大败，象马人自相践踏，又遭金齿士兵伏击，损失惨重。元军胜利向西挺进，直抵伊洛瓦底江畔的江头城（今缅甸杰沙），因天热还师。元军撤退后，蒲甘王又发兵进据江头城，不时侵扰金齿（今德宏）边境。至元十七年（1280），忽必烈命令药剌海率领四川元军万人，会同云南纳速剌丁所领前次军队一齐征缅。至元二十年（1283）九月从昆明出发，十月到达南甸（梁河）、干崖（盈江），再沿大盈江而下，与缅军战斗，再次攻占江头城。至元二十三年（1286），元军南下进占太公城［今缅甸太公（德冈）］。蒲甘国王惊恐，国王那罗梯诃波带着王公大臣逃至勃生（缅甸南部），并派使者到太公城向元军求降。元军派使者招降，行至中途，蒲甘王室发生内乱，国王被囚，三个儿子被杀，元使团中也有人被害。元军向南进军，至元二十四年（1287）攻占蒲甘城（今缅甸中部蒲甘），蒲甘国王投降。元朝封蒲甘国王为缅王，继续统治其疆域。缅王派使者以"入贡"方式，经云南与元朝中央保持联系。

元朝在伊洛瓦底江上游和萨尔温江上游地区，先后设置太公路、云远路、蒙怜路、蒙莱路、木邦路。战争结束之后，元军撤回云南内地。不久，蒲甘王朝在内乱中覆灭，缅甸境内四分五裂，各王邦部落或臣服于元朝，或俯首于暹罗，延绵250余年，直到16世纪30年代中国明朝万历年间。元贞三年（1297），元成宗续封蒲甘王朝后裔的立普哇拿阿迪提牙为缅王，封他的儿子为缅国世子，封王诏书中有："戒饬云南等处边将，毋擅甲兵；尔国臣民，各宜安业。"兴威、孟养、木连城、马都八等地首领也在1289—1298年间先后接受元朝封号。从1289—1338年的59年间，缅王先后15次派代表团访问元朝都城大都（今北京），元朝4次派使节访问缅甸。

元顺帝后至元四年（1338），元朝在缅王辖境范围内设置邦牙等处宣慰司，首邑在今曼德勒附近的阿瓦城，宣慰司辖境比今曼德勒区稍大。邦牙等处宣慰司南部为白古（勃固），即我国史书中的"登笼国"（今缅甸南部近海地区）。元朝使臣在入缅中曾南下至登笼国，登笼国即派人随元使"入贡"，得到元朝的封号。元朝时期我国经云南与缅甸的经济文化交流更加频繁。从今滇西的保山和德宏地区，沿大盈江而下以接伊洛瓦底江的水陆交通路线，通往缅甸各地，成为中缅之间的通途。当时中缅使者和经济文化交往，大多沿这条路线进行。著名意大利人马可·波罗奉元朝使命由这条路线进入缅甸，他在《马可·波罗游记》中记述沿途的重要城镇有：永昌（今云南保山）、腾越（今云南腾冲）、干崖（今云南盈江旧城）、江头城（今缅甸杰沙）、太公城[今缅甸太公（德冈）]、蒲甘城（今缅甸蒲甘）、昔里怯答剌城（今缅甸卑谬）等。他还向南进入登笼国。

元大德五年（1301），元朝军队为缅甸修筑了叫栖水利工程（在今曼德勒南部），并开凿了墩兑运河。这两项对缅甸农业生产发展起重大作用的水利工程，至今仍在为缅甸人民所利用。据英国人史谷特和勃朗两人的考证，今缅北的玉石矿是在13世纪由云南的一个小商贩发现的，开采玉石的技术也是由中国传入缅甸的。①

1368年，元朝灭亡，明朝兴起。中国仍然是大一统的封建帝国，缅甸各王邦部落仍是分裂状态，大多臣服明朝，接受土官封号，为明朝的"土司"。以今缅甸中部阿瓦（今曼德勒附近）为都城的缅王，于明洪武二十五年（1392）派使臣板南速剌经云南到南京朝见明太祖朱元璋。第二年，朱元璋宣诏设置"缅中宣慰使司"，任命卜剌浪为宣慰使。其时，云南麓川（今瑞丽）傣族土官思伦发武装侵夺缅境土司，卜剌浪遣使向明朝廷诉说，朱元璋派钦差大臣"谕缅及百夷罢兵守土"，思伦发听命，纷争得以缓和。明永乐二年（1404），明成祖诏设"缅甸宣慰使司"，任命缅王那罗塔为宣慰使。明宣德二年（1427）明宣宗任命莽得剌为缅甸宣慰使。自明太祖洪武二十六年（1393）至明孝宗弘治元年（1488），缅甸宣慰司6次派代表团"朝访"明朝，明朝5次派使节访问缅甸宣慰司。

据《明史》"土司传"记载，明朝在今缅甸境内除设置了缅甸宣慰司外，还设置了许多宣慰司、宣抚司、安抚司、长官司、御夷府；计有孟养宣慰司（驻今缅甸西北克钦邦境内莫宁）、木邦宣慰司（驻今缅甸掸邦兴维）、大古剌宣慰司（在今缅甸南部勃固一带，《明史·地理志》说："亦曰摆古，滨南海，与暹罗邻"）、底马撒宣慰司（在今缅甸东南部德林达依省，《明史·地理志》："在大古剌东南"）、底兀剌宣慰司（驻今缅甸掸邦西北孟密）、蛮莫安抚司（驻今缅甸克钦邦东南莫茂）、孟艮御夷府（驻今缅甸掸邦景栋）、小古剌长官司、茶山长官司、底板长官司、孟伦

---

① 元缅关系的这些综合记述，根据《元朝征缅录》、《元史·地理志》、《元史·缅传》、《招捕总录西番》等中国史书，以及哈威《缅甸史》写成，不一一注录。

长官司、八家塔长官司（此五长官司，《明史·地理志》说："皆在西南极边"，地近大古剌、底马撒、底兀剌三宣慰司，当在今缅甸南部）、里麻长官司、东倘长官司、促瓦长官司、散金长官司（此四长官司地在今上缅甸）。明代在今缅甸境内设置的这些土司，都划归云南承宣布政使司管辖。他们臣属于明朝，并不是因为受到明朝的军事威胁，而是在各王邦部落分裂的状态下，主动臣服。明朝不向这些地方派遣官吏和征收赋税，由土官自己进行统治。他们以"朝贡"方式与明朝保持联系，由土官本人或派使者到明朝都城或云南省城"朝贡"。各土司间发生矛盾纷争，甚至军事冲突，明朝廷或云南承宣布政使司为之进行调解，他们大多尊重和接受调解。这方面的事例，史籍多有记载。明初，云南麓川土司叛乱，缅甸、孟养等宣慰司曾协助明朝平乱，捉拿叛乱首领思伦发父子。概括说来，据《明史》等以及英国人哈威所著《缅甸史》的记载，在隆庆末年（1572）以前的200年间，今缅甸境内各王邦部落大多主动接受明朝的土司设置，臣属明朝，通过"朝贡"方式，与中国保持着密切的政治联系。

双方密切的政治关系，使经济文化交流呈现繁盛景象。木邦等上缅甸地区的食盐由云南内地供给；孟密宝井的玉石得到开采，大批云南人到缅北开采玉石，运往云南腾冲加工，再运销中国和东南亚各地。明代诗人杨慎的《宝井谣》、张含的《宝井歌》、施武的《宝井词》等，对当时云南人开采缅甸玉石的生活情景有生动深刻的描述。缅甸生产的陶、瓦、铜、铁、漆器技术，多是中国汉人传授的。明末朱震孟著《西南夷风土记》说："自孟密以上，山多宝，蛮莫以下，地饶五谷。当国初兵力盛时，剪荆棘为乐土。"可见明初至明末缅甸经济变化之大。

明代中国商人从滇西重镇永昌（保山）、腾越（腾冲）等地，沿大盈江和瑞丽江接伊洛瓦底江贯通缅甸北南的水陆交通线往来活动，中国的丝绸、瓷器、陶器，缅甸的棉花、玉石等，皆为大宗交易物品。蛮莫（今缅甸境内克钦邦东南之莫茂）、江头城（今缅甸实阶省东部伊洛瓦底江西岸之杰沙）、阿瓦（在今曼德勒附近）、蒲甘、摆古（今勃固）等缅甸城镇，有来自中国云南、四川、江西、福建、广东各地的人从事商业和手工业活动。《西南夷风土记》说，江头城有12道城门，往来贸易的人很多，城外有"大明街"，上述5省来这里从事商业和手工业活动的人有数万之多。蒲甘城中有武侯南征碑，缅人称为汉人地方。摆古城（今勃固）的情况与江头城相仿。这里临近大海，与中国的交往，除经由云南南下的交通外，还有通过闽粤而来的海路。在摆古西南部的港湾中，"江船不可数，高者四五尺、长至二十丈，大桅巨缆，周围走廊，常载铜铁瓷器往来，亦闽广海船也"。近代在缅甸南部的勃生河床发现15世纪的中国瓷器，即为明朝时期由云南和福建、广东运销至缅甸南部的。英人司考特《锦绣东方——缅族生活记录》一书说："从云南到八莫的这条国际通道上，有从中国来的庞大驮运商队，数千骡马，数百劳工和商人，从中国运来大量丝绸。在八莫有座供中国商人休息和文化活动的关帝庙，还有许多仓库，堆满运来的丝绸和待运回去的棉花。"

明初，阿瓦缅王遣使入明朝，诉说麓川土司思氏侵其地。明廷派钱古训、李思聪由云南前往调解，消除纷争，二人回国后，据见闻兼考史籍，著成《百夷传》，为人们了解当时滇西和缅甸的情况提供了可贵的资料。明末朱孟震《游宦馀谈》，末附《西南夷风土记》，记述云南和缅国的风土人情。当代史学家方国瑜教授考证，乃是随明将刘綎赴云南和缅甸抗击东吁王朝的幕僚所写实录，为朱孟震所得著录成书。《百夷传》和《西南夷风土记》是明代中缅交往的文化成果。

永乐五年（1407），明朝成立四夷馆，内设缅甸馆，馆员既有缅甸人，也有懂缅文通缅情的中国人。弘治三年（1490）在馆中任职的刘迪是云南腾冲人，为中缅文化交流做出了贡献。随着中缅交往的日益密切，明朝除在京城四夷馆内设缅甸馆外，还在昆明设立"缅字馆"，培养翻译，接待缅商。清人师范《滇系》卷11说："明初，设缅字馆于滇垣，令汉人习而译之，（缅甸）今虽十年一贡，然其输诚之奏，纳款之文，仍不时上达，亦当事者所宜讲求也。"缅字馆不仅提供商业翻译，还从事公文翻译。

由于在缅甸的中国人众多，中国历法也在缅地施行。《西南夷风土记》说："岁时、三宣六慰皆奉天朝正朔，摆古（今缅甸勃固）无历，唯数甲子，今亦窃听于六慰，颇知旬朔矣"。

16世纪中叶，缅甸南部的东吁王朝崛起，在以军事压力迫使各王邦部落受其统治之后，向暹罗和中国云南内地发动大规模战争。东吁王朝迫使各王邦部落就范，一方面是东吁王朝凭借强硬的军事力量，一方面也由于明朝晚期的政治腐败。例如木邦土官罕拔向明朝报请袭职，云南官吏以勒索未遂，拒不发给承袭状纸，罕拔就反叛明朝，投向东吁。民谚说："官府爱惜一张纸，丢失地方二千里。"东吁王朝第一个国王莽瑞体在征服缅甸各王邦部落后,更发兵攻占元明时代的八百大甸宣慰司(今泰国北部清迈、清莱一带),作为南下攻暹罗,北上攻云南内地的据点。

明嘉靖三十年(1551),莽瑞体死,莽应龙继任东吁王朝缅王。他首先领军攻占暹罗都城阿瑜陀耶,大掠暹罗全境,然后回师北上阿瓦(今曼德勒附近),向云南西部边境进攻。在攻占孟密、木邦、孟养之后,入侵陇川、进攻干崖,怒江西岸各土司地全被缅军攻占。明万历九年(1581),莽应里继任缅王,继续扩大侵略战争。缅军渡过怒江,攻占耿马、孟定、湾甸(今昌宁县境)、姚关(在今施甸县东南部)、施甸,进攻顺宁(今凤庆),明朝兵将多战死。东面缅军以八百大甸为据点,侵入车里(西双版纳),烧杀抢掠,进至景洪,攻占车里宣慰司署,掠走宣慰使刀糯猛,另立刀应猛为宣慰使,迫令向缅王纳贡赋,并掠走大量人民,带到缅甸做奴隶。云南官府大为震惊,巡抚刘世增移驻楚雄,总兵沐昌祚移驻大理,调军队防御,并急奏明朝廷派军抗击。

万历十一年(1583),明神宗派刘綎、邓子龙各领军五千,并征调云南各民族地方兵数万,大举抗击缅军。邓子龙由保山南下施甸,在姚关一带与缅军大战,把缅军赶至孟连、耿马以南。刘綎由腾冲入德宏,收复南甸、干崖、勐卯(今瑞丽)、陇川、芒市后,攻下蛮莫,招降孟养,在伊洛瓦底江畔与一批土司会盟。万历二十一年(1593),莽应里又使缅军攻蛮莫,入侵陇川、遮放、芒市。云南巡抚陈用宾自保山遣军出击,缅军败退。陈用宾于沿边修筑八关,防御缅军入侵。此八关为神护关、万仞关、巨石关、铜壁关、铁壁关、虎踞关、天马关、汉龙关,在今盈江、陇川西部至瑞丽的沿边地区,有的在今国界内,有的在今国界外。陈用宾还在勐卯筑平麓城(今瑞丽城),兴屯田,移兵屯守;开民屯,招内地人民移居。明代万历年间抗缅战争的胜利,陈用宾在滇西边境筑八关,建平麓城,办军屯和民屯,防御缅甸东吁王朝的入侵,对巩固云南边防具有重大意义。自此至乾隆时期,近两百年,缅甸东吁王朝逐渐衰落,中国则处在明清两朝交替时期,中缅边疆相对安定。

18世纪中叶时,雍籍牙推翻东吁王朝,建立缅甸历史上的雍籍牙王朝。军事力量膨胀之后,东攻暹罗,北侵中国云南。乾隆二十三年(1758)至乾隆三十年(1765)间,侵入耿马、孟定,抢劫茂隆银厂,攻入西双版纳,占景洪、勐腊等地,杀土司、抢村寨、掠人民为奴,宣称"普洱以外十三版纳属缅甸",并入侵德宏地区遮放等地。云贵总督刘藻仓皇应战，没能阻止缅军的入侵，于乾隆三十一年（1766）被乾隆帝撤职，另调陕甘总督杨应琚为云贵总督。杨应琚组织反击，把缅军从今西双版纳、耿马、德宏三个方向赶出，却被初步胜利冲昏头脑。缅军猛攻滇西今德宏地区，占领勐卯（瑞丽）、陇川、盏达、户撒、腊撒等地。清军大败，被迫退守龙陵。乾隆帝把杨应琚革职"赐死"，另调伊犁将军明瑞为云贵总督，指挥作战。增调京师、四川、贵州、云南军人2万多人，从广东、广西、湖南、四川调战马15000多匹，驮运的骡、马、牛8万余头，集结云南。

明瑞指挥清军主力出今德宏攻缅北，1767年底逼近缅都阿瓦。缅甸雍籍牙王朝此时正集中全国兵力东侵暹罗，于1767年4月攻陷暹罗王都阿瑜陀耶，纵兵洗劫，使之变为废墟，还把最后生存的数千平民和王族俘回缅甸做奴隶。雍籍牙王朝在打败暹罗之后，立即把全部军队转到中缅战场。当时明瑞率领清军主力进攻缅北，缅军却从滇西和滇南两线向云南大举进犯。在滇南，缅军于1767年7月两次侵入今西双版纳，抢劫景洪。在滇西，缅军避开清军主力，绕道深入今德宏境内，抢掠户撒、腊撒等地。明瑞所领清军，虽步步为营，进逼阿瓦，但遭到缅军炮击，又因孤军深入，粮食和军需运送受阻，连遭围困，在弹尽粮绝的困境下，被迫撤退。在且战且退中，明瑞于1768年2月战死，清军又一次大败而回。

1768年春，乾隆帝任命大学士付恒为"经略"（比总督权大的战时官职），统帅清军，继续抗缅战争。先后调满洲兵、京兵、火器兵等1万余人，福建和吉林的水兵4000余人，贵州、云南兵5万余。付恒于1769年春夏间领军从滇西分兵三路，水陆并进，攻克蛮莫，与缅军相持于老官屯（今杰沙）等地。这时，雍籍牙王朝由于穷兵黩武倾全国兵力，连年进行侵略战争，国力耗尽，无力再战，被它征服的暹罗和曼尼坡不断反抗。雍籍牙王见清军增援不绝，内心恐惧，于是遣使向清军求和。清朝也因连年用兵严重，大量兵将不断战死和疾病，虽不断增兵，亦无完全取胜的把握；同时，国内大小金川（在今四川阿坝州西部）、甘肃、台湾等地人民的反清斗争此起彼伏。在此情况下，乾隆帝只好停战。乾隆三十四年（1769）十一月，双方停战议和，雍籍牙王朝接受清朝的三个条件：称臣纳贡、交还战俘、保证不再侵犯中国边疆。清朝承认雍籍牙王为"缅甸国王"。双方还决定"开关互市"。十二月，清军班师回国，中缅战争结束。英人哈威《缅甸史》说："公元1769年和约之后果，缅甸初次致其全力于维持正常之对外关系,结果异常圆满。"两国边境之摩擦消除净尽。

从1769年至1885年缅甸沦为英国殖民地之时止,缅甸国王曾11次派遣使节向清朝"入贡",清朝也5次遣使回访缅甸,受到很好接待。缅甸使节向清廷送驯象、象牙、嵌宝牙盔、蒲甘漆盒、宝石指环、孔雀尾等,清朝皇帝则赠缅王羽扇、盆景、马匹、茶具、皮袄等。缅甸使臣经过云南,沿途得到云南地方官吏和人民的良好接待和护送。这种"入贡"和回访,实际上是两国之间政治、经济和文化交流的一种形式。

友好的政治关系,促进了双方经济、文化之间的交流。清代前期,许多中国人到缅甸北部继续开采玉石矿和银矿。《清史稿·缅甸传》说:"孟密有宝井,产宝石。又有波龙者(在今缅甸腊戍境内)产银,江西、湖广及云南大理、永昌人出边商贩者甚众,且屯聚波龙以开银为生,常不下数万。自波龙以东,有茂隆厂(在今云南沧源县西部境内),亦产银。"孟密一带的玉石矿,清代沿袭元明两代,在当地开采后,运往云南腾冲加工,制成各种工艺品,再运销中国和缅甸各地。清代的这一事业比元明两代更加发展,中国人每年成千地到缅甸开采玉石,产量多时每年达千担。在缅甸的云南玉石珠宝商多至百余家。缅甸阿摩罗补罗城的一个中国庙中,刻着5000个中国玉石商人的名字。

缅甸腊戍境内的波龙银厂和云南沧源境内的茂隆银厂,是清代前期两大著名银厂。这两个银厂经常有数万中国人驻厂开采和冶炼,所产白银运往中国和缅甸各地,对中缅经济的发展有很大作用。缅甸缺乏铜铁及其制品,清朝政府明令禁止出口铜铁及其制品,中国商人冒危险向缅甸商人出售,缅商以玉石换取铜铁数十万斤。中国商人还大量运销缅甸所缺乏的铜锅、铁锅、剪刀、缝衣针等,方便了缅甸人民的生活。四川的黄丝和绸缎经云南运销缅甸,也是清代中缅贸易的重要商品。缅甸是亚热带气候,人们喜欢穿中国的丝织服装,中国的丝和丝织品在缅甸很畅销。清代云南不产棉花,而云南城镇和农村的家庭手工织布较为普遍,它的原料棉花多来自缅甸。因此,缅甸的棉花是输入云南乃至四川的重要商品。集中运入中国的缅甸棉花,经常在蛮莫堆积如山,仅道光六年(1826)即达1400万磅。云南人民用缅棉纺织的土布,不仅供云南人民使用,而且运销缅甸,为缅甸人民所喜爱。清代中缅商品的主要通道,是由滇西重镇永昌(保山)、顺宁(凤庆),经腾冲或龙陵,入缅甸蛮莫,经伊洛瓦底江沿岸的水路或陆路，运往缅甸各地区的。中国运往缅甸的商品，除丝、绸、铜、铁、土布外，还有瓷器和云南的各种土特产品。缅甸输入中国的，除玉石、棉花外，还有象牙、琥珀、犀角等。马帮商队络绎不绝地来往于中缅商道上。

中缅文化交流在清代前期也在扩大。今缅甸中部大城市曼德勒是在清代建设发展起来的。据考证，该城建设初期由一云南腾冲和顺乡旅缅华侨监造，其造型极似腾冲县城。今缅甸东北部的景栋城，创建之时，云南边民"负弩以往"，故其城"与汉城无异"。许多侨居缅甸的中国人，既通晓中文，也通晓缅文，为中缅交往做出了贡献。例如旅居缅甸的云南籍华侨尹学才，曾被雍籍牙王朝聘请担任缅甸朝贡使团的通司（翻译）。据说，云南普遍种植的"老缅瓜"、"洋丝瓜"，是经由缅甸传入的，石榴、卷心菜、辣椒等则由云南传入缅甸，在缅甸普遍种植。

第二节　与泰国的关系

泰国的国名和疆域，历史上发生过多次变迁。在今天泰国的疆域内，南部地区曾经建立过罗斛国，中部地区曾经建立过暹国，13世纪中叶以后合建暹罗国；北部地区曾经建立过八百媳妇国。泰国的泰族，老挝的老族，缅甸的掸族，我国云南省的傣族，语言相通，文化相同，居住地相连，自古以来是一个族群的各个部族分属不同的国家。在这个族群居住地域内，中、泰、老、缅四国的疆域并非一成不变，在各个历史时代发生过变迁。13世纪中叶元朝建立之时，在今云南西双版纳傣族地区，设彻里路军民总管府。澜沧江以东称"小彻里"，澜沧江以西称"大彻里"。《元史·地理志》说："大彻里与八百媳妇犬牙交错。"《新元史》卷二十五说："八百媳妇蛮者，夷名景迈。"由此可知，与彻里（车里）南部疆域相接壤的八百媳妇在今清迈为中心的泰国北部地区。它的南面是以宋加洛（素可泰）为中心的暹国（今泰国中部），再往南是以华富里为中心的罗斛国（今泰国南部）。八百媳妇东面是老族居住地老告（今老挝北部），西面是掸族居住地木邦（今缅甸东北部）。八百媳妇处于傣、泰、掸、老族分布的中心地带。元朝时期（1271—1368），暹国和罗斛国都从海路经由我国沿海地区与元朝交往，进行密切的政治、经济、文化交流。八百媳妇则从陆路经云南与元朝交往，元朝于其地先后建立蒙庆宣慰司和八百宣慰司，归云南省管辖。这两个宣慰司的建立，不是元朝用武力征服，而是傣、泰民族密切交往联系的结果。

元朝初年，八百媳妇国分为北、南两部，孟范以北今清莱府等地是浑乞滥的统治区域，孟范以南今清迈府等地是浑乞滥的弟弟力乞伦管辖地。"大彻里"、"小彻里"与浑乞滥、力乞伦之间，既有亲密交往，又有矛盾冲突。元成宗元贞二年（1296），元朝设置彻里路军民总管府后，八百媳妇不时出兵攻打彻里，元朝为维护对彻里的统治，于大德四年（1300）派兵出征八百媳妇国。但两万元军只到达今贵州境内，就遭到苗、彝、布依、仡佬等族人民的袭击，"士卒存者什才一二"，[①]迫使元朝取消对八百媳妇国的征伐。不久，八百媳妇国与彻里和好，在彻里傣族土官的影响下，于皇庆元年（1312）二月己卯，向元朝"献驯象二"。同年九月辛丑，八百媳妇国同大小彻里一起向元朝"献驯象及方物"。元朝则以"玺书"进行招抚。[②] 皇庆二年（1313）八百媳妇国的头目乃爱等10人至云南行省，表示愿意归附，云南行省派法忽拉丁为使节，于延祐元年（1314）随乃爱等人到八百媳妇国访问。其时，南部力乞伦正发兵攻击北部浑乞滥领地，当知道云南行省使节来到，即主动停战。浑乞滥十分感动，"手书白夷字（泰文）奏章，献二象"，派浑乞漏等人随元使回访，表示感谢。元朝"赐以币帛"，由浑乞漏带回。招南通继承浑乞滥统治八百媳妇国北部后，与元朝交往更加频繁，泰定三年（1326）和四年（1327）的两年时间，4次派使节访问昆明或大都北京。泰定四年二月，招南通亲自到元朝大都（北京）访问，为元朝在八百媳妇国设置官府提供了最有利的条件。同年九月，在招南通的请求下，元朝在八百媳妇国北部设置了蒙庆宣慰司。《元史·泰定帝本纪二》记载："泰定四年（1327）闰（九）月申午，八百媳妇蛮请官守，置蒙庆宣慰司都元帅府及木安、孟杰二府于其地。以同知乌撒宣慰使你出公、土官招南通并为宣慰司都元帅。招谕人米德为同知宣慰使副元帅，南通之子招三斤知木安府，侄混盆知孟杰府。仍赐钞币各有差。"蒙庆宣慰司都元帅府驻者线蒙庆甸，即今泰国清莱府的昌盛。"昌盛"与"者线"同音，辖区为浑乞滥与招南通父子统治的八百媳妇国的北半部。蒙庆路宣慰司都元帅二人，你出公是从乌

[①]《蒙兀儿史记·哈剌哈孙传》。
[②]《元史·太宗本纪一》。

撒（今贵州威宁）调任的，显为蒙古族，招南通是当地的泰族首领。招南通的儿子和侄子分别被任命为木安府知府和孟杰府知府。蒙庆宣慰司的统治权掌握在当地泰族首领手中，蒙古族的你出公当是监督。

八百媳妇国北部建立蒙庆宣慰司后，南部统治者力乞伦于致和元年（1328）和天历二年（1329），两次向元朝"贡方物"，表示友好和归附的愿望，至顺二年（1331）元朝在八百媳妇南部设置八百宣慰司。《元史·文宗本纪四》记载："至顺二年（1331）五月己丑，置八百等处宣慰司都元帅府，以土官昭练为宣慰使都元帅，又置……者线蒙庆甸、银沙罗等甸并以军民府，秩从四品。孟并、孟广、者样等甸并设军民长官司，秩从五品。"八百等处宣慰司都元帅驻八百大甸，即今泰国北部的清迈。宣慰使都元帅昭练是当地泰族首领。4年前设置的蒙庆宣慰司驻地改为者线蒙庆甸军民府，属八百等处宣慰司都元帅府管辖。此时的八百等处宣慰司辖境兼有元初八百媳妇国的南部和北部，即整个八百媳妇国的地域。元朝云南行省的疆域，从彻里路向南扩展，与暹国接壤。

1350年，罗斛国与暹国统一为一个国家，改名为暹罗国，首都在大城（又译"犹地亚"、"阿瑜陀耶"），史称大城王朝。此时正当中国的元朝与明朝交替时期。还在大城王朝初期的明洪武四年（1371），暹罗国便派使节从海路经我国沿海地区向明朝"入贡"，建立了友好交往。明朝时期的泰国北部地区仍臣属于明朝，为云南省管辖的土司区。《明史·八百土司传》载："八百，世传部长有妻八百，各领一寨，因名八百媳妇。元初征之，道路不通而还。后遣使招附，元统初，置八百等处宣慰司。洪武二十一年（1388），八百媳妇国遣人入贡，遂设宣慰司。先是，西平侯沐英遣云南左卫百户杨完者往八百招抚，至是来贡。帝谕兵部尚书茹瑺曰：闻八百与百夷构兵仇杀无宁日，朕念八百宣慰远在万里外，能修职奉贡，深见至诚，今与百夷构兵，当有以处之，可谕意八百，令练兵固守，俟王师进讨。（此即明朝制止滇西麓川傣族土司思氏对八百的侵扰）自是及永乐初，频遣使入贡，赐予如例。永乐二年（1404），设军民宣慰使司二：以土官刀招你为八百者乃宣慰使，其弟刀招散为八百大甸宣慰使，遣员外郎左洋赐印诰冠带袭衣。"所谓"世传有妻八百，各领一寨，因名八百"乃是望文生义的附会，实质上反映了八百内部政治上的不统一，部落间相互兼并。

元朝时期，八百就分为两大区域，元初设两个宣慰司，后来统设一个八百等处宣慰司，仍有北部的两个府，也是适应内部不统一的状况。明朝永乐二年设置的两个宣慰司。"八百者乃"显然是元代的"蒙庆"，"八百大甸"则是元代的"八百等处"。然而明代两个宣慰司的地域范围与元代两个宣慰司已经不同，从北部又分出了"孟艮御夷府"（今缅甸东北部景栋地区）。这就是说，在原八百媳妇国境内，明永乐年间分化成八百大甸（今泰国清迈地区）、八百者乃（今泰国清莱地区）、孟艮（今缅甸景栋地区）三个区域，都是明朝云南省管辖的土司区。这三个区域形成后，兼并仍在继续。《明史·地理志》载："有八百者乃军民宣慰使司，永乐二年四月分八百大甸地置，后废。"废八百者乃宣慰司，只存八百大甸宣慰司，是八百内部兼并的结果。

明代八百大甸宣慰司的地域，景泰《云南图经志书》卷六说："东至老挝，南至波勒，西至木邦，北至孟艮"。大约包括现在泰国北部的难府、帕府、南邦、南奔、夜丰颂、清迈、清莱等府之地。宣慰使驻今清迈，与元代八百等处宣慰司辖境不完全相同。南面的波勒即今彭世洛，已是暹罗国版图。又《明史·八百土司传》说："其地东至车里、南至波勒，西至大古喇与缅邻，北至孟艮"。由此看来，明代的八百土司地仍与今云南西双版纳接壤，只是"东至车里"的表述不太确切。宣德七年（1432），暹罗国侵犯八百土司地，八百宣慰使向明朝报告，并"乞发兵讨之"，明朝"止降敕抚谕而已"。成化十七年（1481）前后，越南黎氏王朝发兵进攻老挝土司和八百土司，八百宣慰使刀揽那抗击越南的侵扰，并救援老挝，明朝"命云南布政司给银百两、丝币四表里以奖之"。[1] 16世纪中叶，缅甸东吁王朝势力强盛，占据景迈，南打暹罗，北侵云南。八百土司避居景城（今昌盛）与缅军对抗。这时明朝国势衰弱，又在云南西南部抗击缅军的大规模侵犯，无力顾及八百土司。

明朝时期，由于云南西南部的缅甸各地区、泰国北部地区、老挝北部地区都是臣属于明朝的土司区，这些地区都以"朝贡"的形式与明朝进行官方的政治、经济、文化交往。这些地区都盛产大象，几乎每次"朝贡"的贡品中都有驯象，"朝贡"又很频繁，形成的交往通道便称为"贡象道路"。明末李元阳撰写的万历《云南通志》卷十六记载了"贡象道路"，有上路和下路之分，"上路"是缅甸经滇西入内地的。"下路"是

---

[1] 《明史·八百土司传》。

缅、泰、老,经滇西南入内地的。现摘引"下路"的描述:"下路由景东历者乐甸行一日至镇沅府,又行三日始达车里宣慰司之界。行二日至车里之普洱此处产茶。一山耸秀,名光山,有一车里头目居之,蜀汉孔明营垒在焉。又行二日至大川原,轮广可千里,其中养象,其山为孔明寄箭处,又有孔明碑,苔泐不辨字矣。又行四日始至车里宣慰司,在九龙之下,临大江,亦名九龙江,即里水之末流也。由车里西南行八日至八百媳妇宣慰司,此地寺塔极多,一村一寺,每寺一塔,村以万计,塔亦以万计号慈国。其酋要杀,不喜争。敌人侵之,不得已一举兵得所仇而罢。由此又行一月至老挝宣慰司,其酋一代止生一子承袭,绝不生女。西行十五六日至西洋海岸,乃摆古莽酋之地。"这条"贡象道路"的"下路",即是由滇西南的普洱、车里(今景洪)通往泰国、老挝、缅甸的政治、经济、文化交流通道。这条通道上的官方交往和民间交往都很频繁。

明黄省曾《西详朝贡曲录》卷中"暹罗国"载:"国之西北可二百里,有市曰上水,居者五百余户,百货咸集,可通云南之后。其交易以金银、以钱、以海贝。其利珍宝,羽毛、齿革。其谷宜稻,其畜宜六扰。"这里所描述的"上水",《大德南海志》作"上水速古台",即又写作"素可泰"的今宋加洛。由此可知,当时从今泰国中部地区到云南的陆路交通已经畅通,且"百货咸集,可通云南之后",商业贸易相当繁盛,"其交易以金银、以钱、以海贝"。特别值得一讲的是"海贝"。明代的云南,海贝用作货币,广泛在市场流通。谢肇淛《滇略》卷四载:"海内贸易皆用银钱,而滇中独用贝,贝又用小者,产于闽、广,近则老挝诸海中,不远千里而捆致之,俗曰肥。"老挝不临海,当是由暹罗经老挝运至云南。明代云南大量使用的贝币,除来自我国的广、闽外,还来自暹罗(泰国)。

明朱孟震《西南风土记》载:"缅甸、八百、车里、老挝、摆古虽无瘴而热尤甚,华人初至亦多病,大而与之相习。"《明英宗实录》卷一一七载:"近边牟利之徒,私载军器之物,潜入木邦、缅甸、车里、八百诸处,结交土官人等。以有易无,亦有教之冶兵器,贪女色留家不归者。"谈迁《国榷》卷二十六载:"边民潜入木邦、缅甸、车里、八百等牟利生衅。"《明会典》卷一三二载:"令凡川、广、云、贵、陕西等处,但有汉人结交夷人,互相买卖借贷诓骗,引惹边畔及潜往苗寨教诱为乱,贻害地方者,俱发向边卫永远充军。"这些史籍记载表明,明朝时期,云南和内地省区的汉族人民,经滇西南到八百、老挝、缅甸去从事商业和手工业活动,久居不返和定居的人数相当多,这也是交往密切的重要表现。

伴随政治、经济交往,文化交往也相应地密切起来。明朝廷在八百大甸宣慰司内设置"都事"、"经历"各一员,负责翻译汉泰公文,由明朝吏部选派人员前往任职。① 为了训练八百泰文的翻译人员,明朝廷于宣德六年(1431)在四夷馆内增设"八百馆"。首席教师蓝者歌,来自八百。② 他为中泰文化交流做出了贡献。中国的汉族历法曾经在泰国传播和使用,并对泰历产生重大影响。1292—1518年间的20块素可泰(今宋加洛)碑铭中,有7块使用了汉历的干支纪年和纪日。14世纪泰国北部(八百地区)的碑铭也有许多汉历干支,当是汉历干支纪法先传入云南西双版纳地区,形成傣式干支纪法后,再传入泰国北部和中部地区,为泰族人民所使用,这才留下了历史遗迹。

17世纪中叶,在明清交替时期,八百地区被缅甸占领,但不能进行有效的控制。八百酋长曾依附暹罗,反抗缅甸的统治。清初,由于缅甸雍籍牙王朝纵容孟艮土司侵扰云南车里,清朝派兵反击。乾隆三十一年(1766),清军进入孟艮,孟艮掸族土司投向清朝,八百泰族土司主动归附;清朝在原八百土司区设置了整卖(今清迈)宣抚司、景线(今昌盛)宣抚司、六本(今南奔)土守备、景海(今清莱)土守备4个土司,归云南省管辖。③《清朝文献通考》对这四个土司的方位、范围、设置时间、土司姓名等,有明确的记载:整卖宣抚司"在孟艮土司西南境外,旧名景迈,即八百媳妇国,本朝乾隆三十一年,其头目召斋纳提举众内附,授宣抚司职"。景线宣抚司"亦古八百媳妇地,明嘉靖间,八百国为缅所侵,其酋避居景线,名小八百,其所属有十勐,地周一千八百余里,本朝乾隆三十一年,其头目呐赛举众内附,授宣抚司职"。"六本守备"即是六本土司,本整卖之地,以地方辽阔,自分为一部,本朝乾隆三十一年,其头目召勐斋举众内附,授土守备职。"景海土守备"即是景海土司,亦在孟艮土司西南境外,本朝乾隆三十一年,其头目召猛彪举众内附,授土守备职。

---

① 《明太祖实录》卷三十一。
② (明)吕维祺:《四夷馆馆则》卷一。
③ 道光《云南通志稿》卷一三六。

乾隆三十一年（1766），清朝在今缅甸东北部景栋地区设置了"孟艮土指挥使"、"整欠土指挥使"、"勐勇土千总"，在今老挝朗勃拉邦以北设置了"勐龙土指挥同知"、"补哈土千总"。此时云南省的西南统辖地域扩大至今西双版纳之外，包括了今缅甸东北的景栋地区，今老挝的丰沙里、会晒、朗勃拉邦北部，今泰国清莱、清迈、南奔三府。但云南省对这些地方的管辖，只维持了6年左右，就发生了变化。缅甸雍籍牙王朝在向北与清朝进行大规模战争的同时，向西南攻打暹罗，于公元1767年攻陷暹罗国首都大城，灭亡暹罗大城王朝。郑昭组织暹罗军民驱逐缅军，建立泰国历史上的吞武里王朝（1767—1782）。1773年，吞武里王朝攻占南奔、清迈、清莱、昌盛等地，八百土司之地，自此属于暹罗。吞武里王朝之后的曼谷王朝继续统治清迈等地，延续至现在。元明清时朝的八百土司区，现在是泰国的北部疆域。

清迈、清莱等地归属暹罗之后，清朝与暹罗各王朝也没有发生过武装冲突。清迈等地与清朝的官方交往没有了，但民间的经济文化交往依然延续。据道光《云南通志稿》卷一〇七记载，由今西双版纳南部边境，有东西两条交通线向南行，西经缅甸景栋地区，东经老挝朗勃拉邦地区，在今泰国清迈汇合，再沿湄南河南下，可达暹罗的大城、吞武里、曼谷等地。在云南至暹罗的陆路交通线上，民间的马帮商队带着中国的丝、茶、瓷器、铜器、铁器、土特产品，运销暹罗；暹罗的象牙、宝石、棉花、土特产品，运销中国的云南等西南地区。云南乃至内地省区的汉人，赴暹罗各地，特别是北部地区从事商业和手工业活动，有些定居当地。现在泰国的华侨，有相当多的人是清代去的，其中，北部的滇川籍人是从云南的陆路去的，南部的闽粤籍人是从海路而去的。

第三节　与老挝的关系

老挝与云南省南部接壤。老挝的老族与云南的傣族、泰国的泰族、缅甸的掸族为同一族群的不同部族，他们语言相通，文化相同，地域相连；老挝境内的苗、瑶等族是从云南迁徙去的。大理国时期，今西双版纳傣族祖先叭真建立隶属于大理国的"景昽国"。今老挝境内的"猛老"和今泰国境内的"兰那"都是景昽国的组成部分。13世纪中叶，元朝统一中国，在"景昽"地方设置"彻里路军民总管府"之时，"猛老"和"八百"

（原兰那）已经分离出去。然而，傣、老、泰、掸的密切交往是持续发展的。随着元朝对傣族"彻里路"统治的巩固，又在毗邻的掸泰地区先后建立蒙庆宣慰司和八百宣慰司，老族的"猛老"也主动向元朝"入贡"。元朝随即在老挝建立老告军民总管府。《元史·顺帝本纪》载："至元四年（1338）八月甲申，云南老告土官八那遣侄那赛赍象马来朝，为立老告军民总管府。"

14世纪中叶，明朝取代元朝统治中国。老告土官在明初的洪武年间就两次到明朝"朝贡"。洪武十六年（1383），"麓川、缅甸、车里、老挝、八百皆内附，准为宣慰司"。[①]"洪武三十五年（1402）九月戊戌，老挝土官刀线歹入贡。"明成祖即位的第二年，建立老挝宣慰司。《明实录·成祖实录》载："永乐二年（1404）四月己亥，设老挝军民宣慰司，以土官刀线歹为宣慰使，命礼部铸印给之。"老挝宣慰司建立之后，对明朝的入贡最勤，联系最频繁。据《明实录》和《明史·老挝传》等史籍的记载，明朝时期，老挝土司向明朝入贡达30多次，是云南省管辖的土司中入贡数最多者，从明初至明末万历年间，不曾间断。老挝向明朝入贡的贡品为驯象、象牙、犀角、香料、金银器等土特产品。明朝"回赐"与车里宣慰司（今西双版纳）同等对待，"宣慰使：绵二段，纻、纱、罗各四匹；妻：纻、丝、罗各三匹；差来头目：每人纻丝、纱、罗各四匹，折纱绢二匹，布一匹；通事（翻译）：每人彩缎一表里，折纱绢一匹，俱与罗衣一套；象奴、从人：每人折纱绵布一匹绢一套，俱与靴袜各一双"。老挝入贡的道路经由车里土司区北上，明朝往往命车里土司对老挝贡使进行护送。

明朝老挝宣慰司的地域范围，《明史·老挝传》说："八百、车里与老挝相近，孟艮在老挝上流"，"其地东至水尾，南至交趾，西至八百，北至车里"。《明史·地理志》说："东南有三关与安南（越南）界，西北距云南布政司（驻今昆明）六十八日程。"15世纪80年代，越南黎朝攻打老挝，明朝给予调解。《明史·老挝土司传》载："成化十六年（1480），（老挝）贡使至，会安南攻老挝，镇守内官钱能以闻，因敕其使兼程回，并量给道里费。明年，安南黎灏率兵九万，开山为三道，进兵破哀牢，入老挝境，杀宣慰刀板雅及其子二人。其次子帕雅赛走八百，宣慰

[①] 雍正《顺宁府志》卷二。

刀揽那遣兵送至景坎（今云南景洪县景哈）。黔国公沐琮以闻，命帕雅赛袭父职，免其贡物一年，赐冠带彩币以示优恤。既而帕雅赛欲报安南之仇，觊中国发兵为助。帝以老挝、交趾（今越南北方）皆服属中国久，恤灾解难，中国体也，命（沐）琮慎遣人谕之。"嘉靖四十四年（1565），缅甸东吁王朝攻占八百和老挝，《明史·老挝传》又载："万历二十六年（1598）缅败，老挝来归，奉贡职，请颁印。后铸老挝军民宣慰使司印给之。四十年（1612）贡方物，言印信毁于火，请复给。抚镇官以闻。明年，再颁老挝印。时宣慰犹贡象及银器、缅席，赐予如例。自是不复至云。"自此以后，老挝没有再来入贡，明朝衰弱，也无力管辖。

17世纪中叶，清朝取代明朝统治中国，老挝以朗勃拉邦为中心称为南掌国。《大南正编列传》卷三十三《内掌传》载："南掌，一名牢龙国，俗呼为挝家。""其国城在芒龙，左临穹江为验，东夹镇宁，西抵暹罗、缅甸，南夹万象，北夹云南。""芒龙"即今朗勃拉邦，为其首都。穹江即湄公河。"镇宁"即镇宁高原。"南夹万象"，时老挝分裂为南掌与万象两个统治区。清代的"南掌国"已不是云南省的土司区。南掌国虽然向清朝"朝贡"，但是被列为"属国"，而非"土司"。关于这个区别，《明史》和《清史稿》的记载是明确的。《明史》的《老挝传》在《云南土司传》之中，《清史稿》的《南掌传》则不在《土司传》中，而在《属国传》中。根据《清会典事例》和《清朝文献通考》的记载，乾隆三十一年（1766），清朝在今老挝北部会晒省和丰沙里省境内曾设置"勐龙土指挥同知"和"补哈土千总"，隶属于云南省普洱府。但只存在了6年左右，便成为南掌国辖区。而今老挝丰沙里省北部的"勐乌"、"乌得"，在近代中法两国划界之前，一直是云南省车里宣慰司的"十二版纳"之一。

清代前期，老挝分裂为北部的南掌、西南部的万象、东南的川圹、南部的占巴塞4个割据区域。万象和占巴塞与暹罗关系密切，川圹与越南关系密切，南掌则与清朝和暹罗都保持密切关系。南掌国定期向清朝"入贡"，贡期最初定为5年一次，后来改为10年一次。贡品是驯象和土特产品。清朝往往回赠相当多的"彩缎文绮"。贡道由今西双版纳入云南省境北上，沿途各省的地方官对南掌使者进行接待和护送。清朝皇帝因为南掌国道远，对其使优厚接待。"连日赐茶果，又赐宴于紫光阁三无私殿。"乾隆五十五年（1790）的第一次"入贡"，清朝皇帝还把南掌使者招待到承德行宫，"与蒙古王公、各外藩贡使同预寿筵"。19世纪中叶以后，暹罗控制了南掌，南掌不再向清朝"入贡"。

明清时期，中国人迁移老挝的逐渐增多，今老挝境内苗族和瑶族，大多是明清时代迁去的。云南和内地省区的一些汉人也到老挝从事商业和手工业活动。朱震孟《西南风土记》，谢肇淛《滇略》，张道宗《记古滇说》、《大南正编列传》等史籍，都有华人至老挝经商、定居，从老挝运贝币入云南的记载，表明民间交往相当密切。

第四节　与越南的关系

越南与云南和广西两省区陆地接壤，与海南岛和南沙群岛隔海相望。今越南南方，唐以前称"林邑"，宋以后称"占婆"；今越南北方为我国秦代的象郡，汉代的交趾、九真、日南三郡，唐代的安南都护府。自10世纪中叶至19世纪中叶沦为法国殖民地之前的900余年间，越南成为独立王国。这段时间的越南历代王朝向中国宋、元、明、清王朝"朝贡"，接受中国皇帝封号，被称为"藩属国"。

元朝时期（1271—1368），越南北方属陈朝统治，南方是占婆。在占领云南之后，灭亡南宋之前，元宪宗蒙哥派遣大将兀良合台率元军自云南攻打越南。元军攻占陈朝都城，国王陈日熙逃亡海岛，"越七日，日熙请内附，于是置酒大饗军士，还军押赤城（今昆明）"。[①] 元世祖忽必烈灭南宋建立元朝，陈日熙遣使"献书"，"乞三年一贡"，臣服元朝。元世祖"从其请，遂封日熙为安南国王"。[②] 13世纪80年代，元世祖征伐占婆，派镇南王脱欢和行省右丞唆都率元军"假道安南（今越南北方）进攻占婆，并令安南国王陈日烜（日熙子）运粮至占婆帮助元军征伐占婆。日烜不从，反与占婆结成联盟，共同抗拒元军。元军攻入越南，虽屡战屡胜，占领国都，取地二千里，日烜逃入海岛"，但受到安南和占婆的强烈抵抗，元军困乏，死伤较重，撤退时又遭伏击而大败。以后数年，元军又发动几次进攻。安南和占婆采取的战略是：元军进攻时顽强抵抗，元军撤退后"遣使入贡"。元世祖死后，安南和占婆都向元朝"朝贡"，在此后的整个元朝时期都和睦相处。双方以"入贡"和"回赐"的方式，进行

[①] 《元史·速不台传》。

[②] 《元史·安南传》。

着密切的政治、经济、文化交往。

1368年，明太祖朱元璋灭元朝建明朝，安南陈朝遣使向明朝入贡，明太祖封陈日煃为"安南国王"。建文二年（1400），安南权臣黎季犛发动政变，大杀陈氏，篡夺陈氏政权，改名胡一元，立子胡奎为大虞国王，史称胡朝，原国王之弟陈天平逃到南京向明朝求援，明朝支持陈氏，派军护送陈天平归国，为胡氏杀害；加之胡氏在向明朝臣服入贡的同时，侵占云南的宁远州（今越南莱州）和广西的思明州，明成祖朱棣大怒，于永乐四年（1406）派遣大军，从云南蒙自和广西凭祥两路攻入安南。胡氏聚军民200万，树栅900里抗明军，被明军打败，胡氏父子被俘，胡朝灭亡。明朝以"安南本中国地，陈氏子孙已诛尽，无可继者，其国中耆老民庶俱请为郡县如中国制"，[①] 遂于永乐五年（1407）在安南设立"交趾布政使司、都指挥使司、按察使司，分十七府、四十七州、一百五十七县、卫十一、所三、市舶司一"，[②] 派文武官吏直接统治。

永乐十八年（1418），黎利起兵，且队伍不断壮大。明军与黎军争战10年，不能把黎军镇压下去，黎利也无完全取胜把握，多次遣使求和，愿臣服明朝。宣德二年（1428），双方议和：黎氏向明朝臣服入贡，建立黎朝政权；明军撤出安南，取消直接统治，封黎氏为"安南国王"。

明朝后半期，越南版图上有三个政权并存。权臣莫登庸父子杀废黎氏国王，夺取政权，以河内为都城，统治东京地区。另一个权臣郑氏，以宰相扶黎氏遗孙统治清化、义安、河静地区，都城在西都（清化）。第三个权臣阮氏，代黎朝统治以广治为中心的南方各省。三方都向中国明朝称臣入贡，争取明朝的支持。明朝于公元1539年（嘉靖十八年）封莫登庸为"安南都统使"，又于万历二十四年（1596）封黎维潭为"安南都统使"，试图调和三方矛盾，但三方争权斗争持续不断，明朝势衰，只得听其自然。

顺治十六年（1659），清军占领云南，安南国王黎维祺遣使至军，表示臣服清朝。公元1666年（康熙五年），清康熙帝诏封（黎）维禧安南国王。[③] 时莫氏势衰，退至北部边境高平，清朝曾调解黎氏与莫氏的纷

---

① 《明史纪事本末》卷二十二。
② （清）魏源：《圣武记》卷六。
③ 同上。

争。康熙十三年（1674），黎氏攻灭莫氏，遣使清朝，"请六年两贡并进"。① 此时的越南，名义是黎朝统治全境，但北方为权臣郑氏统治，南方为权臣阮氏统治，相互对抗。乾隆三十六年（1771），阮惠三兄弟领导大规模的西山起义，先行打垮南方的阮氏，又于乾隆五十一年（1786）北上攻灭郑氏政权。国王黎维祁逃匿，清朝派两广总督孙士毅率兵进入越南，重扶黎维祁，但阮惠复于乾隆五十四年（1789）攻陷东京（河内），驱逐黎维祁，自立为光中皇帝，因恐清朝再派大军入越镇压，即遣使向清朝"谢罪乞降"，② 派兄子赴北京"入贡"，并"请来年亲觐"。③ 清朝以黎氏不能自守，阮惠又已臣服，遂承认阮惠为"安南国王"。乾隆五十五年（1790），阮惠到北京"入觐"时，"宴热河山庄，班亲王下，郡王上，赐冠带受封"。④ 乾隆帝待阮惠十分热情，并调解他与黎氏之间的矛盾，把黎维祁和属下招到北京编入汉军旗下，以黎维祁为佐领；同时要阮惠访救黎维祁亲属，护送到中国居住；对于过去因黎阮之争而逃入云南、广西等地的越南人，听其自愿回国。嘉庆七年（1802），原来统治南方被阮惠打垮的阮福映，势力复振，北上打败阮惠，攻陷东京（河内），建立阮朝，向清朝遣使、纳贡、请封，清朝诏封阮福映为"越南国王"。阮朝统治延至近代。19世纪80年代，法国大举侵略越南，清朝援助，爆发中法战争，清军战败，法国变越南为殖民地。

元明清时期，越南历代国王向中国皇帝"朝贡"，多是三年一贡，但由于交往频繁，常不限于此，时间间隔更短，两年一贡或一年一贡亦常有之。越方"朝贡"，中方都要"回赐"，主旨是重在政治联系，从经济观点看，实质上是一种官方贸易。中国皇帝明示越方："进见之物须从至微至轻，必来使自捧而至，物不在多，唯诚而已"；⑤ "兼贸易，薄来而厚往"。⑥ 由于越南方面能从这种朝贡贸易中获得较大的经济利益，所以，从元朝初年至清代中法战争前夕的时间内，越南历代统治者都勤于向中国皇帝朝贡，次数很多，常常突破三年一贡的定例。和平时期朝贡频繁，战

---

① （清）魏源：《圣武记》卷六。
② 同上。
③ 同上。
④ 同上。
⑤ （明）张境心：《驭文记》卷二。
⑥ （明）严从简：《殊域周咨录》卷六。

争之时也常以"朝贡"之名进行和谈而兼顾官方贸易。

中越的民间贸易，史籍没有确切的资料记载，但从云南、广西两省区众多的交通联系及广东等省区的通道可以想见，这些交通通道，除了政治、军事、文化联系功用外，经济联系功用也至关重要。元明清时期，云南、广西、广东、福建等省区的中国人，大量外出至中南半岛和东南亚各地去从事农林垦植以及手工业和商业活动，其中去越南的也不少。定居越南的华侨，多为元明清时期去的。越南的开发，除了越南本土居民的辛勤劳动，许多中国人也付出了血汗。

中越交通，汉唐以来，史籍多有记载，元明清史籍记载更多。大体是从广东等沿海省区海路前往，从广西和云南则陆路通道甚多。广西诸道，特别是谅山—凭祥道，是越南通向华南和中原的便捷大道，自不必述。云南道以蒙自县属莲花滩沿红河南行入越南一道最为著名。兀良合台率元军入越南，沐晟率明军入越南，都取此道。数万或数十万大军行进，加上军需运输，可谓浩浩荡荡，必然是交通大道，和平时期则是经济文化交流大道。关于这条大道，谷应泰《明史纪事本末》卷二十二说："由云南临安（今建水），则蒙自县莲化滩，可四五日至东都（今河内）。"《明一统志》详细记述了这条线路："由蒙自经莲花滩入交州之右陇关下程峒，循洮江源右岸，四日至水尾州，又八日至文盘州，又五日至镇安县，又五日至夏华县，又二日至清波县，又三日至临洮府。洮水即富良江上流，其北为宣化，江南为沱江，所谓三江者也。临洮三日至山县，又二日至兴化府，即古多邦城，自兴化一日至白鹤神庙三岐江，又四日至白鹤县渡富良江。"①《明一统志》还记载了云南至越南的另一条交通线路："自河阳隘循洮江左岸十日至平源州，又五日至福安县，又一日于宣化州，又二日至端雄府，又五日至白鹤三岐江，然皆山径，奇侧难行，其循洮江右岸入者，地势平夷，乃大道也。"②

魏源《圣武记》卷六"乾隆征抚安南记"载，乾隆五十三年（1788），清军由广东、广西、云南三路入越，帮助黎朝打阮惠，其云南一路，原计划由蒙自县莲花滩南进，云南提督乌大经临时改变行军道路，率军"取道开化厅之马白关，逾咒河入交趾界，千有百里进而至宣化镇，

---

① （清）魏源：《圣武记》卷六"乾隆征抚安南记"附录。
② 同上。

较沐晟旧路稍近"。清代的开化厅即现在的文山县,由云南文山至越南宣化确实较蒙自至宣化稍近。现今云南文山与越南河内间的公路,大概即沿清代乌大经所走线路。由此可见,开化至宣化间的通道当也是清代云南至越南的交通大道之一。

沿李仙江—黑水河的路线,当也是云南与越南交往的道路。这条交通线虽无史籍详述,但客观上是存在的。今越南西北部黑水河畔的莱州地区,元代为云南省直辖的宁远州,明初为云南省临安府辖的宁远州。据史籍记载,越南黎朝曾侵占广西的思明州和云南的宁远州,明朝曾严重关注,经交涉,广西的思明州已全部归还,而云南的宁远州只归还一部分,延至清代仍为中越间的一个争议问题。古宁远州(今莱州)的主要居民是傣族,与云南省南部的傣族、彝族、哈尼族等各族人密切交往。元代云南行省管辖整个宁远州。明清时代,宁远州北部为云南省临安府的土司地区,与云南腹地有密切的政治、经济、文化联系。该地区处在李仙江—黑水河流域,北面与云南腹地连接,东南面与越南腹地连接,当是一条重要的传统交通路线。

众所周知,越南文化受中国文化影响极深。元明清时期越南的官吏和知识分子,大多识汉字,读汉文书籍,中国文化在越南广泛传播。越南除大量购进中国印刷出版的汉文书籍加以传播外,还学会中国印刷术,直接印刷出版汉文书籍,广为传播。15世纪中叶,越南开始印行中国唐代刊定《五经定本》,1435年刊印《四书大全》。越南人信仰的大乘佛教和道教,与中国同宗。在行政管理、法律、兵法、哲学、史学、文学、音乐、医药、建筑、天文、历法、手工艺等社会科学、自然科学、哲学、宗教、艺术等各个领域,中国传统文化都深刻地影响着越南文化的发展。因此,世界学者都认为:越南文化属于中国文化圈,是中国文化体系的分支。

第十五章

元、明、前清时期云南与印度的关系

第一节 早期历史关系的回顾

一 雅利安人种与来自中国的蒙古人种的混血

印度有"人种博物馆"之称,基本的人种有达罗毗荼人、雅利安人、蒙古人。雅利安—达罗毗荼人、雅利安—蒙古人是由这些基本人种混血而形成的。尽管现代人类学家对"人种学"理论提出种种的质疑和批判[①],但是根据骨骼构造和身体外部特征——头型、鼻型、骨架、牙齿、肤色、发型、发色、目色来识别不同人种,并从人种特征来研究不同地理和社会经济条件下人种的历史、文化的方法,是应该肯定的。

印度的蒙古人种分布在喜马拉雅山麓,其皮肤黄而带黑,身材稍矮,脸扁平、颚骨突、鼻小、唇厚、肩宽,头有长型、宽型两种,与深目长鼻、皮肤白皙、身材高大、长头型的雅利安人不同。在阿萨姆邦,蒙古人种与雅利安等人种混血,形成雅利安—蒙古人种。阿萨姆人是这一人种的典型代表,其肤色呈黄色或黑黄色,身材矮小,面部仍明显具有蒙古人种的特征。在旁遮普等雅利安人集中的北部、西北部各邦及克什米尔,蒙古人种与雅利安等人种的混血非常普遍。"现在的旁遮普人可以说是印度雅

---

① 德国人类学家布鲁门巴哈(Johannf Blumenbach,1752—1840),根据骨骼构造和外形特征(头型、鼻型、骨架、牙齿、肤色、发型、发色、目色),将人类分为高加索(Caucasian)、蒙古(Mongolian)、阿美利加(African)、埃塞俄比亚(Ethiopian,今译尼格罗)、马来亚(Malayan)等5个人种,认为5个人种的人体特性是固定不变的。但以波亚士(F. Boas)为代表的人类学家则认为事实并非如此。如生于美洲的欧罗巴人与生于欧洲且成长于欧洲的同系后者头型是非常不同的。地理和社会经济的条件,能够给头型以影响。见[苏]波克洛夫斯基编,卢哲夫译《世界原始社会史》,江苏教育出版社2006年版,第10、12页。

利安人种的典型代表。由于旁遮普在历史上屡遭外族入侵,成千上万的外族人在旁遮普先后定居下来,例如希腊人、伊朗人、塞种人、匈奴人、蒙古人、阿拉伯人等,他们不仅在这里定居下来,而且随着时间的流逝,逐渐都同原来的旁遮普人融为一体,成了旁遮普人。"① 在安德拉邦,也有蒙古种人与非蒙古种人混血,这使安得拉人也有蒙古种人的某些特点。

在印度东北部的阿萨姆(Asam)②、那加兰(Nagaland)、曼尼普尔(Manipur)、梅加拉雅(Meghalaya)诸邦,除分布着属于雅利安—蒙古人种的阿萨姆人外,还有未与雅利安人、达罗毗荼人混血的蒙古人种的那加人、加洛人、卡查里人、米基尔人等。

蒙古人种进入印度,经历了一个漫长而连续不断的过程,这个过程是伴随着中印两大文明的交往而进行的。"王嘉《拾遗记》载周成王之世,有旃涂国、祇因国、燃丘国来献方物,老子撰《道德经》有浮提国人相助,《庄子·山木篇》有建德国,似皆指印度而言。"③ 这说明有记载的中印两大文明的交往,最迟始于公元前10世纪的周朝。正如季羡林教授所说:"中国印度两国人民的友谊和文化交流到现在总已有三千多年的历史。"④ 从两国的交往看,在细石器时代之后,蒙古人种从中国进入印度,也有三千多年。印度民族学家S.T.达斯说:"操汉藏语系多种方言的印度的蒙古人种,似乎是在三千年前开始经由印度的东部和北部孔道来到印度的。赋予阿萨姆居民特殊气质的这种基本的蒙古成分,主要是博多部落的贡献(S.K.查特基,1959)。据查特基教授研究,博多人曾在整个的北比哈尔、北孟加拉、东孟加拉和布拉马普特拉河流域以及卡查尔山、加罗山和特里浦拉山延伸部组成过一个牢固的蒙古人集团。据艾伦(Allen)研究,卡查里人是属于一个庞大的博多部落,其原始居住地是长江和黄河上游之间的某处,他们是在连续的移民浪潮中,逐渐遍布阿萨姆的。卡查里人从远古时代起到19世纪中期,曾经统治过阿萨姆的不同地区,他们传统地被称为基拉塔人(纳思,Nath,1959),北卡查尔山地的卡查里人

---

① 刘国楠、王树英编著:《印度各邦历史文化》,中国社会科学出版社1982年版,第317页。
② 阿萨姆称呼的由来是因为阿洪姆(Ahom)与梵语的asama(无比之意)的发音相近,所以称其为阿萨姆(Asam)。阿洪姆是阿洪姆人在阿萨姆建立的王国名称。
③ 张星烺编著:《中西交通史料汇编》第6册,中华书局1979年版,第7页。
④ 季羡林:《中印文化关系史论丛》,人民出版社1957年版,第1页;《中印文化关系史论文集》,生活·读书·新知三联书店1982年版,第113页。

通称迪马萨·卡查里人。"①

中国的蒙古人种，大都是从中国云南西入印度的，在漫长的历史时期中他们与印度的达罗毗荼人、雅利安人混血，形成印度的雅利安—蒙古人种，这一人种不仅为开发印度做出了历史性的贡献，而且为几千年来中印两国人民的友好交往构建了一根割不断的种族亲族纽带。这是中印两国人民共同走向理想的未来，共同繁荣发展的重要基础。

二　早期的经济、文化交流

中印之间早期的经济文化交流，路线有南、西两条，南路是从中国的西藏进入印度北部，西路是从中国的云南进入印度东北部。导致交流的主要原因是双方在经济上存在互补性。文化交流是随着多元经济交流进行的。最早交换的产品（商品）是丝，季羡林教授说："在乔胝厘耶（Kautiliya）著的《治国安邦术》里，有'乔著耶和产生在脂那（即China）的成捆的丝'的话，意为中国的成捆丝。……乔胝厘耶据说生于前四世纪。是孔雀王朝月护王的侍臣。假如这部书真是他著的话，那么，据此，迟在前四世纪，中国丝必已输入印度。"② 张星烺在《中西交通史料汇编》中引德国学者雅各比（H. Jacofi）的论文说，在前320至前315年，印度旃陀罗笈多王朝历史学家Kautilya的著作中，曾有中国（China）产丝，商人常贩至印度的记载。

一位印度教授指出，在《摩诃婆罗多》、《罗摩衍那》（二书皆为前3世纪的作品）、《摩奴法典》等各种各样的古代印度作品中，提到中国人，都称作Cina（China）。这些作品受到印度人的崇敬，绝不会有人敢窜改原文。《罗摩衍那》说中国人"比较显贵（Cinanparamacinangsca）"。一些《往世书》和享有高级古物殊荣的《摩诃婆罗多》也表明熟悉"Cina"这个词。在《摩诃婆罗多》的《大会篇》（宫廷章）中，当般度第三子阿周那去征服东辉国（阿萨姆）时，阿萨姆国王福受带领一支由基拉塔人和中国士兵（Sa Kirataisca Cinaisca Vaitah Pragjyotisobhavat）组成的军队同他战斗。这些中国士兵住在大山那边（Parvatiantara Vasinah）。在《和

---

① ［印度］S. T. 达斯：《东喜马拉雅民族》，王筑生译，《民族研究译丛》（4），云南省民族研究所编，第11、14页。
② 季羡林：《中印文化关系史论丛》，人民出版社1957年版，第163—164页。

平篇》中，我们发现有雅瓦纳人、基拉塔人、甘达拉人、中国人、萨瓦拉人和巴尔巴拉人的记载。在耆那教（Jaina）文学中也频繁提到中国。它的早期作品从纪元前就有了。在耆那教徒的家庭中，随意使用樟脑和中国布（Rajavgrtika；Tika 和 Vardhamgna-Purgna；Shrat）。耆那教文学的 Cheenapatta 与《政事论》的 Cinapattas（支那帕塔，意为"中国的丝织品"）完全相同。在 Brikatkalpa Bhasya 和 Anuyoga-dvara Sutra 中提到名叫 Cinamsuya 的中国布（China Cloth），Cinapatta（Cheenapatta）为其中一种，且两者颜色相同。在 Rajavartikatika 中，当列举各种各样山的颜色时，一种被说成 Cinapatta-varnah，即属于"中国丝"的颜色。耆那教徒也在他们的偶像献祭仪式中，使用这种好看的丝质中国织物（China-cloth）。很明显，自从中国丝早期传入印度，颜色一直未变化。在前4世纪期间，《政事论》的作者考第亚（Kautilya）提到中国和中国布（Cinapatta），而与此同时的医学协定 SuSru-ta 也说到中国布。3 世纪后半期，Nagarjuna-konda 碑铭之一也提到中国。[①]

另一位研究古代印中交流史的印度学者 P. C. Bagchi 指出："古代通往中国的阿萨姆—缅甸路线，始自印度的古都华氏城（巴特那），经过瞻婆（巴加尔普尔）、羯朱暇祇罗（拉吉马哈尔）、奔那伐弹那（北孟加拉），直到阿萨姆的迦摩缕波（高哈蒂）。从阿萨姆至缅甸的路线，古代如同现在，有三条：第一条沿布拉马普特拉河谷至帕特开山（Patkai range），然后通过帕特开山口，直到上缅甸；第二条通过曼尼普尔，直到钦敦江河谷；第三条通过阿拉干，直到伊洛瓦底江河谷。所有这些路线会合于八莫附近的缅甸边境，然后继续翻越崇山峻岭，到云南府即昆明盆地。昆明是中国南部省份中的主要城市。"[②]

云南，是中国历史上通往外部世界的大门。例如，云南的古代哀牢王国即东汉的永昌郡（治保山）就是国内外商人交易的地方。公元1世纪汉明帝统治时期（58—75），永昌郡辖8个县，该地区位于中国的极西南端。在这个郡中居住着闽濮、越、印度人（Shendu 或 Zhuandu）和其他民

[①] 见［印度］Haraprasad Ray《从中国至印度的南方丝绸之路——一篇来自印度的探讨》，江玉祥译，载段渝主编《南方丝绸之路研究论集》，巴蜀书社2008年版。

[②] 引自［印度］S. L. Baruah《关于南方丝绸之路的印度历史证据——阿豪马人迁居阿萨姆的路线》，汪玉祥译，载段渝主编《南方丝绸之路研究论集》，巴蜀书社2008年版。

族，如葛僚（the Garos）。这个郡有繁荣的商业，出产许多种商品。腾冲（Tangcheng）在国内外贸易中是一个相当重要的地方。缅甸境内的八莫（Bhatno）和密支那（Myitkina）作为西方的印度和东方的中国之间的链环，是相当重要的贸易中心。在布拉马普特拉河谷内，人们能从水、陆两路，通过萨地亚（Sadiya）、格比利（Kapili，在现在的瑙贡 Nowgong 边界）、Pragjtshoura（Guwahati，高哈蒂）、Hadappeswara（Tezpur，提斯浦尔）和 Dava-ka 进行旅行。布拉马普特拉河中游的高哈蒂是古代强大的迎摩缕波（Kamarupa）国的首都，它的地理位置具有战略意义，东接缅甸贸易路线，西连北印度，有繁荣的商业，是水、陆两路货物的主要转运中心。①

当时中国丝输入印度是从南路还是西路呢？当然是从西路，因为从西域或南海通往印度的丝路，是汉武帝时才开通的，而经云南进入印度的滇缅道丝路，则早已存在。

西汉建元二年（前139年），汉武帝以博望侯张骞出使大夏（今阿富汗北部），元朔三年（前126年）始归。张骞归回后说："臣在大夏时，见邛竹杖、蜀布。问曰：'安得此？'大夏国人曰：吾贾人往市之身毒（指印度西北部）。身毒在大夏东南可数千里。……以骞度之，大夏去汉万二千里，居汉西南。今身毒国又居大夏东南数千里，有蜀物，此去蜀不远矣。……天子欣然以骞言为然，乃令骞因蜀犍为发间使，四道并出……皆各行一二千里。其北闭氐、笮，南方闭雟、昆明……终莫得通（身毒国）。然闻其西可千余里，有乘象国名曰滇越，而蜀贾奸出物者或至焉，于是，汉以求大夏道始通滇国。"② 长沙战国墓曾出土考古学家认为是出自古印度的琉璃珠，该墓葬的年代为公元前4世纪，琉璃珠是从云南、贵州流到楚国的。这说明，经过云南到印度东北部乃至大夏的商道，早在公元前4世纪就已经存在。邛竹杖、蜀布等普通商品在大夏的出现，说明中印之间经滇缅道（即西路）的商品贸易，在西汉时已经比较兴盛。在阿萨姆，从提斯普尔（Hadapeswara）及附近的帕尔巴蒂亚（Parbatia）、北高哈蒂（North Guwahati）到戈拉加特（Golaghat）、迪马普尔（Dima-

---

① ［印度］Haraprasad Ray：《从中国至印度的南方丝绸之路———篇来自印度的探讨》，江玉祥译，段渝主编《南方丝绸之路研究论集》，巴蜀书社2008年版。

② 《史记·大宛列传》卷一二三。

pur），以至布拉马普特拉河南北两岸更东的地区，有广阔的文化遗迹分布，展现了古代印度东北地区一幅繁荣壮观的光辉图景。这样的繁荣，可以推测出印度东北部与中国有活跃的贸易。①

图 17　大理崇圣寺三塔梵文经咒砖印拓片

　　文化交流突出反映在印度佛教之传入云南。《三国志·魏书·东夷传》裴松之注引《魏略·西戎传》载：早在西汉哀帝元寿元年（前 2 年），就有"博士弟子景卢受大月氏王使伊存口授《浮图经》"。这说明印度佛教自公元初年就已传入中国。佛教是否此时传入云南，不见史乘记载。《后汉书》说，安帝永宁元年（120），掸国献大秦幻人。冯承均的《中国南洋交通史》②说："掸国地处上缅甸，其来也，或遵陆而非循海。""所献大秦幻人疑是南天竺（按，指印度）之幻人，盖南天竺一名 Daksinapatha，即《法显传》之'达亲'。传称掸国西通大秦，疑即此大秦（达亲），印度昔亦以幻术名，可以为证。"天竺（印度）幻术自掸国经云南献给东汉王朝，疑佛教在东汉时传入云南，当是可能的。道宣《释迦方志·游历篇》卷五说："宋元嘉中，冀州沙门慧睿又游蜀之西界，至南天竺。"这是南朝时中国僧人经云南至印度的记载。南诏丰佑时，天竺僧人"赞陀崛多神僧，蒙氏保和十六年（839）自西域摩伽国来，为蒙氏崇信"。又说："摩伽陀，天竺人，蒙氏时卓锡于腾冲长洞山阐瑜伽教，

---

①　［印度］Haraprasad Ray：《从中国至印度的南方丝绸之路——一篇来自印度的探讨》，江玉祥译，载段渝主编《南方丝绸之路研究论集》，巴蜀书社 2008 年版。
②　冯承均：《中国南洋交通史》，上海古籍出版社 1985 年版。

图 18　《大理国梵像卷》中的梵文宝幢

演秘密法，祈祷必应。至今云南土僧名阿吒力者，皆服其教。"[①] 摩伽陀、摩伽国，皆 Magadha 的同音异译，为天竺之国名。

　　印度学者的研究表明，印中两国的佛教交流，早在 1 世纪，就有两个印度佛教徒——僧人摄摩腾（迦叶摩腾）和他的同伴可能通过伊洛瓦底江上游河谷，到达了云南。在 2—3 世纪时期，二十多个僧人通过四川和其他东南省份到印度，早期笈多王朝国王室利笈多大王（Srigupta）为他们建了一座庙宇，叫"支那寺"。当义净访问它时，支那寺已经倾圮，在普提迦耶（Bodh Gaya）发现的有中文铭文的石碑证明了这一点。《太平御览》引用咸通时期（860—873）一个三藏和尚经过成都的例子，他表

[①]（明）李元阳：《云南通志》卷十三。

示了要从云南经相邻的北印度路线（Uttarapatha）回印度的愿望。剑川石窟中的佛像和印度僧人的塑像，证明这些和尚传播了佛教。公元4世纪的慧皎在他的《高僧传》中说，当慧睿（另一个和尚）游历求学时，他在四川西部边境被抢劫。638年，当玄奘到迦摩缕波时，国王婆塞羯罗伐摩（Bhaskaravarman）告诉他，阿萨姆流行中国的《秦王破阵乐》，这是一首赞美王子李世民战胜敌人刘武周的歌曲。①

第二节　云南勐果占璧王国与印度阿洪姆王国的历史关系

一　勐果占璧王国崛起及西征

中国元朝云南行省的版图，西邻印度的阿萨姆、那加兰、曼尼普尔诸邦。自今云南保山以西至与印度交界的广大地域，为金齿白夷（傣族先民）的聚居区。公元11世纪初，这个聚居区的金齿白夷在勐卯（今云南瑞丽）曾建立过一个强势的王国——勐果占璧，"果占璧"的含义是"出产香软米之地"。王国初期的地域，包括勐卯、勐兴威（《明史》所称之木邦及其以南一带地区）、勐兴古（《明史》所称之孟养、孟拱，包括曼德勒以北的大部缅北地区）、勐兴色（亲敦江下游戞里一带的勐色地区）等四个部落的地区。王国起初即是四个部落的联合体。②

中统二年（1261），元朝在永昌（今保山）置金齿安抚司，统辖归附的包括四个部落的广大的金齿白夷地区。至元十五年（1278），改金齿安抚司为金齿宣慰司，统辖六路一县。③ 又在四个部落地区置云远路军民总管府（治在今缅甸克钦邦之孟养）、木邦路军民总管府（治在今缅甸掸邦腊戍北部之新维）、蒙光路军民府（治在今缅甸克钦邦之孟拱，所属有蒲

---

① ［印度］Haraprasad Ray：《从中国至印度的南方丝绸之路——一篇来自印度的探讨》，江玉祥译，段渝主编《南方丝绸之路研究论集》，巴蜀书社2008年版。
② 龚肃政译，杨永生整理并注释：《勐果占璧及勐卯古代诸王史》，云南民族出版社1988年，第1页。
③ 《元史·世祖本纪》：六路为柔远路（治在今保山潞江坝）、茫施路（治在今芒市）、镇康路（治在今永德县之永康）、镇西路（治在今盈江县旧城）、平缅路（治在今陇川县）、麓川路（治在今瑞丽县）、南赕（治在今盈江县西北）。

东甸，为今缅甸克钦邦北部之葡萄）①、孟并长官司（治在今缅甸掸邦西北之蒙米特）、孟广军民长官司（治在蒙米特之东北）、孟怜路军民府（治在今瑞丽县境外之莫洛）、蒙莱路军民府（辖瑞丽县境外瑞丽江南北两岸）、缅甸军民府及二十四寨达鲁花赤（辖今瑞丽县西南境外瑞丽江流域地带）、通西军民府（今缅甸掸邦西北）、太公路（治在今缅甸实阶区东部之达冈）。元朝的路、府、州、县，分别隶属宣慰、宣抚、安抚等司统辖。宣慰、宣抚、安抚等使，除边地由土人担任之外，一般由蒙古贵族担任。由于金齿区域地在边远，上述司、路、府的统治者均由傣族土长充任，土长常利用手中掌握的军政大权，坐大称雄，割据一方。勐果占璧王国的坐大，与此密切相关。

传说傣历萨戛里673年（元至大三年，1310），王族遗裔混依翰罕得地方守护神托梦，在他家耕地的石岩脚取出天神存放的印玺。回家途中，路上行人垂首弯腰，侍立路旁让路；回到家中，村人又纷纷前来敬送贺礼；第二天上山割茅草，洛哈左天神变作一只白额青眼大虎，一声咆哮，向混依翰罕扑来，并从他的头上跃而奔向森林。该年适逢勐卯王绝世，果占璧王国的大臣"混干"、"波勐"们议定，按天神旨意将混依翰罕迎回继承王位，拥立他为"萨玛达"（傣语意为最大领袖）。接位后他以猛虎曾跃过头顶而自号为"思翰法"（《元史》称死可伐，即思可法），建新都于勐卯域内的允遮兰（在缅甸木姐与南坎之间，今名姐南）。他以会议结盟及军事征服并用的手段进行扩张，先后将景迈（泰国北部）、景线（泰国北部）、景栋（缅甸掸邦东部）、景洪（云南西双版纳）等地纳入自己的管辖之下。《勐勐土司世系》说，思可法统管的地方政权有勐沙统、谬西拉等四十四个②，号称"三十六路"。明西平侯沐英说："近询知死可伐之地，有三十六路。在故元时，皆设官治之，其地后为蛮人所专，已四十年。"③ 在征服广大白夷地区后，思翰法命其胞弟混三弄为总兵"庄色"，大"波勐"刀思云、刀怕洛、刀思翰盖等为大将，率90万大军西征，直抵坎底（今缅甸葡萄）、鸠养、双顺、戛尊（疑皆在亲敦江流

---

① 《拓捕总录·西番》说：蒙光路为金齿白夷所居，"其地接西天（印度）"。
② 宋子皋著，刀永明、薛贤译注：《勐勐土司世系》，云南民族出版社1990年版，第51—52页。译注者对四十四个地名作了古今名之对应考，可供参阅。
③ 《明实录·太祖洪武实录》卷一五五。

域）及勐卫萨丽。"是时，天竺之卫思利国（即勐卫萨丽）、邦特章邦乃公国、邦特利普国……先后入贡"。① 混三弄征服勐卫萨丽的情况如下：

> 总兵元帅混三弄统率大军，长驱直入，不久就抵达卫萨丽的首府。这时，侦察的探子回报：前面就是勐卫萨丽的都城。当我们侦察附近地形时，遇上了许多放牛的牧童，都围上来观看我们这些衣着打扮奇异的人。这些牧童把我们围了许多层，就像一窝蜂子，多得数不清。当告诉他们我们是来攻打你们的国家时，这些牧童一散而空了。召混三弄和大将们研究结果认为：勐卫萨丽，仅牧童就有这么多，可想而知百姓必然非常众多，必定是个兵强马壮的国家，此次战争不能强攻，只能智取。于是混三弄给全军下令：人人都去卫萨丽人容易见到的地方去解大便，并一律用小块牛皮、马皮、猪皮、生肉盖在粪便上，把牛、马骨头都撒在大便附近，人人都要对卫萨丽人宣称：赶快投降吧，否则就要将你们一个个活剥生吞了。卫萨丽人看见到处都是骨头、大便，而且大便里还有消化不了的牛马皮、生肉，于是大家议论纷纷，个个惊奇，谁也猜不准是什么样的人解的粪便。消息报告到他们的混贺罕那里，混贺罕召售混干、波勐们商议，大家都一致认为，这是一支奇特的军队，绝不是一般的凡间之人，与之作战，必然失败。于是，决定举国投降。决定一公布，百姓们人人拥护，混贺罕派出代表，到召混三弄营中投降议和，议定每三年一贡，每次贡金银一百。协议达成后，举行了隆重的盟誓礼。勐卫萨丽的混贺罕盟誓：勐卫萨丽已决定向勐卯称臣纳贡，永不反悔，天神在上，如有反悔，必定全勐毁灭。一切办理妥当后，召混三弄宣布班师回国。勐卫萨丽的混贺罕，选派了一个由"混干"、"波勐"组成的高级使团，携带金银等贡品，随混三弄的队伍，到勐卯去向召弄思翰法（思可法）称臣纳贡。②

---

① 《麓川思氏谱牒》（傣文史书有汉文译本，见方国瑜藏手抄本），此处转引自《勐果占璧史及勐卯古代诸王史》，第48页注。

② 龚肃政译，杨永生整理并注释：《银云瑞雾的勐果占璧简史》，《勐果占璧及勐卯古代诸王史》，云南民族出版社1988年版，第47—49页。

一位印度学者对苏卡法的西征作了详细的描述，他说，13世纪早期，苏卡法（Sukapha，原译为纠康发，按，当即混三弄）率领阿豪马人（一支傣掸族，按即阿洪姆人）从他们的茅隆（Mautung）祖国迁移到阿萨姆〔茅隆是通过帕开特山隘口进入云南境内的蒙格里蒙格拉蒙（Mungrimungram）的一个区域，按，茅隆，当即猛卯〕。傣掸族是伟大的傣族或泰族的一个分支，他们在这儿建立了一个王国（按，即阿洪姆王国），版图扩展到整个布拉马普特拉河谷，并持续存在了600年的时间，直到19世纪早期被并入英属印度。用傣—阿萨姆语撰写的编年史（Chronicles）描写了纠康发从上缅甸户拱谷地（the Hukong valley）的茅隆，长途跋涉到达东布拉马普特拉河谷的提潘（Tipam，现代煤城马格里塔 Margherita 附近）以及后来1252年在上阿萨姆的 Charaideo（现在石油城纳兹拉 Nazi-ra 附近）建立他的指挥部的行程。从这些描写中，可了解到自缅甸通过帕特开山至阿萨姆一次旅行的细节。据这些史料记载，纠康发从茅隆前进，曾通过户拱谷地傣掸土著部落居住的村庄 Kat.-Rung-Mong-Wan，Mong-Na-Mong-Ti，Khok-Chang-Bing-Min（Hati-Khakia），Ta-Bing-Men（Opar Chakua），Chak-Chang-Khrai（Sakhai）和 Shauk。有五个茅隆进贡国的首领将其分遣部队加入纠康发的部队，使他的总人数补充到9000人，还有两头象和300匹马。纠康发征服了户拱谷地孟坎〔Mung-Kham，即孟关（Mainkwoa）〕的 Yong-Kuk Naga 部落。其地距孟广（Mong Kwang）108英里，这个部落曾阻挡纠康发前进。此后，他通过 Lang-Mi-Che-Kau，Mo-la-Khrang，Mung-Khao-Mung-Pan 和 Pha-Ke-Che-Ring，最后到泰—帕基人（Tai-Phakes）的国家，在阿萨姆通称为法基亚尔人（Phakial）。帕特开山南边有一座矮山，纠康发带着他的人翻过这座山以后，给它取名叫坎山（Doi-Kham）。Pha-Ke-Che-Ring 位于坎山的南边，恰好在洛赖江（the Loglai river）的西面，迪甘河（the stream Digam）流贯其间。在坎山之北和帕特开山西南有一个三角形峡谷，谷中有一个几英里长的大湖，名叫"廊央"（Nong-Yang）。纠康发越过坎山，抵达那加（Naga）国的边界 Bin-Pen-Mung-Den，然后来到 Nam-Tilik-Kang-Tai。后来，他渡过坎詹河〔the river Khamjang，也叫坎央河（Kham-Yang）或廊詹河（Nong-Jang）〕，在廊央湖位于国际边界缅甸一侧的岸边扎营。纠康发从他的廊央湖岸的营地挺进，征服了那加人的村庄 Khrarukhu，Pungkang，Tik hang（Tithang），Binglao，Latema，Langpank 和 Taroo。而且，他完全破坏了两个村庄 Luknam 和 Lukha，战胜了 Taputapa（Tapatupa）的那加人。然后，他将坎山和帕特开两山之间，坎詹河流贯其间的整个地区划成一个省，名叫坎詹（Khamjang），任命他的一个侍从 Kangkhrumung 当该省的统治者，其头衔为 Kham-jangiya Gohaino。坎詹（Khanjang）具有相当重要的战略地位，因为从阿萨姆经缅甸至中国的通道经过这个地方。他做好了管理这块被征服地的必要安排以后，通向纠康发祖国的道路才得以维持。纠康发和他的人再继续前进，到达帕特开山（或 Doi-Kao-Rang 考兰山）。在那儿，他扎了第二个营地，征服了居住在高低山周围地区的那加人。……那加人居住在 Papuk, Tengkham, Khunkhat, Khuutung, Tangehing 和 akhang 村。他们作了顽强的抵抗，但是纠康发全部打败了他们，并破坏了一些村庄，对拒绝投降的村民施与了可怕的暴行。其他村庄的村民恐慌不已，主动表示投降傣掸征服者。接着，纠康发通过班乔（Panchou）隘口，越过帕特开山，于公元1228年进入印度东北的尽头，奠定他的 Mung-Dun-Sun-Kham（意为"有很多金色花园的国家"）王国的基础。然后，他往山下移动，沿南磅（Nam-Pong 或 Nam-Bong 南蓬）江岸，经南廊普［Nam-Nang-Pu 或 Kham-Nang-Pu（坎廊普）］，直指南鲁克江（the Namruk river），南鲁克江及包括南磅江在内的六条支流都流入布尔希迪欣河（the river Burhi Dihing）。从南磅江和南鲁克江的汇合处，纠康发带着他的人乘木筏，顺南鲁克江划向 Mung-La-Khen-Ten-Sha。该地的居民看来已自愿服从纠康发。他把这个地区组织成一个省，将其置于伴随他从祖国来的 Khun-Tang 掌管之下。此后，他顺布尔希迪欣河来到布拉马普特拉河谷的提潘（Tipam），他在这里停留了三年。此后，纠康发移居过许多不同的地方，像阿巴普（Abhaypur）、哈本（Habung，在布拉马普特拉河北岸）、迪利穆克（Dilihmukh）、锡尔帕尼桑达（Silpani-Sang-Tak）、锡马卢古里（Simaluguri）、蒂茅［Ti-Mau，或 Dimau（迪茅）］等地。公元1252年，他最后在查拉埃岛（Charaideo）邻近的一座小山上，建立了永久性的大本营。纠康发是沿着东北缅甸和东南阿萨姆的江河主流前进的。因为他要寻找适合水稻耕作的丰沃土地，土地和人将是在布拉马普特拉河谷要建立的国家的唯一收入来源。为使这条路完全安全，将其置于他的部下和他的继任者的控制之下，纠康发采取一切可能的措施来管理至阿萨姆途中这块被征服区。他甚至在战略要地停止前进两三年，促进那儿的农业生产。他从公元1215年由茅隆（Maulung）出发，花了十三年的时间才到达布拉马普特拉河谷。……纠康发率领阿豪马（阿洪姆）人主要是沿江而行，他们的迁徙路线可能与这些人走的路线不完全相同。①

二　勐果占璧王国与阿洪姆王国

《勐果占璧简史》所记混三弄征服勐卫萨丽的传说虽然不尽可信，但从思可法征服和统治金齿白夷广大地域的史实来看，卫萨丽国被其征服，向其称臣纳贡当是可信的。"勐卫萨丽"为傣语音译，"勐"傣语意为小国，勐卫萨丽即卫萨丽国。傣语有"十六贺相，三千贺罕"的成语。"贺相"是指大国首领，称中央王朝的皇帝为"召文贺相"，小国的国王或首领称"贺罕"，"混"意为"官"，"混干"、"波勐"是帮助"贺罕"办理各种事务的官员。②卫萨丽国国王、官员的名称，皆为傣语，说明这个王国的居民阿洪姆（又作阿霍姆）人是傣族先民，勐卫萨丽是傣族先民建立的王国。

根据阿洪姆人的传说，阿洪姆的始祖是天神楞东（Leng Don）的两个儿子坤龙（Khun Lung）和坤莱（Khun Lai），二人顺黄金梯子从天上下来，来到一个叫做"勐丽勐兰"的地方，受到当地居民的欢迎，于是就在当地建国，成了当地的统治者。③这个传说与中国瑞丽傣族的传说相同：法国兰番佛巴德里（Lefenre Pontalis）在其所著《泰族侵入印度支那考》中著录说："公元568年间天神有二子，长曰根仑（Kun Lung），次曰根兰（Kun Lai），扶黄金之梯而下降于瑞丽江（Shweli）之谷道。下降未久，二子争夺此土，遂致分离；长者挈共七子，据有太公（Tagaung）、摩埃（Moue 疑孟密）、郎奔（Lampoun 疑木邦）、孟养（Moung Yong）、举腊（Kula）、阿瓦（Ava）、猛拱（Moung Kung），至于根兰为瑞丽江谷道中猛丽（Uoung Ri）、猛兰（Moung Ram）各地部落之始祖。"④这两个

---

①　见［印度］S. L. Baruah《关于南方丝绸之路的印度历史证据——阿豪马人迁居阿萨姆的路线》，江玉祥译，段渝主编《南方丝绸之路研究论集》，巴蜀书社2008年版。

②　龚肃政译，杨永生整理并注释：《勐果占璧及勐卯古代诸王史》，云南民族出版社1988年版，第5页。

③　Chao Nomal Gogol. 1990. New Light on the History of Assam Based on Ahom Buranjis. *Proceedings of the 4th International Conference on Thai Studies*, Kunming, Vol. IV, p. 367.

④　方国瑜编撰：《元代云南行省傣族史料编年》，方国瑜主编《云南史料丛刊》第三卷，云南大学出版社1998年版，第13页。

流传在印度阿洪姆人及中国勐卯（瑞丽）傣族人中的传说，虽充满君权神授色彩，但它说明中国的勐卯（瑞丽）傣族和印度阿萨姆的阿洪姆族是同祖同源的。

阿洪姆人的编年史说，他们的祖先叫苏卡法（Sukapha），其外祖父是卯龙（Mao Lung）的统治者，他由外祖母在"艮生卯龙"（Keng Seng. Mo Lung）抚养成人，并做了这个地方的统治者。1215 年，他到其父亲统治的王国勐卡勐雅（Mongkha Mongya），带走 3000 口铜锅（一口锅可煮 3 人吃的饭）、2 头大象、300 匹马，从勐卯经户拱（Hukong）辗转到印度东北部。[①] 勐卡勐雅这个地名在《勐果占璧及勐卯古代诸王史》见于记录，其地在今云南保山昌宁的柯街、大塘一带。[②] 艮生卯龙一地，当与勐卡勐雅毗邻，或在勐卡勐雅与勐卯之间的德宏州境内。因此，我们可以得出这样的结论，阿洪姆人的故乡在云南德宏傣族景颇族自治州。云南大学历史系教授何平说："阿洪姆人就是从中国云南迁去的，后来移居印度东北部地区阿萨姆一带的被称为'阿洪姆人'的居民，就是直接从中国云南迁去的傣族及其后裔。"[③]

据一份阿萨姆人编年史的记载，"最早西迁印度东北部地区的阿洪姆人，大约是 13 世纪上半叶抵达布拉马普特拉河的支流布里迪兴河一带，阿洪姆人的编年史称其为南印河。他们先在底潘（Tipan）住了数年，征服了当地的摩兰（Morans）和布拉希人（Burahis）。然后，苏卡法留下一些人驻守底潘，又率众抵达萨拉古里（Salalguri）。不久，在任命了一位随官统治当地后，又率众向布里迪兴河与布拉马普特拉河交汇处挺进，抵达布拉马普特拉河西岸……最后在阿萨姆境内的布拉马普特拉河谷一带建立了一个叫做'勐顿孙罕'（Mong Dun Sun Kham）的王国"[④]。应该指出，阿洪姆人的西迁，也经历了一个历史过程，而不是一次就完成的，

[①] Mrs. Ye Hom Buragohain. 1987. King Sukapha and His Journey to Assam: The Manuscript Evidence. *Proceedings of the 3rd International Conference on Thai Studies*, Canberra, p. 18.

[②] 见龚肃政译，杨永生整理注释《勐果占璧及勐卯古代诸王史》，云南民族出版社 1998 年版，第 18 页。

[③] 何平：《从云南到阿萨姆——傣—泰民族历史再考与重构》，云南大学出版社 2001 年版，第 396 页。

[④] Ye Hom Buragohain. 1987. King Sukapha and His Journey to Assam: The Manuscript Evidence. *Proceedings of the 3rd International Conference on Thai Studies*, Canberra, Vol. I, p. 17.

1215年苏卡法带去的大约只有9000人，他们13年后（1228年）建立王国，当是此期间又有勐果占璧的傣人迁入才建国的。1310年思可法在勐果占璧继位后，阿洪姆国被迫纳贡，当又有傣人从勐果占璧王国再次迁入。由于阿洪姆人人多势大，他们统治阿萨姆长达6个世纪（1228—1826）。"印度学者罗梅希·布拉哥哈国说：'事实上，阿萨姆邦中世纪早期的政治史是属于阿洪姆人的。阿洪姆王国的出现使印度东北部的整个历史发生了极大的改变。'"[①] 在阿萨姆地区印度主体文化强势发展的进程中，阿洪姆人放弃了本民族语言，变成讲阿萨姆语的印度教徒。但是，他们固有的云南傣族的文化习俗，对阿萨姆族仍有巨大的影响。

阿豪马人（即阿洪姆人）是具有良好的水稻耕作知识的先进农业民族，他们把这种水稻耕作法介绍到上阿萨姆，给当地人民的生活带来了根本的改变。阿豪马人也用水牛耕地。稻作和牛耕两种习俗，他们最初都是从中国人那里学来的。阿豪马人带来一种传统，即在一种名叫Buranjis的编年史中，经常记录各种各样的事件。这种传统很早以来就在中国人（指汉族）中间盛行，后来被泰人（傣人）采用。在阿豪马人统治期间，撰写和编纂了数百种Buranjis，对印度的编史工作做出了宝贵的贡献。在这方面，这个国家一般来说，是异常缺乏的。在建筑学、绘画和音乐方面，也仍然能在修改了的形式中找出一些中国成分。它们中的一些成分肯定是沿着阿豪马人的迁徙路线（阿萨姆—缅甸路线），经帕特开山隘口，进入阿萨姆的。[②]

阿萨姆语是阿萨姆邦的官方语言，由梵语、阿布婆朗希语、摩羯提语演变而来，但阿洪姆语的尊称等亦被作为阿萨姆语的尊称；阿洪姆人皈依了印度教，但具有傣族传统的，如崇拜天神、水神、树神、林神及鼓、锣、牛角伴奏的圆圈舞，四月中举行的泼水节等民俗，仍在阿萨姆族民间流行；勐果占璧及阿洪姆王国是天神之子的同一个版本的传说还在阿萨姆族中传承。

历史告诉人们：云南的勐果占璧王国与印度的阿洪姆王国具有同源异

[①] 何平：《从云南到阿萨姆——傣—泰民族历史再考与重构》，云南大学出版社2001年版，第397页。

[②] 见［印度］S. L. Baruah《关于南方丝绸之路的印度历史证据阿豪马人迁居阿萨姆的路线》，江玉祥译，段渝主编《南方丝绸之路研究论集》，巴蜀书社2008年版。

流的历史关系。

第三节　印度东喜马拉雅民族与云南藏缅语族民族的渊源

一　云南藏缅语族人向印度东北部的迁徙

1978年，印度民族学家S.T.达斯出版了他的名著《东喜马拉雅民族》，以系统清晰而鲜为人知的新资料，揭示了迟至13世纪以来，一直延续至今，讲述藏缅语族语言的印度东喜马拉雅民族迪马萨·卡查里人、米基尔人、泽米·那加人的民族文化特征，使我们有可能对东喜马拉雅民族与云南藏缅语族各族的历史关系进行研究。

东喜马拉雅民族是从中国西藏、云南迁入印度北部、东北部的，是阿萨姆、那加兰、曼尼普尔诸邦最早的移民。他们中的迪马萨·卡查里人"一度在整个北比哈尔、北孟加拉、东孟加拉和布拉马普特拉河流域、卡查尔山、加罗山和特里浦拉山延伸部分，组成过一个牢固的蒙古人集团"。① 泽米·那加人分布在阿萨姆北部的那加山区，是那加人的一个分支。因住地不同，那加人（Naga）有阿挝（Ao）、安嘎米（Angami）、差克桑（Chakhesang）、昌（Chang）、卡布依（Kabhi）、弄每（Ronmei）、克阿猛冈（Khiamungan）、可亚克（Konyak）、里安每（Liangmei）、洛达（Lotha）、马挝（Mao）、马林（Maring）、洛谷特（Nocte）、坡木（Phom）、坡处里（Pochuri）、兰格马（Rengma）、塞马（Sema）、唐萨（Tangsa）、塔谷努（Thangku）、桑达木（Sangtam）、万雀（Wancho）、依木成科尔（Yimchenger）等支系②。那加人传说，他们是从中国迁入印度的。"乔治·格里尔森爵士经过语言分析，认为泽米·那加人是从位于中国西北部扬子江和黄河上游之间的中国人种的传统居留地迁徙来的。"③谷格那加人传说，他们从前是住在中国云南省，大约在几百年前，中国发生了大饥荒，他们经由缅甸逃荒到那加山定居下来。直到今天，他们所唱

---

① ［印度］S.T.达斯：《东喜马拉雅民族》，王筑生译，《民族研究译丛》（4），第11页；陈锡周译：（9），第49页，云南省民族研究所编印，1983年11月；1985年11月。
② ［日］多都俊照：《那加入门》，社会评论社1998年版，第17页。
③ ［印度］S.T.达斯：《东喜马拉雅民族》，王筑生译，《民族研究译丛》（4），第11页；陈锡周译：（9），第49页，云南省民族研究所编印，1983年11月；1985年11月。

的一支民歌里还有这样的歌词："我的第一个祖国是中国，我的真正的家乡是喜马拉雅山区。"① 堂库尔那加人说，他们的祖先是由两个勇敢的兄弟自世界的东方带来的。他们要寻找一个地方定居，由于长途劳累，要找个地方歇息。他们找到了一个地方，但很快感到气候炎热，遍地是毒虫，决定另找一个地方。他们将这个队伍分为两个部分，哥哥"那尔加"，率一部分向东南方推进，弟弟率领的队伍由于旅途疲劳，就在平原定居下来，这就是曼尼普尔谷地。哥哥率领的队伍，到那加山区定居下来。这个传说讲到那加族来自"世界东方"，很可能就是古代中国的云南，传说他们不喜欢炎热的平原，表明他们先前生活在高寒山区。② 这个地方可能就是云南高原。米基尔人主要居住在阿萨姆邦的米吉尔山地，自称阿伦（Arleng）或卡尔比（Karbi）。"阿伦"语义为山地居民，因为他们习惯于住在山坡上。乔治·格里尔森透过语言分析，认为他们是介乎博多（迪马萨·卡查里等）和西部那加人之间的人种。③ 梅加拉雅邦的加洛人，也是东喜马拉雅民族的一个组成部分，这个民族说他们最初的故乡是西藏，是从喜马拉雅山东北进入印度的，也有从喜马拉雅山的西部进入印度的。他们先到喜马拉雅山的平原地带，后来向东游牧到了布拉马普特拉河谷，再到加洛山区。加洛族语近似藏语，不少词汇与藏语相似。他们也使用藏语藏文。④

上述的传说和语言学分析说明，印度东喜马拉雅民族源于中国。

二 印度东喜马拉雅民族与云南藏缅语族民族的文化共同点

在文化习俗上，印度东喜马拉雅民族与云南的藏缅语族的民族具有共同的文化特点，其表现如下：

（一）以刀耕火种农业维持生计

中国的藏、门巴、珞巴、景颇、傈僳、怒、独龙、阿昌、彝等藏缅语族的民族，大部分与印度东喜马拉雅的民族一样，都居住在山地，靠刀耕火种的原始农业维持生计。他们砍倒山上的树木杂草，晒干后焚烧，以炭

---

① 刘国南、王树英编著：《印度各邦历史文化》，中国社会科学出版社1982年版，第23页。
② 朱昌利、宋天佑、王士录：《印度民族志》，第8、18页，云南省东南亚研究所，1988年。
③ ［印度］S. T. 达斯：《东喜马拉雅民族》，王筑生、陈锡周译，载《民族研究译丛》（5），第148页，云南省民族研究所编印，1983年11月。
④ 朱昌利、宋天佑、王士录：《印度民族志》，云南省东南亚研究所1988年版，第8页。

灰做肥料，种下玉米、荞麦、马铃薯等作物，等待秋天收获。一两年后将这片耕地休耕，再烧垦新的山地耕种，而后再休耕。休耕的周期以植被恢复的情况来定，一般是三五年至七八年。休耕地在中国叫轮歇地，印度东喜马拉雅民族叫"朱姆地"（Jhoom）。"朱姆地"的选择，迪马萨·卡查里人由村寨头人"冈波拉"主持；米基尔人由村寨长老"哈瓦尔"决定，"朱姆地"选定后，12月到1月用刀或斧把生长在地上的丛林砍倒，待干燥后，在3月到4月间放火烧。等到草木灰和泥土完全混合，再用锄挖坑播种。① 这种耕种法与中国的轮歇地种植如出一辙。"刀耕火种"的轮作制农业在世界上许多民族都有，但与中国、印度的差异较大。可以肯定地说，东喜马拉雅民族的刀耕火种，是他们在迁徙过程中从中国带到印度的。

（二）住干栏式住宅

以火塘作为家庭生活与外交的中心；以公房作未婚成年男女青年交友、娱乐的场所。云南藏缅语民族的干栏式住宅为两层结构，上层住人，下层做畜圈；东喜马拉雅民族的住所建在木桩上，木桩高二尺，亦为二层结构，使用功能相同。"火塘"是高寒山区、半山区民族取暖、做饭、休闲、聊天必备的设施，建于正房中央，塘中竖立三块石头，供烧水、做饭使用。白天家人围坐周边谈话，作出各种家务决定，晚上是老年人睡在周边。"火塘"是云南藏缅语族民族传统文化中共有的亮点和重要特征。印度东喜马拉雅民族的火塘，从结构、功能到建筑形式都和中国藏缅语族的相同。米基尔人称三块竖立在火塘上的石块为"梅希普（mehip）"，火塘一侧供老人晚上睡觉的平台，叫"达姆达克"，火塘后面为年轻已婚女子睡觉的地方，叫"达姆布克"。② "火塘文化"的同一，是东喜马拉雅民族与中国藏缅语诸族同俗的表现之一。"公房"是证明二者同俗的又一标志。在印度，男女十三岁以前为未成年，可同父母居住在一起，十三岁以后为成年，必须搬到"公房"去住。"公房"，那加人称"茅楞格"，由村寨兴建，男"茅楞格"、女"茅楞格"，都是男女青年娱乐择偶的场所。云南藏缅语族一些民族的公房与印度东喜马拉雅民族公房的性质、使用方

---

① ［印度］S. T. 达斯：《东喜马拉雅民族》，陈锡禹译，《民族研究译丛》（9），第41、53页，云南省民族研究所编印，1985年11月。

② ［印度］S. T. 达斯：《东喜马拉雅民族》，王筑生、陈锡周译，《民族研究译丛》（5），第206页，云南省民族研究所，1983年11月。

法与功能基本上也没有什么不同。

(三) 死则焚尸,皆行火葬

这是东喜马拉雅民族与云南藏缅语族民族对其共同祖先——中国古代羌人葬俗的继承。《吕氏春秋·义赏》说:"氐羌之民,其房也不忧其系累,而忧其不焚也。"《太平御览》引《庄子》说:"羌人死,焚而扬其灰。"氐羌是中国古代西北地区的游牧族群,《后汉书·西羌传》说:"河关之西南,羌地是也,滨于赐支,至乎河首。"其部落"随畜迁徙","逐水草而居",在今甘肃、青海地区游牧。战国时,"忍季父卬畏秦之威,将其种人附落而南,出赐支河曲西数千里,与众羌绝远,不复交通"。这部分自黄河源向南向西远徙数千里的羌人,一部分到达西藏,一部分越过东喜马拉雅山进入阿萨姆地区是可能的。说博多集团的迪马萨·卡查里人、那加人、加洛人、拉隆功人、拉巴人等的故乡是处于中国长江、黄河上游的中间地带;在远古时代,他们的游牧群离开那里移动到阿萨姆和北孟加拉,向西远至蒂佩拉[①]的说法,及上文所引格里尔森爵士的说法,与我们的这一看法是不约而同、殊途同归的。说东喜马拉雅民族的火葬习俗是直接对古羌人葬俗的继承,应该是不成问题的。米基尔人在火葬前举行送亡灵仪式,加洛人火葬前须在家停尸两三天供人悼祭,火化时尸体放在一堆木材上,由近亲点火等的葬法,几乎与中国氐羌后裔彝族等民族的相同。共同的葬法亦说明,中、印两国的藏缅语诸民族是同祖、同根、同俗的。

(四) 皆祭祀天神

东喜马拉雅民族与云南的藏缅语族民族,都信仰万物有灵的原始宗教,图腾崇拜、自然崇拜、祖先崇拜在他们的精神生活中仍占有重要的位置。就崇拜天神而言,二者的祭法基本一致。那加族播种前、播种时、收获时都要举行祭祀仪式,每家出一位老人向天祷告:"啊!格旺(天神)!可怜可怜我们吧,把我们的土地变成肥沃的良田吧。啊!格旺!请你赐给我们大米和高粱吧。"然后,祭者用手抓一把稻谷,撒到田畦里。撒种时,不断地说:"愿我的水稻早发芽,啊!格旺!愿野鸟、老鼠和各种毁害种子的飞禽走兽不要来吃我撒下的种子,愿每粒种子都能发芽出土。"播种完毕,男女村民再一次祈祷天神保佑丰收。每年九月收获时,都要杀

[①] 朱昌利、宋天佑、王士录:《印度民族志》,云南省东南亚研究所,1988年,第7—8页。

牲祭神，举行盛大的祭天庆丰收活动，感谢天神的护佑。加洛族人在砍树烧山造田时祭天神，天神名阿迦尔马迦。祭法是将一根竹子的尖部劈成细丝，像头发一样披在竹竿顶上，把竹竿竖在田里，在竹竿下面，放些米、肉、鱼和酒，然后喊道："愿天神给我们降雨，保护我们，把恶鬼凶神赶走，使今年有个好收成。"① 中国藏缅语族诸族的祭天神，目的也是祈求丰收，围绕农业生产来进行。道光《云南通志·爨蛮》条说："民间皆祭天，为台三阶以祷。"道光《云南通志》爨蛮条又引《临安府志》说："搭松棚以敬天……长幼皆严肃，无敢哗者。"《大理府志·罗婺蛮》条说："腊则宰猪、登山顶敬天神。"云南武定、禄劝等地的彝族先民，则在山林中建屋供天神、祭天神。他们以竹筒制作天神像，长约四寸，一端削尖，中贮竹节草根，草上以红白色丝线缠羊毛少许，并入米十数粒供祭。②

天神崇拜是人类原始初民的最普遍的自然神崇拜之一，在印度和中国各民族中都有，且一直延续至今。但是东喜马拉雅民族与中国藏缅语一些民族贯穿农耕全过程的祭祀仪式，以竹作原料制作天神偶像，以竹细丝或以红白丝缠羊毛作天神头发，以米作祭品的祭法，在其他民族中未能见到。这使我们进一步得出印度的东喜马拉雅民族与中国藏缅语族诸族，都是中国古羌人的后裔，他们在古代是同一个族的结论。

第四节　元代来滇传教的印度高僧指空

一　指空续建武定狮山正续禅寺

指空，梵名 Dhyana Bhadra，音译提纳薄陀，意为禅贤，指空是其号。他是印度摩竭提国王子。摩竭提国，为佛陀在世时印度 16 个大国之一，位于今南比哈尔（Bihar）地方，周广五千余里，土地肥沃，风俗淳朴，崇尚佛法，有伽兰五千余所，僧徒万余人，多宗习大乘教法。指空自幼受佛教熏陶，八岁出家，依中印度那烂陀寺律贤（梵名 Vianyabhadra）披剃，传南印度楞迦国吉祥山普明之法。

在印度佛教史上，指空被尊崇为迦叶第一百零八祖，迦叶（Kasyapa）

---

① 刘国楠、王树英编著：《印度各邦历史文化》，中国社会科学出版社 1982 年版，第 29、51 页。
② 何耀华：《中国西南历史民族学论集》，云南人民出版社 1988 年版，第 453 页。

为释迦牟尼的"十大弟子"之一,付法藏第一祖,深受佛陀信赖,佛陀入灭后,成为教团统率者。禅宗以其为佛弟子中"修头陀行"①之第一人,尊其为"头陀第一"。

指空来云南,按其"自述",是与北印度僧人摩诃班特达经西番(西藏)至燕京(北京),再经长安(西安)至蜀(四川),经罗罗斯(西昌)入云南。从云南城(昆明)辗转在大理、金齿(今保山及德宏傣族景颇族自治州)、乌蒙(昭通)、安宁等地行法,最后由贵州镇远出常德至洞庭湖,再由庐山、淮西、扬州至上都(滦京),与泰定帝论佛讲经。最后从滦京去高丽。

指空在华行法,以住云南的时间为最长,而在云南,又以在武定狮子山正续寺坐禅的时间最长。正续寺,又称正续禅寺或狮子寺,始建于元至大辛亥(1311)。蜀僧朝宗是正续寺之开山祖,但他的作为仅仅是初创而已。朝宗归蜀后,指空游方至此,奋进自励,"绝粒危坐,胁不粘席,开辟正觉",历尽六年艰辛扩建佛殿、僧堂等建筑。这些建筑具有禅宗七堂之风格,其中三门象征摆脱世俗的三解脱——"有空、无相、无为"。

二 指空在云南的传教活动

指空是"显宗"、"密宗"皆传的高僧。他自言在武定狮山正续寺"开辟正觉","正觉"即真正之觉悟,指释迦牟尼于菩提树下金刚座上觉悟缘起之法,以此法及"头陀行"下化众生,教化缁徒,可以说他传的是大乘显宗之法。他以密教的咒术、礼仪、巫术取信于众,又可说他传的是密教之法。他说:"云南(治今昆明)城西有寺。上门楼入定居,僧请入城,至祖变寺,坐桐树下,是夜雨,既明,衣不濡;赴其省祈晴,立应;坐夏龙寺,书梵字《般若经》,众聚乏水,吾命龙引泉济众;大理国(今大理)吾劫众味,但食胡桃九枚度日;金齿(今德宏傣族先民)、乌撒、乌蒙一部落也(今彝族先民),礼吾为师,塑像庙之。吾闻无赖子以吾像禅棒掷之地,而不能举,悔谢,取安如故。"又说,在云南"请说戒

---

① 头陀行有二十种修法:穿粪扫衣(穿用被遗弃的破布缝制的僧服);着三衣(穿用三种不正色的布制的袈裟);乞食为生;一天只吃一顿午饭;一坐食(除午餐外不吃零食);节量食(钵中只受一团饭);住阿兰若(住清静的寺院或人迹罕到之处);冢间坐(坐坟地);树下坐;露天坐;随地坐(不拘地方坐);常坐不卧。

经，燃顶焚臂官民皆然"。在武定罗罗人中传教，收到"罗罗人素不知佛僧，吾至，皆发心，飞鸟亦念佛名"的效果。①

指空在云南传教，之所以收到"飞鸟亦念佛名"的效果，首先是他"化行于中国"，走的是一条佛教本土化的道路。元朝时，云南罗罗、白、苗等土著民族，普遍信仰万物有灵的自然宗教，指空利用其崇拜自然宗教的基础，以密教的咒术、礼仪与之融合，这使他所到之处，土著人"皆发心"信佛。其次是他佛学功底深厚，博学多识，弘法严谨。如他继承迦叶传统，力修"头陀行"，普遍受到土著民族的同情和支持。在来滇途中，他在大渡河被盗贼将衣服剥得精光，他"赤立（裸体）而走罗罗斯地界"，一女施给他一件小衣，他着女衣到达金沙江地界，夜间又于途中"隈石隙而卧"，睡在露天下的石缝中。

---

① 引自李穑撰《西天提纳簿陀尊者浮屠铭并序》，日本《大正藏》史传部2089号。资料是李穑根据指空自述写成，有重要的史料价值。

元至前清云南历史大事记

公元1253—1840年（元宪宗三年至清道光二十年）

公元1253年12月（元宪宗三年）

元军攻占"大理"都城。大理王东逃鸭赤城（昆明，又称"押赤"）。相国高太祥逃至姚州被"俘斩以殉"。

公元1254年（元宪宗四年）

元军攻占鸭赤城（昆明），在昆泽（宜良）俘大理王段兴智。

公元1255年（元宪宗五年）

元军攻占云南全境，赦段兴智，封"摩诃罗嵯"（大王），仍统治原大理各部（1258年，段兴智死，其弟段实袭任）。

公元1265年（元至元二年）

舍利畏为首的各族人民起义，不久被元朝武力镇压而失败。

公元1267年（元至元四年）

元世祖忽必烈封第五子忽哥赤为云南王。

元朝政府在云南设立"诸路铜冶总管府"、"淘金总管府"，管理矿冶业。元代云南的铜、银、金产量都居全国第一。

公元1274年（元至元十一年）

元朝设立"云南行中书省"，任命赛典赤为"平章政事"（云南省行政长官）。赛典赤在任职期间，修水利、垦农田、建孔庙、兴儒学，颇有政绩。

与此同时，元朝任命段实为"大理总管"。

公元1280年（元至元十七年）

元世祖忽必烈续封忽哥赤的儿子也先帖木儿为"云南王"。

公元 1285 年（元至元二十二年）

元世祖忽必烈下旨："事不议于云南王也先帖木儿者，辄无行。"

公元 1290 年（元至元二十七年）

元世祖忽必烈封皇太子的长子甘麻刺为"梁王"，也来镇守云南。"梁王"在诸王中为一等王，比"云南王"更大。

公元 1292 年（元至元二十九年）

甘麻刺改封"晋王"，其子松山袭封"梁王"。元代的云南，"云南王"、"梁王"、"大理总管"、"云南行中书省平章政事"，共管云南政事，统治云南。元朝皇帝意在使他们互相牵制。他们也因之相互争权夺利，发生诸多矛盾斗争。

公元 1346 年（元至正六年）

云南平章政事伊图征讨麓川（今德宏）思可法。

公元 1363 年（元至正二十三年）

红巾军明玉珍部攻克昆明，梁王奔楚雄。

大理总管镇压红巾军。

公元 1366 年（元至正二十六年）

云南统治集团内讧，梁王杀大理总管段功。

公元 1368 年（明洪武元年）

朱元璋在南京称帝，建立明王朝。

公元 1381 年（明洪武十四年）

朱元璋命傅友德、蓝玉、沐英率明军攻占云南。梁王自杀。

公元 1382 年（明洪武十五年）

明军占领云南全境。建立"云南布政使司"（云南最高行政机关），并在各地设置府、州、县。建立"云南都指挥使司"（云南最高军事机关），统领云南的卫所军队。"云南按察使司"（云南最高监察机关）由"布政使司"兼理，洪武三十年（1397）才独立设置。云南与全国各省一样建立"三使司"统治机构。

公元 1383 年（明洪武十六年）

朱元璋命傅友德、蓝玉班师回朝，留沐英镇守云南。自沐英开始，沐氏十二世 16 人世袭镇守云南，世袭"西平侯"、"黔国公"等爵，实授"云南总兵官"，挂征南将军印。自明初至明末，一脉相承，深刻地影响着明代的云南历史发展。

公元 1386 年（明洪武十九年）

明太祖朱元璋采纳西平侯沐英的上奏，在云南广开"屯田"。自明初至明末，云南大办"屯田"事业（包括"军屯"、"民屯"、"商屯"），使云南的经济和社会得到前所未有的发展。

公元 1394—1476 年（明洪武二十七年至成化十二年）

医药学家兰茂在世。他所著的《滇南本草》和《医学挈要》在医药学上取得重大成就。这两部著作流传至今，仍为医药界应用。

公元 1441—1449 年（明正统六年至十四年）

明朝派兵部尚书率军"三征麓川"，平定麓川土司历时多年的武装叛乱。

公元 1593 年（明万历二十一年）

云南巡抚陈用宾在今腾冲、盈江、陇川沿边地区修筑八关；在勐卯（今瑞丽）筑平麓城，加强边防。

公元 1593—1673 年（明万历二十一年至清康熙十二年）

著名僧人担当在世。创作了大量的诗歌和书画，是云南历史上著名的诗人、画家、书法家。

公元 1638—1640 年（明崇祯十一年至十三年）

著名地理学家徐霞客在云南游历。

公元 1645 年（清顺治二年）

滇南土司沙定州武力攻占昆明。

公元 1647 年（清顺治四年）

李定国等人领导的大西军进入云南并攻占昆明，在云南建立大西农民政权。

公元 1655 年（清顺治十二年）

大西军扶明抗清，迎永历帝入滇。

公元 1659 年（清顺治十六年）

吴三桂率清军入滇，李定国领导的大西军走中缅边境，永历帝逃缅甸。

公元 1662 年（康熙元年）

吴三桂率清军入缅执永历帝杀于昆明。李定国病死于中缅边境的景线。

公元 1673 年（清康熙十二年）

吴三桂反清，建元"昭武"，并向内地省区发动武装进攻。

公元 1678 年（清康熙十七年）

吴三桂病死于湖南衡州，其孙吴世璠在昆明继位，改元"洪化"，继续反清。

公元 1681 年（清康熙二十年）

清军入滇，平定吴三桂集团的叛乱。

公元 1685 年（康熙二十四年）

云贵总督蔡毓荣报请清廷批准，废除"庄田制"，把"藩庄"变卖给地主和农民，并入所在府州县的民田。

公元 1694 年（康熙三十三年）

云南巡抚石文晟奏请清廷批准，废除屯田，把屯田并入所在府州县民田。凡耕种原屯田者向政府缴纳赋税。

公元 1705 年（康熙四十四年）

云贵总督贝和诺向清廷奏请和实施"放本收铜"或"官买余铜"的矿冶政策，既刺激了矿冶业的发展，又增加了清政府的财政收入。

公元 1726 年（清雍正四年）

云贵总督鄂尔泰向清廷上《改土归流疏》，提出厉行改土归流的方略。

公元 1726—1731 年（清雍正四年至九年）

乌蒙（今昭通）、镇雄、东川、镇沅、思茅、广南、富宁等地的滇东北和澜沧江下游以东的广大地区，悉"改土设流"。

公元 1758—1769 年（清乾隆二十三年至三十四年）

缅甸雍籍牙王朝武装入侵今德宏、临沧、西双版纳等滇西南地区。清朝军队奋起抗击。双方发生长达十一年的战争。三个云贵总督战败（刘藻被撤职，杨应琚被"赐死"，明瑞战死）。乾隆帝命大学士付恒统率六万多清军出战。在双方精疲力竭之时，停战议和。

公元 1740—1795 年（清乾隆五年至六十年）

著名画家和诗人钱沣在世。他的画，落笔就为人争相收藏，视为珍宝。商务印书馆辑他的画为《中国名画》第九集。他的诗文也著称于世，收为《南园全集》。

公元 1796—1821 年（清嘉庆元年至道光元年）

以札杜为首的拉祜族、佤族、布朗族人民起义。以李文明为首的拉祜族、哈尼族、傣族、汉族人民起义。以恒乍绷为首的傈僳族、白族、汉族人民起义。以张俞为首的白莲教起义。以罗高依为首的哈尼族、汉族、回族人民起义。以王囊仙为首的布依族、白族、彝族人民起义。这些波澜壮阔的各族人民起义，历时六十余年，是遍及全省的反清斗争，先后被清军镇压下去。

参考文献

一 古籍文献

宋濂：《元史》，中华书局1976年版。

苏天爵编：《元文类》，《四部丛刊》影印元刻本。

马可·波罗：《马可·波罗行纪》，冯承钧译，1957年中华书局重印本。

李京：《云南志略》，《说郛》本。

孛兰盼等撰，赵万里校辑：《元一统志》，中华书局1965年版。

张廷玉：《明史》，中华书局1974年版。

中国科学院云南民族调查组、云南省少数民族社会历史研究所、云南省文史研究馆编：《明实录有关云南历史资料摘抄》，云南人民出版社1963年版。

谷应泰：《明史纪事本末》，中华书局1977年版。

赵尔巽：《清史稿》，中华书局1977年版。

云南省历史研究所编：《清实录有关云南史料汇编》，云南人民出版社1984—1985年版。

云南省历史研究所编：《清实录越南缅甸泰国老挝史料摘抄》，云南人民出版社1985年版。

赵翼：《皇朝武功纪盛》，《丛书集成》本。

魏源：《圣武记》，《四部备要》本。

郭松年：《大理行记》，《丛书集成》本。

钱古训：《百夷传》，1927年南京国学图书馆影印校本。

张紞：《云南机务钞黄》，《丛书集成》本。

《土官底簿》，《四库珍本初集》影印本。

毛奇龄：《蛮司合志》，《西河全集》本。

顾祖禹：《读史方舆纪要》，中华书局1955年版。

倪蜕：《滇云历年传》，道光丙午昆明倪氏刊本。

王崧：《云南备征志》，宣统二年云南官报局排印本。

袁文典、袁文揆辑：《滇南诗略》，嘉庆刻本。

袁文典、袁文揆辑：《滇南文略》，光绪重刻本。

陈文、王毂纂修：《景泰云南图经志书》，云南省图书馆藏，传抄景泰元年刊本。

周季凤纂修：《正德云南志》，云南省图书馆藏传抄北京图书馆藏影抄原刊本。

李元阳纂修：《万历云南通志》，1934年排印本。

刘文徵纂修：《天启滇志》，云南省图书馆藏传抄天启五年抄本。

范承勋、丁炜纂修：《康熙云南通志》，康熙三年刻本。

鄂尔泰、靖道谟纂修：《雍正云南通志》，乾隆元年刻本。

阮元、李诚纂修：《道光云南通志》，道光十年刻本。

岑毓英、陈灿纂修：《光绪云南通志》，光绪二十年刻本。

唐炯、王文诏等纂修：《光绪续云南通志》，光绪二十七年刻本。

龙云、周钟岳等纂修：《新纂云南通志》，1948年铅印本。

二 近人著作

郭沫若主编：《中国史稿》1—5册，人民出版社1976—1983年版（主要参考元明清部分）。

范文澜主编：《中国通史》1—9册，人民出版社1965—1986年版（主要参考元明清部分）。

白寿彝总主编：《中国通史》，上海人民出版社1989年版（主要参考元明清部分）。

韩儒林主编：《元朝史》，人民出版社1986年版。

韩儒林：《成吉思汗传》，江苏人民出版社1982年版。

杨志玖：《元史三论》，人民出版社1985年版。

周良霄：《忽必烈传》，吉林教育出版社1986年版。

《元史论丛》1—3集，中华书局1981—1983年版。

《元史论集》，人民出版社1984年版。

李洵：《明清史》，人民出版社1957年版。

吴晗：《朱元璋传》，三联书店1965年版。

戴逸：《简明清史》，人民出版社1983年版。

夏光南：《元代云南史地丛考》，中华书局1935年版。

袁嘉谷：《滇绎》，1926年排印本。

江应樑：《明代云南的土官与土司》，云南人民出版社1955年版。

江应樑：《百夷传校注》，云南人民出版社1980年版。

方国瑜：《云南史料目录概说》，中华书局1984年版。

方国瑜：《滇史论丛》，上海人民出版社1982年版。

方国瑜：《中国西南历史地理考释》，中华书局1987年版。

方国瑜：《彝族史稿》，四川民族出版社1984年版。

江应樑主编：《中国民族史》，民族出版社1990年版。

江应樑：《傣族史》，四川人民出版社1983年版。

白寿彝：《回族人物志》，宁夏人民出版社1985年版。

杨兆钧主编：《云南回族史》，云南民族出版社1989年版。

尤中：《中国西南民族史》，云南人民出版社1985年版。

尤中：《中国西南边疆变迁史》，云南教育出版社1987年版。

马曜主编：《云南简史》，云南人民出版社1983年版。

《云南各族古代史略》编写组：《云南各族古代史略》，云南人民出版社1977年版。

何耀华：《中国西南历史民族学论集》，云南人民出版社1988年版。

何耀华：《武定凤氏本末笺证》，云南民族出版社1986年版。

朱惠荣校注：《徐霞客游记校注》（主要参考"滇游日记"），云南人民出版社1985年版。

夏光辅等：《云南科学技术史稿》，云南科技出版社1992年版。

夏光辅：《滇史论集》，云南民族出版社2008年版。

昆明市志编纂委员会：《昆明市志长编》二、三、四、五卷，1984年3月印发。

后　记

　　元、明、前清时期的云南史，是全国元、明及前清史的一部分，撰写这个时期的云南史，既应从全国的角度阐述云南政治、经济、文化发展状况，又应从云南民族众多，地处祖国西南边疆，是祖国交通东南亚、南亚的桥梁的角度，写出云南各民族政治、经济、文化发展的特点，展现云南与东南亚、南亚国家密切交往的画面。

　　本卷具体分工如下：

　　何耀华：对全卷第二、三稿进行统修，对编、章、节、目进行结构性的改变；对内容进行增删、补写或改写；撰写前言、第十二章、第十三章。

　　夏光辅：撰写第八、九、十、十一、十四章及大事记、参考文献；对元代部分的第一稿进行增补、修改，形成第一、二、三章；对第四、五、六、七章的资料进行核实。

　　申　旭：撰写第四、五、六、七章的第一稿。

　　何大勇：撰写第十五章。

　　孙大江：撰写元代部分第一稿。

　　感谢尤中教授助审初稿。

编　者
2009 年 5 月 6 日